디아스포라 휴머니티즈 총서
001

디아스포라 지형학

디아스포라 휴머니티즈 총서 001

디아스포라 지형학

앨피

차례

제3부 재현되는 디아스포라, 재현하는 디아스포라

디아스포라 시대의 삶, 사유, 상상력

디아스포라diaspora는 본래 그리스어 동사 'Speiro'('씨 뿌리다')와 전치사 'Dia'('위')의 합성어로서, 바빌론 유수(586) 이후 팔레스타인 지역을 떠나 세계 각지로 흩어진 유대인이나 유대인 공동체를 의미하는 용어였다. 이후 이 용어는 1960년대 아프리카학 연구자들이 디아스포라 개념을 활용해서 유대인과 아프리카인의 강제이주 경험을 서술하면서부터 학문적으로 사용되기 시작했다.[1]

그러나 디아스포라가 본격적인 연구 대상으로 부상한 것은 1990년대 들어서다. 냉전 체제 종식 이후 신자유주의적 자본주의화가 지구적 수준에서 전개되고, 그에 수반해서 인구의 이주와 정주가 국경의 경계를 무의미하게 만들 정도로 빈번하게 이루어지면서 삶의 유동성과 장소의 혼종성이 중요한 관심사로 부상하게 된 것이다. 그로 인해 과거 디아스포라가 정치적·종교적 이유로 인한 추방자나 식민

---

[1] 비린더 S. 칼라 외, 《디아스포라와 혼종성》, 정영주 옮김, 에코라이브러리, 2014, 25쪽.

주의적 폭력의 희생자만을 의미했다면, 오늘날 디아스포라는 이민자, 망명자, 외국인 노동자 등 국경의 경계를 넘나드는 초국적 주체들과 그들의 네트워크를 통칭한다.

초기 디아스포라 연구는 주로 정주국과 모국, 고향과 타향, 자유와 구속 등과 같은 이분법적 도식을 통해서 이루어졌다. 여기에는 모국으로부터의 분리, 모국에 대한 애착, 모국과의 지속적 관계 등에 관심을 갖고 정체성과 소속의 문제를 강조하는 민족주의적 충동이 자리잡고 있었다.

2000년대 들어 본격적으로 진행된 한국의 디아스포라 연구도 초기에는 사할린, 일본, 중국, 미국, 중앙아시아 등에 거주하는 코리안 디아스포라의 삶을 중심으로 이루어졌다. 이는 식민주의적 폭력으로 한국을 떠나야 했던 코리안 디아스포라의 고통스런 삶을 묘사하는 데는 적합한 방식일 수 있었다. 그러나 국경을 넘나들며 다양한 장소에 잠정적으로 거주하고 또 이주하는 초국적 디아스포라의 삶을 포착하는 데는 그 방법이 그리 효과적인 것 같지 않다. 지구화 시대 디아스포라는 서로 다른 장소에서 자신을 끊임없이 '재-소속화 re-membering'하고, 이를 통해 국민 · 민족 · 인종 같은 정체성 범주들의 단일성을 의심하게 만드는 한편 그것들의 탈구적dislocated 성격을 실천적으로 증명한다.

디아스포라 개념의 이론적 잠재력은 우리가 공간, 장소, 문화의 동형성isomorphism과 포스트모던적 삶의 뿌리없음 양자에 맞서는 동시에, 사회적 소속의 문제를 귀속성과 이동성 모두의 관점에서 다루도록 해 주는 데 있다. 말하자면, 디아스포라 개념은 지구화 시대 행위자의 삶을 '뿌리내림rootings'과 '경로이동routings'의 동일성 속에서 사유하게 해 주는 것이다.[2] 오늘날 많은 연구자들이 문화적 혼종성 또는 크레올화에 주목하는 이유가 바로 여기에 있다.

그러나 디아스포라 문제를 단지 정체성의 문화적 구성이라는 측면에서만 접근하는 것은 문제가 있다. 디아스포라 개념은 지구화 시대 인구의 이동을 추동하는 정치적 · 경제적 '강제'에 관해서, 또한 혼종화 과정에 내재하는 계급적 · 성적 헤게모니의 작동에 관해서 주목할 것을 요구하기 때문이다. 오늘날 디아스포라는 고전적 디아스포라와 달리 초국적 이주 능력과 혼종적 주체성의 관점에서 규정되곤 하지만, 자본의 전 지구적 순환과 인구의 성적 분배 속에서 이동성의 불균등화와 이주의 젠더화를 경험하기도 한다. 이는 인종, 계급, 성의 문제가 디아스포라 개념을 다층적으로 규정하고 있음을 의미한다. 그리고 바로 이 지점에서 디아스포라 개념은 민족주의적 정체성뿐만 아니라, 불균등한 이동성과 이주의 성적 분배에도 문제를 제기하는 방식으로 이론적 잠재력의 실천적 전환을 시도할 수 있다.

이 책에는 총 11편의 글이 실려 있다. 이 글의 저자들은 기존 디아스포라 관련 논의에 대한 비판적 검토를 통해서 디아스포라 개념의 이론적 잠재력을 발굴하는 한편, 그 개념을 삶의 유동성과 로컬리티에 관한 다양한 성찰 작업에 활용함으로써 그 이론적 의의를 검증한

---

[2] 앤-매리 포르티어, 〈디아스포라〉, 데이비드 앳킨스 외, 《현대 문화지리학》, 이영민 외 옮김, 논형, 2011, 336쪽.

다. 그들은 우선 〈'디아스포라' 개념의 이론적 잠재력〉에서 디아스포라 개념의 이론적 갱신과 이를 통한 그 개념의 다양한 활용 가능성을 점검하고, 〈디아스포라의 삶과 장소〉에서는 동아시아 지역의 디아스포라를 중심으로 삶의 유동성과 로컬리티에 관한 역사적 고찰을 시도한다. 그리고 〈재현되는 디아스포라, 재현하는 디아스포라〉에서는 디아스포라를 재현하려는 예술적 상상력과 이주민의 삶을 재현하는 디아스포라적 상상력에 관해 살펴본다. 이 책을 통해서 우리는 오늘날 다양한 영역에서 이루어지는 디아스포라 관련 논의들의 주요 논점을 확인하고, 지구화 시대 삶의 문제들을 사유하는 데 디아스포라 개념이 갖는 이론적 잠재력과 가능성을 가늠해 볼 수 있을 것이다.

〈'디아스포라' 개념의 이론적 잠재력〉에서는 디아스포라 개념을 비판적으로 재구성하는 한편 그 개념의 확장된 활용 가능성에 관해 검토한다. 그리고 디아스포라 담론, 페미니즘 이론, 재일코리안 연구, 지성사 등의 영역을 중심으로 디아스포라 개념의 이론적·실천적 의의를 검증한다.

임경규의 〈화이트 디아스포라 vs. 네이티브 디아스포라〉는 디아스포라 담론에 내재하는 유럽중심주의에 문제를 제기하면서 디아스포라 논의의 방향전환을 시도한다. 그에 따르면 기존 디아스포라 논의는 거의 유럽 백인 남성 주체를 범주화해서 다루지 않았다. 이는 유럽 백인 남성을 '범주화할 수 없는 규범적 주체'로 전제한다는 점에서 명백한 제국주의의 산물이다. 주목해야 할 것은 현재의 디아스포라인데, 이 디아스포라는 외부적 폭력에 의해 이주를 선택하는 고전적 디아스포라와 달리 경제적 이윤 추구와 정치적 자유 실현을 위해 이주를 실현하는 과정에서 불가피하게 폭력을 수반하기 때문이다. 말하자면, 현재의 디아스포라는 고전적 디아스포라가 아닌 제국주의 디아스포라와 구조적으로 유사하다. 이 같은 논의를 거쳐 임경규는 디아스포라 개념을 제국주의적 폭력을 수반하는 '화이트 디아스포라'와, 고향을 상실했으면서도 디아스포라 특유의 이동성조차 박탈당한 '네이티브 디아스포라'로 구분해서 재규정한다. 디아스포라에 관한 분화된 인식 혹은 복합적 개념 규정은 디아스포라 관련 논의의 심화에 크게 기여할 것이다.

정현주의 〈이주 여성들의 공간 이야기〉와 이상봉·박수경의 〈디아스포라적 정체성과 차이의 정치〉는 디아스포라 개념을 페미니즘 이론 및 재일코리안 연구에 적용함으로써 그 유효성을 입증한다. 우선 〈이주 여성들의 공간 이야기〉는 디아스포라 개념을 페미니즘 공간 연구에 융합하여 공간의 역학을 새롭게 포착한 글이다. 정현주는 세계화 시대 새롭게 등장하는 젠더화된 하위주체로서의 이주 여성을 중심으로, 공간이 여성 억압의 기제이자 페미니스트 저항의 실천적 도구로서 개념화되고 또 작동하는 방식에 관해 검토한다. 그리고 스케일의 정치, 장소와 정체성의 재협상, 경계 넘기와 이동성의 제약 혹은 확장 등과 같은 공간적 개념들을 단순한 학문적 언어가 아닌 경계 지대에 선 여성들의 실천을 위한 정치적 자원으로서도 재구성한다.

다음으로 〈디아스포라적 정체성과 차이의 정치〉는 재일코리안 디아스포라의 역사적 경험과 실천적 활동을 토대로 정체성의 정치를 비판하고 차이의 정치의 가능성을 모색한 글이다. 여기서 이상봉·

박수경이 주목하는 것은 근대 국민국가 공간 속에서 국적·언어·이름이 만들어 내는 동질적 정체성의 억압적 성격과, 경계인으로서의 디아스포라적 경험(재일코리안의 '더블' 표상)이 '정체성의 정치'를 해체하고 디아스포라적 정체성('차이를 품은 혼종적 정체성')을 형성하는 과정이다. 이 두 편의 글은 디아스포라 개념의 정치적 잠재력을 발굴하는 가운데 그 이론적·실천적 의의를 증명함으로써 오늘날 디아스포라 관련 논의의 필요성을 다시금 확인하게 해 준다.

〈트랜스내셔널 지성사 다시 쓰기〉에서 육영수는 니체를 트랜스내셔널 시대 디아스포라 유랑자로 재발견함으로써 지구적 전망의 새로운 지성사 쓰기의 (불)가능성을 실험한다. 그는 일제강점기 '니체의 한국적 삶'을 재구성하고, 이를 통해 '니체·독일·서양'의 중심성을 해체하는 한편, '조선식으로' 문화 번역된 니체의 사상들(본 증충족적 개인주의, 과거를 초극한 민족 개조론, 사회진화적 투쟁론, 봉건 타파적 반역사주의, 나치즘적 행동철학 등)을 '경계 사유 bordor thinking'의 한 형태로서 추적한다. 육영수의 글은 디아스포라 개념의 폭을 지성사 연구에까지 확장했다는 점에서 매우 흥미롭다. 이는 디아스포라 개념의 이론적 잠재력을 보여 주는 중요한 사례일 것이다.

〈디아스포라의 삶과 장소〉에서는 1930년대 만주, 식민지 조선의 경성, 전후 일본의 교토, 전후 한국의 구룡포 등에 대한 역사적 고찰을 통해 근대 이후 동아시아 지역 디아스포라의 삶에 관해 살펴본다.

이동진의 〈만주국의 조선인〉과 서기재의 〈식민지 '문화 전시의 장'으로서 《관광조선》〉은 디아스포라의 혼종적 정체성에 관한 역사적 고찰의 결과물이다. 그중 이동진의 글은 만주국 수립 무렵 만주로 이주한 조선인 디아스포라의 삶을 역사적 자료들에 의거해서 치밀하게 고증한다. 여기서 주요 관심사는 재만조선인의 시민권 문제로 표상하기도 했던 조선인 디아스포라의 이중적 정체성 문제다. 조선이 일본의 식민지이고 만주국이 일본의 식민지라는 이중적 식민지 상황으로 인해, 만주국 조선인은 만주국 국민이자 일본제국 신민이라는 이중적 정체성을 소유하게 되었다는 것이다.

한편 서기재는 일본여행협회 조선지부 일본인들을 중심으로 일본인 디아스포라('재조일본인在朝日本人')의 삶에 대해 탐구한다. 흥미로운 점은 그들이 식민지 도시 경성을 '도시적 매력을 지닌 경성'으로 재현하는 가운데, 이 장소에 거주하는 재조일본인들을 소위 '경성인'으로서 명명했다는 사실이다. 식민지 조선으로 이주한 일본인 디아스포라는 자신의 혼종적 정체성을 '새로운 인종'으로서 표상했던 것이다. 이동진과 서기재의 글은 동아시아에서 디아스포라의 혼종적 정체성이 형성되는 대표적인 양태를 확인할 수 있는 중요한 자료다.

김귀옥의 〈냉전적 이산과 탈냉전적 공존의 전망〉은 일본 교토에 거주하는 재일코리안을 심층 면담하여 일제강점기 이후 디아스포라의 경험을 세 시기(식민과 제국의 이산, 분단과 냉전의 이산, 냉전과 탈냉전의 중첩 속의 초국적 이산)로 구분해서 살펴본 글이다. 이 글은 주로 재일코리안 2세대들의 기억과 삶을 토대로, 과거와 현재의 재일코리안이 여전히 식민, 분단, 냉전, 탈냉전 같은 거시적 주제들에 의해 다층적으로 규정되는 삶을 살고 있음을 구체적으로 보여 준다.

김귀옥의 글이 재일코리안의 다층적 기억과 삶을 구체적으로 보여 준다면, 홍금수의 〈구룡포 디아스포라 경관의 혼종적 독해와 유산산업〉은 일제강점기 이후 구룡포의 디아스포라 경관이 형성되는 역사적 과정을 실증적으로 추적한다. 여기서 그는 구룡포 신사 터의 혼성 경관이 식민지적 경험의 지속, 국가적 반공 이념의 강요, 유산 산업에 기인한 과거의 상품화 등 복합적인 역사적 기억을 표상한다는 데 주목한다. 그리고 결론적으로 오늘날 구룡포란 일본인 이주민뿐만 아니라 현지인까지도 디아스포라로 만듦으로써 다양성과 혼종성을 경험하는 현장이 되었다고 주장한다. 재일코리안의 삶과 구룡포 신사 터의 장소에 퇴적되어 있는 기억들은 오늘날 우리의 삶과 장소 또한 역사적 디아스포라에 의해 형성된 혼종적 삶과 장소로서 고찰하도록 해 준다.

이 책의 저자들은 〈재현되는 디아스포라, 재현하는 디아스포라〉에서 디아스포라를 재현하는 예술적 상상력과 유동적 삶을 재현하는 디아스포라적 상상력에 대해 성찰한다. 디아스포라의 재현, 혹은 디아스포라에 의한 재현을 살펴보는 일은 디아스포라의 정체성과 그 로컬리티에 관한 깊이 있는 인식을 가능하게 해 줄 것이다.

최성희의 〈횡단의 연극, 공연의 정치학〉은 공연예술로서의 연극과 디아스포라 정체성 사이에 친연성이 있음을 주장하면서 성노Sung Rno의 작품들을 대상으로 '제3의 공간'으로서의 연극의 의미를 탐구한다. 디아스포라 정체성이 이곳과 저곳 사이에서 아직 완성되지 않은 제3의 정체성을 상상하듯이, 공연예술 또한 삶과 예술을 중재하고 협상하는 전이liminal의 영역에 자리잡고 있다는 것이다('연극의 핵심은 현실 모방이 아닌 현실 변환transformation의 잠재적 역량이다'). 그리고 전통적인 민족주의적 '상상'을 무력화하는 '상상(불가능)의 공동체(un)imagined community'와 이 공동체가 꿈꾸는 '탈-민족trans-nation'('공연하는 디아스포라인diaspora in performance')을 미국 주도 세계화의 획일주의에 맞서는 소수자들의 초국적이고 유연한 연대를 위한 거점으로서 강조한다. 이 글은 디아스포라 담론을 예술 장르 논의에 창조적으로 결합함으로써 형식 미학적 논의의 지평을 새롭게 열어 놓는 한편, 세계화 문제들을 비판적으로 사유하는 데 디아스포라 개념이 갖는 이론적 유효성을 잘 보여 준다.

최성희의 글이 공연예술로서의 연극에서 '제3의 공간'의 가능성을 발견한다면, 신인섭의 〈디아스포라 서사 연구〉는 '유역'이라는 헤테로토피아에서 그 가능성을 모색한다. 이 글은 재일 조선인 작가 이회성의 소설《유역으로》에 대한 세밀한 독해를 토대로 역사적 디아스포라('고려인')의 삶을 현재의 의식 속으로 소환하면서, 이 소환 행위가 갖는 윤리적 의미에 대한 성찰 작업을 수행한다. '불협화음을 이루는 크고 작은 서사들이 모여들고 교환되는 장'으로서의 '유역'에 대한 인식의 필요성, 또한 정주자 의식에 사로잡혀 있는 현대인의 삶에 대한 비판적 성찰의 당위성은 그로부터 기인한다. 이와 같은 신인섭의 논의는 디아스포라 개념을 활용한 문학 연구의 전범적 사례라고 말할 수 있다.

〈1960-70년대 뉴욕의 한인 작가 : 이주, 망명, 디아스포라의 미술〉에서 양은희는 1960년대 이후 뉴욕으로 이주한 한국 출신 작가들의 미술 활동을 중심으로 '문화의 접촉 지점'에 대한 고찰을 시도한다. 이 글에서 양은희는 이주 작가들의 추상 미술을 우선 문화의 중심 언어를 주체적으로 수용해야 한다는 강박관념의 발로이자, 전통으로부터 거리를 두면서 개성적인 예술 작품을 생산하려는 신념의 표현으로서 간주한다. 그리고는 일종의 디아스포라적 공간, 즉 한국과 미국의 이분법적 구분을 넘어서는 초국가적 혼종 공간을 형성한다는 점을 들어 그 추상의 의의를 강조한다. 최성희나 신인섭의 논의가 디아스포라를 재현하는 방식에서 '제3의 공간'의 가능성을 모색했다면, 양은희의 논의는 보편성(추상 예술)을 추구하는 디아스포라의 능동적 행위에서 그 가능성을 찾는다. 이 글은 주변적 존재인 디아스포라를 수동적 피해자(재현 대상)가 아닌 능동적 행위자(재현 '주체)로 설정하고 그 예술적·실천적 행위의 창조성을 강조한다. 이는 디아스포라 개념의 중요한 이론적 잠재력일 것이다.

많은 분들의 도움이 없었다면 이 책의 출간은 이루어질 수 없었을 것이다. 책의 발간 취지에 흔쾌히 동의해 주시고 귀한 원고를 섬세히 다듬어 보내 주신 선생님들께 감사의 말씀을 전한다. 공동저서를 만드는 일이 개인적인 학문 이력에 크게 도움이 되지 않는 것임을 잘 알기에, 적지 않은 시간과 노력을 들여 이 작업에 참여해 주신 데 대한 감사함은 더욱 크다. 이와 함께 적지 않은 원고들을 형식에 맞게 편집하는 데 수차례에 걸친 도움을 준 우연희 선생님과 조수강 학생에게도 감사의 말을 전한다.

2016년 5월
〈디아스포라 휴머니티즈 총서〉 기획위원 이진형

제1부

'디아스포라' 개념의 이론적 잠재력

1

화이트 디아스포라 vs. 네이티브 디아스포라
디아스포라 담론에 대한 비판적 고찰

임경규

디아스포라와 유럽중심주의

최근 인문학 담론의 큰 축을 이루는 것이 바로 디아스포라이다. 국내외를 막론하고 한동안 거의 모든 인문학 연구는 디아스포라라는 형용사를 동반하기도 하였다. 이런 현상은 세계화의 급진전과 그에 따른 민족국가 간 경계선의 약화가 가져온 필연적 결과라 할 수 있다. 하지만 지금까지의 디아스포라 논의는 한 가지 중요한 문제점을 안고 있다. 이는 현재의 디아스포라 담론이 철저하게 유럽중심적이라는 것이다.

여기에서 유럽중심적이라 함은 디아스포라에 대한 논의가 유럽 지역 민족들에 한정되었다거나, 유럽을 중심으로 한 이산離散 현상에

---

* 이 글은《영어영문학21》제25권 4호(2012)에 게재된 원고를 수정 및 보완하여 재수록한 것이다.

초점을 맞추어 왔다는 것이 아니다. 오히려 역설적으로 디아스포라 논의에 있어서 유럽 백인 남성 주체가 제외되어 왔음을 의미한다.[1] 그들은 세계의 인적·물적 흐름의 과정 속에서 디아스포라나 토착민native 그 어디에도 속하지 않는 초월적 위치를 차지하고 있다. 이는 유럽 출신의 백인 남성 주체는 범주화되지 않는, 더 정확하게 표현하자면, 범주화될 수 없는 규범적 주체로서 우리가 '지리적 보편성'이라고 정의할 수 있는 특권을 부여받고 있음을 암시한다. 다시 말해서, 프랑켄버그Ruth Frankenberg가 미국적 맥락에서 '표시되지 않는 표시unmarked marker'로 정의한 백인성whiteness이 디아스포라 담론에서도 유효하게 작동하고 있는 것이다. 프랑켄버그에 따르면, 백인성은 흰 피부의 특권을 누리는 것이 아니라 '피부색의 부재'를 통해 정의 되는 위치이다.[2] 규범적이고 보편적 인간으로서의 백인 남성은 범주를 창조하되 결코 범주화되지 않는 것이다. 이를 다르게 표현한다면, 백인 남성은 자유로이 움직일 수 있는 주체로서, 국가적 경계선의 지배를 받기보다는 그 위에 군림하며, 지리적 경계선의 생산자임과 동시에 그것을 초월하는 존재인 것이다. 그런 까닭에 백인 남성 주체는 고향과 타향, 이주와 회귀 등과 같은 지리적 개념을 통해서 정

---

[1] Academic Search Elite를 통해 최근 2년간 출판된 디아스포라 관련 학술 논문 50편을 검토해 본 결과 백인 남성에 관한 논문은 고작 3편에 불과했다.

[2] Ruth Frankenberg, "Whiteness and Americanness : Examining Constructions of Race, Culture, and Nation, in White Women's Life Narrative," in Steven Gregory and Roger Sanjek (eds.), *Race*, New Brunswick : Rutgers University Press, 1994, p. 69.

의되는 디아스포라의 이론적 틀 내에서 범주화되지 않았던 것이다.[3]

디아스포라 담론 속에 내재되어 있는 이런 유럽중심주의는 넓은 의미에서 보면, 제국주의의 산물이라 할 수 있다. 유럽의 제국주의는 마니교적 이항 대립의 논리를 가져다 전 세계를 백인/토착민native[4]의 대립적 관계를 나타내는 지도로 그렸다. 이 속에서 토착민은 백인들의 무한한 자기 확장의 드라마를 위한 배경으로 존재하였음은 모두 아는 사실이다. 그들은 백인들이 정복해야 할 자연의 일부로서 언제나 움직이지 않고 변화할 줄 모른 채 고정되어 있는 그런 존재였다. 즉, 토착민은 백인들의 지리적 보편성에 대립되는 존재로서 언제나 이미 그곳에 고착되어 있는 사람들인 것이다. 우리는 토착민에게 부여된 이러한 이동성의 부재를 '지리적 고착성'이라 정의할 수 있을 것이다. 여기에서 지리적 고착성이라 함은 지리적·문화적·인종(민족)적 정체성을 본질주의적인 방식으로 사유할 때 생산되는 것으로, '흑인=아프리카'와 같은 등식의 기반이 되는 것이라 할 수 있다.[5]

<hr>

[3] 지리적 보편성을 지닌 백인 남성 주체에 대한 이상화는 노마디즘nomadism과 같은 철학 담론 속에 투영되어 있는데, 비평가 사라 아메드Sara Ahmed는 노마디즘의 "집 없음homelessnes"에 대한 낭만적 이상화는 르네상스 이래 구축되어 온 특수한 유럽 남성 주체에 기반한 유럽중심주의의 한 측면이라고 주장한다(Sara Ahmed 1999 : 339).

[4] 영어 단어 'native'는 일반적으로 '원주민'으로 번역되지만, 그것이 함의하는 부정적 의미로 인해 여기에서는 '토착민'으로 표현하고자 한다. 그리고 특히 '토착민'은 '디아스포라'에 대한 반대의 개념을 포함하고 있다는 점에서 유용한 표현이라 할 수 있다.

[5] 특정 지리적 실체와 민족 간의 등식은 근대 유럽의 산물이라 할 수 있다. 베네딕트 앤더슨Benedict Anderson에 따르면, 근대 민족국가는 정확한 지도 제작을 통해 지리적 영토를 민족의 경계선과 동일시하는 특수한 정치적 상상력을 발전시켰다

예컨대, 호주, 뉴질랜드, 남아메리카 등 제3세계에 정착한 유럽 출신의 백인들은 토착화되기보다는 유럽문화와 언어를 새로운 땅에 이식하고 동시에 유럽과 정치적으로나 문화적으로 긴밀한 유대 관계를 지키면서 살아가고 있지만 절대 디아스포라로 범주화되지 않는다. 반면, 유럽이나 아메리카 대륙으로 퍼져 나가 있는 흑인들이나 아시아인들은 문화적으로나 정치적으로 토착화된 이후에도 언제나 아프리카 혹은 아시아와 같은 지리적 실체와의 연관성을 통해서만 정의된다. 그 결과 이들은 '아프리칸 디아스포라' 혹은 '아시아계 미국인'과 같은 한정된 정체성을 부여받게 된다. 이는 유럽의 백인들에게는 '집＝세계'라는 공식이 적용되는 반면, 흑인들은 '집＝아프리카'라는 지정학적 고착성 속에서 범주화되고 있음을 의미한다.

이런 지리적 고착성으로 인하여 대다수의 제3세계 비백인 주체들은 유럽의 제국주의들에 의해 자의적으로 설정된 문화적·지리적 경계선을 넘어 새로운 곳에 뿌리를 내리는 순간 이방인으로 낙인찍히는 인식론적 폭력을 경험한다. 로버트 리Robert Lee의 설명처럼, 이런 이방인은 언제나 "제자리를 벗어나" 질서를 파괴하고 문화적·인종적 순수성을 파괴하는 "오염물질"에 지나지 않는 것이다.[6] 그러기에 그들은 추방과 격리의 대상으로 구별되며, 따라서 그들 스스로 언젠가는 자신의 고향으로 회귀하는 것을 꿈꾸거나 요구받을 수밖에 없

(Benedict Anderson 1983 : 184).

[6] Robert G. Lee, *Orientals : Asian American in Popular Culture*, Philadelphia : Temple University Press, 1999, pp. 3-4.

는 것이다.

이런 관점에서 본다면, 고전적인 의미에서의 토착민과 디아스포라는 대립적인 개념이 아니다. 단지 비백인 주체들이 차지하고 있는 지리적 위치에 따른 구별에 지나지 않는다. 이런 의미에서, 디아스포라는 퇴뢸리안Khäching Tölölyan이 주장한 것처럼 "민족국가의 타자"가 아니라 백인 남성 주체의 타자이다.[7] 즉, 디아스포라 역시 (고전적인 의미에서의 토착민과 마찬가지로) 유럽의 백인 남성 주체 속에 내재된 부정적 계기들이 지리적 · 문화적 타자에게 투영되면서 생산된 결과물로서, 유럽 문명의 타자라고 할 수 있다. 지리적으로 유럽의 외부에 있는 타자는 '토착민'으로 범주화되고, 반면 지리적으로 내부에 존재하는 타자는 '디아스포라'의 지위를 부여받는 것에 지나지 않는다고 할 수 있다.

디아스포라 담론에 내재하는 이런 유럽중심주의를 타파하기 위해서는 그동안 백인 남성 주체가 누려 왔던 지리적 초월성이라는 특권을 박탈하고, 이들도 다른 인종이나 민족들과 마찬가지로, 더 넓은 의미에서의 길 떠나기와 뿌리내리기의 과정, 즉 디아스포라와 토착민의 대립과 상생, 갈등과 경쟁의 관계 속에 위치시킬 필요가 있다. 예컨대, 남아프리카공화국에 정착한 영국 제국주의자들의 후손이나, 필리핀에 정착하여 정치적 실권을 쥐고 있지만 문화적으로는 유럽을 지향하는 스페인 계열의 메스티조들도 영국 디아스포라나 스

---

[7] Khäching Tölölyan, "The Nation-State and its Others : In Lieu of a Preface," *Diaspora : A Journal of Transnational Studies* 1-1, 1991, pp. 3-7.

페인 디아스포라 등으로 범주화시킬 필요가 있는 것이다. 이렇게 되면 백인 주체는 더 이상 자유로이 이동할 수 있는 특권적 주체로서 혹은 범주를 초월한 규범적 존재로서 여겨질 수 없게 된다. 그들 역시 한정된 지리적 영토 속에서 어느 정도 고착화된 문화적 정체성을 지닌 유럽의 원주민임과 동시에, 유럽이 아닌 다른 지리적 맥락에서는 유럽 디아스포라로 범주화될 수 있기 때문이다.

유럽 이외의 지역에 살고 있는 유럽 제국주의자들의 후손과 그들의 삶의 방식을 디아스포라의 내러티브 속으로 끌어들이는 것은 두 가지 측면에서 이론적 장점이 있다.

첫째, 기존에 논의되어 왔던 디아스포라 집단과 유럽 출신 정착민들을 길 떠나기와 뿌리내리기라는 동일한 과정 위에 위치시킴으로써 디아스포라 담론 속에 구조화되어 있는 유럽중심주의를 타파할수 있다. 둘째, 유럽 제국주의자들과 그들의 후손이 토착민과의 관계를 구성해 나가는 방식을 다른 디아스포라 집단의 이주와 정착의 과정과 포개어 놓음으로써, 디아스포라의 내러티브와 제국주의 내러티브 사이에 존재하는 구조적 유사성과 차이를 명시적으로 드러낼 수 있다. 이를 통하여 우리는 디아스포라 담론 속에 공존하는 유토피아적 계기와 더불어 부정적 계기들을 이론화할 수 있게 된다. 부정적 계기들에 대한 이론화는 세계화 시대의 대안적 정체성으로 부상하고 있는 디아스포라를 반성적으로 재검토할 수 있는 계기를 마련해 줄 수 있을 것이다.

특히 이 글에서 주목하고 있는 것은 위의 두 번째 사항과 관련하여 새로운 형태의 디아스포라의 출현과 그에 따른 문제점이다. 많은 비평가들이 지적하고 있듯이, 현재 시점에서 부상하고 있는 디아스포라는 제국주의의 산물로서 나타난 고전적 형태의 디아스포라와는 다르다. 고전적 디아스포라가 고향 땅의 상실과 같은 외부적 폭력으로 어쩔 수 없이 타향으로의 이주를 선택했었다고 한다면, 현재의 디아스포라는 경제적 이윤추구와 더 많은 정치적 자유의 실현과 같은 지극히 개인적이고 현실적인 문제에 기인하고 있다. 이는 최근의 디아스포라적 여정이 기초적인 생존을 위한 소극적 길 떠나기가 아닌, 부와 사회적 상징자본의 축적을 위한 적극적 개척의 행로에 더 가깝다는 것을 의미한다. 디아스포라가 제국주의적 내러티브와 겹쳐지는 부분이 바로 이 지점이라 할 수 있다. 비록 개인적인 차원에서일지라도, 유형·무형 자본축적의 추구는 필연적으로 타자에 대한 구조적 착취와 억압이라는 폭력을 수반하기 때문이다.

이 글에서는 이런 새로운 형태의 디아스포라와 제국주의 디아스포라 사이의 구조적 유상성에 기반하여 이 두 형태의 디아스포라를 '화이트 디아스포라'로 정의하고 그들의 행로 속에서 드러나는 폭력의 양상을 이론화하고, 아울러 '네이티브 디아스포라native diaspora'라는 개념을 새롭게 정립하여 화이트 디아스포라의 폭력성과 그것이 드리우는 어두운 그림자를 분석해 보고자 한다. 이 과정 속에서 제인 캠피온Jane Campion 감독의 1993년 영화 〈피아노The Piano〉와 더불어 같은 해에 만들어진 리 타마호리Lee Tamahori 감독의 〈전사의 후예〉를 겹쳐 읽으며 뉴질랜드의 역사를 화이트 디아스포라와 네이티브 디아스포라 사이의 상호 투쟁의 장으로 설명해 보고자 한다.

제국주의 디아스포라

화이트 디아스포라 개념이 전적으로 새로운 것은 아니다. 이것의 개념적 연원은 로빈 코헨의 1997년 저서 《세계의 디아스포라 Global Diasporas : An Introduction》로 거슬러 올라간다. 코헨은 '제국주의 디아스포 라imperial diaspora'라는 말을 사용하며 식민 개척자들과 그들의 후손들을 디아스포라로 분류할 수 있음을 명시하고 있다. 그리고 이후 2008년 에 나온 개정판을 통해 더 명확한 개념화를 시도한다.

그는 먼저 역사적으로 진행된 디아스포라 연구를 4단계로 구분한 다. 첫 번째 단계는 1960년대와 70년대에 걸쳐 행해진 고전적 디아 스포라인 유대인에 대한 연구이다. 두 번째 단계는 1980년대 이후 로 수행된 형태로서 디아스포라 개념의 '은유적 사용'을 통해 이산 의 여러 양태들을 분석하고 이를 개별적인 집단들에 적용하는 것이 다. 이는 디아스포라의 개념적 확장을 가져오게 된다. 세 번째 단계 는 1990년대 중반부터 유행하기 시작한 포스트모더니즘의 구성주 의적 이론을 통하여 디아스포라의 개념 속에 내재된 본질주의적 성 향에 대해 비판을 가하는 것이다. 이런 비판의 방향은 주로 디아스 포라 개념의 중심이라 할 수 있는 '고향 땅homeland'과 '종족/종교' 공 동체의 해체를 지향한다고 할 수 있다.

마지막으로, 21세기에 들어서면서 디아스포라의 연구는 새로운 방향으로 전환하고 있는데, 이 작업의 핵심은 포스트모더니즘에 대 한 비판이라 할 수 있다. 즉, 본질주의적 개념으로서의 '고향'에 대 한 포스트모더니즘의 비판을 어느 정도 수용하면서도 디아스포라의 개념적 틀 자체를 유지하고자 하려는 노력이다. 고향과 중심에 대한 지나친 비판은 결국 디아스포라 개념 자체를 공동화시키고 그 속에 내재된 분석틀로서의 유용성마저도 해체시킬 수도 있다는 위험성에 대한 각성인 것이다. 결국 개념적 도구로서 디아스포라가 지니는 힘은 고향/타향, 이산/귀향과 같은 내러티브를 통해서만이 유지될 수 있기 때문이다. 다시 말해서 고향을 해체시킨 디아스포라는 더 이상 디아스포라로 정의될 수 없는 것이다.[8]

코헨은 이런 4단계의 발전 과정 속에서 '제국주의 디아스포라'를 제2단계의 개념적 확장 단계의 산물로 분류한다. 그리고 이들을 "고향과의 지속적인 유대를 유지하고, 고향의 정치적·사회적 제도를 존중하며 그것을 모방하고, 거대 제국의 일부라는 의식을 갖고 있었기에, 스스로를 전 지구적 사명을 띠고 있는 '선민'으로 생각"하는 집단이라고 규정한다.[9] 코헨은 이런 제국 디아스포라의 전형적인 집단으로 '영국 디아스포라'를 지목한다. 제국주의 시절 지구의 4분의 1을 정복한 영국은 적극적인 이민 정책을 장려함으로써 제국의 건설을 도모하였는데, 기록에 따르면 1880년대에서 1920년대 사이에 매 10년간 평균 170만~180만의 인구가 호주와 뉴질랜드를 비롯한 식민지 지역으로 이주하였다.[10] 이런 대규모의 이주는 식민지 지

---

[8] Robin Cohen, *Global Diaspora : An Introduction* (2nd Edition), London : Routledge, 2008, pp. 1-2.

[9] Cohen, *Global Diaspora*, p. 69.

[10] Stephen Constantine, "British Emigration to the Empire-Commonwealth since 1880 : From Overseas Settlement to Diaspora?," in Carl Bridge and Kent Fedorowich (eds.),

역에서 파괴적인 결과를 가져올 수밖에 없었다. 호주에서는 수많은 원주민이 목숨을 잃고 그들의 문화는 철저하게 파괴되었다. 뉴질랜드에서도 마오리족들의 거의 모든 토지가 영국인들의 수중에 들어갔으며, 캐나다의 이뉴이트족 역시 원주민 보호구역으로 추방당했다. 그들의 이런 제국주의 정복과 지배에도 불구하고, 단순히 제국주의자가 아닌 '제국주의 디아스포라'로 분류될 수 있는 이유는 너무도 명료하다. 대부분의 식민 영지는 1960년대 이후 독립된 국가 시스템을 가지고 영연방 국가로서 정치적 독립을 했지만, 여전히 그들의 문화적/정치적 지향점은 고향 혹은 중심으로서의 영국으로 향하고 있기 때문이다. 많은 이들이 여전히 영국의 여권을 가지고 다니고 있으며, 과장된 영국인의 몸짓으로 자신의 '영국성Britishness'을 드러낸다는 것이다. 코헨은 이를 베네딕트 앤더슨Benedict Anderson의 설명을 차용하여 다음과 같이 설명한다.

다른 디아스포라 공동체와 마찬가지로, 과장된 매너와 애국심의 표출은 해외의 영국인들을 영국의 영국인들보다 더 영국인스럽게 만든다. 특히 영국인의 경우, 메트로폴리탄의 과장된 매너는 … 제국주의의 유산으로부터 직접 유래된 것으로, 이는 '토착민'에 대해 유사 – 귀족적인 방식으로 지배하려는 것이다.[11]

The British World : Diaspora, Culture and Identity, London : Frank Cass, 2003. p. 19.

[11] Cohen, *Global Diaspora*, p. 77.

즉, 많은 영국인 이주자들은 중심으로서의 영국, 혹은 고향으로서의 영국에 대한 문화적 · 정치적 지향성을 가지고 있었다. 그들의 사고와 실천 방식을 지배하는 것은 백인성 혹은 영국성이라 할 수 있는 문화적 표지였다. 이런 문화적 · 인종적 우월성에 대한 신념 아닌 신념은 자민족중심주의ethnocentrism의 한 형태로서 그들의 토착화를 방해하였을 뿐만이 아니라, 영국의 정치 · 문화 시스템을 이국 땅에 그대로 이식하여 토착민의 주변화를 강화할 수밖에 없었다.[12] 따라서 이들의 문화적 행태는 지리적 · 문화적 이중성과 중심으로부터의 이산과 그것과의 정치적 · 문화적 연대의 유지라는 디아스포라적 틀을 통하지 않고는 분석이 불가능한 것이다.[13]

코헨의 연구가 영국인 화이트 디아스포라에 대한 개념적 토대를 제공했다고 한다면, 이에 대한 더 본격적인 연구는 라디카 모한람 Radhika Mohanram에 의해서 이루어졌다. 모한람은 2007년 저서 《제국의 백인 : 인종, 디아스포라, 대영제국Imperial White : Race, Diaspora, and the British Empire》에서 19세기 중반 영국 이주민들이 겪게 되는 고향 상실의 경

---

[12] 백인 식민주의자들의 토착화가 없었던 것은 아니다. 몇몇 경우에서 백인들이 토착화되고, 인종적으로나 문화적으로 뒤섞임으로서 새로운 사회구성체가 형성되기도 하였다. 특히 이들 토착화된 백인 세력들이 이후 본국에 저항하여 민족주의 지도자로 변신 경우도 많다. 예를 들어, 필리핀의 메스티조들은 본국인 스페인에 저항하여 독립국가로서의 필리핀을 세우는 데 공헌하였다.

[13] 그러나 제국주의 시대의 영국 이주자들을 디아스포라의 한 형태로 볼 수 있는가 하는 문제는 여전히 논란의 대상이다. 영연방 국가의 문화와 정체성에 대해 열렸던 국제 포럼을 기초로 2003년 출판된 《브리티시 세계The British World : Diaspora, Culture and Identity》의 기고자들은 1940년대 이전의 이주자들은 엄밀한 의미에서 디아스포라라기보다는 단순 "이산dispersal"에 가깝다고 주장한다(Cohen 2008 : 3).

험이 식민지 문화 형성에 미치는 영향을 디아스포라의 관점에서 접근한다. 이 연구는 디아스포라의 중심으로서의 영국과 호주, 뉴질랜드, 인도 지역의 영국 정착민의 문화를 포괄하는데, 이 중 뉴질랜드에 대한 연구는 이 논문이 수행하고자 하는 연구에 많은 시사점을 던져준다. 그녀는 먼저 이렇게 질문한다. "19세기 뉴질랜드에서 백인으로 산다는 것은 무엇을 의미하는가?" 즉, 마오리의 땅에 백인으로 존재하는 것에 대해 그들은 어떤 대가를 돌려받았는가? 이에 대한 그녀의 답변은 명쾌하다. "영국과 뉴질랜드를 맞바꾼 백인 정착민들은 [뉴질랜드의] 숨 막힐 듯 아름다운 풍경과 더불어 감당할 수 없는 우울증을 얻게 되었다."[14]

모한람의 대답은 디아스포라로서의 고향의 상실과 식민지 개척, 그리고 그것이 가져오는 파괴적 결과 사이에 적절한 교차점을 설정해 준다. 여기에서 모한람이 말하는 "우울증"은 프로이트가 1917년 논문 〈애도와 우울증Mourning and Melancholia〉에서 정의한 우울증을 지칭한다. 프로이트에 따르면, 애도는 실질적인 상실에 대한 심리적 반응이다. 예컨대, 사랑하는 사람의 죽음에 대한 애도가 그것이다. 이것은 상실 자체에 대한 실질적 극복을 위한 노력에 다름 아니다. 반면 우울증은 상상적 상실과 관련된다. 다시 말해서, 우울증 환자는 무엇을 잃어버렸는지 알지 못한다. 그에게 있어서 결여는 근원적인 것이다. 그는 아무것도 잃어버린 것이 없다. 단지 그가 어떤 것도 잃

---

14 Radhika Mohanram, *Imperial White : Race, Diaspora and the British Empire*, Minneapolis : University of Minnesota Press, 2007. p. 124.

어버리지 않았다는 사실을 잃어버렸을 뿐이다. 그러하기에 그는 상실을 극복할 수 있는 방법을 찾지 못한다. 그에게 주어진 길은 오로지 하나이다. 결여 자체를 내화하고 그것과 동일시하는 것이다. 결여 자체가 자아의 일부가 되고, 상실은 항구적 진행형으로 바뀐다. 우울증적 자아는 바로 이런 상실과 결여의 토대 위에서 형성된다. 그러한 자아는 자신이 잃어버렸다고 상상하는 대상체의 특성들을 자신의 것으로 흡수하며 스스로를 욕망의 대상체로 변화시킨다. 그래서 그는 자신에게 말한다. "자 보라고. 너는 나를 사랑할 수 있어. 나는 그것과 똑같잖아."[15]

여기에서 모한람이 주목하고 있는 것은 우울증적 주체가 수행하는 타자에 대한 전유이다. 즉, 특정 대상체의 특성을 흡수하는 것은 문화적이고 실제적인 측면으로 확장시키면 '인간포식cannibalism'이라는 것이다. 이러한 우울증과 인간포식자의 상관성을 디아스포라와 토착민의 상황으로 번역해 보자.[16] 디아스포라는 고향을 상실했다고 상상하지만, 실상 그는 한 번도 그 고향을 소유해 본 적이 없다. 특정 지리적 대상체와 특정 개인 사이에는 어떤 본질적 연관성도 존재하지 않기 때문이다. 그가 영국인인 것은 필연이 아니라 우연이다. 영국인으로 태어났을 뿐이다. 그런 의미에서 디아스포라 주체가 겪는 상실감은 상상적인 것이고, 고향의 부재는 근원적인 것이다. 하지만 디아스포라 주체는 상실 자체를 자신과 분리하지 못한다. 그러기에

---

[15]   Mohanram, *Imperial White*, p. 126.

[16]   Mohanram, *Imperial White*, p. 126.

고향의 부재는 결코 부재로서 명명되어서는 안 된다. 부재가 부재로서 각인되는 순간, 그는 존재 기반을 상실하기 때문이다. 따라서 부재는 언제나 이미 상실로 전환되어야 하며, 또한 상실은 끊임없이 무대 위에 올려지고 실연^{enacting}되어야 한다. 이것이 바로 디아스포라 주체가 타자에 대한 전유와 포식을 멈출 수 없는 이유이다. 최소한 타자를 포식하는 동안만큼은 고향의 부재라는 트라우마적인 진실을 감추고 스스로를 설득시킬 수 있기 때문이다. '자 보라고. 여기 우리 고향이 있어. 이놈들이 우리의 고향을 빼앗아 간 거라고.'

고향을 상실한 우울증적 주체로서의 백인 정착민과 토착민의 관계를 타자의 전유와 인간포식 문화 속에 설정함으로써, 모한람은 유럽의 식민주의자들이 어떻게 '식인종'을 발명하게 되었는지, 그리고 토착민은 백인의 증상이라는 탈식민주의의 명제가 어떻게 성립될 수 있는지를 설명해 준다. 모한람은 이렇게 주장한다.

백인 정착민은 특수한 위치에 놓여 있다. 이들은 식민/피식민의 이항 대립에 깔끔하게 들어맞지 않기 때문이다. 백인 정착민이 메트로폴리탄 혹은 그들의 출신 국가와 맺는 관계는 〔우월성의〕 훼손의 담론이라는 특징을 통해 표현되는데 대게 이 담론은 피식민 사회와 연관된 것이다. 그러나 정착민들이 타락한 집단으로서의 토착민과의 환유적 관계를 통해 연결되어 있다고 하더라도, 이 정착민들은 동시에 제국주의 유럽의 권위를 상징하기도 한다. 따라서 그들의 몸은 훼손과 우월성이 교차하는 지점에서 기능한다. 백인 정착민은 백인일지라도 메트로폴리탄의 주변을 맴도는 노동자계급이나 부랑자들과 다름 아니다. 이들 노동자들이나 부랑자들은 백인 부르주아 정체성을 더럽히는 오염 물질이기 때문이다. 이런 오염물질은 명확한 이항 대립 속에서 기능하는 백인성의 개념을 흐리게 만들고, 바람직한 것과 그렇지 않은 것 사이를 명확히 구분하려는 모든 시도가 불가능한 것임을 증명한다. 백인 정착민 역시 백인성이 사회적으로 구성된 것임을 증명한다. 그들의 존재는 인종이 자연의 산물이 아님을 증명하며, 19세기 인종주의적 생물학이 지니는 주관적이며 정치적인 속성들을 폭로한다.[17](132-33)

부르주아 계급에게 런던의 도심을 배회하는 노동자들은 자신들의 계급적/문화적 순수성을 파괴할 수 있는 악몽이었다. 그래서 그들은 끊임없이 노동자들을 착취하고 포식하고 배설할 수밖에 없었다. 한 마디로 노동자들은 백인이 아니었다. 단지 부르주아의 증상으로서만이 존재할 수 있었다. 하지만 피포식자였던 그들이 남태평양 한가운데의 섬으로 이주하면서 자신이 누구인지를 깨닫게 된다. 자신들의 타자, 즉 원주민을 발견한 것이다. 정착민들은 원주민을 포식하며 자신이 파케하Pakeha(백인을 지칭하는 마오리 언어)임을 알게 된 것이다. 그러나 이런 자기 발견은 고향 상실과 어두운 죽음 충동을 토대로 이루어진 것이기에 슬픈 것이었다. 또한 자신이 진짜 포식자임을 감추고 근원적 죄책감을 부정하기 위해 '식인종'을 발명하지 않을 수 없었다. 그러했기에 19세기 뉴질랜드의 역사는 "상실과 슬픔과 욕망" 그리고 "그 비통한 정감에 대한 미학적 보상"으로 점철될

---

[17]   Mohanram, *Imperial White*, pp. 32-33.

수밖에 없었다고 모한람은 주장한다.[18]

파케하의 우울증 : 〈피아노〉

제인 캠피온의 영화 〈피아노〉는 모한람이 이론화한 19세기 화이트 디아스포라의 우울증과 뉴질랜드의 건국을 알레고리적인 방식으로 포착해 낸다. 특히 이 영화는 우울증에 내포된 인간포식의 폭력적 기제가 어떻게 '거래'라는 자본주의적 합리성을 통해 포장될 수 있는지를 보여 주기도 한다. 영화에 대한 이야기를 시작하기 전에 먼저 뉴질랜드의 역사를 잠시 일별해 보자. 영국의 제임스 쿡James Cook 선장이 뉴질랜드에 처음 상륙한 것은 1769년이었다. 호주에서 그리 환영받지 못한 채 많은 토착민aborigines들을 학살했으나, 마오리인은 그리 적대적이지는 않았다. 하지만 마오리인과 유럽의 조우가 덜 폭력적인 결과를 낳은 것은 아니었다. 뉴질랜드는 백인들에게 자연의 숭고미를 선사한 반면, 유럽인들은 그들에게 기독교와 총을 선물했다. 특히 총이라는 새로운 문물은 엄청난 파장을 가져왔다. 마오리는 수십 개의 부족으로 이루어져 있었고, 각 부족들 간에 영토를 두고 적지 않은 갈등이 있었으나, 이러한 종족 간의 전쟁은 제의적인 측면이 강했기에 사상자는 그리 많지 않았다. 그러나 그들의 손에 총이 전달되면서 상황은 달라졌다. 새로운 무기를 획득한 집단이

---

[18] Mohanram, *Imperial White*, p. 124.

무소불위의 힘으로 타 부족의 영토를 강탈하기 시작했다. 총이 모든 것을 결정하는 상황이 된 것이다. 총은 마치 북아메리카의 원주민을 죽음으로 몰아넣었던 백인들의 바이러스와도 같았다. 역사적으로 '총기 전쟁Musket Wars'(1815~1840)이라 칭해진 이 전쟁으로 인해 마오리의 인구는 급감했고, 궁극적으로 영국에게 자신의 주권을 내어주는 원인이 되기도 하였다.[19]

1840년 종족 간의 갈등을 봉합하기 위해 각 종족들의 대표는 마오리의 주권[20]을 영국 국왕에게 양도하고, 대신 각 종족의 자치권과 더불어 땅과 바다와 숲과 그것의 산물들에 대한 소유권을 보장받는 '와이탕기 조약Waitangi Treaty'을 체결하게 되었다. 이때부터 뉴질랜드는 영국의 영지로 편입됨과 동시에 마오리는 영국의 시민이 된 것이다. 이는 총의 폭력으로부터 법의 보호를 받기 위한 조치였다고 할 수 있다. 하지만 이것은 결코 갈등의 종말이 아니었다. 오히려 거대한 인간포식 기계에 마오리의 운명을 맡긴 것이나 다름없었다. 왜냐하면 마오리 내부의 종족 간 투쟁이 땅의 소유권을 향한 마오리와 파케하 사이의 투쟁으로 전이되었기 때문이었다. 와이탕기 조

---

[19] 뉴질랜드의 역사에 관한 많은 정보들은 P. M. Smith의 *A Concise History of New Zealand* (2nd Edition)을 참조하였다.

[20] 와이탕기 조약은 지금까지도 논란의 대상이 되고 있는데, 그 이유는 영어판과 마오리 언어로 번역된 것 사이에 심한 균열이 존재하기 때문이다. 특히 '주권'의 문제가 가장 큰 이슈가 되고 있는데, 영어로는 sovereignty로 표현된 것을 마오리 언어로는 governorship으로밖에 번역이 불가능하다는 것이다. 따라서 이 두 단어를 어떻게 해석하느냐의 문제가 뒤따라 올 수밖에 없었고 이것이 이후 분쟁의 가장 큰 불씨가 되었다.

약 이후 영국으로부터 본격적인 이민이 시작되었는데, 1840년 파케하 인구는 2,000명에 불과했으나 1881년에는 50만 명으로 급증했을 정도였다. 새로운 정착민의 수가 급증하자 그만큼 땅에 대한 수요도 급증할 수밖에 없었던 상황이 되었을 무렵, 땅에 굶주린 파케하는 마오리 내부의 균열을 틈타 여러 종족들로부터 땅을 사들이기 시작하였다. 땅의 중요성을 인식하고 있었던 많은 마오리인은 파케하의 토지 독점에 저항하기 위한 전략을 찾기 위해 노력했는데, 그 결과물이 바로 1850년대 '국왕옹립운동New Zealand King Movement'이었다. 이 운동은 범마오리 종족 간 연대를 통해 '분할과 통치'라는 식민통치 전략에 저항하기 위한 운동이었으며, 또한 파케하로부터 마오리의 땅을 지키기 위한 것이었다. 하지만 영국 정부는 이것을 반란으로 규정했고 급기야 양 진영 간의 전쟁으로 발전되었는데, 이 전쟁이 바로 1860년대 전체를 피로 물들인 '토지전쟁'(1860~1872)이었다. 10년 넘게 지속된 이 전쟁은 백인의 지배권을 더욱 공고히 하는 결과를 낳았을 뿐만 아니라 마오리인은 325만 에이커의 땅을 강제로 몰수당했다.

영화 속 주인공 에이다가 숭고한 뉴질랜드의 풍광 속에 내던져지게 되는 시점이 바로 땅의 소유권과 국가의 주권 문제로 인한 마오리와 파케하 사이의 갈등이 심화되던 1850년대이다. 영화는 영국에서의 과거를 짧막하게 소개하는 어린 에이다의 목소리로 시작된다. 우리는 그녀가 벙어리임을, 어린 딸을 둔 과부임을, 그리고 뉴질랜드에 시집을 오게 되었음을 알게 된다. 그녀의 아버지가 그녀를 이곳으로 보낸 것이다. 금전적 거래가 있었음을 짐작케 한다. 그리고 장면이 바뀌어 뉴질랜드의 해안에 그녀가 서 있다. 에이다가 뉴질랜드의 땅에 도착하는 모습은 자못 예언적이다. 그녀가 뉴질랜드와 어떤 관계를 맺게 될 것인지를 암시해 주기 때문이다. 배에서 내린 그녀는 빅토리아조의 검은 상복을 입고 있고 검은 보닛을 쓰고 있다. 네 명의 남자가 마치 어떤 성스러운 의식을 거행하듯 조심스럽게 그녀를 어깨 위에 태운 채 해안가로 인도한다. 시나리오를 직접 쓴 캠피온 감독은 이 장면에 대해 다음과 같이 지문을 달았다. "이 여인이 도착한 해변에는 아무도 살지 않기에 마치 그녀가 희생의 제물처럼 보일 수도 있다. 검은 모래가 뒤편의 빽빽한 덤불숲의 산으로 길게 펼쳐져 있다."[21] 즉, 검은 상복을 입고 검은 모래 위에 서 있는 그녀는 제물로서 뉴질랜드에 던져진 것이다. 그렇다면 누구를 위한 제물이며 무엇을 위한 제물인가?

이에 대한 첫 번째 답변은 어린 딸 플로라의 입을 통해 나온다. "엄마가 싫대요. 아저씨 배에 다시 타느니 차라리 원주민한테 산 채로 잡아먹히겠대요."[22] 이는 그녀가 식인종, 즉 마오리 원주민에게 바쳐지는 제물임을 암시한다. 물론 여기에서의 원주민은 개별화된 정체성을 부여받은 주체로서의 원주민이 아니다. 이들은 식인종의

---

[21] "We should be forgiven if this woman seems a sacrificial offering as the bay they carry her to is completely uninhibited. Black sand backs on to an endless rise of dense native bush." 영화의 지문과 대사는 영화 포털사이트 IMSDB에서 제공된 것을 참고하였다. (http : //www.imsdb.com/ scripts/Piano,-The.html, 2012/09/08).

[22] "She says, No. She says she'd rather be boiled alive by natives than get back in your tub."

땅 뉴질랜드 그 자체이며, 뉴질랜드의 자연과 분리될 수 없는 존재이다. 다시 말해서, 그녀는 정착민들에 의해 훼손된 뉴질랜드의 자연과 그것의 일부로서의 마오리에게 바쳐지는 제물인 것이다. 이는 그 뒤의 장면을 통해 더 분명해진다. 선원들이 떠나고 뉴질랜드의 검은 모래의 해변에 검은 상복을 입은 채 어린 딸과 더불어 덩그러니 남겨져 밤을 지새우는 그녀의 모습은 주위의 환경과 쉽사리 구별되지 않는다. 뉴질랜드 자연 속에서의 첫날밤을 통해 그녀는 그것의 자연과 완전히 동화된다. 글자 그대로 뉴질랜드에 산 채로 잡아먹힌 것이다. 이제 그녀는 뉴질랜드의 자연이고, 자연이 곧 그녀가 된다. 그래서 그 둘은 유사한 특질을 공유한다. 백인 남성의 상징 체계에 잉여적인 존재로 남아 있는 것이다. 잉여로서의 그들은 남성중심주의적이고 유럽중심주의적인 상징계에 완전히 포획되는 것을 거부한다. 무시무시한 파도와 밀림 그리고 진흙탕으로 표상되는 뉴질랜드의 자연은 백인의 통과를 쉽사리 허용하지 않는다. 마찬가지로 에이다의 침묵과 피아노라는 그녀의 언어는 뉴질랜드 파케하 문화의 외부를 형성하며 통합되지 못한 채 그 주변을 맴돌 뿐이다.

에이다는 우울증에 빠진 뉴질랜드의 자연과 토착민을 위한 제물만은 아니었다. 그녀는 또한 결혼이라는 것이 암시하듯, 파케하를 위한 제물이기도 하다. 그녀의 남편 스튜어트는 고향 땅으로서의 영국, 제국의 중심으로서의 영국이 지니는 권력과 권위를 위임받은 자이다. 그러나 그의 권위는 언제나 문제시될 수 있는 권위이다. 중심으로부터의 물리적 거리 때문이다. 그의 영국인으로서의 진정성 authenticity은 언제나 이미 의심의 대상이 될 수밖에 없다. 그런 까닭에 뉴질랜드의 풍광 속에서 홀로 영국식 복장을 갖추고 있는 그의 모습은 코믹하기까지 하다. 어쨌건 제국주의 디아스포라로서, 혹은 정착민으로서 그에게 문제시되는 것은 진정성의 부재이며 고향 땅의 상실이다. 이런 상상적 상실감이 스튜어트의 주체를 형성하는 토대라고 할 수 있다.

스튜어트가 이런 근원적 상실감을 부정하는 방식은 두 가지 상이한 거래를 통해 나타난다. 먼저 그는 땅을 사기 위해 끈질기게 거래를 시도한다. 당시에 마오리인과의 개인적인 거래가 금지되어 있었음에도 불구하고 말이다. 게다가 그는 자신의 땅에 울타리를 만들고 경계선을 강화하는 강박적 행동을 보이기도 한다. 이는 그가 지배하고자 하는 상징계의 질서와 정체성이 불안정하고 자의적인 것임을 폭로한다. 이런 의미에서 그는 땅에 굶주린 전형적인 우울증적 파케하 주체의 표상이다. 두 번째 거래는 그가 영국으로부터 에이다를 사오는 것이다. 이 행위는 비록 그녀가 하자 있는 상품이라 할지라도 그에게 부재하는 문화적 진정성과 고향 땅을 복원해 줄 수 있으리라는 믿음에 기인한다고 할 수 있다. 에이다의 몸을 포식하고 흡수함으로써 스스로를 설득하고 싶었던 것이다. "자 보라고. 너는 나를 사랑할 수 있어. 나는 그것과 똑같잖아." 즉, 에이다는 스튜어트가 잃어버렸다고 상상하는 문화적 진정성을 회복하기 위한 제물인 것이다. 실제로 그는 에이다의 손가락을 절단함으로써 자신을 중심으로 한 남성적 상징 체계의 권위를 회복하려 시도하기도 하였다.

여기에서 우리가 주목해야 할 것은 희생의 제물을 바치는 제의적 행위가 갖는 근본적 목적이다. 제물로서의 에이다는 각기 다른 두 집단 사이에 내던져졌다. 마오리와 파케하가 그들이다. 다시 말해서, 제물로서의 에이다는 이 두 집단의 통합을 이루기 위한 희생양이었다. 그런데 통합은 언제나 부재를 부재로서 인정할 수 있는 능력을 전제로 한다. 즉, 상실한 것을 떠나보내는 작업으로서의 '애도'를 할 수 있어야 한다는 뜻이다. 하지만 스튜어트는 (크리스테바의 표현을 빌린다면) "잃어버리는 방법을 모르는" 사람이었다.[23] 그러기에 그는 땅을 포기하지 못했고, 에이다의 피아노를 수용하지 못했다. 그에겐 오로지 거래만이 있을 뿐이었다. 물론 여기서의 거래는 자본주의적 거래이다. 그것의 핵심은 잉여가치의 생산이다. 잉여가치는 언제나 타자에 대한 구조적 착취를 전제할 수밖에 없다. 더군다나 제국주의 시대에 식민자와 피식민자 혹은 중심과 주변의 거래는 거래라기보다는 차라리 인간포식에 가깝다. 식민지에서의 거래는 이렇게 자본주의와 제국주의가 공모하는 지점에서 이루어진다. 즉, 스튜어트의 거래는 이런 인간포식 기계를 작동시키는 행위에 다름 아닌 것이다. 따라서 스튜어트와 에이다의 결합은 그 가능성 자체가 폐제foreclosure되어 있다고 할 수 있다. 손가락의 절단이라는 제의적 폭력을 통해 암시되듯, 그 둘의 만남은 파괴적 결과만을 수반할 뿐이다. 그런 의미에서 영국 제국주의의 권위의 이식을 통한 마오리와 파케하의 통합은 불가능한 것이라 할 수 있다.

두 집단 사이의 통합은 베인즈라는 제3의 인물을 통해 그 가능성

---

[23] Julia Kristeva, *Black Sun : Deprsion and Melancholia*, Leon S. Roudiez (trans.), New York : Columbia University Press, 1989. p. 5.

이 열리게 된다. 그의 얼굴에 그려진 마오리 문신이 암시하듯, 그는 처음부터 영국적 권위를 표상하는 스튜어트와는 철저하게 대비된다. 그는 마오리 문신을 하고 있지만 마오리는 아니다. 그와 마오리의 관계는 언제나 지배와 피지배의 관계를 통해 오염될 수밖에 없기 때문이다. 또한 동시에 그는 백인이면서도 백인이 아니다. 백인 사회에서 그는 일종의 거세된 주체이다. 문맹인 그는 문자의 상징적 권력에 대한 접근이 차단되어 있으며, 또한 고래 사냥꾼으로서 백인 사회의 최하층을 형성하는 계급에 속해 있다. 이런 의미에서 베인즈의 몸은 영국과 마오리의 문화적 권위가 서로를 전복시킴과 동시에 타협하는 혼종성의 공간이다. 따라서 그가 백인 사회에서나 마오리 사회에서나 부인이 없는 독신으로 살아야 하는 것은 우연이 아닌 필연이다. 결국 그 역시 상실을 내화하고 있는 우울증적 주체인 것이다. 그는 이런 팔루스의 근원적 부재를 위장하기 위해, 부재를 상실로 전환하기 위해, 이웃의 아내를 사랑한다. 즉, 그는 스스로를 설득하고 있는 것이다. '내게 원래 부인이 없는 것이 아니다. 단지 나의 이웃이 빼앗아 간 것이다.' 이로써 부재가 상실로 전환된다. 그리고 그 역시 그의 우울증을 발현시키는 방식으로 거래를 선택한다. 그가 선택한 첫 번째 거래는 땅과 에이다의 피아노를 교환하는 것이다. 피아노가 그에게 상실된 팔루스를 되찾아줄 수 있을 것이라고, 그래서 에이다를 얻을 수 있을 것이라 믿었던 것이다. 하지만 에이다의 들리지 않는 목소리로서의 피아노는 근본적으로 남성적 상징 질서의 외부에 존재하는 것이었다. 즉, 피아노는 자본주의적이고 남성 중심주의적인 상품교환 체계 속에 포섭될 수 없는 것이었기에 그 거래는 실패로 귀결될 수밖에 없었다. 이때 그는 두 번째 거래를 시도한다. 피아노 건반과 성적 대상체로서의 에이다의 몸을 맞바꾸는 것이다. 한 번의 터치에 검은 건반 하나! 하지만 이 역시 효율적인 거래가 되지는 못했다. 오히려 이것은 베인즈를 변태적 관음증 환자로 변질시킬 뿐이었다.

그가 에이다의 마음을 얻을 수 있었던 것은 역설적이게도 거래 자체를 포기했을 때였다. 이는 사실상 불가능한 포기였다. 왜냐하면 그것은 자신이 팔루스를 소유하고 있지 않음을 자백하는 것이며, 이는 또한 스스로 백인이 아님을 인정하는 것이기 때문이다. 그런 의미에서 거래의 포기는 자신의 사회적 실존을 포기하는 행위이며, 동시에 힘겨운 애도의 과정이라 할 수 있다. 하지만 이 불가능할 것 같은 애도의 과정이 현실화되었을 때, 다시 말해서 부재를 부재 그 자체로서 받아들였을 때, 그는 피아노를 아무런 대가 없이 에이다에게 되돌려 줄 수 있었다. 거래가 자본주의적 합리성을 토대로 타자에 대한 포식을 수행하는 방식이라고 한다면, 거래의 포기는 보드리아르가 '상징교환'이라 정의하는 교환의 방식이 된다. 즉, 에이다에게 피아노를 돌려주는 행위는 자본주의적 가치의 파괴 행위이며 이는 곧 자본주의적인 포식 체계의 교란을 뜻한다. 이를 통해 베인즈는 에이다가 그에게 들어갈 수 있는 통로를 열어 준 것이다.

베인즈와 에이다의 결합은 뉴질랜드라는 포스트식민주의 민족국가의 탄생을 의미한다. 베인즈가 고향을 상실한 디아스포라임과 동시에 마오리 문화를 체득한 자였고, 에이다는 뉴질랜드의 숭고한 자연을 체화하고 있는 주체였다고 한다면, 그 둘의 결합은 결국 마오리의 문화와 백인의 문화의 화해임과 동시에, 뉴질랜드의 자연과 백인 문화의 결합 과정에 대한 알레고리가 될 수밖에 없기 때문이다. 이런 의미에서, 애나 닐Anna Neill의 주장처럼, 영화 〈피아노〉는 '화해의 이야기'로서 뉴질랜드의 건국신화를 창조하고 있다고 할 수 있다.[24] 따라서 이 영화는 파케하가 자신의 고향 영국을 떠나보내고 새로운 땅과 문화를 받아들이는 '애도'의 과정을 극화하고 있는 것이다.

그런데 〈피아노〉가 형상화하고 있는 이 애도의 과정이 진정한 의미의 애도이며 화해라고 할 수 있을까? 아니면 단지 애도를 위장한 또 다른 형태의 우울증의 발현은 아닐까? 이런 점에서 영화의 엔딩 장면은 많은 것을 함축한다. 뉴질랜드라는 새로운 민족국가의 시발점을 구성하는 지점이라 할 수 있는 이 장면에서 우리는 그 어떤 마오리인도 목격하지 못한다. 베인즈의 얼굴에 남아 있는 문신만이 그들이 한때 존재했었음을 암시할 뿐이다. 마오리의 문화와 역사가 그 희미한 문신 하나로 축소된 것이다. 반면 베인즈는 그 얼굴 문신을 통해 뉴질랜드의 토착성에 대한 권리를 획득한 듯 보인다. 뉴질랜드의 땅과 자연에 대한 소유권을 주장하기에 그것만으로도 충분하다고 강변하고 있는 것이다. 이런 의미에서, 베인즈는 결코 팔루스를 포기했다고 할 수 없다. 그는 자신의 잃어버렸다고 상상하는 영국적 팔루스의 자리에 마오리의 문화를 이식한 것이다. 스튜어트가 마오리 땅의 포식자였다고 한다면, 그는 마오리 문화의 포식자인 것

---

[24] Maria Margaroni, "Jane Campion's Selling of the Mother/Land : Restoring the Crisis of the Postcolonial Subject," *Camera Obscura* 53, 18-2, 2003, p. 96.

이다. 결국 그가 이룩한 화해는 마오리와 파케하 사이의 화해가 아니다. 오히려 영국이라는 중심과 제국이라는 주변의 화해이며, 백인 남성과 백인 여성의 화해이다. 그리고 그 화해는 망각을 기반으로 이루어진다. 자신이 포식자임을 망각하고 그것이 가져온 폭력의 역사를 망각하는 것이다. 르낭Ernest Renan의 말처럼, 민족국가는 결국 망각을 통해서 자신의 내러티브를 창안해 내었던 것이다. 뉴질랜드의 제국주의 디아스포라는 이런 망각의 기억술을 통해 자신이 포식자였음을 부정함과 동시에 마오리인과 그들의 문화를 시야에서 지워버리고, 그 위에 백인을 위한 뉴질랜드를 건설한 것이다.[25]

바로 이런 이유로 애나 닐은 〈피아노〉가 수행하고 있는 뉴질랜드 건국신화 창조 과정 속에 마오리족의 실천적 능력과 저항의 과정이 삭제되었음을 지적한다. 그들의 부재는 영국 식민지배에 대항하여 주권을 지키고자 노력했던 마오리인의 투쟁을 무효화시킬 뿐만 아니라 그들의 문화와 역사를 뉴질랜드 역사 시작 이전의 "신성한 시

---

[25] 분명 〈피아노〉는 부분적으로 해방의 정치학을 담고 있는 영화이다. 즉, 빅토리아조 시대 자신의 목소리를 빼앗긴 여성의 상징인 에이다가 새로운 땅에서 자신의 목소리를 되찾고 새로운 정체성을 쟁취해 가는 과정을 그린 영화이기 때문이다. 하지만 이 해방의 정치학은 마오리에 대한 식민지배와 억압의 역사를 가부장적 폭력과 그로부터의 해방으로 전위시킴으로써만이 가능한 해방이다. 다시 말해서, 〈피아노〉가 형상화하고 있는 해방은 또 다른 억압기제를 생산할 수밖에 없는 것이다. 이는 곧 뉴질랜드 국민이라는 새로운 정체성은 해방의 공간임과 동시에 억압의 공간이었음을 의미한다. 〈피아노〉가 수행하고 있는 또 다른 이데올로기적 작업은 스튜어트를 소외시키고, 베인즈와 에이다를 결합시킴으로써 뉴질랜드에서 가장 중심적인 문제인 땅의 소유권 문제를 시야에서 사라지게 만들었다는 것이다.

간에 화석화된" 것으로 만들어 버린다고 닐은 비판한다.[26] 다시 말해서, 영국 디아스포라의 새로운 정체성을 창안해 내기 위해 마오리의 역사와 문화를 철저하게 삭제해 버린 것이다. 이는 곧 뉴질랜드 건국을 위한 진짜 희생양은 에이다가 아니라 마오리인임을 의미한다. 이런 관점에서 본다면 〈피아노〉는 뉴질랜드 건국 과정에 대한 알레고리일 뿐만이 아니라 그 과정 속에서 어떤 방식으로 마오리인이 억압되었는지를 가장 간명하게 보여 주는 영화이기도 하다.

네이티브 디아스포라 : 〈전사의 후예〉

그렇다면 〈피아노〉에서 삭제된 마오리인들은 어디에 있는가? 리 타마호리 감독의 1993년 영화 〈전사의 후예〉는 뉴질랜드의 풍광 속에서 사라져 버린 마오리인의 삶을 추적한다. 이 영화는 1991년 출간된 앨런 더프Alan Duff의 동명 소설을 영화한 것으로 뉴질랜드 역사상 가장 많은 관객을 끌어 모았을뿐더러 수없이 많은 비난과 찬사를 동시에 받으며 논란의 중심에 서기도 했다. 영화는 에이다가 뉴질랜드에 들어온 이후 약 150년 가까운 시간이 흐른 1990년대 오클랜드의 빈민가의 마오리 가족의 이야기를 담아낸다. 150년이라는 시간은 마오리인에게 감당할 수 없는 거대한 변화를 가져왔다. 땅의 소유권을 두고 벌어진 토지전쟁은 파케하의 정치적 헤게모니를 더욱

---

[26] Margaroni, "Jane Campion's Selling of the Mother/Land," p. 96.

강화시키는 결과만을 초래하였고, 이 강화된 지배권을 바탕으로 파케하들은 1912년 영국으로부터 공식적인 독립을 선언했다. 이때부터 영국과는 구별되는 뉴질랜드만의 국가적 정체성을 만들고자 시도했다. 이 일련의 과정을 파케하와 마오리 간의 투쟁의 역사라고 한다면, 이 과정을 지배했던 파케하의 사고방식을 마크 윌리엄스Mark Williams는 이렇게 묘사한다. "다른 정착민 사회의 원주민과는 달리, 마오리는 다행스럽게도 자애로운 동화 정책의 수혜자가 되었다. 그들은 유럽 문명의 수준까지 '끌어올려질' 것이기 때문에, '단일한 뉴질랜드 국민'으로의 전향이 손쉽게 이루어질 것이다."[27] 즉, 국가의 문화적 정체성을 만들어 가는 과정 속에서 문화적·정치적 헤게모니를 장악했던 이주민들은 토착민들을 자신의 문화적 규범 속에 동화시키려 했던 것이다. 그것이 강제적이거나 폭력적이지 않은 '자애로운benign' 동화라고는 하지만, 이는 결국 마오리의 역사와 문화에 '야만'의 딱지를 붙이는 작업에 다름 아니었다. 따라서 마오리의 언어와 문화가 뉴질랜드의 공식 역사 속에서 삭제되는 것은 필연적 귀결이었다. 이 과정 속에서 실질적으로 중요한 것은 뉴질랜드 형성의 법률적 근간이었던 와이탕기 조약이 철저하게 파케하의 관점에 따라 자의적으로 해석되었다는 것이다. 그 결과 조약의 핵심인 땅에 대한 마오리인의 배타적 소유권은 유명무실한 것이 되어 버리고 말았다.

---

[27] Mark Williams, "Crippled by Geography? New Zealand Nationalism," in Stuart Murray (ed.), *Not on Any Map : Essays on Post-Coloniality and Cultural Nationalism*, Devon : University of Exeter Press, 1997, p. 20.

게다가 1967년 뉴질랜드 정부는 마오리 문제 수정법안The Maori Affairs Amendment Act을 상정하여, 마오리인의 소유로 남아 있던 토지를 경제적 활용이라는 명목 하에 백인의 자본주의적 시스템 속으로 편입시키려는 시도를 하였다.

하지만 이 법안의 통과는 그동안 침묵하고 있던 마오리인의 정치의식을 일깨우는 계기가 되었다. 1968년 와이탕기데이 보이콧이라는 소규모 행사로부터 시작한 마오리인의 저항운동은 1970년대에 이르러 응가 타마토우 Nga Tamatou를 중심으로 본격적인 문화민족주의 운동으로 확산되었다. 이 저항운동의 핵심은 와이탕기 조약의 근본 원칙으로 돌아감으로써 마오리의 땅을 수호하는 것이라 할 수 있다. 랑기누이 워커Ranginui Walker에 따르면, 1980년대 마오리에게 "땅은 마오리인의 소외와 파케하 권력으로의 예속에 대한 상징"이 되었으며,[28] 따라서 땅의 회복이 마오리 정체성 회복의 가장 근원적인 문제가 될 수밖에 없었던 것이다. 어쨌든 이들의 노력은 상당한 결실을 가져왔다. 1984년 노동당 정부는 와이탕기조약 수정법안Treaty of Waitangi Amendment Act을 통과시켰고, 와이탕기 재판소를 상설화하여 땅의 소유권 분쟁에 관한 문제를 해결하고자 시도하였다. 아울러 뉴질랜드 정부는 단일문화 정책을 포기하고 다문화를 제도화함으로써 국민의 다양성을 수용하려는 전향적인 자세를 보이기도 하였다.[29]

---

[28] Ranginui J. Walker, "Maori Identity," in David Novitz and Bill Willmott (eds.), *Culture and Identity in New Zealand*, Auckland : GP Books, 1989, p. 51.

[29] 하지만 이런 일련의 제스처가 마오리인에게 반드시 긍정적인 것만은 아니다. 특히 다문화 국가로의 정책적 전환은 식민정복의 역사와 그로 인한 파케하/마오리 갈등

1990년대에 들어서도 정부 측과 마오리 사이의 정치적 타협은 지속되었으며, 자신의 정체성을 새롭게 창안해 내고자 하는 마오리인의 노력은 계속되었다. 〈전사의 후예〉는 바로 이런 정치적/문화적 혼란기의 산물이라 할 수 있다. 영화는 도심 빈민가에 살고 있는 마오리족의 후손인 헤케 가족을 소개하며 시작하는데, 이 첫 시퀀스는 가히 〈피아노〉에 대한 패러디라 할 만하다. 목가적인 음악과 더불어 숨 막힐 듯 아름다운 뉴질랜드의 자연 풍광이 스크린을 가득 메우며 시작된다. 하지만 이때 배경음악이 자동차의 소음과 뒤섞이고 카메라가 줌아웃하면서 그 목가적인 풍경은 곧 고속도로 광고판 사진에 불과한 것임이 드러난다. 그리고 그 광고판 밑으로 도시의 골격이 앙상하게 드러난 빈민가가 비춰지고, 가족의 중심이자 영화의 핵심 인물 중에 한 사람인 베스 헤케가 멀리서 쇼핑카트를 밀면서 다가온다. 〈피아노〉에서 에이다가 문명의 옷을 입은 채 뉴질랜드의 자연 속으로 내던져졌다면, 그로부터 150년 뒤 마오리 여성 베스는 자신의 문화적 과거와 존재의 토대로서의 땅을 박탈당한 채 도시 빈민가로 내던져진 것이다. 이 첫 장면이 생산해 내는 아이러니를 통해 〈전사의 후예〉는 '자애로운 동화'의 내러티브에 대해 몇 가지 질문을 던진다. 땅을 빼앗긴 채 살아야 했던 지난 150년은 마오리인에게 무엇을 의

이라는 핵심적 모순을 '정치적 올바름'이라는 자유주의적 다문화의 윤리로 대체해 버릴 가능성이 있기 때문이다. 예컨대, 미국에서 자유주의적 이민법이 통과되고 다문화주의가 규범이 되었던 시점은 1960년대로, 이 시기에 사회적 정의에 대한 흑인들의 요구가 가장 극에 달했던 시점이었음을 상기할 필요가 있다. 즉, 다문화 사회로의 전환을 통해 흑인들의 사회적 요구를 희석시켰던 것이다.

미하는가? 그것은 진정 문명으로의 자애로운 동화인가 아니면 재앙의 파편들이 쌓여 가는 폭력의 역사인가? 이 동화 혹은 폭력의 결과는 무엇인가? 그리고 이 재앙의 파편 더미 속에서 마오리인은 어떻게 살아가야 하는가?

영화는 이런 문제에 대하여 상당히 역설적인 방식으로 접근한다. 영화의 처음부터 끝까지 스크린을 통해 표현되는 것은 사회적으로 결여된 주체들의 공허하면서도 비상식적인 폭력의 몸짓이다. 그 결여된 주체의 표상이 바로 베스의 남편이자 다섯 남매의 아버지인 제이크라 할 수 있다. 그는 전사의 후예로 태어났으나 결코 전사로 살아갈 수 없는 전형적인 마오리 남성이다. 파케하의 문명 속에 혹은 오클랜드의 도심 공간 속에 그를 위한 자리는 존재하지 않는다. 그러기에 그는 사회의 주변부에서 허드렛일을 전전하거나 실업수당에 의존해 가족들을 부양한다. 그의 내면에 존재하는 전사의 피가 분출될 수 있는 유일한 곳은 술과 주먹뿐이다. 따라서 그가 있는 곳엔 언제나 술이 있고 또한 유혈이 낭자한 폭력이 있다. 가족마저도 그의 폭력으로부터 자유롭지 못하다. 오히려 가족이 그의 폭력에 가장 큰 피해자가 된다. 베스는 남편의 폭력에 만신창이가 되고, 큰아들 닉은 아버지의 모습 속에 투영된 마오리의 문화적 현재와 화해하지 못하고 거리로 나가 갱단의 일원이 된다. 둘째 아들 부기 역시 마오리 청소년들과 어울리며 좀도둑질을 하다가 소년원에 수감된다. 헤케 가족의 비극은 여기에서 끝나지 않는다. 이제 막 13살이 된 맏딸 그레이시는 마오리 - 파케하 혼혈이자 제이크의 친구였던 엉클 불리에게 강간을 당하고 결국 그 트라우마를 견디지 못한 채 자살을 선택한다.

이런 피상적 수준에서 본다면, 이 영화는 폭력에 관한 영화가 된다. 그것도 마오리 커뮤니티 내부의 '폭력'과 그것의 의미를 파헤치는 영화라 해야 옳을 것이다. 실제로 카메라는 지나칠 정도의 리얼리즘적인 방식으로 생경한 폭력을 직설적이고도 집요하게 파고든다. 특히 제이크가 베스에게 폭력을 휘두르는 장면은 관객의 눈을 감게 만들 정도이다. 이를 통해 영화는 마치 파케하가 마오리에 대해 가지고 있는 인종적 편견과 스테레오타입을 증명하려는 것처럼 보이기까지 한다. 즉, 마오리의 야만적 본성이 그들의 사회적 주변성의 가장 근본적인 원인임을 입증하는 것이다. 게다가 카메라는 결코 문명의 이름 하에 자행되는 폭력이나 동화에 대한 폭력적 강요와 같은 근원적 문제를 추적하지 않는다. 파케하들은 거의 등장하지 않을뿐더러 사회적 갈등의 핵심인 땅에 관한 이야기마저도 언급되지 않는다. 이 모든 것은 마치 결코 말해서는 안 되는 어떤 것인 양 괄호 속에 묶여 있다. 그렇다면 감독은 왜 이 근본적 문제들을 괄호 속에 묶어 두고 침묵했을까?

이에 대해 다비니아 손리Davinia Thornley는 랑기누이 워커의 말을 빌려 이렇게 대답한다. "'마오리'라는 이름은 다른 문화권의 사람들 예컨대 영국인이나 네덜란드인의 침략에 대응하여 취한 이름이다. 아오테아로아(뉴질랜드의 마오리식 명칭)에 마오리인만이 존재했다면, 마오리 정체성과 같은 것은 아예 존재하지도 않았다. 따라서 파케하 정체성은 마오리 정체성의 핵심을 구성한다. 각각의 집단은 상호관계를 통해서만이 집단의 동질성을 획득할 수 있는 것이다."[30] 다시 말해서, 스크린 위에 그려진 마오리인의 모습은 마오리인이 독자적으로 창안해 낸 그들만의 상상계적 이마고가 아니다. 그들의 실존은 언제나 이미 파케하에 빚지고 있는 것이며, 그들의 현재 모습은 파케하 문화에 의해 드리워진 어두운 그림자라고 할 수 있다. 이는 곧 제이크의 폭력적 이미지가 지시하는 것이 단순히 마오리의 야만성이 아님을, 그것은 역설적으로 파케하의 동화정책에 내재된 야만성을 폭로하는 것임을 의미한다. 결국 폭력적 이미지의 과잉은 자기반영적인 것이라 할 수 있다. 이를 통해 감독은 관객들로 하여금 괄호 속에 묶여져 드러나지 않는 역사적 진실에 대하여 질문을 던지고 성찰하도록 요구하고 있는 것이다.

이런 관점에서 본다면, 폭력의 정점을 구성하는 그레이시의 강간과 죽음은 단순한 한 개인에 대한 폭력 그 이상의 의미를 내포한다. 그레이시는 가족을 하나로 묶어 주는 구심점이었음과 동시에, 글쓰기 작업을 통해 마오리의 이야기를 창안해 내려 시도했던 인물이었다. 즉, 그녀는 마오리의 새로운 문화적 미래를 잉태하고, 통역 가능하며 소통 가능한 마오리의 이야기를 생산할 수 있었던 유일한 인물인 것이다. 따라서 그녀에 대한 강간은 다름 아닌 마오리의 문화와 정체성에 대한 파괴이며, 그녀의 죽음은 마오리의 문화적 미래에 대한 폐제라고 할 수 있다. 이와 같은 맥락에서 앤소니 아다Anthony Adah

---

[30] Davinia Thornley, "White, Brown, or 'Coffee'? : Revisioning Race in Tamahori's "Once Were Warriors," *Film Criticism* 25-3, 2001, p. 34.

는 그레이시의 죽음을 해석할 수 있는 틀을 제공해 준다.

그레이시에 대한 강간과 앞서 언급한 원초적 폭력의 밀접한 연관성을 이해하기 위해서는 토착민들의 상징적 우주관에 포함된 여러 중첩적 의미들을 알아야만 한다. 프랜카 타미사리Franca Tamisari에 따르면 토착민들의 작품은 "땅과 사람 몸의 인식적 유대를 강조하며 … 사회적 통제와 지식의 유포와의 관계 속에서 우주의 생성과 변화의 과정에 대한 이해"를 강조한다. 이런 틀 속에서 본다면, 자아와 정체성의 개념은 땅과 몸과 시간의 역동적 상호 관계로부터 구별될 수 없는 것이다. 결과적으로, 첫 화면에 등장하는 광고판 사진의 땅에 대한 폭력적 침투는 서구와의 접촉 이후 자행된 마오리의 땅/몸과 정체성에 대한 은유적이며 폭력적인 강간이 된다. 바로 이런 식으로 영화는 문화적 강간과 젠더 권력관계에 의한 강간 사이의 유비관계를 설정한다.[31]

결국 헤케 가족은 마오리 정체성의 근원적 토대인 땅과 문화적 과거를 상실하고 현대의 도시 공간 속에 유폐된 채 자기파괴적 폭력에 중독될 수밖에 없었던 마오리인의 표상이라 할 수 있다. 그들에게 주어졌던 자애로운 동화의 길은 미래로 향한 길이 아니었다. 그것은 문화적 폭력과 강간으로 향한 막다른 길이었다. 이 막다른 길의 끝

---

[31] Anthony Adah, "Post-and Re-Colonizing Aotearoa Screen : Violence and Identity in *Once Were Warriors* and *What Becomes of the Broken Hearted?*," *Film Criticism* 25-3, 2001, p. 50.

에서 그들 내부에서 요동치던 전사로서의 충동이 건전한 방식으로 승화되지 못하는 것은 너무도 당연하다. 승화되지 못한 충동은 결국 강박적 폭력으로 변질되어 자기에게로 되돌아올 수밖에 없었다.

이렇게 땅과 정체성 사이의 기본적 유대 관계를 상실하고 자신의 근원으로부터 유리되어 도심을 표류하고 있는 이들 마오리인을 우리는 '네이티브 디아스포라'로 정의할 수 있을 것이다. '네이티브 디아스포라'는 무엇보다도 제국주의 디아스포라 혹은 화이트 디아스포라가 토착민 커뮤니티에 드리운 부정적 그림자를 지시한다. 화이트 디아스포라가 식민정복을 통하여 토착민들의 토착성을 강탈했으나 여전히 디아스포라로 남아 있는 집단이라면, 네이티브 디아스포라는 토착민이면서도 디아스포라로 살 수밖에 없는 모순형용의 구조 속에 사로잡혀 있는 사람들이다. 제국주의의 시작과 더불어 제3세계의 많은 토착민들은 자신들이 지니고 있었던 토착성을 외부인들에게 박탈당하고 사회의 주변부로 밀려나 보호구역이나 인종 게토 속에 유폐되었다. 그들은 고향에 살면서도 고향으로부터 소외되어 있는 것이다. 이는 곧 지리적 대상체와 문화적 정체성 사이의 유기적 통일성이 파괴되었음을 의미한다. 따라서 그들은 토착민임과 동시에 이방인이다. 아울러 정착민들의 정치적 헤게모니 하에서 그들의 문화적 과거는 공동화될 수밖에 없다. 고향과 더불어 역사를 상실하는 것이다. 이는 시간적 연속성과 통일성의 파괴로 이어지고, 궁극적으로는 자신의 정체성을 규정할 수 있는 토대를 모두 상실하게 되는 것이다. 이제 그들의 존재는 오로지 새로운 정착민의 그림자로서 혹은 백인들의 눈에 비친 부정적 이미지를 통해서만 규정된다. 다시 말해서, 그들은 지리적·문화적 고향을 상실한 디아스포라인 것이다.

문제는 그러나 이들이 현실적으로 적극적인 의미에서의 디아스포라가 될 수 없다는 것이다. 현대적인 디아스포라를 정의할 수 있는 최소한의 조건은 바로 지리적 이동능력mobility이다. 그리고 이 이동능력은 계급, 젠더, 인종의 문제가 교차하는 지점에서 중층결정된다. 즉, 이동성이 아무에게나 허락되는 것은 아닌 것이다. 스피박G. C. Spivak은 제3세계의 여성과 어린이들을 "디아스포라 문제의 타자"라고 규정하고 있는데, 이들에게는 최소한의 생존을 위한 움직임조차도 허락되지 않기 때문이다. 이들은 억압적인 현실로부터 탈출하고 싶어도 탈출할 수 없으며, 그러기에 스피박은 그들을 세계적인 자본과 인적·물적 이동 경로로부터 철저하게 배제된 "탈궤도적ex-orbitant" 존재라 칭한다. 즉, 그들은 디아스포라가 되고 싶어도 될 수 없는 디아스포라의 타자이자 "비디아스포라 nondiasporic"인 것이다.[32] 예를 들어, 〈전사의 후예〉의 그레이시와 같은 토착민 여성은 실질적으로 떠날 곳을 찾지 못했기에 남성의 폭력과 제국주의적 폭력을 고스란히 온몸으로 견디어 낼 수밖에 없었던 것이다. 심지어 제이크조차도 움직이는 주체라고 보기 힘들다. 그가 자신의 자유를 확장시키기 위해 할 수 있는 것은 베스에게 폭력을 휘두르는 것 말고는 어떤 수단도 주어지지 않았기 때문이다. 이렇게 본다면, 네이티브 디아스

---

[32] Gayatri C. Spivak, "Diaspora Old and New : Women in the Transnational World," *Textual Practice* 10-2, 1996, p. 246.

포라는 고향을 상실했다는 의미에서 디아스포라인 동시에, 디아스포라 특유의 이동성을 박탈당했다는 점에서 비디아스포라이기도 하다.

분명 제이크나 베스와 같은 토착민 디아스포라는 움직이지 못한다. 그들이 움직일 수 있다고 가정하는 것은 그들의 상황을 서구의 자유주의적 개인주의 담론에서 해석하는 것에 지나지 않는다. 하지만 그렇다고 해서 토착민 디아스포라를 움직일 수 없는 주체라고 규정하는 것 또한 이론 정립에 있어 중요한 윤리적인 문제를 야기한다. 그들을 움직일 수 없다고 가정하는 것은 그들이 세계의 정치경제적 시스템의 수동적 피해자임을 인정하는 것이며, 이는 그들이 가지고 있는 최소한의 저항능력마저 박탈하는 것을 의미한다. 토착민을 단순히 비디아스포라로 규정하는 것은 그들에 대한 인식론적 폭력이 될 수 있기 때문이다. 따라서 자신의 땅에서조차도 유리되고 소외되어 있는 이들 토착민들 역시 일반적인 의미에서의 이동능력은 아니더라도 최소한의 이동능력을 가지고 있으며, 이를 통하여 초국가적 자본주의의 정치경제학적 시스템에 저항하며 살고 있음을 밝힐 필요가 있다.

이런 관점에서 볼 때, 레이 초우Rey Chow의 토착민의 주체성에 대한 견해는 그들의 이동성에 대한 윤리적 복원의 가능성을 암시한다. 스피박의 "탈궤도적"이라는 개념과 유사한 맥락에서, 초우는 토착민의 주체성을 "서벌턴subaltern 담론과 제국주의 담론 사이의 근본적 번역불가능성"으로 정의한다.[33] 이렇게 토착민의 주체성을 제국주

---

[33]   Rey Chow, "Where Have All the Natives Gone?," *Writing Diaspora : Tactics of Intervention*

혹은 초민족주의적 자본주의 상징체계의 절대적 타자로 상정하게
되면, 우리는 토착민들의 이동성을 전혀 다른 대안적인 형태로 상상
할 수 있게 된다. 다시 말해서 우리는 이렇게 말할 수 있는 것이다.
토착민은 움직이지 못하는 것은 아니다. 그들도 역시 자신의 자유의
확장을 위해 끊임없이 저항하며 움직인다. 다만 그들의 움직임이나
이동 경로가 일반적 디아스포라의 이동 궤도와 다를 뿐이다. 하지만
이 다름이 이동성의 부재로 이해되어서는 안 된다. 이런 의미에서
억압받는 토착민 역시 자신의 고향을 향해 그리고 새로운 집을 향해
끊임없이 움직이는 주체이며, 또한 그런 의미에서 디아스포라적인
주체이다. 즉, 그들은 토착민이면서도 디아스포라이며, 디아스포라
이면서도 토착민일 수밖에 없는 '네이티브 디아스포라'인 것이다.

　〈전사의 후예〉로 돌아오면, 영화 속에 등장하는 거의 모든 마오
리는 이동성을 허락받지 못한다. 이를 상징적으로 보여 주는 인물
이 바로 그레이시의 유일한 친구인 투트다. 그는 홈리스로서 망가져
버려진 자동차를 집 삼아 살고 있다. 그는 거의 모든 시간을 마약과
본드를 흡입하며 현재의 나날들을 지워 간다. 그러한 그에게 유일
한 꿈은 빨리 법률적 성인이 되어 실업수당을 받는 것이며, 그 돈으
로 망가진 자동차를 고쳐 타고 억압적인 현실로부터 탈출하는 것이
다. 하지만 찌그러지고 녹슬어 버린 자동차는 그의 꿈이 결코 이루
어질 수 없는 것임을 암시한다. 그에게 이동성은 결코 성취될 수 없
는 어떤 판타지인 것이다. 헤케 가족의 상황 역시 별반 다르지 않다.

---

in Contemporary Cultural Studies, Indianapolis : Indiana University Press, 1993. p. 35.

그들은 사실상 이동과 정착 모두를 허락받지 못한 사람들이다. 베스는 임대주택을 벗어나 자신만의 집을 갖고자 원한다. 하지만 실업수당을 받아 연명하는 그들에게 그 작은 소망은 요원하기만 하다. 또한 소년원에 있는 부기를 면회하기 위해 자동차를 렌트하여 가족 소풍을 기획하지만 제이크의 술주정은 그마저도 허락하지 않는다. 즉, 그들은 제국주의 디아스포라의 그림자 하에서 움직이고 싶으나 움직이지 못하고, 정착하고 싶으나 정착하지 못한다. 그들이 살아야 하는 삶은 항구적인 유배지의 삶이며, 항구적인 망명객의 삶이다.

항구적인 망명객의 삶에 대한 강요, 이것이 바로 파케하의 '자애로운 동화'라는 내러티브가 가져온 파국적 결말이라 할 수 있다. 동화의 논리 속에 내재된 억압적 이분법(문명/야만, 파케하/마오리)은 마오리가 마오리로서 살아갈 수 있는 자유를 박탈한 것이다. 그들에게 허용된 자유는 결코 파케하가 될 수 없음에 대한 비극적 자기인식과 자기혐오의 자유이다. 그것은 또한 궁극적으로 자기파괴적 폭력을 향해서만 열려 있는 자유였다. 하지만 그레이시의 죽음과 더불어, '자애로운 동화'에 내재된 폭력성과 기만성이 폭로되었을 때, 베스는 제이크에게 결별을 선언한다.

우리는 전사의 후예들이야. 제이크 당신과는 달리, 그들은 마나mana와 자긍심을 가진 사람들이고, 영혼을 지닌 사람들이야. 내 영혼이 당신과 살았던 18년의 세월을 견디며 살아남았기에, 나는 이제 그 어떤 것도 견딜 수 있어.

제이크가 마오리에게 드리워진 파케하의 어두운 그림자와 그것의 영향력을 벗어나지 못했던 마오리인의 삶을 상징한다면, 그와의 결별은 파케하를 통해서만이 정의될 수 있는 마오리의 정체성과의 결별을 의미한다. 이는 파케하로부터 자유로운 마오리의 정체성에 대한 추구이다. 다시 말해서, 파케하와의 조우 이전의 마오리의 문화, 식민주의적 상징계 형성 이전의 마오리 상상계로의 회귀이며 그것의 부활이다. 최소한 이 속에서 그들은 자신을 혐오할 필요가 없다. 그들은 야만적인 식인종이 아니기 때문이다. 그들은 자신의 문화에 대한 자부심과 마나를 지닌 전사인 것이다. 전사의 전통으로의 회귀를 통해 그들은 인종주의적 현실에 저항할 수 있는 마나를 재창조할 수 있고, 문화적으로 빈곤한 현실을 이데올로기적인 방식으로 풍요롭게 할 수 있는 것이다.

베스가 실천하고자 하는 식민 이전의 전통적 상상계로의 회귀는 결코 지리적 장소의 변화를 수반하지는 않는다. 그럼에도 베스의 시도는 일종의 디아스포라적 움직임이라 할 수 있다. 이는 모든 디아스포라의 궁극적 목표인 고향으로의 회귀 혹은 그것의 복원과 크게 다르지 않기 때문이다. 물론 이러한 움직임이 신화적 과거를 현재 속에 복원하려는 문화적 퇴행이라는 비판으로 자유로울 수 없는 것임에는 분명하다. 하지만 그 신화적 과거가 현재에 대한 변화와 궁극적 해방을 위한 단초를 제공해 준다는 점에서 단순히 퇴행이 아닌 해방의 계기를 내포하고 있다. 따라서 그것은 자유를 확장시키려는 부단한 움직임이며 상상적인 방식으로나마 고향을 되찾고자 하는 디아스포라적 개입이라 할 수 있다.

초국가주의와 화이트 디아스포라

뉴질랜드로 영국인들의 본격적인 이주가 시작된 지 150년 이상이 흘렀다. 그동안 뉴질랜드는 독립국가를 형성하였고 영국과는 다른 국가적 정체성과 문화적 내러티브를 만들어 왔다. 그렇다면 뉴질랜드의 파케하는 디아스포라인가 아니면 토착민인가? 이 문제에 대하여 오수리Goldie Osuri와 베너지Subhabrata Bobby Benerjee는 이렇게 대답한다.

> 정착민 국가에 살고 있는 앵글로 집단들은 … 디아스포라로 표시되지 않는다. 그리고 비앵글로 집단들을 디아스포라로 규정하는 논리는 식민주의 정착민들이 민족국가의 소유권을 유지하는 방식을 폭로한다. … 화이트 디아스포라의 〔본국에 대한〕 충성심은 비록 드러나지는 않지만 종종 민족국가의 차원에서 문화적, 정치적, 경제적, 군사적 동맹 관계를 통해 표현된다.[34] (152, qtd. Pryor 81-2)

이에 따르면, 화이트 디아스포라와 그들의 후손들은 현 시점에서 디아스포라로 분류되기 힘든 부분들이 있다. 하지만 그들이 디아스포라임을 부정하기도 또한 어렵다. 왜냐하면 그들은 단지 범주화되기를 거부할 뿐이기 때문이다. 그들의 백인성 혹은 영국성은 이미 국가적 시스템 속에 혹은 영국과의 초국가적 연대 속에 위장된 형태

---

[34] Judith Pryor, "Reconciling the Irreconcilable? Activating the Differences in the Mabo Decision and the Treaty of Waitangi," *Social Semiotics* 15-1, 2005, pp. 81-82.

로 나타난다. 따라서 이들은 여전히 문화적으로나 정치적으로나 고향으로의 회귀 혹은 고향 땅과의 문화적·정치적 합일을 지향하고 있다고 할 수 있다. 그들은 여전히 디아스포라인 것이다.

　그러나 이들이 예전 제국주의 시대의 디아스포라와 똑같은 디아스포라라고 할 수는 없을 것이다. 이들은 새로운 세계 질서 위에 존재하며 따라서 이전과는 전혀 다른 형태로 존재할 수밖에 없다. 즉, 초국가적 형태의 후기자본주의의 발흥이라는 물적 토대의 변화와 더불어 디아스포라 역시 변화를 겪지 않을 수 없기 때문이다. 아준 아파두라이Arjun Appadurai는 '포스트민족주의적postnational' 경향이라는 개념을 통해 이 새로운 세계 질서 속에서의 민족과 민족국가에 대한 에피스테메의 변화를 설명한다. 무엇보다도, 그에 따르면, 포스트민족주의적 경향은 "민족국가가 점점 쇠퇴하고, 정체성과 충성심을 결정하는 또 다른 사회적 장치들이 형성"되는 새로운 세계 질서를 지칭한다. 두 번째로, 포스트민족주의적 경향은 민족국가를 대신하여 "자원, 이미지, 사상 등의 세계적 유통을 조직하는 대안적 형식"이 발흥하고 있는 시대적 조류를 지칭하는데, 이 새로운 대안적 형식은 "민족국가의 권위에 적극적으로 대항하며 이전의 민족국가에 대한 정치적 충성심을 대신할 수 있는 새로운 평화적 대안물을 생산해 내고 있다"고 아파두라이는 주장한다. 마지막으로 아파두라이는 그동안 국민들의 "정치적 충성심을 독점해 왔던 민족국가의 영향력이 점차 약화됨에 따라 지리적 영토와 분리된 새로운 '민족'의 개념이 우세하게 될 것"이라고 주장한다. 이런 새로운 정치적·문화적 변화들은 고전적인 형태의 민족국가의 전면적 소멸이 아니라, 단지 민족

국가가 일정 정도 위기에 처하게 되었음을 의미한다. 그리고 이 위기는 민족국가와 그것의 '포스트민족주의적 타자postnational Other' 사이의 모순적 관계의 형성으로 표출된다. 여기에서, 그가 '탈민족적 타자'라고 지칭한 것은 전 지구적인 초민족주의의 경제적·문화적 힘들과 아울러, "정체성, 이동, 〔사회적〕재생산의 핵심을 거스르기보다는 그들과 더불어" 자신의 삶을 만들어 나가는 새로운 형태의 '디아스포라' 집단을 의미한다.[35]

초민족주의 시대 에토스의 담지자로서 이 새로운 형태의 디아스포라는 무엇보다도 민족국가와 그것의 타자를 정의하는 데 핵심적인 요소인 전통적인 의미에서의 국경선의 개념을 무력화시킨다. 통상적으로 민족국가는 하나의 지리적 실체 혹은 영토로서 표시되어 왔으며, 이 영토는 통일성과 통합의 공간을 의미해 왔다. 이 공간 속에서, 모든 종류의 문화적·인종적·민족적 차이는 무시되거나 혹은 파괴의 대상이 되어 왔으며, 최악의 경우 이런 차이들은 영토의 외부로 추방되기도 하였다. 하지만 민족국가의 구심력은 약화되어 더 이상 디아스포라의 탈영토적 원심력을 제어할 수 없게 되었음은 너무도 명백해져 가고 있다. 민족국가는 더 이상 한 개인이나 집단의 정체성을 표현할 수 있는 중심적 틀이 될 수 없다. 따라서 한 개인의 '국적'이 반드시 자신의 '민족 정체성'과 일치하지 않을 수도 있게 된다. 이런 맥락에서 아파두라이는 이렇게 주장한다. "애국심

---

[35] Arjun Appadurai, *Modernity at Large : Cultural Dimensions of Globalization*, Minneapolis : University of Minnesota Press, 1996, p. 171.

자체가 복수적이며, 연속적이고, 맥락적이며, 이동 가능한 것이 되었다."**36** 이런 '다중적 충성심'이 가능해지는 문화적·정치적 토대 하에서 문화인류학자 아이화 옹-Aihwa Ong은 '탄력적 시민권flexible citizenship' 혹은 '다중국적자'가 새로운 "초국가 시대의 문화적 지배종"으로 부상하게 된다고 주장한다.**37**

제국주의 디아스포라와 이 새로운 형태의 디아스포라 혹은 다중국적자 사이에는 분명한 차이점이 존재한다. 하지만 개인 혹은 집단의 이동성의 극단적 확대를 통해 정치적·경제적·문화적 자유를 추구한다는 점에서 이 둘은 결코 다르지 않다. 또한 제국주의 디아스포라는 자신의 특권적 위치를 통해 다중국적자로 쉽사리 변모할 수 있기도 하다. 예컨대, 코헨에 따르면, 뉴질랜드, 호주, 남아프리카공화국에 거주하는 많은 백인들은 "자신의 영국 정체성을 긍정하는 수단으로 고집스럽게 영국의 여권에 집착"한다는 것이다.**38** 즉, 복수의 여권을 소지함으로써 자신의 이동성을 확대하는 것이다. 마찬가지로, 제시카 하게돈Jessica Hagedorn의 소설《개를 먹는 사람들Dogeaters》에서 묘사되고 있는 필리핀 메스티조들은 제국주의 디아스포라의 후예로서 국가 권력을 장악함과 동시에 다중국적자로 변신하여 자신의 이동성을 최대한 활용하는 기회주의적인 모습을 보인다. 물론 이

---

36   Appadurai, *Modernity at Large*, p. 176.

37   Aihwa Ong, *Flexible Citizenship : The Cultural Logic of Transnationality*, Durham ： Duke University Press, 1999, p. 6.

38   Cohen, *Global Diaspora*, p. 75.

러한 새로운 디아스포라의 행로에 유럽의 백인들만이 참여하는 것은 아니다.《탄력적 시민권》에서 아이화 옹이 보여 주고 있듯이, 중국인과 같은 많은 아시아인 역시 이러한 새로운 디아스포라의 여정 속에 참여하고 있다.[39]

제국주의 디아스포라와 새로운 형태의 디아스포라 사이에 존재하는 이 연속성은 이 둘의 디아스포라적 행로가 상당 부분 겹쳐진다는 것을 의미하며, 상호 구조적 유사성을 공유하고 있음을 의미한다. 이는 다시 말하면 새로운 형태의 디아스포라가 제국주의 디아스포라의 유산을 그대로 물려받고 있음을, 그리고 그 유산 위에서 자신의 이동성을 더욱 극대화하고 있음을 뜻한다. 이런 의미에서 새로운 형태의 디아스포라 역시 넓은 의미에서 화이트 디아스포라로 분류될 수 있을 것이다. 특히 이 새로운 디아스포라가 특정 민족 집단과 특정 지리적 실체 사이에 존재하는 등식을 거부하고 일정 정도의 '지리적 보편성'을 추구한다는 점에서 화이트 디아스포라와 크게 다르지 않다고 할 수 있다. 어쨌건, 이 두 디아스포라는 고전적인 형태의 디아스포라나 아프리카 흑인과 같은 피해자 디아스포라의 수동적 행로와는 다른 길을 따른다. 무엇보다도, 그들은 길 떠나기와 뿌리내리기라는 디아스포라의 행로를 자신의 의지대로 만들어갈 수 있다. 그들에게 이동이란 단순히 고향으로부터의 소외가 아니다. 영

---

[39] 한국의 경우에도 이 문제로부터 자유로울 수 없는데, 예를 들어 몇 년 전 가수 유승준의 국적 문제에 관한 논란이나 더 최근의 축구 선수 박주영에 관한 논란 역시 그 근저에는 '탄력적 시민권'이라는 문화적 논리가 존재하고 있다고 할 수 있다.

화 〈피아노〉에서 보이듯, 새로운 고향의 창조이며 새로운 인간으로
의 변신이다. 하지만 문제는 이들이 연출해 내는 창조와 변신의 과
정이 제국주의적 정복과 침략의 과정과 크게 다르지 않다는 것이다.
따라서 그들의 행로 뒤편에는 필연적으로 길고 어두운 그림자가 드
리워질 수밖에 없다. 즉, 그들이 추구하는 창조와 변신의 행로는 또
다른 형태의 디아스포라를 생산하는 길이다. 이는 곧 그들이 누리는
지리적/문화적/정치적 이동성은 토착민들의 고착성에 기생할 수밖
에 없음을 의미한다. 움직이고 싶어도 움직일 수 없는 비디아스포라
에 대한 구조적 착취를 수반하는 것이다.

　결국 디아스포라의 행로는 결코 해방을 향한 길이 아닐 수도 있
다. 그것은 오히려 거대한 인간 포식기계를 작동시키는 길일 수도
있는 것이다. 이동성이라는 것이 인종/계급/민족/젠더와 같은 권력
관계의 핵심적 축을 통해 구조화된다는 점에서 필연적인 결과라 할
수 있다. 그리고 지리적/문화적/정치적 유동성이 극대화되고 있는
현재의 초국가주의 체계 내에서 이동성의 불균등 분배는 더욱 심화
될 수밖에 없다. 이동성의 이런 불균등 분배는 디아스포라에 내재된
제국주의적 속성을 강화하게 될 것임이 틀림없다. 이는 곧 디아스포
라에 대한 연구의 방향 전환이 요구되고 있음을 의미한다. 완고한
민족국가의 체계가 지닌 폭력이 문제라고 한다면, 디아스포라의 탈
영토화시키는 원심력 역시 또 다른 폭력으로 우리에게 다가올 것임
이 틀림없기 때문이다.

참고문헌

Adah, Anthony, "Post- and Re-Colonizing Aotearoa Screen : Violence and Identity in *Once Were Warriors and What Becomes of the Broken Hearted?*," *Film Criticism* 25-3, 2001.

Ahmed, Sara, "Home and Away : Narratives of Migration and Estrangement," *International Journal of Cultural Studies* 2-3. 1999.

Anderson, Benedict, *Imagined Communities : Reflections on the Origin and Spread of Nationalism*, London and New York : Verso, 1983.

Appadurai, Arjun, *Modernity at Large : Cultural Dimensions of Globalization*, Minneapolis : University of Minnesota Press, 1996.

Bridge, Carl and Kent Fedorowich (eds.), *The British World : Diaspora, Culture and Identity*, London : Frank Cass, 2003.

Campion, Jane (dir.), *The Piano*, Holly Hunter and Sam Neil (Perf.), Miramax Films, 1993.

Chow, Rey, "Where Have All the Natives Gone?," *Writing Diaspora : Tactics of Intervention in Contemporary Cultural Studies*, Indianapolis : Indiana University Press, 1993.

Cohen, Robin, *Global Diaspora : An Introduction* (2nd Edition), London : Routledge, 2008.

Constantine, Stephen, "British Emigration to the Empire-Commonwealth since 1880 : From Overseas Settlement to Diaspora?," in Carl Bridge and Kent Fedorowich (eds.), *The British World : Diaspora, Culture and Identity*, London : Frank Cass, 2003.

Frankenberg, Ruth, "Whiteness and Americanness : Examining Constructions of Race, Culture, and Nation, in White Women's Life Narrative," in Steven Gregory and Roger Sanjek (eds.), *Race*, New Brunswick : Rutgers University Press, 1994.

Hagedorn, Jessica, *Dogeaters*, New York : Penguin, 1990.

Kristeva, Julia, *Black Sun : Deprssion and Melancholia*, Leon S. Roudiez (trans.), New York : Columbia University Press, 1989.

Lee, Robert G., *Orientals : Asian American in Popular Culture*, Philadelphia : Temple University Press, 1999.

Margaroni, Maria, "Jane Campion's Selling of the Mother/Land : Restoring the Crisis of the Postcolonial Subject," *Camera Obscura* 18-2, 2003.

Mohanram, Radhika, *Imperial White : Race, Diaspora and the British Empire*, Minneapolis : University of Minnesota Press, 2007.

Neill, Anna, "A Land without a Past : Dreamtime and Nation in *The Piano*," in Felicity Coombs and Suzanne Gemmell (eds.), *Piano Lessons : Approaches to The Piano*, Sydney : John Libey, 1999.

Ong, Aihwa, *Flexible Citizenship : The Cultural Logic of Transnationality*, Durham : Duke University Press, 1999.

Pryor, Judith, "Reconciling the Irreconcilable? Activating the Differences in the Mabo Decision and the Treaty of Waitangi," *Social Semiotics* 15-1, 2005.

Smith, Philippa Mein, *A Concise History of New Zealand* (Second Edition), Melbourne : Cambridge, 2012.

Spivak, Gayatri C., "Diaspora Old and New : Women in the Transnational World," *Textual Practice* 10-2, 1996.

Tamahori, Lee (dir.), *Once Were Warriors*, Temura Morrison and Rena Owen (Perf.), Footprint Films, 1993.

Thornley, Davinia, "White, Brown, or 'Coffee'? : Revisioning Race in Tamahori's *Once Were Warriors*," *Film Criticism* 25-3, 2001.

Tölölyan, Khäching, "The Nation-State and its Others : In Lieu of a Preface," *Diaspora : A Journal of Transnational Studies* 1-1, 1991.

Walker, Ranginui J., "Maori Identity," in David Novitz and Bill Willmott (eds.), *Culture and Identity in New Zealand*, Auckland : GP Books, 1989.

Williams, Mark, "Crippled by Geography? New Zealand Nationalism" in Stuart Murray (ed.), *Not on Any Map : Essays on Post-Coloniality and Cultural Nationalism*, Devon : University of Exeter Press, 1997.

2
이주 여성들의 공간 이야기

정현주

여성과 공간

공간은 모든 권력의 작동에 기초가 된다[1]

'공간'은 최근 페미니즘 연구에서 키워드로 부상하고 있다. 주요 페미니즘 저작들의 제목만 살펴보아도 공간적 개념을 심심찮게 차용하고 있음을 알 수 있다. 《자기만의 방》,[2] 《페미니즘 : 주변에서 중

---

* 이 글은 《젠더와 문화》 제5권 1호(2014.12)에 발표한 글의 제목과 내용을 수정 및 보완하여 재수록한 것이다.

[1] M. Foucault, "Space, Knowledge, and Power," in P. Rabinow, ed., *The Foucault Reader*, New York : Pantheon, 1984, p. 252.

[2] 버지니아 울프, 《자기만의 방》, 이미애 옮김, 민음사, 2008.

심으로》,[3] 《다른 세상에서》,[4] 《경계 없는 페미니즘》,[5] 《안과 밖》,[6] 《밀실의 인식론》,[7] 《경계 지대들/경계선에서》[8] 등과 같이 잘 알려진 텍스트들이 대표적인 예이다. 제목뿐만 아니라 주요 개념들도 공간적 용어를 사용하기는 마찬가지다. '위치의 정치,'[9] '코라,'[10] '위치성positionality,'[11] '안과 밖을 동시에 점하는 위치outsider within,'[12] '사잇공간,'[13] '교차성intersectionality',[14] '상황적 지식situated knowledge'[15] 등 많은 페

[3] 벨 훅스,《페미니즘 : 주변에서 중심으로》, 윤은진 옮김, 모티브북, 2010.

[4] 가야트리 스피박,《다른 세상에서》, 태혜숙 옮김, 여이연, 2004.

[5] 찬드라 탈파드 모한티,《경계없는 페미니즘》, 문현아 옮김, 여이연, 2005.

[6] Diana Fuss, *Inside/Out : Lesbian Theories, Gay Theories*, New York : Routledge, 1991.

[7] Eve Kosofsky Sedgwick, *Epistemology of the Closet*, Berkeley : University of California Press, 1990.

[8] Gloria Anzaldúa, *Borderlands / La Frontera : The New Mestiza*, San Francisco : Aunt Lute Books, 1987.

[9] Adrienne Rich, "Notes Toward a Politics of Location," in Adrienne Rich, *Blood, Bread and Poetry : Selected Prose 1979-1985*, London : Little Brown & Co., 1984, pp. 210-231.

[10] Julia. Kristeva, *Revolution in Poetic Language*, Margaret Waller (trans.), New York : Columbia University Press, 1984, p. 26.

[11] Linda M. Alcoff, "The Problem of Speaking for Others," *Cultural Critique* 20, 1991, pp. 5-32.

[12] Patricia Hill Collins, "Learning from the Outsider Within : The Sociological Significance of Black Feminist Thought," *Social Problem* 33-6, 1986, pp.s14-s32.

[13] 일례로 2009년도 한국여성학회 추계학술대회(2009.11.14.)는 "페미니즘과 '사잇공간'"이라는 주제를 를 내걸었다.

[14] Kimberle Crenshaw, "Demarginalizing the Intersection of Race and Sex : A Black Feminist Critique of Antidiscrimination Doctrine, Feminist Theory and Antiracist Politics," *The University of Chicago Legal Forum* 140, 1989, pp. 139167.

[15] Donna Haraway, "Situated Knowledges : The Science Question in Feminism and the

미니즘 개념들이 공간적 함의를 내포한다.

인문사회과학에서 공간에 대한 관심이 환기되기 시작한 것은 20세기 후반 이후부터 가속화된 지구화와 지방화 및 '시공간 압축time-space compression'[16]이라는 새로운 시공간 경험을 이론화할 필요성이 대두되면서부터이다. 이와 동시에 '시간'적 개념을 근간으로 하는 근대에 대한 성찰과 비판으로 공간적 개념이 푸코를 위시한 포스트구조주의 및 포스트모더니즘 학자들에게 주목을 받기 시작했다.[17] 그러나 이는 다른 학문 분과에도 동일하게 적용되는 것으로 유독 페미니즘 연구에서 공간적 개념의 차용이 두드러지는 현상을 설명하기에 부족함이 있다. 일부 연구자들은 페미니즘과 포스트모더니즘의 동일시에 반대하면서 가부장제는 포스트모더니즘 이전부터 존재해왔으며 따라서 페미니즘의 공간적 전환은 포스트모더니즘과는 별개로 이해되어야 한다고 주장한다.[18]

포스트모더니즘이나 포스트구조주의가 페미니즘의 공간적 전환에 영향을 준 것은 분명하지만 페미니즘은 그 이전부터 공간적 개념을 내포하고 있었다는 주장에 필자도 동의한다. 왜냐하면 페미니즘

Privilege of Partial Perspective," *Feminist Studies* 14-3, 1988, pp. 575-599.

[16] 데이비드 하비, 《포스트모더니티의 조건》, 구동회 · 박영민 옮김, 한울, 1994.

[17] 질리언 로즈, 《페미니즘과 지리학 : 지리학적 지식의 한계》, 정현주 옮김, 한길사, 2011, 323쪽.

[18] Patricia Price-Chalita, "Spatial Metaphor and the Politics of Empowerment : Mapping a Place for Feminism and Postmodernism in Geography?," *Antipode* 16-3, 1994, pp. 236-254.

의 지속적인 관심사인 여성에 대한 억압과 여성해방의 정치가 상당부분 공간을 매개로 이루어져 왔기 때문이다. 질리언 로즈^{Gillian Rose}는 페미니즘 연구가 공간에 주목해야 할 첫 번째 이유로 공간이 여성 억압의 주요 기제였음을 지적한다.[19] 여성에 대한 가부장적 규범은 여성이 제한된 공간에 갇히도록 했을 뿐 아니라(가령 여성은 공공장소에서 몸을 쭉 펴거나 다리를 벌리지 않도록 요구받는다) 남성적 시선 하에 감시당하고 보여 지도록 함으로써 여성의 몸을 복종시킨다.[20] 공간의 공적/사적 분리가 여성을 사적 공간에, 재생산노동의 영역에 가두어 둠으로써 여성의 공적 영역 진입을 통제하고 남성의 공적 공간에 대한 독점을 유지해 왔음은 잘 알려진 사실이다.[21] 로즈가 말하는 두 번째 이유는 이러한 공간을 페미니스트적 전유를 통해 해방의 도구로 새롭게 상상할 수 있기 때문이다. 그것은 공간이 지닌 역설적 성격 때문에 가능하다고 한다.[22] 역설적 공간이란 배타적인 위치관계밖에 상상할 수 없는 2차원 평면공간이 아니라, 마치 4차원 기하학의 공간처럼 동시에 여러 곳을 점유할 수 있고 상호 중첩되며 안과 밖이 연결된 공간이다. 이러한 공간적 상상은 많은 페미니즘 연구가들이 권력관계를 전복할 수 있는 대안적인 위치성을 공간적 비유를 빌려서 상상한 것과 일맥상통한다. 가령 패트리샤 힐 콜린스

---

[19] 질리언 로즈, 《페미니즘과 지리학 : 지리학적 지식의 한계》, 327~332쪽.

[20] 질리언 로즈, 《페미니즘과 지리학 : 지리학적 지식의 한계》, 329~332쪽.

[21] 린다 맥도웰, 여성과공간연구회 옮김, 《젠더, 정체성, 장소 : 페미니스트지리학의 이해》, 한울, 2010.

[22] 질리언 로즈, 《페미니즘과 지리학 : 지리학적 지식의 한계》, 339~358쪽.

Patricia Hill Collins가 말하는 안과 밖을 동시에 점하는 탈식민주체의 위치성[23]이나 '주변부' 위치성,[24] 경계 지대에 선 혼성적 주체[25] 등이 그 예이다.

이에 더 나아가 비판적인 공간 연구가들은 권력뿐만 아니라 대항주체의 저항도 공간을 통해 조직될 수 있다는 입장을 개진해 왔다. 공간을 사회와의 변증법적 관계로 제시한 바 있는 도린 매시Doreen Massey는 '공간의 정치학'을 주창하며 다음의 세 가지 특징을 통해 공간을 이해할 것을 제안한다. 첫째, 공간은 사회적 상호관계의 산물, 즉 사회적 과정과 그 관계들 이전에 존재하는 것이 아니라 그 관계성의 일부로서, 사회와 상호구성하고 있다. 둘째, 공간은 동시적 복수성이 발현되는, 즉 다양성이 공존하는 영역이다. 셋째, 공간은 항상 만들어지는 과정이며 그 미래는 특정한 방향으로 운명 지워진 것이 아니라 열려 있다.[26] 따라서 공간은 다양한 방식으로 정치적 기획이 될 수 있다.

공간이 억압과 해방의 매개체가 될 수 있다는 점에 동의한다면 다음에 제기되는 질문은 이 같은 공간이 메타포로서만 존재하는지(즉 우리의 상상을 자극하고 이해를 높여 주는 언어적 도구인지) 아니면 실제 공간인지 여부다. 필자의 입장을 결론적으로 말하자면, '메타포는 실제

---

[23] Patricia Hill Collins, "Learning from the Outsider Within : The Sociological Significance of Black Feminist Thought," pp.s14-s32.

[24] 벨 훅스, 《페미니즘 : 주변에서 중심으로》, 윤은진 옮김, 2010.

[25] Gloria Anzaldúa, *Borderlands/La Frontera : The New Mestiza.*

[26] Doreen Massey, *For Space*, London : Sage Publication, 2005, pp. 9-11.

물질관계 속에 배태되어 있으며 둘은 변증법적으로 존재한다'이다. 따라서 메타포로서 공간이 추구하는 바를 실제 공간관계를 통해 찾아내는 것은 의미 있는 작업이라고 본다. 왜냐하면 공간이 급진적으로 전유되기 위해서는 실제 현실 공간에서의 관계 변화와 실천이 수반되어야 하기 때문이다. 다시 말해 공간이 메타포로서만 소비되는 데 그친다면 그 급진적 잠재력은 크게 폄하될 수밖에 없다.

이 장은 여성 억압의 기제이자 페미니스트 저항의 실천적 도구로서 공간이 어떻게 개념화되고 실제로 작동하는지를 검토하고자 한다. 특히 공간은 메타포인 동시에 실제 물질관계를 수반하며, 연구자가 연구 대상을 이해하기 위해 만들어 내는 개념인 동시에 연구 대상이 활용할 수 있는 실천적 도구가 되기도 함을 밝히고자 한다. 이를 위해 페미니스트 이주 연구의 주요 문헌을 분석하여 공간적 개념이 이들 연구에 어떻게 개입할 수 있는지를 탐색한다. 이주 여성은 라셀 살라자르 파레냐스R. S. Parreñas의 표현에 의하면 "세계화의 하인"[27]으로, 이 시대 새롭게 등장하는 젠더화된 하위계층이다. 경계를 횡단하는 초국가적 이동성을 가졌지만 생존회로survival circuit[28]의 말단에서 다중적인 모순과 억압에 처한 이들이야말로 21세기 글로벌

---

[27] 라셀 살라자르 파레냐스, 《세계화의 하인들 : 여성, 이주, 가사노동》, 문현아 옮김, 도서출판 여이연, 2009.

[28] Saskia Sassen, "Global cities and survival circuits," in Barbara Ehrenreich, and Arlie Russell Hochschild (eds.), *Global Woman : Nannies, Maids, and Sex Workers in the New Economy*, New York : Metropolitan Books, 2002, pp. 254-274.

자본주의의 경계 지대에 선 혼성적 주체[29]이자 안과 밖을 동시에 점한 하위주체[30]들이다. 이들에 대한 공간의 억압과 이들이 구사하는 공간정치를 살펴보는 것은 페미니스트 연구에서 공간의 다이내믹을 가장 잘 포착할 수 있는 한 방법이 될 수 있을 것이다.

이주와 공간

이주 연구에는 공간성에 대한 성찰이 내재될 수밖에 없다. 이주라

---

[29] 안잘두아가 말한 경계 지대의 메스티자처럼 이주 여성은 두 문화권의 경계에서 법적으로, 정서적으로 안정적인 귀속감을 가지지 못한 불안정한 존재들이다. 보이지 않는 비공식노동에 주로 종사하는 이들은 거주하는 수용국 사회로부터 계속 '보이지 말 것'을 종용받으며 한시적이고 불안정한 체류를 지속한다. 그러나 모국에서의 가부장적 질서와 빈곤의 젠더화로부터 탈주해 온 이들은 또다시 그 질서 속으로 편입되기를 원치도 않는다. 즉 여기와 저기, 그 어디에도 안정적으로 소속되지 못하며 끊임없이 모호한 정체성을 협상해 나가는 존재라는 점에서 야만적인 식민주의적 탈취와 지역사회의 가부장적 착취의 이중고를 겪는 경계 지대 메스티자와 비슷하다.

[30] 여기서 '안과 밖'이라는 비유는 다중적이다. 지리적으로 중심부(선진국)와 주변부(제3세계)이기도 하며, 재생산노동(안)과 생산노동(밖)을 뜻할 수 있다. 이주 여성은 주로 주변부에서 중심부로 이주해 온 여성들로서, 제1세계의 심장부(가령 세계도시) 내로 제3세계를 이식하는 주체들이다. 그녀들의 노동을 통해 제1세계와 그녀들의 고향은 물질적으로, 정서적으로 연결된다. 제1세계에서 살며 노동하지만 그녀들은 여전히 고향의 관계들과 삶의 양식을 선택적으로 수용함으로써 양 로컬은 그녀들의 삶 속에서 유기적으로 엮이게 된다. 또한 제1세계의 재생산노동에 주로 종사하는 그녀들은 가사노동을 유급노동화함으로써 생산과 재생산의 경계를 허물어 버린다. 제1세계 여성들의 노동시장 참여 증대가 불가피해지면서 이제 제1세계 공식경제는 '집안일'을 하면서 '돈을 버는' 이주 여성들의 비공식 노동 없이는 굴러가기 어렵게 되었다. 즉, 이주 여성은 '안과 밖'을 동시에 점하면서 둘을 관통하는 특수한 위치성을 지닌 존재들이다.

는 과정이 바로 공간을 가로지르고 공간을 창출하는 과정이기 때문이다. 과거 이주 연구는 방법론적 국가주의에 입각하여 국가별 이주통계를 분석하는 것이 주를 이루었다. 여기에서 공간은 국가 내지는 행정단위로 치환되었고 이주가 일어나는 배경에 불과했을 뿐 그 자체가 분석이나 이론적 성찰의 대상이 아니었다. 그러나 젠더 관점을 이주 연구에 접목하는 페미니스트 이주 연구가 최근 이주 연구의 주요 접근으로 등장하면서 페미니즘이 가지고 있던 공간에 대한 관심이 더욱 분명하게 드러나기 시작했다.

타자의 위치로 규정된 여성의 위치에서 사회를 재해석하고자 했던 페미니스트 관점이 타자의 동시적 공존과 복잡한 권력의 지형을 담아낼 수 있는 공간적 개념을 선호했던 것처럼, 페미니스트 이주 연구도 타자 중에서도 타자로 규정되는 이주 여성들과 그녀들의 이야기를 공간적 개념을 통해 묘사했다. '권력의 젠더지리,'[31] '탈구위치,'[32] '초국가적 사회장,'[33] '초국가적 결혼경관,'[34] '경계를 가로지

[31] Sarah J. Mahler and Patricia R. Pessar, "Gendered Geographies of Power : Analyzing Gender across Transnational Spaces," *Identities : Global Studies in Culture and Power* 7-4, 2001, pp. 441-459.

[32] 라셀 살라자르 파레냐스, 《세계화의 하인들 : 여성, 이주, 가사노동》, 51쪽.

[33] Luin Goldring, "The Power of Status in Transnational Social Fields," in Michael Peter Smith and Luis Eduardo Guarnizo (eds.), *Transnationalism from Below*, New Brunswick : Transaction Publishers, 1998, pp. 165-195.

[34] Andrea Lauser, "Philippine Women on the Move : Marriage across Borders," *International Migration* 46-4, 2008, pp. 85-110.

르는 결혼,[35] '사회적 경계,'[36] '경계넘기,'[37] '초국가적 가족,'[38] '글로벌 에큐멘,'[39] '글로벌 여성,'[40] '생존회로,'[41] '저항의 공간'[42] 등 다 나열할 수 없을 정도로 공간 메타포는 이주 여성 연구 문헌에서 넘쳐나고 있다. 이러한 개념들은 페미니즘에서 공간 메타포를 통해 흔히 드러내고자 했던 여성의 중첩적이고 주변부적인 위치성에 더하여 이주 여성의 특수한 위치성을 반영하고 있다. 그것은 바로 경계를 초월하는 이동성과 경계 너머에서 새롭게 생성된 정체성 및 관계(가령 초국가적 가족)이다. 초국가주의 담론이 이주 여성 연구의 중범

---

[35] Nicloe Constable (ed.), *Cross-Border Marriages : Gender and Mobility in Transnational Asia*, Philadelphia : University of Pennsylvania Press, 2005.

[36] Pei-Chia Lan, "Negotiating Social Boundaries and Private Zones : the Micropolitics of Employing Migrant Domestic Workers," *Social Problems* 50-4, 2003(a), pp. 525-549.

[37] Rhacel Salazar Parreñas, "Migrant Filipina Domestic Workers and the International Division of Reproductive Labor," *Gender & Society* 14-4, 2000, pp. 560-581.
Rhacel Salazar Parreñas, "Transgressing the Nation-State : the Partial Citizenship and "Imagined (Global) Community" of Migrant Filipina Domestic Workers," *Signs : Journal of Women in Culture and Society* 26-4, 2001, pp. 1129-1154.

[38] 이혜경 · 정기선 · 유명기 외, 〈이주의 여성화와 초국가적 가족 : 조선족 사례를 중심으로〉,《한국사회학》40-5, 2006, 258~298쪽.

[39] Kathryn Robinson, "Marriage Migration, Gender Transformations, and Family Values in the 'Global Ecumene'," *Gender, Place and Culture* 14-4, 2007, pp. 483-497.

[40] Barbara Ehrenreich and Arlie Russell Hochschild (eds.), *Global Woman : Nannies, Maids, and Sex Workers in the New Economy*, New York : Metropolitan Books, 2002.

[41] Saskia Sassen, "Global cities and survival circuits," pp. 254-274.

[42] Hong-zen Wang, "Hidden Spaces of Resistance of the Subordinated : Case Studies from Vietnamese Female Migrant Partners in Taiwan," *International Migration Journal* 41-3, 2007, pp. 706-727.

위적 분석 도구로 빈번하게 차용되는 이유도 바로 이러한 경계 넘기라는 이주의 본질을 다루고 있기 때문이다.

이들 문헌에서 다루고 있는 이주 여성은 대부분 생존회로를 통해 글로벌 경제의 주변부에서 중심부로 이주하는 여성들, 즉 파레냐스가 '세계화의 하인'이라고 지칭한 여성들이다. 글로벌 위계질서의 말단에 위치한 이들이 초국가적인 이동성을 갖추고 누구보다 많이, 그리고 멀리 이동한다는 역설은 이주 여성들을 주목하게 만든 배경이 되었다. 따라서 초국가적 또는 초경계적 맥락에서 이주 여성을 위치지우는 것은 여성을 사적 영역에 가두어 두고 이동성을 제한했던 근대 가부장적 체제와 근대 담론에 대한 반론인 동시에 경계를 초월하는 것이 주체의 해방에 긍정적인 역할을 할 것이라는 페미니스트 정치의 염원을 투영한 것이다.

대표적인 페미니스트 이주 연구가이자 지리학자인 레이첼 실비 Rachel Silvey는 페미니스트 지리학에서 연구해 온 공간적 개념들이 이주 연구에 어떻게 기여할 수 있는지를 탐색하면서 스케일scale의 사회적 구성, 장소와 정체성, 경계의 사회적 생산이라는 세 가지 측면의 공간성을 통해 그 가능성을 제시하고자 하였다.[43] 실비의 논의를 확장시켜 이 장에서는 스케일, 장소, 경계뿐만 아니라 그것들을 넘나들 수 있는 이동성을 이주경관에서 작동하는 주요 공간성으로 추가하고자 한다. 다음 절에서는 각 개념이 지리학과 페미니스트 연구에

---

[43] Rachel Silvey, "Geographies of Gender and Migration : Spatializing Social Difference," *International Migration Review* 40-1, 2006, pp. 64-81.

서 어떻게 사용되어 왔는지, 이주 여성 연구에 어떤 함의를 주는지를 간략히 검토하도록 한다.

이주 여성의 스케일의 정치

스케일은 지도학에서 '축적'이라는 용어로 번역되어 실제 거리와 지도상에 재현되는 거리와의 비율을 의미해 왔다.[44] 일반적으로 스케일은 현상이 일어나는 공간적 규모로 인식되는 경향이 있는데, 사회과학 분야에서는 특히 사회적 과정이 일어나는 위계적 층위를 나타내는 개념으로 통용되어 왔다(가령 지구적 스케일 대 지방적 스케일의 위계화). 그러나 최근 공간 연구 분야에서 스케일이 사회적 구성물이라는 의미로 재해석되면서 그 활용도가 매우 넓어졌다. 사회적 구성물로 스케일을 인식한다는 것은 스케일이 주어지거나 고정되거나 분절된 위계관계가 아니라 자본과 권력, 다양한 사회적 주체에 의해 만들어지며, 따라서 가변적이고 상대적이며 진행형인 성격을 지닌다고 보는 것이다.[45] 이러한 인식에 의하면, 스케일의 창출은 권력관

---

[44] Sallie Marston, "The Social Construction of Scale," *Progress in Human Geography* 24-2, 2000, pp. 219-242.

[45] 사회적 구성물로서 스케일에 대한 논쟁은 1990년대 후반 지구화-지방화 논쟁이 불거지면서 서구 지리학계를 중심으로 공간연구가들 사이에서 가장 뜨거운 논쟁거리로 등장하였다. 당시의 논쟁을 조망하기 위해서 *Political Geography* 특집호(1997년 16-2호)를 참고할 것. 이후 페미니스트 관점을 반영하여 스케일 논의를 비판적으로 발전시킨 연구는 다음을 참고할 것. Sallie Marston, 2000, pp. 219-242.

계 속에서 결정되며 이는 곧 정치적인 과정이다. 페미니스트 연구가들을 비롯한 비판적 공간 연구가들은 이러한 스케일 구성의 정치적 측면, 즉 스케일의 정치에 큰 관심을 보여 왔다.

젠더 및 계급적 억압은 스케일 체제를 구축함으로써 더욱 공고해진다. 가령, 글로벌 자본주의는 세계무역기구나 국제 정치기구와 같은 글로벌한 스케일의 통치 체제를 구축함으로써 국가 단위의 축적 체제를 글로벌로 상승시켰고, 이는 글로벌 스케일에서 자본의 불균등한 배분을 가속화하였다. 국가의 보호 장벽이 무너진 글로벌 자본주의 체제에서 주변부 국가의 노동자들은 더욱더 보호를 받지 못한 채 글로벌 무한경쟁 속에 내던져지거나 중심부의 하층노동계급으로 유입되는 결과를 야기했다. 계급 불균등이 글로벌 스케일에서 재생산된 것이다. 재생산노동의 국제 분업이나 가부장적 젠더 관계의 지구적 확장도 이러한 자본축적을 위한 스케일 체제의 변화에 영향을 받았다. 이처럼 억압의 기제가 되는 스케일은 역설적이게도 저항의 도구가 되기도 한다. 글로벌 자유무역 체제를 반대하여 글로벌 스

Richa Nagar, Victoria Lawson, Linda McDowell, and Susan Hanson (eds.), "Locating Globalization : Feminist (Re)Readings of the Subjects and Spaces of Globalization," *Economic Geography* 78-3, 2002, pp. 257-284. 한편 스케일 논의를 이주 여성 연구에 접목한 연구는 다음을 참고할 것. 정현주, 〈이주, 젠더, 스케일 : 페미니스트 이주 연구의 새로운 지형과 쟁점〉, 《대한지리학회지》 43-6, 894~913쪽. Rachel Silvey, "Transnational Migration and the Gender Politics of Scale : Indonesian Domestic Workers in Saudi Arabia," *Singapore Journal of Tropical Geography* 25-2, 2004, pp. 141-155. Rachel Silvey, 2006, pp. 64-81.Theresa W. Devasahayam, Shirlena Huang and Brenda Yeoh, "Southeast Asian Migrant Women : Navigating Borders, Negotiating Scales," *Singapore Journal of Tropical Geography* 25-2, 2004, pp. 135-140.

케일에서 시민사회 운동을 조직한 반세계화운동이라든지 신자유주의 도시화에 대항하여 다양한 시민단체들이 도시권 연대right to the city alliance[46]를 조직하는 것 등이 지구화시대 저항의 스케일이 아래로부터 대안적으로 구축된 사례라고 볼 수 있다.

페미니스트 연구는 이에 더 나아가 스케일이 미시적 차원에서도 구성되며 특히 여성적 주체들에 의해 저항과 정체성의 협상의 수단으로 만들어진다는 새로운 관점을 추가했다. 이러한 입장은 기존의 스케일 논의에 내재된 이분법적 가정들이 가부장적인 공간 이분법과 일맥상통하다고 비판한다. 즉, 거시 스케일은 남성적이고 생산의 영역과 관련되고 억압적이고 강력한 스케일로, 미시 스케일은 여성적이고 재생산 영역과 관련되고 억압받으며 미약한 스케일로 가정되어 왔다는 것이다.[47] 이러한 이분법은 전자를 후자보다 중요하다고 전제하면서 후자를 학문의 영역에서 배제시켜 왔다. 물론 거시 스케일에서의 억압(가령 노동의 국제적인 젠더분업)이 여성들의 억압을 규정하는 강력한 기제가 되며 이를 전복하기 위해 스케일 상승scaling up의 정치가 필요한 것은 사실이지만 그렇다고 해서 미시 스케일에서의 억압과 미시 스케일을 통한 투쟁이 미약하고 의미가 없다는 것은 잘못된 가정이다. 페미니스트 연구가들은 거시적인 스케일과 미시적인 스케일은 분리되지 않으며 미시적인 스케일에서의 저항이

---

[46] www.righttothecity.org

[47] Richa Nagar, Victoria Lawson, Linda McDowell, and Susan Hanson (eds.), "Locating Globalization : Feminist (Re)Readings of the Subjects and Spaces of Globalization,", pp. 257-284.

때로는 더욱 효과적일 수 있다는 주장을 제시했다.[48]

　페미니스트 이주 연구에서 스케일은 이주경관을 구성하는 다양한 과정들의 상호작용을 체계적으로 이해할 수 있도록 보여 주는 조작적 개념으로 제시되었다. 상당수의 연구들이 이주에 개입하는 젠더 과정을 로컬, 내셔널, 글로벌 과정 등으로 구분해서 제시하고자 했다. 다음 절에서 자세히 검토할 대표적인 페미니스트 이주 연구의 이론적 틀인 '권력의 젠더지리'[49]나 '거시범위-중범위-미시범위'라는 3가지 범주의 분석틀[50]도 스케일을 분석의 준거로 사용했다.

　그러나 스케일은 연구자나 독자의 이해를 돕는 개념일 뿐만 아니라 바로 그 자체가 이주 여성들이 만들어 내는 또는 전략적으로 선택하는 정치적 도구가 될 수 있다는 데에 그 중요성이 있다. 특히 이주 여성들이 경계를 횡단한다고 했을 때 그 경계는 단순한 선(가령 국경)이 아니라 새로운 스케일로의 도약을 의미하기도 한다. 어떤 스케일에서 자신의 정체성을 상상하고 협상해 나갈 것인지는 어떤 종류의 권력관계에 자신을 위치지을 것인지와 직결된다. 스케일은 바로 그 '어떤 종류의 권력관계'를 결정짓는 준거가 된다.[51] 필자는 한

[48] Theresa W. Devasahayam, Shirlena Huang and Brenda Yeoh, "Southeast Asian Migrant Women : Navigating Borders, Negotiating Scales," pp. 135-140. Sallie Marston, "The Social Construction of Scale," pp. 219-242.

[49] Sarah J. Mahler and Patricia R. Pessar, "Gendered Geographies of Power : Analyzing Gender across Transnational Spaces," pp. 441-459.

[50] 라셀 살라자르 파레냐스, 《세계화의 하인들 : 여성, 이주, 가사노동》, 53~70쪽.

[51] Neil Smith, "Geography, Difference and the Politics of Scale," in Joe Doherty, Elspeth Graham and Mohammed H. Mallek (eds.), *Postmodernism and the Social Sciences*, London

국의 결혼이주 여성의 공간정치를 다룬 연구에서 일부 이주 여성들이 자신들을 감시하고 폄하하는 지역사회의 경계를 벗어나 초지역적인 스케일에서 일상을 재조직함으로써 '농촌의 가난한 외국인 신부'가 아닌 '아시아 여성,' 즉 '초국가적인 다문화시민'으로서 정체성을 협상하는 사례를 소개한 바 있다.[52] 이들 여성은 인종차별적 가부장의 시선으로 자신을 규정하려는 한국 농촌 지역사회의 권력관계 속에 편입되는 것을 거부하고 대신 한국정부의 다문화주의 담론을 자신들의 방식으로 재구성하여 초국가적인 장에서 자신을 위치지우는 스케일의 정치를 구사한 것이다. 여기서 이들의 초국가적 상상력은 실제 물리적 경계(국경과 생활권)를 넘는 이동성을 확보함으로써 가능했다는 점에서 물질로서의 공간과 메타포로서의 공간은 서로 연동되어 작동함을 보여 준다.

관계적 장소 개념 : 연대와 권력의 결절지로서 장소

장소는 주관적인 의미가 부여된 특별한 공간을 의미한다. 존 에그뉴

: McMillan, 1992, pp. 57-79.

[52] 다음 연구를 참고할 것. Hyunjoo Jung, "Spatial Politics and Identity Renegotiation of Women Marriage Migrants in South Korea," *Asian and Pacific Migration Journal* 21-2, 2012, pp. 193-215. Hyunjoo Jung, "Let Their Voices Be Seen : Exploring Mental Mapping as a Feminist Visual Methodology for the Study of Migrant Women," *International Journal of Urban and Regional Research* 38-3, 2014, pp. 985-1002.

John Agnew는 장소를 구성하는 세 가지 요소로 위치, 현장^{locale},[53] 장소감을 제시한 바 있다.[54] 흔히 장소는 '보편적이고 추상적인' 공간과 대비되어 특수하고 우연적이며 차이를 만들어 내는 단위로, 일정한 경계로 둘러싸인 소규모의 공간으로 인식되어 왔다.[55] 특히 지구화 담론 이후에는 장소란 보편적이고 억압적인 지구화에 대항하여 지방의 특수한 정체성과 차이를 지켜 내는 저항의 구심점이라는 인식이 차이의 정치를 옹호하는 쪽에서 확산되었다. 그러나 차이의 정치의 효용성을 폄하하는 정치경제학적 공간이론가들은 장소를 자본의 투자가 축적되어 특정한 물리적 · 상징적 하부구조(가령 도시공간구조나 노동시장 구성)가 고착된 지역단위로 보았다. 이러한 장소는 유동적인 자본과 모순적인 긴장 관계를 조성함으로써 '유동성과 고정성의 대립'이라는 자본주의의 본질적 모순을 집약적으로 드러내는 역할을 한다.[56] 여기서 장소는 자본주의라는 구조에 대한 대립항으로서, 비본질적이고(따라서 우연적이고), 능동적으로 변화를 야기하기보다는 구조적 변화에 대하여 수동적으로 반응하며, 뿌리내리고 있는(따라서 변화하지 않는) 대상으로 인식된다.[57]

---

[53] 사회적 관계를 매개하는 물질적인 하부구조 또는 환경을 의미한다.

[54] John Agnew, *Place and Politics : The Geographical Mediation of State and Society*, Boston : Allen & Unwin, 1987.

[55] Tim Cresswell, *Place : A Short Introduction*, Malden : Blackwell Publishers, 2004.

[56] David Harvey, *The Limits to Capital*, Oxford : Blackwell, 1982.

[57] David Harvey, *Justice, Nature and Geography of Difference*, Malden : Blackwell Publishers, 1996.

정치경제학자들의 다소 구조주의적인 장소 인식을 비판하며 새로운 장소개념을 제시한 사람은 경제지리학자인 도린 매시다. 그녀는 장소를 '집'과 동일시하는 가부장적 모성신화에 근거한 전통적 지리학의 장소 인식도 문제라고 보았지만[58] 무엇보다 같은 진영에 속해 있던 (주로 남성) 비판지리학자들, 특히 데이비드 하비David Harvey 등의 정치경제학자들이 인식하는 장소도 잘못된 개념에 근거해 있다고 비판한다. 즉, 장소를 우연적이고 수동적이며 고착된 곳으로 인식하는 바람에 장소의 정치의 진보적 가능성을 폄하해 버렸다고 비판하면서 이러한 장소 개념을 극복하는 대안적 개념으로 '지구적 장소감 a global sense of place'[59]을 제시하면서 상대적이고 구성주의적인 장소 개념화의 발판을 마련했다.

매시가 생각하는 '지구적 장소감'이란 장소에 대한 기존의 4가지 오해에 대한 반론으로 구성되어 있다. 그 4가지 오해란 다음과 같다. 장소는 1) 고착되어 있으며rooted, 2) 방어적이며defensive, 3) 단일한 정체성을 지니며, 4) 뚜렷한 경계를 지닌다는 것이다. 이에 대하여 매시는 다음과 같이 반박한다. 첫째, 장소란 진행형이며 사회적 상호작용의 결절지이다. 둘째, 장소를 고유하게 만드는 것은 그 내부의 역사성이 아니라 장소 외부와의 상호작용으로서 장소는 늘 내부와 외부가 뚫려 있다. 따라서 장소란 지구화의 반대급부가 아니며 지구

---

[58] 이에 대해서는 수많은 페미니스트 지리학자들이 비판을 제시한 바 있다. 관련 논의가 집약적으로 잘 드러나 있는 문헌으로는 다음을 참고할 것. 질리언 로즈,《페미니즘과 지리학 : 지리학적 지식의 한계》, 115~155쪽.

[59] 도린 매시, 정현주 옮김,《공간, 장소, 젠더》, 서울대출판문화원, 2015, 262~281쪽.

화 그 자체가 이미 장소화된 과정이다. 이런 관점에서 보자면 보편적인 하나의 지구화란 없으며 구체적인 장소들을 통하여 작동하는 특정한 지구화들이 있을 뿐이다.[60] 셋째, 장소는 하나의 단일한 통일체가 아니며 복수의 정체성과 내부적 다양성을 지닌다. 넷째, 장소는 정해진 경계가 없으며 늘 가변적이고 유동적이다.[61]

장소를 상대적이고 개방적이며 진행형으로 보는 '지구적 장소감'은 이주 연구에 시사하는 바가 크다. 특히 초국가주의 논의에서 거론되는 장소 개념들(비록 장소라는 말 대신 다른 용어를 쓰지만)이 '지구적 장소감'과 유사성을 지니는데, 매시의 개념은 이들 개념들에서 분명하게 드러나지 않는 장소의 특성들을 규정해 준다는 점에서 참고할 만하다. 가령 '초국가적 사회장'이나 '트랜스로컬리티translocality'[62]는 그 경계가 불투명하고 장소 외부와의 연계망을 통해 작동하는 공간이다. 그러나 이 개념들은 이주자들의 삶의 장이 '국가' 경계를 뛰어넘어trans 형성된다는 점에 너무 주안점을 둔 나머지 초국가성 너머, 또는 그 하부에서 일어나는 과정들을 충분히 아우르지 못하는

---

[60] 지구화가 장소보다 상위 스케일에서 따로 작동하는 것이 아니라 지구화 자체가 이미 장소화된 과정이라는 매시의 생각은 세계도시 런던을 사례로 한 연구에 더욱 분명히 드러나 있다. 자세한 내용은 다음을 참고할 것. Doreen Massey, *World City*, Cambridge and Malden, MA : Polity Press, 2007 (이 책의 서론과 1장의 발췌 번역본은 다음을 참고할 것. 정현주, 〈세계도시 런던〉, 고일홍 외, 《사상가들 도시와 문명을 말하다》, 한길사, 2014, 79~101쪽).

[61] 도린 매시, 《공간, 장소, 젠더》, 262~281쪽.

[62] 이 용어의 최초 사용은 다음 문헌에서 비롯되었다. Arjun Appadurai, "Sovereignty without Territoriality : Notes for a Postnational Geography," in Patricia Yeager (ed.), *The Geography of Identity*, Ann Arbor : University of Michigan Press, 1996, pp. 40-58.

감이 있다.[63] '지구적 장소감'은 이처럼 초국가적 맥락에서 다양한 스케일에 걸쳐 작동하는 장소들을 개념적으로 보완해 줄 여지가 있다고 본다.

또한 이러한 초국가적 장소들은 이주 여성들에 대한 차별과 억압이 가시화된 공간이지만 이들이 활용할 수 있는 자원도 될 수 있다는 점을 주목할 필요가 있다. 이들 장소는 이주 여성들의 일상생활의 스케일에서부터 초국가적 스케일에 걸쳐 다양하게 형성되는데, 여성들의 네트워크와 정서적 연대를 가능하게 함으로써 이들의 초국가적 상상력과 정체성의 협상에 영향을 미치게 된다. 이주 여성 가사노동자들의 주말공동체weekend enclave[64]나 초국가적 경계 지대에서 작동하는 난민캠프,[65] 한국 결혼이주 여성들을 위한 다문화센터 및 한글교실[66] 등이 이러한 장소의 사례가 될 수 있을 것이다.

[63] 정현주, 〈대학로 '리틀마닐라' 읽기 : 초국가적 공간의 성격 규명을 위한 탐색〉,《한국지역지리학회지》16-3, 2010, 295~314쪽.

[64] Brenda Yeoh, and Shirlena Huang, "Negotiating Public Space : Strategies and Styles of Migrant Female Domestic Workers in Singapore," *Urban Studies* 35-3, 1998, pp. 583-602.

[65] Patricia R. Pessar, "Women's Political Consciousness and Empowerment in Local, National and Transnational Contexts : Guatemalan Refugees and Returnees", *Identities : Global Studies in Culture and Power* 7-4, 2001, pp. 461-500.

[66] Hyunjoo Jung, "Spatial Politics and Identity Renegotiation of Women Marriage Migrants in South Korea," pp. 193-215.

경계짓기 또는 허물기 : 억압의 도구이자 저항의 수단

경계border/boundary는 이주 연구 문헌에서 메타포로서 가장 광범위하게
쓰이는 용어이다. 이주 여성들은 물리적 경계도 넘지만 다양한 사회
적 경계를 넘는다. 젠더, 인종, 계급, 종교, 국적 등 다양한 사회적 위
치는 각각의 경계를 상징적으로, 물리적으로 설정하는데 이주 여성
들의 경계 넘기란 다양한 정체성의 경계들을 오가며 협상하는 것을
일컫는다. 경계는 이처럼 다양한 정체성들이 경합하고 혼합되는 최
전선을 만들어 낸다. 글로리아 안잘두아Gloria Anzaldúa의《경계 지대들/
경계선에서》[67]는 이러한 사유에 대한 학문적 언어를 제공한 문학작
품으로 널리 인용되고 있다. 안잘두아는 치카나Chicana[68] 레즈비언 페
미니스트 활동가이자 시인/소설가/이론가이며, 제1세계(미국)에서
제3세계(치카나) 정체성을 지닌 채 미국과 멕시코의 경계 지대에서
성장했다.[69] 여러 경계들이 교차하는 경계 지대는 이런 의미에서 실
제 공간이기도 하며 다양한 정체성들이 중첩되는 비유적 공간이기

---

[67] Gloria Anzaldúa, *Borderlands/La Frontera : The New Mestiza.*

[68] 아즈텍 인디언들과 스페인 정복자들과의 혼혈 인종인 치카노Chinaco의 여성형.
    1848년 멕시코-미국 전쟁이 끝나면서 맺어진 과달루페 이달고 조약에 의해 미국
    에 양도된 멕시코 영토(현재 미국 남서부)에 속해 있다가 미국 시민이 된 멕시코인
    들이 치카노의 기원이다. 현재는 미국 내 멕시코계인들을 일반적으로 치카나/치카
    노라고 부르기도 하며, 특히 원주민 뿌리를 부정하는 용어인 히스패닉 또는 라티노
    대신 원주민 정체성을 강조하는 명칭으로 쓰인다.

[69] 노승희, 〈글로리아 안잘두아-경계선 없는 경계 지대를 살아가기〉,《여/성이론》11,
    2004, 259~272쪽.

도 하다.[70] 안잘두아가 경계 지대를 주목한 것은 '메스티자mestiza[71] 주체성'이라고 칭한 혼성적 주체가 이곳을 통해 생성되기 때문이다.[72] 호미 바바Homi Bhabha가 주변부에 위치지워진 혼성적인 주체의 혼성성과 주변성이 탈식민적 대항의식을 길러 낼 수 있는 토대라고 주목한 것처럼[73] 안잘두아 역시 메스티자 주체의 혼성성이 제국의 통제망을 벗어날 수 있는 유연성을 가졌다고 보았다. 그러나 노승희는 메스티자 주체는 바바가 말한 양가적 탈식민 주체와도 다르다고 지적한다. 그에 의하면 "바바의 탈식민 주체가 식민 권력의 응시 아래 자아분열과 '흉내 내기'에 빠져 있는 동안, 안잘두아의 메스티자 주체는 다원성을 긍정하며 경계선을 횡단한다."[74] 식민과 탈식민이라는 이분법적인 권력관계 속에서 식민 권력의 감시가 닿지 않는 제3의 공간에서 자기모순적인 저항을 하는 바바의 분열된 탈식민 주체보다 인종/계급/젠더의 다중적인 억압 속에서 "제3세계가 제1세계에 의해 피 흘리는 곳"[75]인 경계 지대에서 생존하기 위하여 "경계선

---

70 정현주, 〈다문화경계인으로서 이주 여성의 위치성에 대한 이론적 탐색〉, 《대한지리학회지》 50-3, 2015, 292쪽.

71 유럽계와 아메리칸 인디언과의 혼혈인종을 일반적으로 지칭하는 메스티조mestizo의 여성형.

72 노승희, 〈전지구화 시대의 대항 페미니스트 주체: 글로리아 안잘두아의 유색여성 페미니즘과 메스티자 주체론〉, 《영어영문학 21》 18-1, 2005, 27~52쪽. 정순국, 〈다문화 사회에서의 글로리아 안잘두아의 『경계 지대들/경계선에서: 새로운 메스티자』의 혼성성의 시학〉, 《영미문화》 10-2, 2010, 231~266쪽.

73 호미 바바, 《문화의 위치》, 나병철 옮김, 소명출판사, 2002.

74 노승희, 〈글로리아 안잘두아—경계선 없는 경계 지대를 살아가기〉, 42쪽.

75 Gloria Anzaldúa, *Borderlands/La Frontera: The New Mestiza*, p. 25.

없이 살아야 하고 교차로가 되어야 하는"[76] 메스티자 주체가 오늘날
이주 여성과 더욱 가까운 모습이다.

안잘두아의 경계 지대 메타포는 이주 여성의 주체성 형성에 대
한 새로운 인식과 상상을 제공해 주었지만 그것이 메타포로서만 머
문다면 경계 지대가 물리적 공간과 결합했을 때 가질 수 있는 파괴
력을 간과할 수도 있다. 멜리사 라이트Melissa Wright는 안잘두아가 말
한 미국과 멕시코의 경계 지대에 설치된 수출자유지구(일명 '마낄라
도라')에서 멕시코 국경을 넘어온 이주 여성 노동자들이 어떻게 강
간당하고 착취당하며 결국에는 소모품으로 전락하는지를 고찰했다.
라이트는 소모품이 된 그녀들의 육체는 결국 글로벌 자본축적을 도
모하는 수단이 되었다고 지적하면서 여성들의 경계 넘기가 자본과
권력에 의해 유린당하는 참혹한 현실을 고발했다.[77]

다소 마르크스주의적 입장을 견지한 라이트와는 달리 경계를 허
무는 이주 여성들의 공간정치에 주목한 페미니스트 공간 연구가들
은 메타포로서의 경계가 실제 사회-공간적으로 생산된다는 점을 강
조한다. 리차 나가Richa Nagar는 탄자니아에 정착한 인도 이주 여성들
을 사례로 하여 이들이 공적 공간에서 경계 짓기를 통해 계급, 종족,

---

[76] Gloria Anzaldúa, *Borderlands/La Frontera : The New Mestiza*, pp. 216-217.

[77] Melissa W. Wright, "Crossing the Factory Frontier : Gender, Place and Power in the
Mexican Maquiladora," *Antipode* 29-3, 1997, pp. 278-302.
Melissa W. Wright, "Maquiladora Mestizas and a Feminist Border Politics : Revisiting
Anzaldúa," *Hypatia : A Journal of Feminist Philosophy* 13-3, 1998, pp. 114-131.

종교의 차이의 정치를 구사한다는 것을 보여 주었다.[78] 경계는 안과 밖, 우리와 그들, 주체와 객체를 구분하는 잣대가 된다는 점에서 경계 짓기는 매우 중요한 정치적 행위이다. 누가, 무엇을 위해, 어떻게 경계를 만들어 내는지는 미시 공간에서 이주 여성들을 둘러싼 억압이 구성되는 양상을 보여줄 수 있다. 또한 주어진 경계를 넘어서 새로운 경계를 만들어 내는 이주 여성들의 정체성의 정치를 포착하는 개념적 도구가 될 수도 있다.

이동성의 불균등

마지막으로 이동성은 이상에서 언급한 각종 공간성들을 가로지르거나 특정 자원에 접근할 수 있는 능력을 의미한다. 개인의 일상생활 영위를 위하여 반드시 보장되어야 할 기본권인 이동성은 글로벌 시대에 그 중요성이 더욱 높아졌다. 그러나 '시공간압축'[79]으로 상징되는 글로벌 시대의 초이동성은 모두에게 동등한 접근성을 제공한 것이 아니라 권력관계 속에서 점하는 위치에 따라서 차별화된 접근성을 만들어 냈다. 매시에 의하면 권력의 한쪽 끝에 있는 자본가와 엘리트계급은 시공간압축을 이용하여 누군가를 다른 곳으로 배치할

[78] Richa Nagar, "Communal Discourses, Marriage and the Politics of Gendered Social Boundaries among South Asian Immigrants in Tanzania," *Gender, Place and Culture* 5-2, 1998, pp. 117-139.

[79] 데이비드 하비, 《포스트모더니티의 조건》, 194쪽.

수 있는, 즉 이동을 지배할 수 있는 힘을 더 많이 갖게 된 반면, 반대쪽 끝에는 (그들에 의해) 실제로 이동하지만 그러한 이동을 지배할 수 없는 주체들이 있다. 이것이 바로 매시가 말한 시공간압축으로 대변되는 지구화 시대에도 여전히 작동하는 '권력의 기하학'이다.[80] 오늘날의 이주 여성들이 바로 그 후자에 해당될 것이다.

그러나 아무리 이동을 지배할 권한도 없이 이동당하는 주체라 할지라도 초국가적으로 확장된 이동성은 그들에게 새로운 지리적 상상력을 제공한다. 가령 이주 여성들은 이주 자체를 하나의 삶의 양식으로 받아들이는 경향이 있다. 즉, 삶은 끊임없이 어디론가로 이주하는 과정이라고 여기는 것이다. 현재 한국에서 가사노동자로, 공장노동자로 일하고 있는 수많은 여성들도 이곳에서의 경험을 발판으로 미래에 미국과 캐나다와 같은 '꿈의 목적지'로 이동할 것이라는 희망을 안고 살아가고 있다.

초국가적으로 확장된 이동성을 가진 그녀들이지만 일상 공간에서는 상당한 이동의 제약을 경험한다. 국경을 횡단한 여성들이 경계 너머에서 이동의 제약을 받는다는 것은 초국가 시대의 이동성의 아이러니가 아닐 수 없다. 페미니스트 지리학자들은 여성들이 이동에 제약을 받는다는 점을 끊임없이 제기해 왔다. 그 제약은 젠더화된 공간 구분과 여성들에게 부과된 성 역할에 기인한다. 가령 '공간의 덫에 갇힌 여성spatial entrapment of women' 테제는 근대 도시의 디자인과 물리적 하부시설이 가부장적 젠더 관계에 기초하여 만들어졌기 때문

---

80   도린 매시, 《공간, 장소, 젠더》, 267쪽.

에 여성들을 소외시키고 사적 공간에 가둔다는 명제이다.[81] 특히 전후 서구의 전무후무한 교외화는 통근 시간과 이동 거리를 늘려 이동성이 낮은 여성들을 교외의 주거지에 가둬 두는 결과를 빚었고, 가사와 육아로 인해 시공간 제약이 많은 이들 중산층 여성들은 교외지역에서 거대한 '핑크칼라 게토pink color ghettos'를 형성하여 저임금/파트타임/단순사무 직종으로 유입되었다는 것이 이 명제가 탄생하게된 배경이다. 그 밖에도 여성은 폭력과 강간의 두려움으로 인해, 가부장적 규범을 강요하는 감시의 시선으로 인해 특정한 시간대에 특정한 공간으로의 이동에 제약을 받는다.

그러나 유색인종 페미니스트들은 여성의 이동성 제약이 오로지 젠더 때문만은 아니라고 주장한다. 젠더와 인종차별의 이중적인 억압이 결합되어 유색인종 여성은 보통 여성들보다도 이동에 제약을 더 많이 받는다는 것이다. 일례로 미국의 저명한 영문학자이자 흑인 페미니즘의 대표적인 연구가인 벨 훅스bell hooks는 유년 시절 할머니 집으로의 이동의 경험을 이렇게 묘사한다.

내가 어렸을 때 마을을 가로질러 할머니네 집으로 가는 여정은 가장 흥미진진한 유년 시절의 경험 중 하나였다. … 증오심에 가득 차서 베란다에서 우리를 노려보았던 하얀 얼굴들, 그 무시무시한 백인성whiteness을 지나쳐야 했기에 할머니 집으로 가는 길이 얼마나 무서웠던

---

[81] Susan Hanson and Geraldine Pratt, "Job Search and the Occupational Segregation of Women," *Annals of the Association of American Geographers* 81-2, 1991, pp. 229-253.

지 그 공포감이 기억난다. 베란다에 아무도 없었을 때조차도 마치 그 베란다들은 마치 "위험" "여긴 네가 있을 곳이 아니야" "너는 안전하지 않아"라고 외치는 것 같았다. 마침내 할머니 집 마당에 당도했을 때, 베란다 의자에 앉아서 시가를 피우는 거스 할아버지의 새까만 얼굴이 보이고 그 무릎 위에 앉아서 쉬게 되었을 때의 안도감, 드디어 집에 왔다는 느낌이란! 도착과 귀향의 느낌, 그 달콤함은 백인의 권력과 지배를 계속 일깨워 주던 여행의 쓰라린 느낌과 무척 대조되었다.[82]

유색인종 페미니스트들의 주장을 확장시켜 적용해 보면 이주 여성들의 이동성은 더욱 제약될 가능성이 높다. 인종, 젠더, 계급, 국적, 언어소통능력 등 이주 여성들이 수용국 사회에서 지닌 제약은 이들의 이동의 제약으로 직결될 수 있기 때문이다. 이는 때때로 현실로 나타나기도 한다. 필자는 한국 농촌에 정착한 결혼이주 여성들의 이동성에 대한 논문에서 이들이 사회적으로 규정된 성 역할, 언어 장애, 농촌사회의 교통하부시설 미비, 거주지의 외진 위치 및 짧은 정착 기간 등에 의해 이동의 제약을 받는다고 밝힌 바 있다.[83] 그러나 이주 여성들은 이동의 제약으로 인해 '갇혀' 있는 것만은 아니었다.

---

[82] 원 출처는 Bell Hooks, *Yearning : Race, Gender, and Cultural Politics*, Boston : South End Press, 1990, p. 41. 번역문은 다음의 문헌에서 재인용함. 정현주, 〈인종차별로 분열된 도시에서 안전공간 만들기-벨 훅스, 갈망 : 인종, 젠더, 문화정치〉, 고일홍 외, 《사상가들 도시와 문명을 말하다》, 한길사, 2014, 289쪽.

[83] 정현주, 〈공간의 덫에 갇힌 그녀들? : 국제결혼이주 여성의 이동성에 대한 연구〉, 《도시지리학회지》 10-2, 1997, 53~68쪽.

그들은 자신들의 자원을 활용하여 다양한 방식으로 이동의 제약을 완화해 가기도 했다.[84] 제니퍼 맨델Jennifer Mandel도 이주 여성들 간의 이동성 비교를 통해 이들이 천편일률적으로 갇혀 있는 것이 아니라 계급, 인종, 지역별로 다양한 생존 전략을 구사함으로써 차별화된 이동성을 확보해 감을 밝혔다.[85]

이주 여성 연구의 분석틀에 공간을 입히다

이상에서는 페미니스트 이주 연구에 접목될 수 있는 공간 개념들을 검토하였다. 이 절에서는 페미니스트 이주 연구에서 널리 알려져 있는 대표적인 두 가지 분석틀을 대상으로 하여 공간적 개념들이 어떻게 이주 여성 이론화에 기여할 수 있을지를 탐색해 본다.

인류학자 사라 말러와 페트리샤 페사S. Mahler and P. Pessar에 의해 제시되어 남미이주 여성 및 결혼이주 여성 연구에 적용되기도 한 '권력의 젠더지리'와 필리핀 가사노동자에 대한 심층 분석으로 전 세계적인 반향을 불러일으켰던 파레냐스의 3가지 범주의 분석틀이 그 대상이다.

이들 연구는 스케일, 사회적 위치, 탈구 위치, 응접의 맥락(장소적

---

[84] 정현주, 〈공간의 덫에 갇힌 그녀들? : 국제결혼이주 여성의 이동성에 대한 연구〉, 62~64쪽.

[85] Jennifer L. Mandel, "Mobility Matters : Women's Livelihood Strategies in Porto Novo, Benin," *Gender, Place and Culture* 11-2, 2004, pp. 257-285.

맥락) 등 공간적인 개념을 분석의 핵심 구성 요소로서 설정했다는 공통점이 있다. 그러나 이 핵심적인 구성 요소에 대한 이론화가 미진하다는 점이 이들 연구의 설명력을 떨어뜨리는 결정적 요인이라고 필자는 판단한다. 아래에서는 '권력의 젠더지리'가 간과하고 있는 스케일의 사회적 구성을 보완하는 한편, 파레냐스의 분석틀이 간과한 두 가지 지점을 비판적으로 분석하고 장소와 스케일 등의 공간 개념이 어떻게 이러한 공백을 보완할 수 있을지를 검토하도록 한다.

'권력의 젠더지리'와 스케일의 재구성

페미니스트 인류학자인 말러와 페사는 기존의 남성중심적 또는 젠더중립적인 이주 연구 경향을 비판하면서 최근 이주경관의 대표적인 현상인 이주의 여성화를 젠더화된 이주의 과정으로서 이해하기 위하여 일련의 이론적·경험적 연구들을 제시했다.[86] 이들은 이주 연구를 관통하는 핵심 개념으로서 '젠더'를 주창하면서 '권력의 젠더지리'라는 개념을 이주 연구의 새로운 분석틀로서 제안했다. 여기

---

[86] 대표적으로 다음 논문을 참고할 것. Patricia Pessar, "Women's Political Consciousness and Empowerment in Local, National and Transnational Contexts : Guatemalan Refugees and Returnees", pp. 461-500.Patricia Pessar and Sarah Mahler, "Transnational Migration : Bringing Gender in," *International Migration Review* 37-3, 2003, pp. 812-846.Sarah Mahler and Patricia Pessar, "Gender Matters : Ethnographers Bring Gender from the Periphery toward the Core of Migration Studies," *International Migration Review* 40-1, 2006, pp. 27-63.

서 '지리'는 젠더와 이주가 결합하여 작동하는 '다양한 지점'을 포착하는 개념이다. 말러와 페사는 권력의 젠더지리를 구성하고 있는 세 가지 주요 구성 요소로서 '스케일,' '사회적 위치,' '에이전시'를 제시했다. '스케일'은 젠더 관계가 몸에서부터 초국가적 단위에 이르기까지 여러 층위에서 작동함을 분석하기 위한 개념적 도구이다. '사회적 위치'는 권력관계의 지형 속에서 개인의 위치협상을 의미한다. '에이전시'는 동일한 사회적 위치 속에서도 개인마다 차이를 만들어 내는 결정적 요인이 된다.[87] 이들의 설명에 의하면, '스케일'은 젠더 과정이 일어나는 일종의 배경 내지는 젠더 과정을 조직적으로 보여 줄 수 있는 분석적 틀이 되고, '사회적 위치'와 '에이전시'는 젠더 과정을 변화시키는 변수가 된다.

여기서 스케일에 대한 두 가지 오해가 발생한다. 첫 번째 오해는 스케일이 분석 변수들의 바깥에 있는 배경 또는 무대가 된다는 가정이다. 이러한 가정은 스케일뿐만 아니라 공간에 대한 기존의 많은 연구들이 가진 오해이기도 하다. 인간관계 및 권력 작동의 배경으로서 공간이 스케일로 치환된 것일 뿐이다. 그러나 공간과 스케일은 변수들의 바깥에 있는 것이 아니라 그 자체가 바로 변수가 된다. 즉, 젠더 과정은 공간과 스케일'에서in'뿐만 아니라 이들을 '통해through'

---

[87] 말러와 페사는 도린 매시의 '권력의 기하학'이라는 개념을 가져와서 '에이전시'에 대한 이론적 틀을 구성하고자 하였으나 이러한 차용은 (완전히 불가능한 것은 아니지만) 약간 부적절하다는 것이 필자의 판단이다. '권력의 기하학'은 '에이전시'보다 오히려 '사회적 위치'와 더욱 직접적으로 관련된 개념이며 그 속에 이미 '스케일'에 대한 함의가 내재되어 있다. 이에 대한 자세한 논의는 다음 논문을 참고할 것. 정현주, 2008, 894~913쪽.

작동한다는 뜻이다. 다시 말해 공간과 스케일은 젠더 과정이 펼쳐지는 무대일 뿐만 아니라 젠더 과정을 변화시키는 데 개입한다. 이러한 오해는 두 번째 오해를 불러일으켰다. 즉, 스케일이 고정되고 주어진 위계 체제라는 암묵적인 가정이다. 마치 계단처럼 각 스케일은 분절적으로, 위계적으로, 이미 주어진 것처럼 존재한다고 막연히 가정된다. 이것은 로컬, 내셔널, 인터내셔널 또는 글로벌이라는 특정한 스케일 체제에 대한 상상이 마치 모든 스케일을 대표하는 것처럼 인식된 결과이다. 그러나 스케일은 고정되고 주어지는 것이 아니라 협상되고 구성되는 것이며, 더구나 주어진 위계 체제 속에서 권력이 위에서부터 아래로 작동하는 것이 아니라 중첩적으로, 또는 다양한 방향으로 작동한다.

'권력의 젠더지리'를 스케일에 대한 부분적인 오해를 수정하고 더 폭넓은 의미에서 스케일 개념의 이론적 가능성을 탐색한다면 이주여성 연구의 이론적 틀로서 더 강력한 설명력을 발휘할 수 있을 것이다. 이를 위해 다음 두 가지 제안을 하고자 한다.

첫째, '지리'를 '스케일'로 굳이 축소하지 말고 공간과 장소 등 다른 공간성도 포괄하는 원래 의미의 지리로 확장한다면 단순히 젠더가 작동하는 수직적 관계뿐만 아니라 다양한 수평적 관계도 포함하는 분석틀이 될 수 있을 것이다. 특히 수많은 젠더 연구가들이 다양한 공간 메타포들을 통해 규명하고자 했던 여성의 다중적인 위치성과 위치의 정치학, 서로 다른 가능성들의 동시적 공존, 주변부 위치가 지닌 전복가능성의 역설 등을 단순히 '사회적 위치'와 '에이전시'만으로 설명하는 것보다 공간적 권력관계를 통해 설명하는 것이 더욱 효과적일 것이다. 또한 거시적 차원에서 이주경관의 특징(가령 이주의 방향성이나 지역 간 관계 등)을 조망하는 개념으로도 활용될 수 있을 것이다.

둘째, '스케일'을 단순히 분석의 범주로만 활용하지 말고(물론 그것도 유용하지만) 스케일 개념이 내포한 실천적 가능성에 더욱 주목한다면 이주 여성의 정치를 해석하는 더욱 강력한 개념이 될 것이다. 스케일 개념이 내포한 실천적 가능성이란 스케일이 단지 자본과 국가에 의해 주어진 것이 아니라 피지배주체의 권력화 도구로 재구성될 수 있다는 인식이다. 이는 여성 주체가 몸, 가정, 지역, 국가, 글로벌 등의 다양한 스케일들을 상징적으로, 담론적으로, 물질적으로 구축하여 저항의 디딤돌로 활용하는 것을 의미한다. 이주 여성이 몸의 정치를 통해 수용국의 인종 및 젠더 담론에 저항하는 것이나[88] 난민 여성이 초국가적인 NGO의 힘을 빌려서 자국의 가부장적 이주정책에 도전하는 것[89] 등이 대표적인 사례가 될 수 있다.

---

[88] Hyunjoo Jung, "Spatial Politics and Identity Renegotiation of Women Marriage Migrants in South Korea," pp. 193-215.

[89] Patricia Pessar, "Women's Political Consciousness and Empowerment in Local, National and Transnational Contexts : Guatemalan Refugees and Returnees", pp. 461~500.

'탈구 위치'와 그 너머

'권력의 젠더지리'와 비슷한 시기에 출판된 《세계화의 하인들 : 여성, 이주, 가사노동Servants of Globalization : Women, Migration, and Domestic Work》[90]는 사회학자인 파레냐스가 로마와 로스엔젤레스에 정착한 필리핀 가사노동자들의 경험을 심층적으로 조사한 민족지적 연구에 토대를 두고 있다. 제목만큼이나 도발적인 이 연구는 출판된 후 큰 반향을 불러일으켰으며 11년이 지난 지금도 달라진 게 별로 없는 현실에서 여전히 큰 설명력을 지니고 있다. 이 연구의 최대 강점은 이주의 여성화를 추동하는 거시적인 과정과 주체 수준의 미시적인 분석, 그리고 그 가운데서 작동하는 중범위적인 수준의 분석을 결합하여 이주 여성 연구의 종합적인 분석틀을 제시했으며, 다양한 이론들을 수용하여 각각의 수준에서 작동하는 과정들을 이론화했다는 점이다. 뿐만 아니라 이러한 중층적인 과정의 결과물로서 이주 여성들이 공통적으로 맞닥뜨리게 되는 문제점과 모순을 '탈구 위치dislocation'라는 용어로 설명했다.[91] 탈구 위치는 불완전한 시민권, 초국가적인 가족 별거의 고통, 모순적인 계급 이동(계급 하락), 정착사회의 이주민공동체에도 뿌리내리지 못하는 무소속감으로, 요약하자면 국가 · 가족 ·

---

[90] 국내 번역본은 다음과 같다. 《세계화의 하인들 : 여성, 이주, 가사노동》, 문현아 옮김, 여이연, 2009.

[91] 라셀 살라자르 파레냐스, 《세계화의 하인들 : 여성, 이주, 가사노동》, 51쪽.

계급·공동체라는 4가지 지점에서 발생한다.[92]

　거시적인 수준의 분석은 세계체제 모델과 사센의 논의를 기반으로 하여 이주의 여성화의 원인과 이주 여성의 위치를 결정짓는 구조적 과정을 이론화한다. 주변부와 중심부라는 국제 권력관계의 위계질서 속에서 글로벌 자본주의 재구조화로 인한 노동력의 여성화는 중심부의 글로벌 도시에서 재생산노동력의 공백을 발생시키고 이는 주변부 여성 노동력의 이주를 발생시키는 주요 원인이 된다. 즉, '재생산노동의 국제적 분업'[93]이 완성되는 것이다. 그러나 제3세계 여성을 제1세계의 저임금 노동자화시키는 경제의 탈민족주의화와는 달리 후기산업국에서 경쟁력을 잃어 가는 노동자들의 불만이 이주민을 희생양으로 삼는 등 정치의 재민족주의화가 형성됨으로써 권력의 말단에 위치한 여성 이주자들은 수용사회로부터 시민 자격을 거부당하는 탈구를 경험하게 된다.[94]

　한편 중범위 수준에서는 초국가주의 이론과 젠더 연구를 결합하여 이주의 양상들을 정밀하게 밝히는 작업이 진행된다. 파레냐스는 초국가적 친족 네트워크가 연쇄이주를 통해 특정 지역으로 이주의 흐름을 만들어 내며, 여기에는 젠더가 핵심적으로 작동한다고 보았

---

[92]　이혜경, 〈이주 여성들의 다중정체성-국가·가족·계급·이주민공동체〉, 《로컬리티 인문학》 3, 351~360쪽.

[93]　Rhacel Salazar Parreñas, "Migrant Filipina Domestic Workers and the International Division of Reproductive Labor," pp. 560-581.

[94]　라셀 살라자르 파레냐스, 《세계화의 하인들 : 여성, 이주, 가사노동》, 55~56쪽.

다.[95] 그 결과 초국가적인 가족이라는 새로운 형태의 가족관계가 형성되지만 파레냐스는 이를 수용국의 높은 이민 장벽과 글로벌 경제 불균등이 만들어 낸 비극이라고 보았다.[96] 이주 여성들은 가족별거의 고통과 함께 남겨진 자녀들에 대한 죄책감에 시달리는 탈구적 상황에 직면하게 되기 때문이다. 또한 다양한 물품과 정보의 교환으로 만들어진 이주 여성들의 '초국가적 사회장'은 상상의 글로벌 필리핀 공동체를 만들어 냄으로써 이들에게 초국가적인 정체성을 부여한다.[97] 그러나 이러한 '상상의' 공동체는 오히려 정착지에서 2등 시민으로 살아가는 것을 수용하게 함으로써 이들의 불완전한 시민권을 정당화하는 딜레마를 제공한다.

마지막으로 주체 수준의 분석은 이주 여성들의 행위자성을 강조한다. 이주 여성의 주체성은 구조적으로 결정되기보다는 끊임없는 협상과 저항을 통해 만들어지며 통합적이기보다는 내적인 분열과 모순을 가진다는 푸코와 버틀러의 입장을 견지하면서, 푸코의 '당면 투쟁immediate struggle' 개념을 적용하여 탈구 위치를 완화하려는 다양한 실천은 종종 탈구 위치를 강화하는 역설을 초래한다는 것을 지적함으로써 버틀러의 '행위자의 딜레마'를 재확인시킨다.[98] 또한 이탈리

---

[95] 라셀 살라자르 파레냐스, 《세계화의 하인들 : 여성, 이주, 가사노동》, 60~62쪽.

[96] 라셀 살라자르 파레냐스, 《세계화의 하인들 : 여성, 이주, 가사노동》, 56쪽.

[97] Rhacel Salazar Parreñas, "Transgressing the Nation-State : the Partial Citizenship and "Imagined (Global) Community" of Migrant Filipina Domestic Workers," pp. 1129-1154.

[98] 라셀 살라자르 파레냐스, 《세계화의 하인들 : 여성, 이주, 가사노동》, 68쪽.

아의 높은 이민 장벽과 차별적인 사회 분위기 및 가사노동의 성격으로 인해 이주 여성들은 공동체 모임에도 불구하고 소외와 고립이라는 아노미를 비껴 가지 못하며, 이탈리아보다 상황이 조금 나은 로스앤젤레스에서도 중간계급 중심으로 이민자 공동체가 형성된 탓에 이주 여성들은 같은 이민자 공동체로부터도 소외를 당하는 상황에 봉착한다.[99] 즉, 지역을 떠나 모든 이주 여성들이 '무소속의 탈구 위치'[100]를 경험한다는 것이다. 이러한 한계는 개별 주체의 위치에서 벌이는 당면 투쟁이 지닌 한계를 보여 주는 것이기도 하다. 파레냐스는 결국 (운동) 조직가들에게 "권력을 덜 소생시키면서 더 크게 저항하는 방법을 도출"해야 하는 막중한 과제를 부여하면서 이주 여성들의 개별화된 당면 투쟁을 정치적 행동으로 전환시킬 것을 주문하는 것으로 결론을 내린다.[101]

파레냐스의 연구는 한국의 맥락에서도 적용된 바 있다. 이혜경 · 정기선 · 유명기 외[102]는 한국의 조선족 여성 노동자들을 사례로 하여 탈구 위치를 협상하고 새로운 가능성들을 개척해 가는 이주 여성의 '디아스포라 여성성'을 다루었다. 이들은 조선족 여성들이 '친정연결망'을 중심으로 이주민공동체를 구축함으로써 로마나 로스엔젤리스의 필리핀 가정부들과는 달리 무소속의 탈구 위치를 극복한다

---

[99] 라셀 살라자르 파레냐스, 《세계화의 하인들 : 여성, 이주, 가사노동》, 315~379쪽.

[100] 라셀 살라자르 파레냐스, 《세계화의 하인들 : 여성, 이주, 가사노동》, 313쪽.

[101] 라셀 살라자르 파레냐스, 《세계화의 하인들 : 여성, 이주, 가사노동》, 398쪽.

[102] 이혜경 · 정기선 · 유명기 외, 〈이주의 여성화와 초국가적 가족 : 조선족 사례를 중심으로〉, 258~298쪽.

는 점을 보여 주었다. 이 연구가 주는 주요 시사점은 두 가지로 요약될 수 있다. 첫째, 탈구 위치가 이주정착지의 맥락에 따라 완화되거나 다른 지점에서 형성될 수 있다는 점이다. 둘째, 이주 여성의 네트워크가 이들에게 권력을 강화하는 주요 도구가 될 수 있는 가능성을 제시했다는 점이다. 이 두 가지 점은 파레냐스의 연구에 대하여 필자가 제기하고자 하는 문제와 직결되어 있다.

우선 파레냐스의 연구는 이주 여성들이 정착하게 되는 사회의 맥락과 그로부터 파생되는 권력관계에 대해 정밀한 분석을 제시하지 못한 감이 있다. '응접의 맥락context of reception'[103]으로 번역된 이 용어는 이주 여성의 경험과 사회적 위치의 차이를 만들어 내는 기제이지만 이주 여성들이 당면하는 맥락의 차이에도 불구하고 비슷한 탈구 위치가 형성된다는 저자의 주장에 묻혀 두루뭉술하게 가정되었을 뿐 심층적으로 분석되지 못했다. 서로 다른 지역으로 간 이주 여성들 간의 경험과 사회적 위치의 차이는 수용국의 시민권 및 이민 관련 제도, 수용국 사회의 인종 및 젠더 구성, 글로벌 자본주의 체제 안에서의 수용국의 위치 및 노동시장의 조건, 이주 여성들의 일상을 규정하는 도시경관 및 하부시설, 기타 언어·종교·문화적 관습 등이 복잡하게 작동한 결과이다. 이러한 조건들은 다양한 스케일에서 복합적으로 작동한다. '응접의 맥락'이 이러한 복합적인 조건들이 교차하여 작동하는 '스케일'을 분석에 포함시킨다면 더욱 체계적이고 심층적인 분석 도구가 될 수 있을 것이다.

---

[103] 라셀 살라자르 파레냐스, 《세계화의 하인들 : 여성, 이주, 가사노동》, 23쪽.

이와 관련하여 파레냐스의 연구는 로마와 로스엔젤리스를 단순히 필리핀 가사노동자들이 가장 많이 향하는 곳이라는 이유로 선택했을 뿐 두 지역이 필리핀 가사노동자들과 맺게 되는 권력관계의 역사적·정치적·문화적 맥락을 분석에 포함시키지 않았다는 아쉬움을 남긴다. 미국은 과거 필리핀의 식민 모국이었고 그 잔재는 여전히 남아서 보이지 않는 위계를 형성하고 있다. 스페인 식민통치가 남긴 가톨릭이라는 종교는 그 종교의 중심지인 로마와 문화 권력에 있어서 위계관계를 형성하도록 한다. 즉, 두 지역은 제1세계 내에서도 필리핀 이주민들의 탈구 위치를 더욱 극대화할 수 있는 특수한 '장소'라는 점이다. 이는 아시아 지역으로 이주한 필리핀 여성들의 사례 연구와 비교해 보아도 극명하게 드러난다. 특히 영어라는 식민통치의 잔재가 오히려 필리핀 이주 여성들의 언어적 자원이 되는 역설적인 상황에서 이들의 영어소통능력은 영어가 권력화한 아시아권에서는 강력한 협상력을 발휘한다. 가령 후발산업국인 대만의 신흥 부유층 가정에 가사노동자로 일하는 필리핀 이주 여성들에 대한 페이 치아 란Pei Chia Lan의 사례 연구는 고용인보다 더 높은 영어 소통능력을 바탕으로 고용인의 위치를 글로벌 자본주의 체제에서 반주변부적인 위치로 폄하하면서 상하관계에서 비롯되는 권위를 부정함으로써 자신의 계급 하락의 모순을 상쇄하려는 필리핀 가사노동자들의 미시정치를 생생하게 보여 주었다.[104] 브랜다 여와 셜리나 후앙Brand Yeoh

---

[104] 다음의 연구를 참고할 것. Pei-Chia Lan, "Negotiating Social Boundaries and Private Zones : the Micropolitics of Employing Migrant Domestic Workers", pp. 525-549.

and Shirlina Huang도 같은 동남아 지역이자 영어권인 싱가포르에서 가사 노동자로 일하는 필리핀 여성들을 사례로 하여 고용주에 대항하여 높은 협상력을 습득하는 이들의 미시정치와 일상의 저항을 소개했다.[105] 이처럼 세계 체제 내에서 반주변부를 점하는 아시아 발전국가로의 이주는 신식민주의적 위계관계의 재편 속에서 인종과 계급, 젠더가 새롭게 협상되는 맥락을 고찰할 여지를 던져 준다. 이는 이주 여성의 탈구 위치나 정도가 '응접의 맥락'에 따라 변화될 수 있음을 시사한다.

두 번째 문제 제기는 파레냐스가 회의적으로 결론내린 당면 투쟁의 효용성에 대한 부분이다. 이와 관련된 첫 번째 쟁점은 이주 여성들의 아래로부터 권력화empowerment 가능성의 여부이고, 두 번째 쟁점은 무엇이 과연 권력화를 의미하는지에 대한 것이다. 파레냐스는 개인의 당면 투쟁이 이주 여성들이 처한 구조적 불평등을 심화시킬 우려가 있음을 강조했고 그러한 사례를 선별하여 보여 주었다. 이는 역으로 말하면 이주 여성들을 규정하는 글로벌 자본주의의 불평등과 강고함에 대한 비판이기도 하다. 그러나 기계형[106]도 지적하듯이 이는 다소 맥 빠지는 결론이 아닐 수 없다. 이 여성들의 해방은 가부

Pei-Chia Lan, "'They Have More Money but I Speak Better English!' Transnational Encounters between Filipina Domestics and Taiwanese Employers," *Identities : Global Studies in Culture and Power* 10-4, 2003b, pp. 133-161.

[105] Brenda Yeoh and Shirlena Huang, "Negotiating Public Space : Strategies and Styles of Migrant Female Domestic Workers in Singapore," pp. 583-602.

[106] 기계형, 〈이주의 여성화에 대한 비판적 성찰 :《세계화의 하인들 : 여성, 이주, 가사노동》〉,《아시아여성연구》49-2, 257~266쪽.

장적 글로벌 자본주의 체제를 전복하지 않는 한 요원하며 따라서 외부로부터의 구원을 기다릴 수밖에 없다는 결론에 이르기 때문이다. 그러나 페미니스트 투쟁의 역사로부터 얻는 교훈 중 하나는 외부 세력과의 연대는 때때로 필요하지만 궁극적인 해방은 억압받는 여성 주체 스스로의 권력화로부터 나온다는 점이다. 과연 이주 여성은 스스로 권력화 할 가능성이 없는 것인가?

그러나 이미 여러 연구들과 일부 현실은 그 반대의 가능성을 제시하고 있다. 페사는 과테말라 난민 여성의 스케일의 정치를 통해 가부장적이고 반인권적인 자국의 난민정책에 대한 협상 사례를 보여 준 바 있고,[107] 샤 시아오 쥐엔Hsiao-Chuan Hsia은 아직 초기 단계이기는 하지만 대만의 결혼이주 여성들이 지역의 페미니스트 활동가들과의 협업으로 정치 세력화할 수 있는 지역 모임을 여러 스케일에서 결성해 가는 사례를 제시한 바 있다.[108] 실비도 사우디아라비아로 이주한 인도네시아 가사노동자들이 처한 젠더 억압과 반인권적 현실을 국제무대에서 쟁점화함으로써 이들의 노동이 집과 사적인 영역에 머물러야 한다는 사우디아라비아 정부의 가부장적 이주 여성 정책에 도전하는 사례 연구를 제시하였다.[109] 뿐만 아니라 홍콩에서는

[107] Patricia Pessar, "Women's Political Consciousness and Empowerment in Local, National and Transnational Contexts : Guatemalan Refugees and Returnees", pp. 461-500.

[108] Hsiao-Chuan Hsia, "Empowering "Foreign Brides" and Community through Praxis-oriented Research", *Societies Without Borders* 1, 2006, pp. 93-111.

[109] Rachel Silvey, "Transnational Migration and the Gender Politics of Scale : Indonesian Domestic Workers in Saudi Arabia," pp. 141-155.

이미 이주가사노동자들이 노조를 결성하여 노동자로서 권리를 보장받는 단계에 이르렀다. 주말마다 필리핀 가사노동자들의 해방구를 이루는 도심의 주말공동체는 글로벌 도시 홍콩의 스펙터클한 경관으로 떠오른 지 오래다. 글로벌 자본주의의 심장부에서 자리를 펼치고 만담을 즐기는 이주 여성들의 친교공동체는 비록 가부장적 자본주의에 대한 전면적인 저항에서 비롯된 것은 아닐지라도 이들의 일상 공간에서의 당면 투쟁을 지속시키고 연대를 만들어 내는 저항의 장소 역할을 했다. 특히 가사노동자로 도시의 곳곳에 산재해서 보이지 않았던 그녀들이 글로벌 자본주의의 상징인 공적 공간(가령 홍콩-상하이 은행)을 점령하면서 그 존재가 스펙터클하게 가시화된 것만으로도 이러한 저항의 장소는 큰 정치적인 파급력을 지닌다. 여와 후앙의 연구에서도 엿볼 수 있듯이 가사노동자들의 주말공동체는 비록 한시적이고 뿌리내리지 못한다는 한계가 있지만 그 가시적 상징성과 더불어 일상의 관심과 밀착된 정보가 오가고 친밀한 관계를 형성할 수 있는 장을 제공한다는 점에서 정치적 각성과 연대의 인큐베이터 역할을 충분히 해낼 수 있다.[110]

이혜경도 지적하듯이, 파레냐스의 연구는 로마와 로스앤젤레스의 필리핀 가사노동자들이 영토에 뿌리내린 공동체를 건설하지 못한 이유에 대해 다각적인 분석을 제시하지 못했다.[111] 따라서 이주 여성

[110] 한국의 필리핀 이주노동자들의 주말공동체를 연구한 다음 연구를 참고할 것. 권종화, 〈한국내 필리핀 이주자 공동체의 형성과 의미〉, 연세대학교 대학원 사회학과 석사학위 논문. 정현주, 2010, 295~314쪽.

[111] 이혜경, 〈이주 여성들의 다중정체성-국가 · 가족 · 계급 · 이주민공동체〉, 351~360쪽.

들의 일부 당면 투쟁에 근거하여 이들의 정치 세력화에 대한 비관적인 전망을 내리기 이전에 그것을 가능하게 만드는 또는 불가능하게 만드는 조건에 대한 충분한 분석이 선행되어야 한다고 본다.

이주 여성의 권력화와 관련된 두 번째 쟁점은 과연 무엇이 권력화인가하는 질문이다. 파레냐스는 불완전한 시민권을 지닌 또 다른 하층이민노동자들과의 연대를 통해 상상의 글로벌 공동체를 구축할 수 있다는 희망적인 제안을 한 바 있다.[112] 가사노동자가 재생산노동자로 인정받는 것은 노동자로서 이들의 권리를 쟁취하는 데 매우 중요하지만 가부장적인 위계가 노동계에까지 만연해 있는 사회체제에서 젠더와 인종, 국적 등 다중적인 탈구 위치를 지닌 이주 여성 노동자를 일반 노동자화하는 데에 따른 위험도 고려를 할 필요가 있다. 실비의 사례 연구에서도 언급되었듯이 가사노동자의 문제를 공적 영역에서 담론화하는 것은 양면성을 지니고 있다.[113] 실비 지적처럼 이주 여성의 가사노동을 국가 및 국제적 이슈로 만들기 위해서는 또 다른 억압의 지점들이 희석될 수 있는 개연성이 존재하며(대표적으로 인종차별), 무엇보다 이러한 담론은 결혼이민자 등 다른 이주 여성들과의 연대에 불리할 수도 있다. 이주 여성들의 문제는 인권 프레임, 젠더 프레임, 계급투쟁 프레임, 또는 (한국에서처럼) 다문화 프레임 등

---

[112] Rhacel Salazar Parreñas, "Transgressing the Nation-State : the Partial Citizenship and "Imagined (Global) Community" of Migrant Filipina Domestic Workers," p. 1152.

[113] Rachel Silvey, "Transnational Migration and the Gender Politics of Scale : Indonesian Domestic Workers in Saudi Arabia," p. 150.

다양한 방식으로 재현될 수 있지만 중요한 것은 각각의 프레임이 간과하는 지점이 무엇이며 그것이 이주 여성들의 탈구 위치를 어떻게 변화시킬 것인지를 성찰하는 작업이다.

이러한 점은 가사노동자들이 이주 여성의 핵심 구성원인 대다수의 지역과는 달리 결혼이주 여성을 중심으로 이주 여성 담론이 형성된 한국의 특수한 맥락에 큰 시사점을 준다. 즉 '노동자'로 온 이주 여성들과 달리 결혼을 통해 '국민의 아내'로서 '합법적'인 성원이 된 이주 여성들은 이러한 노동자 담론에서 소외될 수 있으며, 이는 결혼이주 여성들은 여타 이주 여성들과 근본적으로 다르다는 인식을 심어 주게 된다. 이는 이주 여성 노동자들에 대한 차별을 더욱 강화하는 한편(그녀들은 온정주의적 다문화 정책의 대상이 아니므로), 결혼이주 여성들을 젠더 관계 속에서만 규정하는(즉, 다문화 가정이라는 정책 프레임에 가두는) 현 상황을 더욱 고착화시킬 우려가 있다. 이주 여성들은 결혼하여 노동자가 될 수도 있으며 노동자로 와서 결혼할 수도 있다. 그녀들이 합법적인 다문화 구성원이든, 가사노동자나 공장노동자든, 불완전한 시민권을 가진 채 다중적인 억압에 노출된 소외계층이라는 공통점을 지닌다는 점에서 이주 여성을 단순히 노동자로 또는 아내로만 규정하는 것은 부적절하다.

이주의 시대, 공간의 정치

이 장은 페미니스트 지리학에서 논의되어 온 공간 개념을 이주 연구에 접목하고자 시도하였다. 그 어떤 학문 분과보다 창의적이고 적극적으로 공간 개념을 탐색해 온 페미니즘 연구는 이런 점에서 지리학과 기타 공간 연구 분야와 간학문적 협업이 매우 용이하며 그 지평또한 넓다고 본다. 비록 대부분의 페미니즘 연구에서 공간은 메타포로서 기능을 하지만 메타포가 결국 사회 – 공간적 관계에서 배태되며, 생성된 메타포는 사회 – 공간적 관계를 상상하는 방식을 재규정한다는 사실을 감안하면 메타포의 역할을 절대로 과소평가할 수 없다. 그러나 본 연구는 공간적 개념의 효용성이 메타포로서만 그치지않음을 강조하면서 여성 주체들이 다양한 일상의 국면에서 공간성을 자원으로 활용한다는 점을 부각시켰다. 피억압 주체의 해방에 궁극적인 관심을 가지는 페미니즘 연구가 공간성에 주목해야 하는 이유인 셈이다.

이 글에서 공간과 젠더의 접점을 모색하기 위해 사례로 분석한 분야는 최근 한국에서도 주목을 받고 있는 이주 연구이다. 이주라는과정이 역동적인 공간성을 내포하고 있는 데다 재생산노동자로 국경을 넘는 최근의 이주 여성을 둘러싼 맥락 역시 다양한 스케일에서의 과정이 긴밀하게 연결되면서 공간관계가 그 중심을 차지하고 있기에 페미니스트 이주 연구는 공간적 사유를 통해 더욱 발전할 여지가 큰 분야이다. 분석을 위한 사례로 소개한 '권력의 젠더지리'나 파레냐스의 거시범위 – 중범위 – 미시범위 이론화도 이주 과정을 조직하는 개념으로 스케일을 이미 분석에 포함시켰고, 이주 여성들의 다면적인 정체성의 협상을 위치 개념으로 설명했다(사회적 위치와 탈구위치). 그러나 이들 연구에서 간과하고 있는 공간 인식은 바로 그러한 스케일이 분석의 단위가 될 수 있을 뿐만 아니라 그 자체가 바로 이주 여성 또는 다른 세력에 의해 사회적으로 구성된다는 측면이었다. 또한 이주 여성들이 정착하게 되는 사회의 맥락도 여성들 간의 차이를 만들어 내는 기제로서 매우 중요하다는 점을 강조하면서 이를 분석의 틀에 포함시킬 것을 제안했다. 그 사회적 맥락(파레냐스가 '응접의 맥락'이라고 표현한)을 분석할 때 스케일, 장소, 경계, 이동성과 같은 공간 개념은 매우 유용할 수 있다. 이주 여성이 만들어 가는 초국가적 장소와 다양한 스케일에서의 공동체, 그녀들을 안전하게 보호해 주는 안전공간, 이주 여성들이 가로지르고 또 그 내부에서 새롭게 만들어 내는 경계들, 이주 여성들의 이동성을 제약하거나 또는 높여주는 다양한 기제들 등이 바로 이들 여성들의 '당면 투쟁'과 직결된 이슈들이기 때문이다.

오랜 세월 동안 페미니스트 공간 연구가들은 공간에 갇힌, 공간에서 배제된, 공간을 마음대로 이동할 수 없는 타자들의 목소리를 복원하고자 투쟁해 왔다. 그러나 최근 여성들의 높아진 이동성과 도시 공간의 포스트모던화로 인해 이분법적인 가부장적 공간이 일면 해체된 듯이 보였고 페미니스트 투쟁의 전선은 다원화되었다. 여성의 공간에 대한 권리를 주장하는 것은 유통기한이 지난 촌스러운 구호처럼 들릴 지경이다. 이러한 시점에서 이주 여성을 연구한다는 것은 여전한, 어쩌면 더 교묘한 다중적인 억압을 예리하게 분석해 낼 것을 요구한다. 그 억압에는 단순히 제1세계 백인 남성만이 가담하고 있는 것이 아니기 때문이다. 가부장적 젠더분업 체제가 여전히 지속되는 21세기에 자본주의 중심부의 여성은 더 취약한 위치에 있는 이주 여성에게 재생산노동을 전가하게 되고, 이주 여성들은 또다시 더 취약한 위치에 있는 자국의 여성들에게 그 공을 넘기는 체제가 바로 초국가적 가족체제이다. 페미니스트 이주 연구가 이주 여성들뿐만 아니라 그녀들의 뒤에 남겨진 사람들까지도 보아야 하는 이유가 바로 이것이다.

여전히 공간에 갇혀서, 세계 자본주의 경제의 중심부에서 배제된 채, 누군가에 의해 이동을 당하는 타자들이 바로 안잘두아가 말하는 경계 지대에 선 혼성적 주체[114]이며 "제1세계에 의해 피 흘리는 제3세계"[115]이다. 다문화주의로 포장된 온정주의적 가부장제가 지배하는 다문화 가정과 지역사회, 제3세계 값싼 여성 노동을 끌어들이는 수출자유지구나 공장지대, 이주 여성의 가사노동을 통해 유지되는 제1세계 중산층 가정 등이 바로 인종, 계급, 젠더 차별이 교차하는 경계 지대이다. 경계 지대에 선 여성들의 당면 투쟁에 주목하는 것은 그것이 지닌 저항의 잠재성뿐만 아니라 다중적인 억압으로 제 목소리를 내기 힘든 소외된 주체의 목소리를 듣고자 함이다. 스케일의 정치, 장소와 정체성의 재협상, 경계 넘기와 이동성의 제약 또는 확장 등과 같은 공간적 개념은 이러한 목소리를 생생하게 들려주는 학문적 언어이자 소외된 주체의 에이전시를 보여 주는 정치적 자원으로 재구성될 수 있다는 점에서 학문적, 실천적 의의가 있다.

---

[114] G. Anzaldúa, *Borderlands/La Frontera : The New Mestiza*, p. 41.

[115] G. Anzaldúa, *Borderlands/La Frontera : The New Mestiza*, p. 25.

참고문헌

권종화, 〈한국내 필리핀 이주자 공동체의 형성과 의미〉, 연세대학교 대
　　학원 석사학위논문, 2005.

기계형, 〈이주의 여성화에 대한 비판적 성찰 : 《세계화의 하인들 : 여성, 이주, 가
　　사노동》〉, 《아시아여성연구》 49-2, 2010.

노승희, 〈글로리아 안잘두아-경계선 없는 경계 지대를 살아가기〉, 《여/성이론》
　　11, 2004.

노승희, 〈전지구화 시대의 대항 페미니스트 주체 : 글로리아 안잘두아의 유색여
　　성 페미니즘과 메스티자 주체론〉, 《영어영문학 21》 18-1, 2005.

이혜경, 〈이주 여성들의 다중정체성-국가 · 가족 · 계급 · 이주민공동체〉, 《로컬리
　　티 인문학》 3, 2010.

이혜경 · 정기선 · 유명기 외, 〈이주의 여성화와 초국가적 가족 : 조선족 사례를
　　중심으로〉, 《한국사회학》 40-5, 2006.

정순국, 〈다문화 사회에서의 글로리아 안잘두아의 『경계 지대들/경계선에서 : 새
　　로운 메스티자』의 혼성성의 시학〉, 《영미문화》 10-2, 2010.

정현주, 〈공간의 덫에 갇힌 그녀들? : 국제결혼이주 여성의 이동성에 대한 연구〉,
　　《도시지리학회지》 10-2, 1997.

정현주, 〈다문화경계인으로서 이주 여성의 위치성에 대한 이론적 탐색〉, 《대한지
　　리학회지》 50-3, 2015.

정현주, 〈대학로 '리틀마닐라'읽기 : 초국가적 공간의 성격 규명을 위한 탐색〉,
　　《한국지역지리학회지》 16-3, 2010.

정현주, 〈이주, 젠더, 스케일 : 페미니스트 이주 연구의 새로운 지형과 쟁점〉, 《대
　　한지리학회지》 43-6, 2008.

정현주, 〈세계도시 런던〉, 고일홍 외, 《사상가들 도시와 문명을 말하다》, 한길사,
　　2014.

정현주, 〈이주 여성들의 역설적 공간 : 억압과 저항의 매개체로서 공간성을 페미니스트 이주 연구에 접목시키기〉, 《젠더와 문화》 5-1, 2012.

가야트리 스피박, 《다른 세상에서》, 태혜숙 옮김, 여이연, 2004.

데이비드 하비, 《포스트모더니티의 조건》, 구동회 · 박영민 옮김, 한울, 1994.

도린 매시, 《공간, 장소, 젠더》, 정현주 옮김, 서울대출판문화원, 2015.

라셀 살라자르 파레냐스, 《세계화의 하인들 : 여성, 이주, 가사노동》, 문현아 옮김, 여이연, 2009.

린다 맥도웰, 《젠더, 정체성, 장소 : 페미니스트지리학의 이해》, 여성과공간연구회 옮김, 한울, 2010.

버지니아 울프, 《자기만의 방》, 이미애 옮김, 민음사, 2008.

벨 훅스, 《페미니즘 : 주변에서 중심으로》, 윤은진 옮김, 모티브북, 2010.

질리언 로즈, 《페미니즘과 지리학 : 지리학적 지식의 한계》, 정현주 옮김, 한길사, 2011.

찬드라 탈파드 모한티, 《경계없는 페미니즘》, 문현아 옮김, 여이연, 2005.

호미 바바, 《문화의 위치》, 나병철 옮김, 소명출판사, 2002.

Agnew, John, *Place and Politics : The Geographical Mediation of State and Society*, Boston : Allen & Unwin, 1987.

Alcoff, Linda M., "The Problem of Speaking for Others," *Cultural Critique* 20, 1991.

Anzaldúa, Gloria, *Borderlands/La Frontera : The New Mestiza*, San Francisco : Aunt Lute Books, 1987.

Appadurai, Arjun, "Sovereignty without Territoriality : Notes for a Postnational Geography," in Patricia Yeager (ed.), *The Geography of Identity*, Ann Arbor : University of Michigan Press, 1996.

Barbara Ehrenreich, and Arlie Russell Hochschild (eds.), *Global Woman : Nannies, Maids, and Sex Workers in the New Economy*, New York : Metropolitan Books, 2002.

Collins, Patricia Hill, "Learning from the Outsider Within : The Sociological Significance of Black Feminist Thought," *Social Problem* 33-6, 1986.

Constable, Nicole (ed.), *Cross-Border Marriages : Gender and Mobility in Transnational Asia*,

Philadelphia : University of Pennsylvania Press, 2005.

Crenshaw, Kimberle, "Demarginalizing the Intersection of Race and Sex : A Black Feminist Critique of Antidiscrimination Doctrine, Feminist Theory and Antiracist Politics," *The University of Chicago Legal Forum* 140, 1989.

Cresswell, Tim, *Place : A Short Introduction*, Malden : Blackwell Publishers, 2004.

Devasahayam, Theresa W., Shirlena Huang and Brenda Yeoh, "Southeast Asian Migrant Women : Navigating Borders, Negotiating Scales," *Singapore Journal of Tropical Geography* 25-2, 2004.

Fuss, Diana, *Inside/Out : Lesbian Theories, Gay Theories*, New York : Routledge, 1991.

Goldring, Luin, "The Power of Status in Transnational Social Fields," in Michael Peter Smith and Luis Eduardo Guarnizo (eds.), *Transnationalism from Below*, New Brunswick : Transaction Publishers, 1998.

Hanson, Susan and Geraldine Pratt, "Job Search and the Occupational Segregation of Women," *Annals of the Association of American Geographers* 81-2, 1991.

Haraway, Donna, "Situated Knowledges : The Science Question in Feminism and the Privilege of Partial Perspective," *Feminist Studies* 14-3, 1988.

Harvey, David, *Justice, Nature and Geography of Difference*, Malden : Blackwell Publishers, 1996.

Harvey, David, *The Limits to Capital*, Oxford : Blackwell, 1982.

Hooks, Bell, *Yearning : Race, Gender, and Cultural Politics*, Boston : South End Press, 1990.

Hsia, Hsiao-Chuan, "Empowering "Foreign Brides" and Community through Praxis-oriented Research," *Societies Without Borders* 1, 2006.

Jung, Hyunjoo, "Let Their Voices Be Seen : Exploring Mental Mapping as a Feminist Visual Methodology for the Study of Migrant Women," *International Journal of Urban and Regional Research* 38-3, 2014.

Jung, Hyunjoo, "Spatial Politics and Identity Renegotiation of Women Marriage Migrants in South Korea," *Asian and Pacific Migration Journal* 21-2, 2012.

Kristeva, Julia, *Revolution in Poetic Language*, Margaret Waller (trans.), New York :

Columbia University Press, 1984.

Lan, Pei-Chia, "They Have More Money but I Speak Better English!' Transnational Encounters between Filipina Domestics and Taiwanese Employers," *Identities : Global Studies in Culture and Power* 10-2, 2003.

Lan, Pei-Chia, "Negotiating Social Boundaries and Private Zones : the Micropolitics of Employing Migrant Domestic Workers", *Social Problems* 50-4, 2003.

Lauser, Andrea, "Philippine Women on the Move : Marriage across Borders", *International Migration* 46-4, 2008.

M. Foucault, "Space, Knowledge, and Power," in P. Rabinow, ed., The Foucault Reader, New York : Pantheon, 1984.

Mahler, Sarah and Patricia Pessar, "Gender Matters : Ethnographers Bring Gender from the Periphery toward the Core of Migration Studies," *International Migration Review* 40-1, 2006.

Mahler, Sarah J. and Patricia R. Pessar, "Gendered Geographies of Power : Analyzing Gender across Transnational Spaces," *Identities : Global Studies in Culture and Power* 7-4, 2001.

Mandel, Jennifer L., "Mobility Matters : Women's Livelihood Strategies in Porto Novo, Benin," *Gender, Place and Culture* 11-2, 2004.

Marston, Sallie, "The Social Construction of Scale," *Progress in Human Geography* 24-2, 2000.

Massey, Doreen, *For Space*, London : Sage Publication, 2005.

Massey, Doreen, *World City*, Cambridge and Malden, MA : Polity Press, 2007.

Nagar, Richa, Victoria Lawson, Linda McDowell, and Susan Hanson (eds.), "Communal Discourses, Marriage and the Politics of Gendered Social Boundaries among South Asian Immigrants in Tanzania," *Gender, Place and Culture* 5-2, 1998.

Nagar, Richa, Victoria Lawson, Linda McDowell, and Susan Hanson (eds.), "Locating Globalization : Feminist (Re)Readings of the Subjects and Spaces of Globalization," *Economic Geography* 78-3, 2002.

Parreñas, Rhacel Salazar, "Migrant Filipina Domestic Workers and the International

Division of Reproductive Labor," *Gender & Society* 14-4, 2000.

Parreñas, Rhacel Salazar, "Transgressing the Nation-State : the Partial Citizenship and "Imagined (Global) Community" of Migrant Filipina Domestic Workers", *Signs* 26-4, 2001.

Patricia R. Pessar, "Women's Political Consciousness and Empowerment in Local, National and Transnational Contexts : Guatemalan Refugees and Returnees," *Identities : Global Studies in Culture and Power* 7-4, 2001.

Pessar, Patricia and Sarah Mahler, "Transnational Migration : Bringing Gender in," *International Migration Review* 37-3, 2003.

Pessar, Patricia, "Women's Political Consciousness and Empowerment in Local, National and Transnational Contexts : Guatemalan Refugees and Returnees", *Identities Global Studies in Culture and Power* 7-4, 2001.

Price-Chalita, Patricia, "Spatial Metaphor and the Politics of Empowerment : Mapping a Place for Feminism and Postmodernism in Geography?," *Antipode* 16-3, 1994.

Rich, Adrienne, "Notes Toward a Politics of Location," in Adrienne Rich, *Blood, Bread and Poetry : Selected Prose 1979-1985*, London : Little Brown & Co., 1984.

Robinson, Kathryn, "Marriage Migration, Gender Transformations, and Family Values in the 'Global Ecumene'," *Gender, Place and Culture* 14-4, 2007.

Sassen, Saskia, "Global cities and survival circuits," in Barbara Ehrenreich, and Arlie Russell Hochschild (eds.), *Global Woman : Nannies, Maids, and Sex Workers in the New Economy*, New York : Metropolitan Books, 2002.

Sedgwick, Eve Kosofsky, *Epistemology of the Closet*, Berkeley : University of California Press, 1990.

Silvey, Rachel, "Geographies of Gender and Migration : Spatializing Social Difference," *International Migration Review* 40-1, 2006.

Silvey, Rachel, "Transnational Migration and the Gender Politics of Scale : Indonesian Domestic Workers in Saudi Arabia," Singapore Journal of Tropical Geography 25-2, 2004.

Smith, Neil, "Geography, Difference and the Politics of Scale," in Joe Doherty, Elspeth

Graham and Mohammed H. Mallek (eds.), *Postmodernism and the Social Sciences*, London : McMillan, 1992.

Wang, Hong-zen, "Hidden Spaces of Resistance of the Subordinated : Case Studies from Vietnamese Female Migrant Partners in Taiwan," *International Migration Journal* 41-3, 2007.

Wright, Melissa W., "Crossing the Factory Frontier : Gender, Place and Power in the Mexican Maquiladora," *Antipode* 29-3, 1997.

Wright, Melissa W., "Maquiladora Mestizas and a Feminist Border Politics : Revisiting Anzaldúa," *Hypatia : A Journal of Feminist Philosophy* 13-3, 1998.

Yeoh, Brenda and Shirlena Huang, "Negotiating Public Space : Strategies and Styles of Migrant Female Domestic Workers in Singapore," *Urban studies* 35-3, 1998.

www.righttothecity.org

3

디아스포라적 정체성과 차이의 정치

재일코리안의 국적·언어·이름을 통한 접근

이상봉 · 박수경

왜 디아스포라적 정체성인가?

근대의 '정체성의 정치politics of identity'는 개인과 집단이 가진 '차이'에
도 불구하고 이들을 하나의 공동체를 묶는 공통된 어떤 것이 필요하
다는 전제에서 이루어지며, 이러한 공통된 어떤 것들을 형성하기 위
해 '차이'는 동화나 배제의 대상이 된다. 즉, 국민국가 단위의 영역을
기반으로 한 동질성을 형성하기 위해 국가권력에 의해 주어진 권리(
: 시민권·국적), 공통의 역사 인식과 언어(: 국사·국어), 그리고 다양한
상징적 표상들(: 국가·국기·이름)이 만들어져 왔으며, 그것이 국가적
정체성을 구성한다.

디아스포라는 자신들이 사는 국가와 정체성의 뿌리가 일치하지

---

* 이 글은 《한일민족문제연구》 제24집(2013)에 게재된 원고를 수정 및 보완하여 재수
록한 것이다.

않는 자들로 국민국가의 영역적 경계가 만들어 낸 산물이라 할 수 있다. 정체성의 정치는 경계와 배제를 수반한다. 바깥과의 경계를 분명히 하고 그리고 내부적으로는 동질성을 공유하지 않는 자들을 배제함으로써 정체성은 공고해지기 때문이다. 이러한 정체성의 정치에서 디아스포라는 차별과 배제의 전형적인 대상이었다. 이에 비해 '차이의 정치politics of difference'는 보편적 동질성이라는 말로 동화될 수 없는 차이를 적극적으로 드러내고 또 그것을 인정할 것을 요구한다. 즉, 정체성에 대한 새로운 인식을 주장하는 차이의 정치는 인정의 문제를 핵심으로 삼고 있다. 정체성이란 인정투쟁의 과정에서 새롭게 획득되는 것으로 여기기 때문이다.

정체성의 본질적 의미를 어떻게 파악하는가에 따라 그동안 차별과 배제의 주된 근거가 되었던 '차이'가 동질적·획일적 정체성을 전복하는 힘이 될 수 있다. 하지만 국가적 정체성을 필요로 하고 또 그 형성을 추동해 온 사회적 관계에 대한 구체적인 분석과 성찰이 전제되지 않는다면 차이의 정치는 담론을 위한 담론에 그치게 된다. 즉, 차이의 의미가 그동안 평가 절하되어 왔기 때문에 이의 회복이 필요하다고 단순히 주장하거나, 담론 차원에서 차이를 인정할 논리적 근거 찾기에만 매몰된다면, 차이의 정치 또한 스케일을 달리해서 규격화된 소수의 정체성을 재생산하는 위험에 처하게 된다. 따라서 정체성이란 가변적이며 따라서 맥락과 구체적 경험에 근거하여 실천적으로 다루어질 필요가 있는 것임을 인식해야 한다.

디아스포라는 근대의 동질적·획일적 정체성으로는 담아내기 힘든 존재이다. 혈통이나 문화적 동질성 등을 근거로 디아스포라를 포섭하려는 국가 또는 민족 중심적 사고가 여전히 강력한 힘을 발휘하고 있지만, 디아스포라가 가진 혼종적 정체성이 국가적 정체성에 균열을 가하는 유력한 존재인 것은 분명하다. 다양한 디아스포라 가운데 특히 재일코리안 디아스포라와 같이 제국주의의 침탈과 민족 분단을 경험한 디아스포라의 경우, 민족국가 중심의 획일적 정체성과 충돌하는 균열의 지점이 훨씬 넓고 깊다. 이들에게 있어, 일상에서 정체성을 드러내는 국적, 언어, 이름이라는 근대적 표상은 동질성의 상징임과 동시에 차이와 혼종의 가능성이기도 하다.

이하에서는 재일코리안 디아스포라의 역사적 경험과 실천적 활동들을 중심으로 하여, 근대 국민국가 공간 속에서 국적 · 언어 · 이름이라는 상징적 표상이 동질적 정체성을 만들어 가는 메커니즘과 그 억압성을 밝히고, 나아가 디아스포라적 공간과 '차이의 정치'라는 새로운 기획 속에서, 이들 동질적 정체성의 표상들이 디아스포라적 정체성으로 거듭날 가능성과 의미를 분석하고자 한다.

재일코리안의 국적, 언어, 이름에 대한 연구는 그들의 법적 지위나 정치적 권리 그리고 정체성을 다룰 때 빼놓을 수 없는 쟁점이 되어 왔다. 그 가운데 국적은 특히 국민국가 프레임의 영향을 많이 받는 부분으로, 국적의 선택에 따라 개인의 민족적 정체성을 규정하려는 논의가 주류를 이루었다. 하지만 최근 들어 한국과 일본이라는 국민국가 프레임을 넘어선 경계인의 지위, 즉 '재일성在日性'을 강조하는 논의들도 등장하고 있다. 이 글 역시 국민국가 프레임을 극복하려는 탈근대적 시각에서 국적의 문제를 다루고 있다. 또한 이 글에서는 끊임없이 재생산되는 재일코리안을 둘러싼 국가 중심적 해석을 비판하고 이에 대항하는 논리를 재일코리안이 가진 '디아스포라적 정체성'의 가능성을 통해 제시한다. 좀 더 구체적으로 말하자면, 재일코리안 당사자의 시선에 입각하여 한국과 일본이라는 국민국가 중심의 해석과 시각의 편협함을 극복하고, 나아가 그동안 정체성의 중요한 표상으로 여겨져 온 국적·언어·이름을, 이들 간의 상호관계를 포함하여 동시적으로 고찰함으로써, 흔히 동일한 정체성의 세트로 여겨지던 이 표상들의 다양한 존재 방식을 드러내고자 한다.

국가적 정체성과 동질성의 표상

국민국가 형성의 메커니즘

한국과 일본은 단일민족의 신화가 강하게 작동하는 국민국가nation-state이다. 국가 내에 거주하는 다른 민족이 극소수에 불과하며, 민족 공동체라는 역사적 실체가 근대 국민국가의 형성 과정에서 중요한 역할을 했다. 근대 유럽에서 출현한 국민국가가 민족의 단위와 정치 공동체의 단위를 일치시키기 위한 시도였다는 점을 고려하면, 한국과 일본은 전형적인 국민국가의 모습을 지니고 있다고 할 수 있다.

근대 국민국가의 형성 과정은 네이션nation이라는 공동체가 국가 state라는 정치적 제도와 결합하는 메커니즘이다. 밀러D. Miller는 이러한 양자의 관계를 "네이션이란 정치적인 자기결정을 행하고자 하는 사람들의 공동체라는 의미이며, 국가란 이들이 자신들을 위해 갖고

자 열망하는 일련의 정치적 제도들"이라고 설명한다.[1] 이처럼 국민
국가의 구성원을 의미하는 네이션은 근대에 새롭게 등장한 것은 아
니다. 혈통이나 역사적 경험의 공유에 기반한 전통적 의미의 네이션
은 고대 이래 줄곧 존재해 왔다. 하지만 근대에 들어 국가라는 정치
적 공동체와 결합하면서, 네이션에 "실재적인 주체이자 주권 권력의
궁극적인 담지자라는 신념"이 새롭게 추가되어 비로소 국민이 된
다.[2] 근대국가는 사회계약을 통해 출현하였다. 즉, 군주를 대신해 인
민의 자기입법을 통해 지배의 정당성을 창출하고자 하였다. 이를 위
해서는 계약의 효력이 미치는 일정한 영역적 경계와 그에 따른 국민
의 범주를 필요로 했다. 이때 민족공동체는 영역적 경계 짓기를 위
한 적절한 범주였다.[3] 이제 새롭게 구성된 네이션, 즉 국민은 근대국
가의 통치를 정당화하는 주체가 됨과 동시에 이전의 도시공동체를
넘어 국가라는 더 크고 추상적인 단위로의 정치적 통합을 이끄는 계
기가 되었다.

이처럼 국민이라는 개념 속에는 에스닉ethnic 동질성에서 비롯하는
공동체 의식과 민주적 정치제도로서의 공화주의 의식이 모두 존재
한다. 전자가 원초적인 혈연 중심의 운명공동체, 즉 에스노스ethnos를

---

[1] David Miller, *On Nationality*, New York : Oxford University Press, 1995, p. 19.

[2] David Miller, *On Nationality*, p. 31.

[3] 근대적 국민의 형성에 민족적 요소는 중요한 역할을 하였다. 하지만 그것만으로 국
민이 형성되지는 않는다. 국민은 민족적 공동체에 내재하는 어떤 본성에 의해 저절
로 형성되는 것이 아니라 근대 유럽의 3가지 혁명, 즉 경제적, 정치적, 문화 · 교육적
혁명을 거치면서 비로소 국민으로 변모한다(Anthnoy D. Smith, *The ethnic Origins of
Nations*, Oxford : Basil Blackwell, 1986, pp. 131~134).

의미한다면 후자는 자유와 평등에 입각한 지연 중심의 법치공동체, 즉 데모스demos를 나타낸다. 국민국가란 이 양자의 결합의 산물, 즉 에스닉 공동체와 정치적 공동체의 단위를 일치시키려는 하나의 정치적 원리였던 것이다.[4] 여기서 한 가지 주목해 둘 사실은, 이러한 결합으로 인해 보편적 자연권에 기반한 자기통치의 권리는 다시 특수한 성원권에 기반한 국민의 권리로 전환된다는 점이다. 이른바 민주적 정당성의 역설paradox of democratic legitimacy이 발생하는 것이다.[5] 보편적 인권에 기반한 민주적 자기통치 행위가 영역적 경계를 필요로 함에 따라 에스닉 동질성에 기반한 성원권, 즉 시민권과 결합하게 되고, 이것이 나중에 성원으로 포섭되지 못한 다양한 차이들을 배제하는 결과를 가져오게 된다. 과연 이러한 결합은 정당한 것이었을까? 국민국가 만들기의 메커니즘에 대한 성찰이 필요한 대목이다.

국민국가가 에스닉 경계와 정치공동체의 경계를 일치시키는 일은 결코 쉽지 않았다. 그것은 경계 내의 다양한 차이들을 동질적인 국가적 정체성national identity으로 묶어 내는 작업이었고, 그 과정은 포섭과 배제를 수반할 수밖에 없었다. 국민국가가 국가적 정체성을 필요로 한 것은 계약과 합의에 기반한 근대 민주주의가 동질성을 바탕으로 할 때 잘 작동할 수 있다고 생각했기 때문이다. 예컨대 17세기 영국에서는 종교적 신념의 동질성이 있었고, 19세기 유럽에서는 에스닉

---

[4] Ernest Gellner, *Nations and Nationalism*, New York : Cornell University Press. 1983, p. 39.

[5] Seyla Benhabib, *The rights of others : Aliens, Residents and Citizens*, Cambridge : Cambridge University Press. 2004, p. 44.

동질성을 바탕으로 근대 민주주의를 진전시켰다. 공통의 국가적 정체성은 정치적 통합과 안정을 위해 불가피하다고 여겨졌던 것이다.

근대국가의 국민 형성nation-building은 인민들에게 동등한 법·제도적 권리를 부여하는 동시에 스스로 국민국가를 이루는 동질적 구성원임을 인식하게 하는 작업, 즉 정신적·문화적 동질성을 만들어 가는 과정을 수반하였다. 여기서 정신적·문화적 동질성이란 곧 국가적 정체성을 의미하며, 이는 공통의 국민문화 형성을 통해 이루어졌고, 그 원천에는 운명공동체라는 국민감정이 자리하고 있었다. 언어의 통일은 국민 형성의 기본적 요소이다. 한 국가 내에서 다른 언어가 사용되는 경우가 없지는 않았지만, 근대 국민국가가 성립할 시점에서 같은 국민은 같은 언어를 사용해야 한다는 것이 원칙이었다. 동일한 의사소통 수단을 가진다는 것은 동질적인 사고를 가능하게 하는 중요한 매개이기 때문이다. 이와 관련하여, 앤더슨B. Anderson은 국민국가라는 상상의 공동체가 성립하는 데는 공통의 언어를 매개로 한 인쇄자본주의가 결정적인 역할을 했음을 잘 지적하고 있다.[6] 같은 언어로 소통할 수 있는 사람들끼리 자신들을 하나의 국민으로 상상하고 관련지우는 것이 가능하게 된 것이다.

유럽 각국의 국민 형성은 광범위한 국민교육 등을 통해 국가 주도적으로 이루어졌다. 영국의 경우 1870년대에 들어서면서 선거권이 확대되고 의무교육제도가 도입되었으며, 프랑스 역시 1883년에 초

---

6 베네딕트 앤더슨, 《상상의 공동체 : 민족주의의 기원과 전파에 대한 성찰》, 윤형숙 옮김, 나남, 2002, 73쪽.

등교육의 세속화 원칙이 채택되었다.[7] 언어의 통일은 국민교육체계와 같은 제도적 장치를 가능하게 하였고 이는 동질적인 문화의 생산으로 이어졌다. 근대에 들어 인민적 제도로 일반화된 학교는 자국의 언어, 자국의 역사에 대한 교육을 통해 국가가 언어공동체이자 운명공동체라는 정체성을 만들어 내었다.

정체성의 정치와 동질성의 표상들

국가적 정체성은 언어나 문화 등의 동질성의 허구에 의해 이데올로기적으로 구성되었다. 이런 점에서 국가적 정체성은 인위적인 것이며, 상징적이고 추상적인 성격을 가진다. 동질적인 국가적 정체성이 만들어지면 국민국가 영역 내의 다양한 문화적 차이들은 극소화되고 영역 밖의 문화와의 차이는 극대화된다. 즉, 대내적 동질성과 대외적 배타성이 형성됨으로써 비로소 국민은 문화적 표상들을 공유하는 상징적 공동체가 되는 것이다.

국가적 정체성을 만들어 가는 과정은 국가 구성원의 경계 짓기, 즉 국적nationality[8]이라는 자격의 부여에서 비롯한다. 여기서 국적이

---

[7] 홍태영, 《정체성의 정치학》, 서강대 출판부, 2011, 253쪽.

[8] 국적을 나타내는 영어 표현으로는 내셔낼리티nationlity나 시티즌십citizenship이 주로 사용된다. 영국, 미국은 국적법을 Nationality Act로 표현하며, 일본, 독일, 프랑스, 네덜란드, 오스트리아 등도 이러한 영어 번역을 채용한다. 그러나 호주나 뉴질랜드는 국적법을 Citizenship Act로 표기하고, 스웨덴, 덴마크 등도 이러한 영어의 번역을 채용한다. 굳이 구분하자면, nationality에는 민족성이나 민족적 감정이라는 의미가 포함되어 있다. 국민이 다양한 민족으로 구성된 중·동구제국에서는, 국적을 citizenship, 민족적 출신을 nationalty로 구분하여 사용하는 경우가 많다.

란 국가에 의해 주어지는 국가 구성원으로서의 자격이다. 따라서 국적의 의미는 국민의 의미와 연동한다. 즉, 국민이라는 개념이 동등한 법·제도적 권리라는 '데모스'의 의미와 에스닉 정체성의 공유라는 '에스노스'의 의미를 모두 품고 있다면, 국적 또한 그러한 양자의 상징으로 기능한다. 전자가 법·제도적 측면에서의 성원 자격을 의미한다면, 후자는 역사·문화적 측면에서의 동질적 공동체 의식을 나타낸다. 일반적으로 동일한 국적을 가진 자들은 동등한 시민권 Citizenship과 동질적인 국가적 정체성을 함께 가진 것으로 간주된다.

국적은 국가 구성원 자격의 외적인 표현으로, 국가에 의해 관리되면서 다양한 차이들을 포섭하거나 배제하는 효과적인 장치로 기능했다. 국적의 부여는 지리적 영역성과 혈통이라는 두 가지 원칙에 입각하여 관리되었다. 즉, 국가는, 국민에 내포된 '데모스'와 '에스노스'라는 두 가지 요소에 연유하여, 영역에 기반 한 공동체와 피에 기반한 공동체 가운데 어느 하나를 강조하거나 때로는 상황과 필요에 따라 양자를 오가며 국민과 비국민을 구분하였다. 국민국가 체제에서 거주국의 국적을 갖지 못한 자들은 국가적 통합을 저해하는 요인으로 간주되었다. 국가의 경계는 타국에 대한 배타성을 통해 유지되는 바, 외국인은 경계 내에 존재하는 배타적 타자로 인식되었다. 따라서 이들은 동화를 통한 포섭, 즉 국적취득을 통해 거주하는 곳과 국적을 일치시키거나, 아니면 배제, 즉 국민국가 내부에 존재하는 격리된 외부가 되는 방식으로 관리되었다. 국민국가가 가진 배제의 메커니즘은 국적이라는 제도적 장치를 통해 효율적으로 작동할 수 있었던 것이다.

근대국가 일본의 국가적 정체성은 단일민족의 신화를 바탕으로 구축되었다. 천황의 국가임을 내세우는 일본국은 천황과 그의 통치를 받던 신민의 후손, 즉 '일본인'으로 구성된다. 근대국가의 건설은 내적으로 동등한 권리를 가진 신민 또는 국민 공동체를 형성하면서, 이는 일본인이 다른 민족이나 문화에 비해 우월하다는 인식을 바탕으로 이루어졌다. 즉, 근대의 국가적 정체성이 가진 대내적 동질성과 대외적 배타성을 전형적으로 드러내는 방식이었다. 다만 내부적 동질성을 만들어가기 위해 영역 내에 존재하는 타자들에 대한 포섭이 필요할 경우에는, 천황에 귀의한 자는 그 누구라도 신민으로 받아들인다는 새로운 논리를 만들어 내었다.[9] 이를 근거로 북방의 아이누나 남방의 류큐인에게 국적과 이름을 부여하여 신민으로 포섭하는 등 강력한 동화정책을 실시하였다.

국민국가의 영역적 확대는 포섭과 배제의 메커니즘을 적나라하게 드러낸다. 일본 제국주의는 대만과 조선을 식민화하여 국가의 영역을 확장하였다. 이들 식민지에도 아이누나 류큐인에게 강요했던 동일한 논리로 강력한 동화정책을 실시하고, 형식적으로 동등한 제국 신민의 자격, 즉 국적을 부여하였다. 하지만 식민지인들에게 신민의 자격을 부여한다고 해서 '일본인론'이라는 우월적 민족의식이 사라진 것은 아니다. 확장된 국가의 영역과 일치시키는 방식으로 식민지인들에게도 국적과 이에 따른 시민권이 부여되었지만, 그 대가는 지

---

[9] 河炳旭,《第四の選擇韓國系日本人 : 世界六百万韓民族の生きざまと國籍》, 文藝社, 2001, p. 220.

불되어야 했다. 즉, 그들은 제국 일본의 국가적 정체성을 수용한다는 의미로 일본어를 사용하고 이름을 일본식으로 바꾸어야 했다. 일제강점기에 이루어진 창씨개명에 의해 조선인의 81.6퍼센트는 일본식 씨氏와 명名을 갖게 되었다.[10]

일제는 식민지 조선인을 전쟁에 동원하기 위해 일본인과 조선인이 하나의 운명공동체라는, 이른바 '내선일체'를 강조했다. 일본인과 조선인이 동일의 국적을 가지는 것에서 나아가 동일한 멘탈리티를 가지기 위해서는 언어의 공유가 필요했다. 일본어는 일본인의 정신적 혈액으로 간주되었고, 조선인은 일본어를 익힘으로서 일본인과 일체가 된다는 것이다. 식민지 조선에서 공교육은 일본어로 이루어졌고, 일본어는 조선인이 일본인으로 입문하는 일종의 자격증으로 기능하였다. 공적 담론의 공간에서 어떤 언어가 사용되는가는 개인의 정체성이나 사고의 형성에 지대한 영향을 미칠 수밖에 없었다.

전쟁에서 패망한 일본의 영토는 다시 본토로 줄어들었다. 이제 일본은 새로운 영역을 바탕으로 하여, 단일민족에 근거한 새로운 국민국가를 건설하고자 하였다. 이에 일본에 잔류하던 일본인 아닌 제국의 신민들, 즉 조선인과 대만인은 국적을 박탈당했다. 비국적자들은 권리가 제약되고 사회적 차별 속에서 주변화되었다. 새로운 국민국가 일본의 영역 내에 거주하는 자들은 일본어를 구사하고 일본식 이름을 사용하며 일본인이라는 민족적 정체성을 공유해야 했다. 일본어와 일본식 이름의 사용은 일본문화에의 동화, 즉 국가적 정체성의

---

[10]   金英達, 《創氏改名の硏究》, 東京 : 未來社, 1997, p. 33.

공유를 나타내는 표상이었다. 이것이 확인될 경우에만 귀화라는 형식으로 일본 국적을 부여하였다. 다양한 개인들로 구성된 사회는 공통의 지표나 상징을 통해 소속감과 사회적 공간의 단일성을 보장받는 바, 같은 언어, 같은 형식의 이름, 동일한 국적이라는 상징들을 공유함으로써 국민국가라는 정치·사회적 공간이 구성되는 것이다. 이것이 국민국가가 동질성을 만들어 내는 '정체성의 정치'이며, 국적과 언어 그리고 이름은 동질성의 대표적 표상이었다.

1985년 국적법이 개정되기까지 일본 국적을 부여하는 기준은 엄격했다. 일본 국적을 획득하고자 하는 자는 일본어를 말할 수 있어야 하고 일본식 이름을 가져야 했다. 호적과 같은 공적 대장이나 공식적인 교육 체계에서 일본어 이외의 언어는 허용되지 않았다. 민족어로 가르치고 배우는 재일코리안의 민족학교는 정규 학교로서 인정받지 못했고, 공교육의 장에서 방과 후에 민족학급을 구성하여 민족어를 가르치는 것조차 오랜 투쟁 과정을 거쳐 겨우 승인되었다.

일본인과 한국인은 외모만으로는 쉽게 구분되지 않는다. 국적이 다르다는 것은 일상을 통해 항상 확인 가능한 것은 아니다. 이에 비해 언어와 이름은 일상에서 드러나는 '차이'이다. 일상에서 한국어나 한국식 이름을 사용하는 것은 '차이'를 드러내는 것이다. 포섭과 배제를 통해 다양한 차이들을 동질화시키는 국민국가의 공간에서 차이는 차별과 억압의 주된 대상이었다. 일본에서는 국적취득을 귀화歸化라고 표현한다. 일본인이 되기를 선택한 자에게는 국적을 부여하여 더 이상 차별하지 않겠다는 것이다. 이는 귀화하지 않는 자, 즉 국적이 다른 자는 차별하겠다는 표현에 다름 아니다.

동질성의 표상이 작동하는 국민국가 공간에서 디아스포라는 국적을 가진 국민의 '구성적 타자constitutive outside'에 해당한다. 여기서 타자의 주변성은 주체의 정체성을 형성하기 위한 조건이 된다. 즉, 비국적자에 대한 차별을 통해 국적을 가진다는 것의 의미가 부각되는 것이다. 다른 한편, 비국적자라는 이유로 이루어진 차별과 배제는 국적을 차별에 대한 저항의 상징으로 만든다. 재일코리안에게 국적은 일본 사회의 강력한 동화 압력으로부터 자신을 지키는 보루로도 기능해 왔다. 따라서 재일코리안에게 국적은 시민권의 문제, 즉 국적에 따른 권리와 의무의 귀속 여부보다는, 에스닉 정체성의 문제, 즉 에스닉 소수자로서의 자신의 정체성을 나타내는 상징으로서의 의미를 더 많이 지니고 있다.

디아스포라적 실천과 정체성의 재구성

국적 · 언어 · 이름이라는 표상

동질적인 국가적 정체성을 지향하는 '정체성의 정치'는 글로벌화에 따른 초 – 국가적trans-national 흐름의 확산과 함께 점차 그 한계를 드러낸다. 국경을 넘나드는 초국가적 이주자들은 출신국과 이주국의 정체성을 동시에 가지거나 이들을 초월한 새로운 정체성을 드러냄으로써 기존의 국민국가 틀만으로는 담아낼 수 없는 다양한 양상들을 낳기 때문이다. 국가공간의 위와 아래에서 진행되는 이른바 공간의 '다원화'와 '중층화'에 따라 그 영향을 받는 정체성 또한 다원적 · 중

충적으로 재구성된다. 단일의 정체성이 아니라 복수의 정체성이 공존한다는 인식의 전환은 서로 다른 정체성을 구성하는 계기로서의 차이에 주목하게 만든다. 차이에 대한 관심은 특히 동질성의 표상들을 만들어 내기 위해 행해졌던 근대성의 억압과 배제의 논리에 대한 성찰로 이어진다. 이처럼 동질성을 강요한 국민국가의 '정체성의 정치'에 대한 성찰과 비판이 거세지면서, 국민국가 공간의 전형적인 타자였던 디아스포라는 이제 국민국가 '이후'의 대안적 가능성으로 논의된다. 중심과 주변, 주체와 타자라는 이분법적 사고에 기반 한 '정체성의 정치'에서 차이는 동화되거나 배제되어야 할 대상이다. 하지만 정체성에 대한 대안적 사고는 정체성을 항상 다원적이며 가변적이라고 본다. 즉, 동질화된 표상에서 삐져나오고 이분법적 분할을 가로지르는 차이가, 국민국가 공간에서는 차별의 근거가 되었다면, 그 이후의 대안적 공간에서는 혼종과 공생의 가치로 새롭게 자리매김 될 수 있다는 것이다.

근대 국민국가의 형성 과정에서 동질적인 국가적 정체성을 만들어 가는 방식으로 주로 사용된 것이 국적·언어·이름이라는 표상이다. 즉, 국민국가의 국민은 동일한 국적의 소유자들이며, 공통의 언어를 사용하고, 동일한 이름 짓기 방식을 따른다. 국적이나 언어 그리고 이름 가운데 어느 하나만으로도 어떤 사람이 어느 국가의 국민인가를 쉽게 알 수 있다. 동질적 국적·언어·이름은 국민국가의 '정체성의 정치'의 산물이기 때문이다. 이에 비해, 국민의 타자인 디아스포라는 거주하는 국가와 국적·언어·이름의 표상이 일치하지 않는 존재이다. 재일코리안은 일본에 살고 있는 한국적이나 조선적 또는 한국계의 사람들을 통칭하지만, 이들의 국적 · 언어 · 이름은 더 이상 동질성의 표상이 아니다. 이들의 국적은 한국적 · 조선적 · 일본적 등으로 나누어지며, 일본어와 한국어를 모두 구사할 수 있는 자들도 있고 일본어만을 구사하는 자들도 있다. 이름 또한 일본식 이름을 사용하는 자, 한국식 본명과 일본식 통명의 양자를 사용하는 자 그리고 한국식 이름만을 사용하는 자 등 다양한 양태를 나타낸다. 또한 이들 표상들 각각의 조합에 따라 '한국적의, 일본어를 사용하고, 일본식 이름을 가진 자', '조선적의, 한국어를 사용하고, 일본식 이름을 가진 자' 등의 실로 다양한 구성을 나타낸다.

국적 : 시민권과 민족 정체성

재일코리안은 거주하는 국가와 법적인 국가 그리고 민족적 정체성 ethnic identity으로서의 국가가 일치하지 않는다. 즉, 일본 국적을 취득하지 않고 한국적이나 조선적으로 살아가는 자들은 법적인 국적과 민족적 정체성으로서의 국적은 대개 일치하지만, 거주 국가의 국적에 근거해 부여되는 시민권을 갖지 못한다. 반면에 거주하는 국가, 즉 일본 국적을 취득한 자들은 시민권을 가지지만 법적인 국가와 민족적 정체성으로서의 국가가 일치하지 않음에 따른 갈등에 직면한다. 단일민족 국가의 성격이 강한 일본과 한국에서 국적의 취득은 단순한 법적 권리의 문제가 아닌 민족적 동화로 간주하는 경향이 지배적이기 때문이다. 따라서 일본 국적의 취득은 외부의 시선에서 한국인으로서의 민족적 정체성의 상실로 간주되곤 하지만, 정작 개인의 내부에는 민족적 정체성이 바뀌지 않고 남아 있는 경우가 많다. 미국

사회의 시민권과 같이 법적인 권리와는 별도로 자신의 민족적 정체성을 유지할 수 있는 방법이 허용되지 않는 상황이었다.

재일코리안의 일본 국적 취득이 시민권의 획득으로만 여겨지지 않는 것은, 재일코리안이 국적과 관련하여 특수한 역사적 경험을 갖고 있으며, 현재에도 특수한 상황에 처해 있기 때문이다. 재일코리안의 국적 문제는 일제강점기의 경험으로 거슬러 올라간다. 메이지유신을 통해 근대적 국가 형성의 계기를 마련한 일본은 천황을 중심으로 국내적 통합을 이룬 뒤 제국주의적 팽창에 나섰다. 일본 제국주의에 의해 포섭된 조선과 대만은 제국 일본을 구성하는 영역의 일부가 되었고, 이에 따라 조선인과 대만인에게도 일본 국적이 주어졌다. 적어도 법·제도적으로는 동등한 '황국신민'이 된 것이다. 하지만 다 같은 황국신민이라고 해서 일본인과 조선 및 대만인이 동등한 것은 아니었다. 제국의 영역 확장에 따라 식민지인들을 어쩔 수 없이 국민으로 포섭하였지만, 일본인과 일본문화의 우월성은 여지없이 관철되었고, '황국신민'으로서의 국가적 정체성은 일본인으로의 귀의나 동화를 통해 달성될 수 있는 것이었다. 조선인과 대만인은 법적인 국적 보유에도 불구하고 이른바 '2급 국민'에 불과했다.

1945년 8월 제국 일본이 패망하는 시점에서 일본에 거주하던 조선인들은 일본 국적을 보유하고 있었다. 일본 국적자로서 세금도 납부하고 전쟁에도 동원되었다. 하지만 패전으로 몰락한 후 새롭게 상상되어진 국민국가 일본에 그곳에 거주하던 조선인과 대만인의 자리는 없었다. 일본에 잔류하던 조선인과 대만인의 국적은 당사자들의 의사와 무관하게 박탈되어, 1947년 5월 2일의 〈외국인 등록령(포츠담 칙령 270호)〉 공표와 함께 외국인으로 간주되었다.[11] 전후의 새로운 국민국가 일본 만들기는 단일민족이라는 신화에 근거해 이루어졌고, 여기서 민족성을 달리하는 외국인들은 국민의 타자로서 강력한 동화나 배제의 대상이 되었다.

부당한 국적 박탈, 그리고 그 이후의 국민국가 형성 과정에서 전개된 비국적에 따른 차별과 배제는 재일코리안에게 국적에 대한 남다른 의미, 즉 일본 국적의 취득은 청산되지 못한 과거와 부당한 차별에 대한 굴복이라는 의미를 생성했다. 또한 일본 국적의 취득은 귀화, 즉 일본인 및 일본문화로의 완전한 동화를 전제로만 가능했기에, 국적취득자는 민족적 정체성을 포기한 변절자 또는 자신의 이익을 위해 민족을 저버린 이기주의자로 여겨졌고, 부당한 차별에도 불구하고 한국적 또는 조선적을 유지하는 자는 민족적 대의를 중시하는 자로 평가되었다. 이처럼 재일코리안에게 국적은 동화 압력이 강한 일본에서 자신과 민족의 정체성을 지키는 요새로도 기능해 왔다.

최근에는 일본에도 외국인이 증가하는 추세에 있지만, 적어도 전후 일본의 새로운 국가 형성이 이루어지던 시기에 일본에 거주하던 외국인은 재일코리안이 거의 대부분을 차지했다. 일본은 단일민족국가에 가까웠다. 일본인과 재일코리안과의 대비가 극명했고, 재일코리안에 대한 차별과 배제는 '차이'에 대한 억압을 통해 '동질성'에 귀속하게 만드는, 일본의 국가적 정체성 형성을 위한 메커니즘이었

---

11 곽진오, 〈전후 일본의 재일동포 국적처리문제 고찰〉, 《한일관계사연구》 제24호, 2006, 190쪽.

다. 이러한 상황은 이주민 일반과 재일코리안을 구분하는 특수성을 형성한다. 미국이나 호주와 같이 대량의 이민을 통해 국가를 형성한 다문화·다민족 국가의 경우, 국적과 민족적 정체성의 표상을 반드시 일치시키려고 하지 않는다. 하버마스J. Harbermas가 주창한 '헌법적 애국주의'가 그러하듯이, 국적은 시민권의 부여 자격으로 주로 인식되며, 동일한 국적을 가진 사람들이 'ㅇㅇ계 미국인'이나 'ㅇㅇ계 호주인' 등의 방식으로 서로 다른 민족적 정체성을 드러내는 것이 허용된다. 재미코리안 3~4세의 대부분은 미국 시민권을 가지고 있으며 한국어에 서툴다. 하지만 그들이 자신의 분야에서 뛰어난 성공이라도 거두게 되면 한국인들은 한국계 미국인은 역시 다르다며 칭송한다. 하지만 일본 국적을 취득한 이른바 한국계 일본인은 재일코리안 내부에서도 그리고 그들의 뿌리가 있는 한국과 북한에서도 설 자리가 없다.

현재 재일코리안의 국적과 관련한 태도나 실천은 일본 국적을 취득할 것인가의 여부에 따라 크게 둘로 나뉘며, 또한 구체적인 이유와 대응 양상에 따라 각각의 경우마다 세부적인 차이도 존재한다. 먼저 일본 국적 취득을 주장하는 실천에 대해 살펴보자. 일본에서 태어나서 자란 재일코리안 3~4세들은 일본어를 모어로 습득하고, 일본의 생활문화에 완전히 동화되어 있으며, 국적에 의해 부여되는 정치적 권리를 제외하고는 보통의 일본인과 거의 동등한 권리와 의무의 관계 속에 살아가고 있다. 따라서 이들이 자신이 태어난 국가인 일본의 국적을 취득하는 것은 그다지 이상한 것이 아니다. 일본 국적은 재일코리안이 취득해야 할 당연한 권리라는 정대균의 주장도 이 점에서는 일리가 없는 것도 아니다.[12] 즉, 일본 국적의 취득은, 자신이 살고 있는 국가의 일원으로서 동등한 시민권을 행사하기 위해 필요하다는 관점에서, 일종의 권리로 볼 수도 있다. 하지만, 권리로서 일본 국적을 취득해야 한다는 주장에는, 국적의 취득과 함께 일본의 민족적 정체성까지 수용하려는 의도적인 선택을 한 일부를 제외하고는, 시민권으로서의 국적과 민족적 정체성을 별개로 간주하려는 논리가 작동하고 있다. 즉, 일본 국적을 취득하고도 코리안으로서의 민족적 정체성을 드러내며 살아갈 수 있다는 것이다.

이 같은 논지에 공감하는 재일코리안이 모여 2003년 〈재일코리안의 일본 국적 취득권 확립 협의회(회장 李敬宰)〉라는 운동단체를 조직하였다. 3~4세 재일코리안이 중심인 이들은 일본 국적을 취득하여 일본 국민과 동등한 시민권을 누리면서, 코리안으로서의 민족적 정체성은 그대로 유지하고자 한다. 국적과 민족은 별개이며, 오히려 일본 국적을 취득하게 되면, 자신의 민족적 뿌리나 정체성을 분명히 하기 위해 한국어나 한국의 역사·문화·습관 등을 열심히 배우게 된다는 것이다. 한 마디로 국적은 일본이고 민족은 코리안, 즉 〈코리안계 일본인〉으로 살아가고자 한다. 이들은 일본 국적 취득에도 불구하고 민족적 정체성 유지한다는 징표로서 민족명, 한국식 본명을 그대로 사용하기도 한다. 여기서는 기존의 국적을 대신하여 이름이 민족적 정체성의 표상으로 기능한다.

이러한 움직임은 일본 정부의 재일코리안에 대한 포섭정책과 연

---

[12]　鄭大均,《在日韓國人の終焉》, 文藝春秋, 2001, p. 57.

동하며 전개되고 있다. 재일코리안이 중심이 되어 제기한 〈정주외국인 지방참정권〉 문제가 정치적 이슈로 등장하자, 2001년 고이즈미 정부는 〈특별영주자 등의 국적취득의 특례에 관한 법률안〉을 발표하였다. 특별영주자에 한해 신청만으로 국적취득이 가능하도록 국적취득을 간소화하는 것을 골자로 하는 이 특례 법안은 발표 시점과 내용으로 볼 때 지방참정권 요구를 무력화시키기 위한 일본 정부의 자구책이라는 의구심을 지울 수 없었다. 하지만 1985년의 〈국적법 개정〉을 계기로 일본 사회가 국적취득을 동화의 수단으로 삼거나, 국적을 국가적 정체성의 완전한 표상으로 여기려는 경향은 점차 완화되고 있다. 이전의 일본 사회에서는 국적 이외의 다른 방식으로 민족적 정체성을 표상하는 것이 불가능하였기에 국적에 강하게 집착하였지만, 이름이나 언어 등 국적 이외의 방식으로 민족적 정체성을 드러내거나 함양할 기회가 주어진다면, 국적 또한 정체성의 여러 가지 표상방식 가운데 하나로 상대화될 수 있다는 것이다. 이러한 주장과 실천에도 불구하고, 재일코리안이 일본 국적을 취득하고도 코리안의 민족적 정체성을 표상하며 살아갈 수 있을지는 의문이다. 단일민족국가의 성격이 강한 한국이나 일본 그리고 재일코리안 사회에서 국적의 의미는 시민권의 근거라기보다는 민족적 정체성의 상징으로 여전히 강하게 각인되어 있기 때문이다. 특히 식민지 과거를 제대로 청산하지 못한 상황에서는 더욱 그러하다.

이에 비해, 국적이 민족적 정체성의 중요한 표상으로서 여전히 유효하다고 여기는 입장에서는 거주국과 법적인 국적의 불일치 문제, 즉 시민권의 문제를 다른 방식으로 해소하고자 한다. 국적을 가지지 못함에 따라 발생하는 시민권으로부터의 배제를 정주에 기반한 새로운 권리, 즉 로컬 시민권의 획득으로 해결하려는 주장과 실천이 그것이다. 이러한 구체적인 움직임은 지방 참정권의 요구로 나타난다. 지방 참정권의 요구는 지역에 정주하는 자는 비록 국적을 달리하더라도 국정 참정권을 제외한 포괄적인 권리를 향유할 수 있어야 한다는 논리에 입각해 있다. 즉, 거주하는 지역의 일상적인 활동에서 차별받지 않고 지역 공동체의 동등한 구성원으로 참여하는 것이, 국적을 취득하여 형식적인 시민권을 가지면서도 여전히 '2급 국민'으로 대접받는 삶보다 더 의미가 있다는 것이다. 한국 국적을 보유한 재일코리안은 일본의 국정 참정권이 제한되는 대신 한국의 국정 참정권을 가지며, 대외적으로 한국 정부의 보호를 받을 권리를 획득한다. 그들은 언제 국적국인 한국으로 돌아가도 이상할 것이 없다. 즉, 국적과 민족적 정체성은 한국에 둔 채 일본이라는 곳을 정주의 공간으로 삼아 정주에 따른 권리를 누리면서 살아가는 존재가 된다. 아직 일본 국적을 취득하지 않고 살아가는 3~4세 재일코리안이 다수라는 사실은, 이들에게 국적의 의미란 시민권의 근거라기보다 민족적 정체성의 상징으로서 여전히 자리하고 있음을 반증하고 있다.

국적을 시민권으로 간주하거나 아니면 민족적 정체성과 결부시키는 두 가지 방식 모두 근대의 국적 개념에서 벗어나지는 못한다. 전자는 포섭된 국민, 즉 국민의 재영역화로, 후자는 국경을 넘은 국민, 즉 국민의 탈영역화로 재구성되는 되는 것에 다름 아니다. 하지만 재일코리안과 같은 디아스포라는 근대적 국적 개념만으로는 완전히 포섭될 수 없다. 아니 포섭된다면 더 이상 디아스포라가 아닌 것이 된다. 오히려 디아스포라적 경험과 실천의 의미는 근대적 틀을 깨는 지점에서 발견할 수 있다. 즉, 재일코리안의 국적을 둘러싼 다양한 경험과 실천들은 근대적 국적 개념에 대한 재검토를 요구한다. 재일코리안이 일본 국적을 취득해도 일본인들로부터는 '2급 국민'으로 취급되기 일쑤이고, 한국 국적을 유지하고 있어도 한국말과 역사도 제대로 모르는 어설픈 존재로 취급되기 일쑤이다. 국적에 관한 한 재일코리안은 어느 한 국가에도 일방적으로 속하지 않는 경계인인 것이다. 재일코리안은 자신들을 흔히 '자이니치在日'라는 용어로 표상한다. 여기에는 한국적·조선적·일본적 등 국적의 차이를 넘어 일본에 살고 있는 코리안을 통칭한다는 의미도 있지만, 그들이 지향하는 일정한 삶의 방식을 나타내기도 한다. 즉, 그들은 하나의 국민국가에 포섭될 수 없는 복합적이고 혼종적인 정체성을 가진 존재이며, 그들이 국적의 차이에도 불구하고 동일한 공간에 거주한다는 공통적인 사실은 국적이나 국민국가를 상대화하여 바라볼 수 있는 중요한 계기가 된다는 것이다.

이처럼 경계인으로서의 디아스포라적 경험은 국적이 가진 '정체성의 정치'를 해체하는 계기가 된다. 국적은 사는 곳이나 자신의 민족적 정체성과 반드시 일치될 필요가 없으며, 이러한 불일치를 애써서 없애고자 할 필요도 없다. 국적의 탈근대적 존재 방식은 다양성과 차이를 허용하는 것이다. 즉, 거주하는 곳의 일상의 활동, 국가를 매개로 이루어지는 대내외적인 활동, 자신의 뿌리인 조국과의 관계 가운데 어느 것에 무게를 두는가에 따라 국적의 표상 방식은 다양하게 나타날 수 있다. 근대의 국가 형성 과정에서의 국적, 즉 국적에 근거한 시민권의 부여가 에스닉 단위의 동질적 정치공동체를 형성하기 위해 필요했다면, 탈근대의 국적의 의미는 동일 공간에서 살아가는 사람들이 서로 다른 정체성을 드러내면서도 동등한 권리를 누리고 살 수 있게 하는 방식으로 재구성될 필요가 있다. 이처럼 국민국가의 틀을 넘는 디아스포라의 가능성을 홀S. Hall은 혼종성을 특징으로 하는 '디아스포라적 정체성diasporic identity'으로 제시하고 있다.[13] 본질주의에 의거한 국가적 정체성이 내부의 타자를 억압하고 외부적으로 제국주의적 침략으로 이어진 역사를 갖고 있다면, 역으로 디아스포라적 정체성은 식민지적 상황이 야기한 갈등과 싸우는 자들의 경험과 실천을 자리매김하며, 고정된 단일의 위치가 아니라 복합적이고 중층적인 위치를 나타낸다.

언어 : 저항성과 유/무표성

제국주의와 식민주의는 무수한 사람들을 자신이 본래 속해 있던 터에서 뿌리 뽑혀 이동하는 디아스포라로 만들었고, 재일코리안은 이러한 식민주의가 낳은 대표적인 디아스포라이다. 재일코리안 3~4세대로 세대 이동이 일어나는 지금, 이들이 정체성을 생각할 때 가장 고민되는 것 가운데 하나가 언어 문제이다. 자신들의 모어는 일본어이며, 모국어는 한국어이기 때문이다. 일치해야 할 언어가 일본어와 한국어로 나뉜다. 자신이 재일코리안임을 밝혀 식민주의에 저항

---

[13] Stuart Hall, "Cultural Identity and Diaspora", In Jonathan Rutherford (ed.), *Identity : Community, Culture, Difference*, London : Lawrence & Wishart, 1990, p. 235.

하는 존재로 나서고자 결의하더라도, 그들에게 일본어적 세계관이 투사된 정체성은 버리기 힘든 정신적 혈액으로 자리 잡고 있다. 모국을 지향하면서, 자신은 과거 적국이었던 일본에 존재한다. 신체적 혈액은 조선에 루트를 두고 있으나, 정신적 혈액은 일본어에 근거하고 있기에, 신체적 혈액과 정신적 혈액이 부조화를 이룬다. 이것은 재일코리안 3~4세에게 신경증을 유발시켜 한국어 배우기를 자극하기도 한다.

근대적 의미의 '국어'라는 단어는 청일전쟁 이후, 근대 일본 언어학의 창시자라 할 우에다^{上田万年}를 중심으로, 동질적인 국가적 정체성의 창출을 목표로 탄생한다.[14] 이 과정에서 '국어는 모어이다', '일본어는 일본인의 정신적 혈액이다' 등의 대표적 수사들이 생겨난다. 단일민족국가인 일본에서 모어는 국어가 되기 마련이며, 이는 순결한 정신의 상징이었다. 근대 국민국가가 언어를 통한 국가적 정체성을 만들어 가기 위해 '국어'를 제창함에 있어 '모어'라는 개념을 빌려온 것은 모어의 자연어적 속성에 기인한다. 모어 즉, 어머니의 말이란 언어 습득에 있어서 학습자가 제일 처음 익히게 되는 제1언어에 그 주된 양육을 맡은 자인 어머니의 모성을 결부시켜 만들어 낸 수사적 용어이다. 이 글이 제1언어 습득 과정에서 주목하는 점은 습득목표언어에 대한 언어 선택권이 주어지지 않는다는 사실이다. 제1언어는 운명적으로 부여되는 데 비해 국어는 인위성에 기반한다. 성질이 다른 두 가지를 일본어를 매개로 하여, 국어＝일본어＝모어라

---

[14]　イ・ヨンスク,《國語 という思想 近代日本の言語認識》, 岩波書店, 2004, p. 86.

는 공식을 성립시키는 것은 '국어는 모어이다'와 '일본어는 일본인의 정신적 혈액이다'의 섞임으로, 이것은 일본인의 조건이 국어＝일본어＝모어라는 논리가 가능하도록 한다. 이는 국어와 국민의 멘탈리티를 강력한 고리로 연결시키며, 일본어는 같은 피를 나눈 국민으로 입문하는 자격증으로 기능한다. 이것은 식민정책으로 국민의 영역이 조선에까지 확장될 때에도 그대로 적용되었다. 즉, '내선일체'의 논리에는 국어로서의 일본어가 중심에 자리하고 있다.

역설적으로, 또 다른 단일민족국가인 한국에서도 '국어는 모어이다', '한국어는 한국인의 정신적 혈액이다'라는 논리가 작동하여, 해방 이후 한국은 자신이 한국인임을 주장하면서 국어인 한국어를 모르는 재일코리안을 모국어도 모르는 민족의 배반자로 몰아 가기 일쑤였다. 배반은 순결과 일치를 염두에 두고 있기 때문에 생겨난다. 한국어는 재일코리안을 같은 피를 나눈 국민으로 바라볼 수 있게 하는 잣대로 기능하며, 재일코리안 역시 그 잣대로 자신을 평가한다. 정신적 혈액으로서 국어가 기능함을 알아차리고 그 요구대로 정신적 혈액을 모어인 일본어에서 한국어로 바꾸고자 한다. 그러나 정신적 혈액은 그렇게 간단히 바뀔 성질의 것이 아니다. 대다수 재일코리안의 모어는 일본어이며, 그들이 한국인으로서의 정체성을 자각하고 학습목표언어로 삼는 것은 한국어이다. 언어교육이라는 전문적 용어로 접근한다면 전자는 제1언어이고 후자는 제2언어라 불러야 마땅하다. 여기서 제2언어는, 한국이나 일본과 같은 단일어 사회에서는 자연스럽게 익혀지는 것이 아니다. 특히, 단순한 의사소통을 위해서가 아니라 정체성을 염두에 두고 제2언어를 익히고자 할 때 그 목표 달성은 더욱 힘들다. 이러한 지난한 과정을 인식하지 못하고, 한국어가 서툰 재일코리안을 결여된 존재로 낙인찍는 것은, 필사적인 영어 학습에도 불구하고 영어를 제대로 구사하지 못하는 자신들을 글로벌 시대에 발맞추지 못하는 결여된 존재로 인정하는 것과 마찬가지다.

정체성은 스스로 만들어 가는 동일화 작업이기도 하지만, 외부에서 부여하는 동일화 작업이라는 점 또한 간과할 수 없다. 재일코리안이 한국어 사용과 관련해 가장 신경을 쓰는 외부는 아마도 한국의 시선일 것이다. 자신의 내부에서 한국어를 사용할 수 없다는 사실이 이해가 된다 하여도, 외부의 시선이 주는 폭력성에는 되받아칠 말이 부족하거나 너무 장황해져 처음부터 포기해 버린다. 재일코리안 서경식은 재일코리안에게 '모어의 권리와 모국어의 권리'가 있음을 주장한다.[15] 여기서 모어는 일본어이며 모국어는 한국어이다. 이 글에서 사용한 용어로 바꾸자면, 모어는 제1언어이고 모국어는 제2언어에 해당한다.

재일코리안에게 제1언어가 일본어라는 사실은 적의 언어, 남의 언어로 자기의 진실을 말할 수밖에 없는 아포리아이며, 자기분열과 열패감을 안겨 준다. 서경식은 자신의 진실은 모어로밖에 설명 불가능한데 자신의 모어는 일본어이기에 모어가 식민의 덫이라 토로한다.[16] 그러나 그 덫은 곧 자신의 정체성이기도 하다. 정체성 찾기는

---

[15] 서경식, 《언어의 감옥에서》, 돌베개, 2011, 33쪽.

[16] 서경식, 《언어의 감옥에서》, 33쪽.

덫을 인정하고 수용하는 작업이며, 나아가 덫의 권리로 이어진다. 덫의 권리를 주장하는 것은 있는 그대로의 정체성을 인정하라는 요구이다. 그렇다면 모국어의 권리, 즉 제2언어는 어떠한가? 주지하다시피, 일본에서 한국어의 권리는 인정받지 못하고 있으며 오히려 다양한 차별의 대상이 되고 있다. 재일코리안의 한국어에 대한 권리는 한국의 시선에서도 문제점이 발견된다. 그들의 모국으로서의 한국은 재일코리안의 언어권에 대해서는 지원이나 관심이 별로 없었다. 오히려 관심의 대상이 된 것은 상상 속의 화교들이 구사하는 유창한 중국어 실력에 견준 그들의 현재 상태, 즉 한국어의 사용 가능성 여부이다. 아니, 가능성 여부라는 관심의 영역을 벗어나, 한국어 사용이 그들의 의무인 양 책임 지운다. 언어권이라는 것이 언어 사용의 의무나 책임으로 바뀌는 순간이다. 한국어는 그들의 뿌리 뽑힘에 대한 권리이지, 의무나 책임이 아님을 유의하여야 할 것이다.

재일코리안 3~4세들은 그들 자신이 재일코리안임을 밝히지 않는 한, 일본인과 차이가 나지 않는다. 국적·언어·이름 등을 일본식으로 하면 그 사회에 진입하는 데 별다른 어려움이 없다. 그러나 차별의 가능성을 충분히 알면서도 한국어 배우기를 통하여 자신이 재일코리안임을 드러내는 이들이 존재한다. 이들을 호명한다면 무엇이라 하면 좋을까. 으레 들으면서도, 차별적 발언으로 상심할 수밖에 없는 말은 아마도 '조셍징 카에레(조선인 돌아가)'일 것이다. 이곳에 살 수밖에 없는 이들은 이곳이 삶의 터라는 사실을 부정당하며, 이곳에 있는 자신들의 존재가 불청객임을 지속적으로 환기당하고 떠나길 종용받는다. 말 그대로, 난민[17]으로 굴러 떨어지는 순간이다. 그러나 이를 무릅쓰고, 이들은 난민적 주체로 나서고자 한 것이다.

난민적 주체로서의 재일코리안은 일본어, 때로는 한국어를 수단으로 식민의 과거와 그 흔적으로서의 현재를 증언할 수 있다. 이들의 증언은 당사자성에 기반 한 증언의 주저함, 곤란함, 멈칫거림, 알 수 없는 웅얼거림, 침묵 등 문자로 환언할 수 없는 잉여의 것들이 드러남으로 해서 증언의 진정성을 공감할 수 있다. 잉여의 것들이 수반되는 것은, 증언한다는 것, 기억을 말한다는 것이 고통을 수반하는 일이기 때문이다.[18] 이때 청자는 어떤 상태에 놓이는가? 증언 앞에서 상상할 수 없는 것을 상상하면서, 자신의 몸에도 국민국가의 폭력이 휘둘러졌다는 것을 상기하는 것은 아닐까. 이것은 폭력의 피해자로서의 기억이 아니라, 국민국가성의 각인으로 가해자로서 그들 앞에 폭력을 휘둘렀던 기억의 상기이다. 이러한 기억의 상기로 화자와 청자의 정체성은 교섭되고 재구축되며 재분절화된다.[19]

그리고 재일코리안이 일본어는 물론이고 한국어를 구사할 수 있다면, 일본어를 한국어로, 한국어를 일본어로 옮기는 번역자로서 나설 수 있다. 번역은 원초언어가 목표언어로 그대로 단선적으로 옮겨져야 한다는 생각이 지배적이나, 이것은 목표언어공동체에 대한 폭

---

17 서경식은 인권, 생존권을 보장받지 못하고, 국민국가의 법 외부로 쫓겨난 자들을 난민으로 정의한 바 있다(서경식,《난민과 국민 사이》, 돌베개, 2008, 204쪽).

18 오카 마리, 〈타자의 언어〉,《흔적》2, 문화과학사, 2001, 396쪽.

19 오카 마리, 〈타자의 언어〉, 395~6쪽.

력이다.[20] 번역은 목표언어공동체의 문화 속에서 재해석되어야하기 때문이다. 번역이란 지식의 이동으로, 번역된 지식은 다시 원초언어권으로 돌아가 다시 번역되는 상호번역 과정을 지향해야 한다. 이렇게 번역은 계속 미끄러지며 모호성과 애매성을 낳는다. 이런 과정을 거치면서, 서로의 문화는 풍요로워진다. 재일코리안은 일본어와 한국어로써 어색한 번역을 생산할 가능성을 갖게 된다. 이 글에서 재일코리안에게 있어 일본어, 한국어를 단순히 제1언어, 제2언어라고 명명한 바 있는데, 여기에는 그들의 언어공동체가 한반도에 뿌리를 두었다는 역사적 맥락이 결여되어 있다. 즉, 자기 판단이나 선택에 의해 일본으로 이동한 것이 아니라, 제국 일본이라는 존재에 의해, 자기 공동체에서 뜯겨져 나왔음이 함의되어 있지 않다. 따라서 우선 번역을 제안하고 싶은 것은, 겪었기에 가능한 그들의 상상이 가미된 새로운 조어이기 때문이다.

재일코리안은 언어를 수단으로 증언할 수 있으며 번역할 수 있다. 그리고 서경식의 형 서준식과 같이 한국어를 자기 정체성의 구성 요소로 만들 수 있다. 서준식은 17년 동안 한국 감옥에서 일본어 사용을 억제하여, 한국어를 드디어 자기 정체성으로 만들어 내었다.[21] 그러나 이러한 일은 보통 사람으로서는 거의 불가능하다. 정체성에서 언어란 큰 역할을 담당한다. 그러나 언어만이 정체성을 구성하는가?

---

[20] 장석만, 〈민족 언어 공간에 도전하는 다언어적 글쓰기〉, 《텍스트 비평》, 2002, 397~9쪽.

[21] 이 글에서는 그가 한국어를 자기 정체성의 일부로 구축함에 성공하였다고 보고 있지만, 서경식은 판단을 유보하고 있다.

정체성은 객체로서의 자아와 주체로서의 자아가 동일시되는 과정을 통하여 형성된다. 일차적으로 재일코리안은 자신을 재일코리안으로 생각함으로써 재일코리안이 된다. 이것은 주체로서의 자아이다. 그러면, 객체로서의 자아는 어떻게 생성되는가? 밖에서 보는 자아 역시 한반도를 루트로 한다는 재일코리안으로 여겨지는가? 국적·언어·이름 등의 표상을 통해 객체로서의 자아 또한 재일코리안임을 나타낼 수 있다. 그러나 이것만이 유표성有標性을 가지는 것은 아니다.

재일코리안이 되기 위해서는 일본인과 다른 차이, 즉 유표성을 지녀야 한다. 언어는 습득의 곤란성과 그 파장력 때문에 가장 유표적인 것이긴 하지만, 그것만이 유표적인 것은 아니다. 예를 들어, 장구를 칠 수 있다는 사실도 유표적이다. 여기서 말하는 장구를 칠 수 있다는 것은 그 행위의 가능성 여부가 중요한 것이 아니라 장구를 친다는 행위가 가져오는 독특한 감흥을 느낄 수 있다는 것에 의미가 있다. 감흥을 느낀다는 것은 그 문화에서 아름다움을 찾았다는 것으로, 그것은 칠 수 있든 없든, 그 문화를 긍정적으로 사유하게 만든다. 그것이 자신의 문화라고 한다면 거기에서는 자부심이 발현된다. 교토 히가시쿠조 마당(1993년부터 개최)을 통해 민족 공연에 참가하고 있는 재일코리안 박실은 일본인과 결혼하면서 일본 국적을 취득하였다. 그는 통명을 사용하였지만, 자녀의 출생을 계기로 본명을 되찾고자 소송을 제기하여 민족명을 되찾는다. 즉, 그는 일본 국적과 한국식 이름을 가진 재일코리안이며, 민족문화에 관심을 갖고 그것을 통해 자신의 정체성을 드러내고 있는 자이다. 박실이 민족 공연 후 눈물을 흘리면서 감동하는 모습을 보고 자란 그의 딸은 아버지의 그런 모습이 좋아 자신도 민족 공연에 참여하게 되었다고 한다. 동일시과정을 통해 민족 정체성이 계승되는 부분을 확인 할 수 있다. 그런데 여기서 주목해야 할 것은 그녀는 한국인과 일본인의 피가 함께 흐르는, 이른바 '더블'이라는 사실이다. 자민족 우위, 순혈 우위의 사회에서 혼혈인은 피의 섞임을 열등하게 받아들이기 쉽다. 그러나 열등한 피가 생산하는 것에서 아름다움을 느끼는 것은 그러한 열등의 극복 가능성을 말하기 때문이다. 혼혈은 열등한 피가 생산한 문화에서 자부심이 생길 때 극복 가능할 수 있다.

앞서, 재일코리안으로서 한국어를 제1언어로 교체한 서준식을 언급하였는데, 대부분의 재일코리안 3~4세들은 한국어를 잘 모르는 상태이며, 일본 국적 취득자 또한 날로 늘어가고 있다. 이들 가운데 민족학급을 경험한 자들도 있지만 그것만으로 한국어를 습득하기는 힘들다. 민족학급은 한국어와 역사 교육을 중심으로 방과 후에 이루어지는데, 재일코리안 자녀의 민족 정체성과 긍지를 위해 개설되었다. 연간 총 수업시수는 30시수로, 이를 통하여 한국어 능력 신장을 바랄 수는 없으며, 이들의 한국어 수준은 초급 정도에 머무르고 있다. 재일코리안 자녀에게 민족학급은 어떠한 의미를 지닐 수 있을까? 언어만으로 보면, 교육받은 한국어로는 자기 정체성은커녕 의사소통도 제대로 수행할 수 없는 것이 현실이다. 그러나 한국어를 접하였다는 경험은 남으며, 이는 잠재적으로 존재하여 재일코리안 또는 귀화자들이 성인이 되어 한국어를 본격적으로 배우게 되는 동기가 될 가능성이 크다. 여기서 주목해야 할 점은, 한국어 배우기라는 것은 유표성을 가지는 것만으로도 의미가 있다는 것이다. 즉, 민족학급은 한국어를 비롯하여 자신의 루트와 관련된 문화를 접하는 계기가 되는 것으로 충분하다. 재일코리안은 한국어를 잘 구사해야 한다든지, 장구를 칠 수 있어야 한다든지 하는 일종의 전형을 만드는 것은 그들에 대한 또 하나의 폭력이다. 재일코리안의 전형을 만든다는 것은 그 전형이란 틀 속에 들지 못한 자들에 대한 또 하나의 차별이기 때문이다.

일본 국적으로 귀화를 하였더라도, 그들의 몸을 스치고 지나간 재일코리안의 흔적은 일본인과 다른 감각으로 현실을 살 수밖에 없게 한다. 타자가 자신이 재일코리안임을 모른다 하여도 그 사실을 아는 재일코리안 자신으로서는 내면적으로 힘겹다. 이런 상황에서 유표화 작업을 행한다는 것은 그들에게 더 힘든 작업이다. 정체성은 고정적인 것이 아니라 유동적이며 계속 변화한다. 재일코리안이나 일본 국적 취득자는 일본 사회에서 무표無標로 계속 살 수도 있으며, 어느 시점에서 자신을 유표화시킬 수도 있다. 그것은 자기 선택이다. 한국은, 한국의 기민정책과 일본의 동화정책 등으로 언어, 문화라는 피부를 모두 박탈당한 그들에게 민족 수호의 최후의 보루로 남기를 바랄 수는 없다. 한국과 일본 양 사회는 자신들의 시선에서 재일코리안을 바라보고 정형화할 것이 아니라, 그들이 원할 때 그들이 원하는 정체성을 드러낼 수 있도록, 그리고 그러한 정체성을 인정할 수 있는 힘을 키워 가게 해야 할 것이다.

이름 : 민족성 감추기와 드러내기

각 개인마다 고유하게 가진 이름은 개인적, 가족적, 민족적 정체성

(루트나 혈통)을 드러내는 중요한 표상이다. 또한 이름은 국민국가가 국민들을 구성하고 관리하기 위한 토대이기도 하다. 국민국가의 구성원인 국민의 형성은 국가 단위의 계량적 통계(센서스)의 발달과 함께 이루어졌다.[22] 즉, 국민국가는 계량적으로 집계된 국민의 명부에 기초해 세금과 군역 등의 의무를 부과하고 또 그것에 근거해 시민권을 부여해 왔다. 따라서 국민이라는 명부에 등재되는 이름 또한 '정체성의 정치'의 산물, 즉 동질성의 표상이다. 국민국가의 형성 과정에서 이름의 표기 방식이 다른 자들에게 계량화가 가능한 새로운 이름을 부여한 것이나, 외국인이 귀화를 통해 국민으로 포섭되는 과정 또한 명부에 이름을 등재하는 것에서 출발한다는 점 등은 이러한 사실을 잘 나타낸다. 앞서 살펴본 〈귀화허가 지침서〉에서 알 수 있는 바와 같이, 일본의 경우 귀화자들에게 일본식 이름을 부여함으로써 비로소 그들이 일본인으로서의 국가적 정체성을 공유하게 되었음을 확인하였다.

단일민족을 강조하는 일본에서 비국민으로 살아야 했던 재일코리안에게 이름은 동화와 억압 사이에서 갈등하는 그들의 정체성을 드러내는 가장 '일상적'인 요소였다. 정체성의 또 다른 표상인 국적은 이름에 비해 일상적이지 않다. 즉, 국적은 공립학교 입학, 결혼, 입사, 외국에 나가기 위해 여권을 만들 때 등 인생 주기의 특정 시점에서 때때로 확인이 요구되는 것이지만, 이름은 일상에서 매일 불리며 확인되는 것이다. 언어 또한 정체성의 중요한 표상이지만, 일본에서 태어난

---

[22] 베네딕트 앤더슨, 《상상의 공동체 : 민족주의의 기원과 전파에 대한 성찰》, 217쪽.

재일코리안 3~4세의 경우 일본인과 구분할 수 없을 정도로 일본어에 익숙해 언어를 통해 그 차이를 확인하기는 힘들다. 따라서 일본어와 일본문화를 몸에 익힌 재일코리안이 일본식 이름마저 사용하게 되면 더 이상 일상에서는 일본인과 구분하기가 힘들다. 한국인과 일본인은 피부색이나 외양만으로 구분하기 힘드니까 자신이 굳이 한국인이라고 밝히지 않는 한 일본인으로 간주되어 살아가게 되는 것이다.

이처럼 재일코리안에게 있어 이름은 자신의 정체성을 외부로 드러내는, 선택 가능한 방식이다. 즉, 어떤 이름을 의도적으로 사용하는가에 따라 적어도 외부로 드러나는 정체성은 달라질 수 있다. 일본식 이름을 사용하여 일본인으로 비춰지기도 하고, 아니면 민족명을 사용하여 민족적 정체성을 드러낼 수도 있다. 실제로 민족성을 감춰오던 재일코리안이 어떤 계기를 통해 이를 드러내고자 할 때 민족명을 사용하는 방식은 흔히 사용된다. 서양인이 보기에 동양인의 이름은 서로 유사해 보이지만, 한국의 성명과 일본의 씨명은 그 표기만으로도 확연히 구분된다. 한국의 성은 본관과 함께 가부장적인 부계 혈통을 잇는 방식으로 부여되지만, 일본의 씨氏는 가계家系를 잇는 방식으로 전승된다. 일본의 가家는 동일호적에 등재된 자를 의미하며, 가를 구성하고 이어 가는 방식은 반드시 혈통에 근거하고 있는 것은 아니다. 따라서 혈통이 달라도 같은 호적에 등재된 사람은 같은 씨를 사용하며, 결혼이나 입양 등에 의해 호적을 옮기면 씨도 바뀌게 된다. 성이나 씨는 좁게는 가족력을, 넓게는 가문이나 민족적 혈통을 잘 드러낸다. 이름名 또한, 특히 태어나면서 최초로 주어진 이름은 가족들에 의해 주로 부여되며, 이와 관련한 기억과 의미를 품게 된다. 따라서 성·씨나 이름은 쉽게 바꿀 수 있는 것이 아니다.

재일코리안의 대다수는 본명(민족명)과 통명(일본식 이름)이라는 2개의 이름을 가지고 있다. 이는 일제가 식민지 조선인을 제국 일본의 신민으로 포섭하기 위해 실시했던 창씨개명에 기인한다. 당시 조선인의 80퍼센트가량이 일본식 씨명을 갖게 된 것으로 파악되고 있으며,[23] 구직이나 징용 등의 이유로 일본으로 건너와 살게 된 조선인의 경우 대부분이 씨명을 사용했을 것으로 추론할 수 있다. 억압적 식민정책의 일환으로 실시된 창씨개명은 1945년 8월의 해방과 함께 종식되고 이름은 회복되었다. 하지만 해방 당시 일본에 살고 있던 조선인들은 상황이 달랐다. 1947년에 실시된 〈외국인 등록령〉에 따라 재일조선인들은 외국인으로 등록하게 되었는바, 등록 서류의 이름 란에는 일본식 씨명(통명)을 기재할 곳이 괄호로 마련되어 있었다. 대부분의 조선인들은 창씨개명을 통해 갖게 된 씨명을 그곳에 기입했다. 이로써 본명과 통명이라는 2개의 등록된 이름을 갖게 된 것이다.[24]

따라서 재일코리안에게 통명은 편의상 또는 관습적으로 사용하는 비공식적 이름에 불과한 것이 아니다. 외국인 등록부의 괄호 속에

---

[23] 권숙인, 《다문화사회 일본과 정체성의 정치》, 65쪽.

[24] 본명과 통명의 사용 실태에 관한 설문조사 결과에 의하면, 통명 사용 선호가 47.8퍼센트, 본명이 37.3퍼센트, 반반이 14.9퍼센트로 나타나고 있다. 그리고 본명이든 통명이든 자신에게 자연스런 이름을 사용하는 것이 좋다는 의견은 88.2퍼센트로 나타나고 있다(박물구, 〈재일코리안의 분화하는 정체성에 대한 실증 분석〉, 《일본연구》 40, 2009, 12쪽).

기입된 통명은 일정한 법적 효력이 인정되는 것이었다. 따라서 굳이 이름을 통해 민족적 정체성을 드러내고자 하지 않는다면, 일본식 통명을 사용해도 생활하는 데 별다른 문제는 없었다. 문제는 의도적으로 민족명을 사용하거나 아니면 불가피하게 이를 드러내야 할 때 발생했다. 1970년 발생한 히타치^{日立} 취업차별사건은 이름을 매개로 작동하는 일본 사회의 민족적 차별구조를 잘 드러낸다. 재일코리안 박종석은 일본식 통명을 사용하여 히타치 소프트웨어 입사시험에 합격하였으나 호적등본 등의 필요 서류를 제출하는 과정에서 일본인이 아님이 드러나 합격이 취소되었다. 그는 소송을 제기하였고 1974년 요코하마 지방법원은 "재일조선인의 통명 사용은 스스로의 의지로 선택한 것이 아니라 일본 사회가 일방적으로 강제한 것에 다름 아니다."라는 취지로 박종석의 손을 들어 주었다. 이 사건을 계기로 재일코리안의 본명 사용은 일본 사회의 차별에 대한 저항으로서의 실천적인 의미를 갖게 되었다.

이름이 갖는 민족적 정체성의 표상으로서의 의미는 국적, 언어, 문화 등의 다른 표상을 통해 민족적 정체성을 드러내기가 곤란할 경우 더욱 부각된다. 일본어와 일본문화를 태어나면서부터 몸에 익힌 재일코리안이 시민권을 얻기 위해 일본 국적마저 취득할 경우 이전의 민족적 정체성은 사라지고 마는 것인가? 실증적 경험에 근거한 자료들은 그렇지 않다는 점을 말하고 있다. 딱히 논리적으로 설명하기는 곤란하지만, 인간은 자신이나 가족들이 떠나온 곳이나 민족적 뿌리를 쉽게 잊지 못하는 경향이 있다. 1985년에 결성된 〈민족명을 되찾는 모임〉은 일본 국적을 취득한 재일코리안이 이름을 통해 자신들의 민족적 정체성을 드러내고자 하는 운동단체이다. 모임을 주도한 윤조자(가와사키 거주), 박실(교토 거주), 정양이(오사카 거주) 3인은 모두 일본 국적을 취득한 자들로, 국적취득 당시 민족명으로는 등록을 할 수 없어 일본식 이름으로 등록할 수밖에 없었다. 이들은 각기 이름 변경을 위한 소송(1983년 윤조자, 1984년 박실, 1985년 정양이)을 제기했지만 모두 기각되었고, 이를 계기로 조직적인 실천운동을 전개하고자 모임을 결성한 것이다. 이들 3인은 모임 결성 후 다시 소송을 제기하여 모두 승소하였다. 이제 민족명으로도 일본 국적을 취득할 수 있게 된 것이다.

국가 중심으로 디아스포라를 바라보는 한국의 주류 시각은 일본 국적을 취득한 자들을 더 이상 재일코리안으로 보지 않는다. 현재 30만 명이 넘는 일본 국적 취득자가 있고 그 수는 해마다 1만 명 이상 늘어나고 있는 추세이지만, 그들을 완전한 일본인으로 동화된 것으로 간주한다. 하지만 여러 가지 이유로 일본 국적을 취득하게 되었지만 여전히 민족적 정체성을 지니고 있는 자들은 이름을 통해 이를 드러내고자 한다. 〈민족명을 되찾는 모임〉에 참여하는 자들은 자신들을 '일본적 조선인'으로 호명한다. 권숙인이 잘 지적하고 있듯이 이러한 호명에는 국적을 정체성 표상하는 여러 가지 방식 가운데 하나로 상대화하려는 의지가 확인된다.[25] 흔히 국적을 중심에 두고, 일본 국적을 취득한 코리안은 '코리안계 일본인Korean Japanese', 미국 시민권을 취득한 코리안은 '코리안계 미국인Korean American' 등으로 호명

---

[25] 권숙인,《다문화사회 일본과 정체성의 정치》, 서울대 출판문화원, 82쪽.

한다. 자신들은 다른 재일코리안이 가진 '한국적'이나 '조선적'과 마찬가지로 상대화된 의미의 '일본적'을 가진 코리안이라는 것이다. 여기서는 국적이 어느 나라 사람인지를 규정하는 것이 아니라 그 사람이 가진 민족적 정체성이 그것을 규정한다. 그리고 그러한 민족적 정체성은 이름이라는 표상을 통해 공·사적으로 표출되는 것이다.

일본 사회에서 소수민족으로 살아가고 있는 재일코리안은 더 이상 순수한 혈통을 유지하기 힘든 상황에 처해 있다. 2000년 이후 혼인하는 재일코리안의 90퍼센트가량은 외국인을 배우자로 선택하고 있으며 그 대부분은 일본인이다.[26] 이러한 혼인을 통해 태어나는 2세들은 2중의 혈통과 민족 정체성을 가진 존재가 된다. 이들의 국적은 성인이 된 이후 어느 하나를 선택하면 되지만, 정체성은 어느 한쪽으로 정리되기 힘들다. 흔히 '더블'이라고 불리는, 이들의 정체성을 표상하는 방식은 남다르다. 더블 가운데 일본 국적을 선택한 자들은, 자신의 드러나지 않는 반쪽의 정체성을 표상하는 방식으로 이름을 사용하고자 한다. 더블을 포함하여, 국적과 관계없이, 한국에 어떤 식으로든 루트를 두고 있는 재일코리안 3~4세들이 만든 단체인 〈재일코리안 청년연합(KEY)〉은 국가 중심의 국가적 정체성이 아니라 루트라는 관점에서 자신들의 정체성을 표상한다. 이와 관련하여 윤건차는, "민족이라기보다는 출신 혹은 유래, 다른 말로 하면 뿌리라는 단어가 재일코리안의 정체성에서 근본을 차지한다."고 주장

---

[26] 재일본 대한민국 민단 홈페이지, 재일동포통계 참조. http : //www.mindan.org/kr/shokai07.php

하고 있다.[27] 민족적 루트에 대한 애착이 대부분의 사람들에게 왜 그렇게 강한지는 흥미로운 문제가 아닐 수 없다. 연구를 위한 자료조사 과정에서 만난 KEY의 활동가인 다나카조 미나코田中趙美奈子씨는 부친의 성 다나카田中와 모친의 성 조趙를 모두 따서 자신의 이름을 만들었다고 한다. 이름만으로 그녀가 일본과 한국의 뿌리를 모두 가지고 있음을 알 수 있다.[28]

더블 가운데는 코리안이나 일본인과 같은 정체성의 카테고리나, 국적이나 이름과 같은 특정의 표상 방식을 모두 거부하는 움직임도 있다. 1995년에 결성된 〈바람(風)의 모임〉은 '더블'의 정체성에 관해 생각하는 모임이다. 이들은 코리안이나 일본인이라는 이항 대립을 부정하며, 그렇다고 더블이라는 별도의 카테고리를 만들자는 것도 아니다. 그들은 특정의 카테고리에 정체성을 끼워 맞추는 것 자체가 억압적이라고 본다. 또한 해당국의 문화나 전통 등에 관심을 갖고 이를 배우는 등의 방식만으로도 민족적 루트를 드러낼 수 있다고 주장한다. 즉, 국적과 이름 등의 카테고리가 민족적 정체성을 독점하는 것에서 벗어나고자 한다. 동화를 위한 경제적 인센티브나 법적 압력에도 불구하고, 지난 100여 년간 자발적으로 동화된 민족 집단은 아주 드물다. 스미스A. D. Smith가 잘 지적했듯이 민족적 정체성이 주조되어 한번 세워지면 이를 박멸하는 것은 불가능하지는 않더라도 매우 힘들기 때문이다.

---

[27] 윤건차 저, 박진우 외 옮김, 《교착된 사상의 현대사》, 창비, 2009, 459쪽.
[28] 이상봉, 〈디아스포라와 로컬리티 연구〉, 《한일민족문제연구》 18, 2010, 140쪽.

이처럼 이름은 더 이상 국민국가가 했던 동질화의 표상으로만 기능하지 않는다. 오히려 복합적 정체성을 드러내는 방식으로 표상되기도 한다. 어떤 이유로 일본 국적을 취득하였지만 이름만은 민족명을 사용하여 자신의 민족적 정체성을 드러내려는 이들도 있고, 민족적 정체성을 고수하기 위해 일본 국적을 취득하지 않은 사람 가운데도 생활상의 이유에서 일본식 이름을 사용하는 경우도 있다. 정체성의 표상 방식은 다양하기 때문이다.

차별의 근거에서 차이의 인정으로

국적, 언어, 이름 등의 표상을 통한 동질적 정체성의 구성은 근대 국민국가 정체성의 정치의 전형적인 방식이었다. 하지만 이제 도처에서 그것들이 한계를 노출하고 있다. 즉, 더 이상 같은 국민국가의 영역 내에 살고 있는 사람들이 같은 국적을 가지지 않으며 가질 필요도 없다. 또 같은 국적을 가졌다고 해서 같은 언어나 이름 짓기 방식 등을 반드시 취하는 것도 아니다. 나아가 국적, 언어, 이름 등으로 표상되지 않는 민족적 정체성의 새로운 존재 방식을 찾는 실천적 움직임도 존재한다. 이러한 사고나 실천은 국민국가의 동질적 카테고리에 정체성을 끼워 맞추는 방식에 대한 성찰에 근거하고 있으며, 성찰은 대안의 제시를 필요로 한다. 즉, 근대성이나 국민국가에 대한 성찰에 근거한, 이른바 '탈근대' 또는 '포스트 국민국가' 시대의 정체성의 존재 방식은 '국민국가 만들기'가 낳은 억압 구조를 해소하는 방식으로 이루어져야 한다.

　근대의 동질적인 정체성의 구조 하에서 '차이'는 차별의 주된 근거였다. 디아스포라는 국민국가체제가 낳은 전형적인 타자였고 따라서 차별의 상징적 존재였다. 하지만 차별적 타자는 역설적으로 차별구조를 해체하는 계기가 되기도 한다. 즉, '국민국가 만들기'의 타자인 디아스포라가 '국민국가 넘어서기'의 단초가 되는 것이다. 물론 디아스포라적 경험이 반드시 국민국가 넘어서기로 연결되는 것은 아니다. 오히려 실제에서는 국민국가의 재구성으로 귀착되는 경우가 많다. 국민국가는 초국가적 현상의 확산과 함께 발생하는 영역과 국민의 불일치를 해소하기 위해 끊임없이 탈영역화나 재영역화 전략을 구사하기 때문이다. 문제는 디아스포라적 경험이 어떤 경우에 국민국가로 다시 귀착되고 어떤 경우에 이를 극복하는 계기가 되는지를 현실의 경험에 비추어 이끌어 내는 것이다. 대안을 지향하고자 한다면, 이는 디아스포라의 개념 속에서가 아니라 현실의 경험과 실천 속에서 발견해 내지 않으면 안 된다.

　디아스포라적 정체성에 주목하는 '차이의 정치'는 '차이'에 대한 성찰을 통해 정체성의 본질을 새롭게 규정하며, 나아가 이를 통해 상호인정과 공존의 계기를 찾고자 한다. 차이의 본질적 의미를 재사유하기 위해서는 먼저 차이를 동화시키거나 배제해 버리는 동질화의 메커니즘에서 벗어나야 한다. 차이는 없어져야 할 것이 아니라 '인정'되어야 하는 것이다. 물론 어떤 공동체든 공동체의 형성이나 유지를 위해서는 동질성이 요구된다. 근대 민주주의를 포함해 공동체가 유지되기 위해서는 상당한 정도의 동질적 정체성이 필요하다는 사실은 여전히 유효하기 때문이다. 하지만 그러한 동질성이 국가 권력에 의해 행사되는 배타적이고 폐쇄적인 것이어서는 안 된다. 근대 국민국가의 동질성이 '동원된 상상의 정체성'에 근거했다면, 새로운 동질성은 실질적인 '삶에 근거한 권리와 의무의 관계' 속에서 추구되어야 한다. 아렌트H. Arendt에 의하면, "공동세계의 조건에서 실재성을 보증하는 것은 이 세계를 구성하는 사람들의 '공통적 본성'이 아니라, 다양한 입장과 차이에도 불구하고 모든 사람은 언제나 같은 대상에 관심을 갖는다는 사실"이라는 것이다.[29]

일본이라는 국민국가의 영역 내에 정주하면서 일본인과 다른 정체성을 표상하는 재일 코리안의 존재와 경험은 차이가 차별이 아닌 '다양성의 인정'으로 이어질 수 있는 가능성을 모색하는 중요한 계기가 된다. 디아스포라적 공간은 국가적 동질성이 해체된 공간이며, 특히 동질적 정체성 그 자체가 해체된 공간이다. 또한 디아스포라적 경험과 실천은 견고한 근대적 질서의 변경을 초래한다. 디아스포라는 세계를 설명하기 위한 개념이라기보다는 세계를 재구성하려는 실천과 결부되어 있기 때문이다. 서로 다른 존재로 인식되는 일본인과 재일코리안을 묶는 공통분모는 동일한 공간에 정주하고 있다는 사실, 즉 '재일在日'이다. 재일은 로컬적이고 유연한 정체성이며, 하나의 국민국가에 수렴될 수 없는 복합적 정체성이다. 또한 재일은 나름의 새로운 규격화된 정체성을 주장하는 것이 아니라 차이를 품은 혼종적 정체성을 표상한다.

---

[29] 한나 아렌트, 《인간의 조건》, 이진우 · 태정호 옮김, 한길사, 1996, 111쪽.

디아스포라적 정체성과 차이의 정치 • 161

참고문헌

곽진오, 〈전후 일본의 재일동포 국적처리문제 고찰〉, 《한일관계사연구》 24, 2006.

권숙인, 《다문화사회 일본과 정체성의 정치》, 서울대 출판문화원, 2010.

박용구, 〈재일코리안의 1960-70년대 뉴욕의 한국 작가분화하는 정체성에 대한 실증 분석〉, 《일본연구》 40, 2009.

서경식, 《난민과 국민 사이》, 돌베개, 2008.

서경식, 《언어의 감옥에서》, 돌베개, 2011.

앤더슨, 베네딕트, 《상상의 공동체 : 민족주의의 기원과 전파에 대한 성찰》, 윤형숙 옮김, 나남, 2002.

오카마리, 〈타자의 언어〉, 《흔적》 2, 문화과학사, 2001.

윤건차, 《교착된 사상의 현대사》, 박진우 외 옮김, 창비, 2009.

이상봉, 〈디아스포라와 로컬리티 연구〉, 《한일민족문제연구》 18, 2010.

장석만, 〈민족 언어 공간에 도전하는 다언어적 글쓰기〉, 《텍스트 비평》, 2002.

한나 아렌트, 《인간의 조건》, 이진우 · 태정호 옮김, 한길사, 1996.

홍태영, 《정체성의 정치학》, 서강대 출판부, 2011.

Smith, Anthony D., *The ethnic Origins of Nations*, Oxford : Basil Blackwell, 1986.

Miller, David, *On Nationality*, New York : Oxford University Press, 1995,

Gellner, Ernest, *Nations and Nationalism*, NewYork : Cornell University Press. 1983.

Benhabib, Seyla, *The rights of others : Aliens, Residents and Citizens*, Cambridge : Cambridge University Press. 2004.

Hall, Stuart, "Cultural Identity and Diaspora," In Jonathan Rutherford (ed.), *Identity : Community, Culture, Difference*, London : Lawrence & Wishart, 1990.

イヨンスク, 《國語 という思想 近代日本の言語認識》, 岩波書店, 2004.

金英達, 《創氏改名の研究》, 東京 : 未來社, 1997.

鄭大均,《在日韓國人の終焉》, 文藝春秋, 2001.

河炳旭,《第四の選擇韓國系日本人 : 世界六百万韓民族の生きざまと國籍》, 文藝
社, 2001.

재일본대한민국민단 홈페이지 www.mindan.org/kr/shokai07.php

4 / 트랜스내셔널 지성사 다시 쓰기
일제시대 '한국적 니체'의 생애 연구, 1920~1945

육영수

"나는 인간이 아니라 다이너마이트이다."[1]
: 니체와 '세기말' 동아시아

프리드리히 니체Friedrich Nietzsche(1844~1900)는 현대 서양 사상가들 중에서 가장 영향력 있고 논쟁적인 인물들 중 한 사람이다. 그가 남긴 다양한 빛깔과 무늬의 사상적 스펙트럼은 서양 여러 나라에 수입·수용되어 흥미롭고 때로는 상호모순적인 지적 운동의 밑거름이 되었다. 니체 사상은 19세기 말~20세기 초반 유럽 각국에서 팽배했던 탈실증주의, 예술적 아방가르드운동, 아나키즘과 니힐리즘 등으로

---

* 이 글은 《서양사학연구》 제34집(2015.3)에 게재된 원고를 수정 및 보완하여 재수록한 것이다.

[1] 프리드리히 니체, 《이 사람을 보라》, 백승영 옮김, 책세상, 2002, 456쪽.

변주되었던 이데올로기의 원천이었다.[2] 최근에는 이성과 진보 사관으로 요약되는 서양 근대성에 정면으로 도전했던 포스트모더니즘의 선구자로 재조명되면서 '니체 르네상스'를 구가하고 있다.[3] 이미 한 세기 전에 '중심과 거대담론'을 장렬하게 폭파시켰던 '인간 다이너마이트' 니체가 포스트모더니티의 예언자로 부활한 것이다.

니체 사상에 대한 세기적인 열병과 지적 매료는 서양에서만 국한되었던 현상은 아니었다. '망치를 든 철학자'에 대한 지식인들의 관심과 숭배는 동아시아에서도 예외가 아니었다. 제각기 다른 전통과 역사적 배경에서 서구 열강의 도전에 응전해야만 했던 일본, 중국, 조선의 지식인들은 니체를 창문 삼아 서양 현대 문명의 본질과 한계를 탐색하고자 했다. 니체 자신이 생전에 동남아시아의 철학적 전통에 대한 남다른 관심과 호기심을 품었다는 것을 기억한다면, 동아시아 지식인들의 니체에 대한 환호는 짝사랑이 아니라 지적 교류의 또 다른 양식이었다. 니체는 그의 《안티크리스트》에서 도교 철학자 노자를 명시적으로 언급했을 뿐만 아니라, 19세기 후반 당시 유럽을

---

[2] 니체가 현대 유럽 각국에 끼친 영향력과 그 역사적 의의에 대해서는 Christopher Forth, *Zarathustra in Paris : The Nietzsche Vogue in France, 1891-1918*, DeKalb : Northern Illinois University Press, 2001 ; David Thatcher, *Nietzsche in England, 1890-1914 : The Growth of a Reputation*, Toronto : University of Toronto Press, 1970 ; Bernice Rosenthal (ed.), *Nietzsche in Russia*, Princeton : Princeton University Press, 1986 ; Steven Aschheim, *The Nietzsche Legacy in Germany, 1890-1990S*, Berkeley : University of California Press, 1992 등 참조.

[3] Clayton Koelb (ed.), *Nietzsche As Postmodernist : Essays Pro and Contra*, New York : State University of New York Press, 1990 ; Gregory Bruce Smith, *Nietzsche, Heidegger, and the Transition to Postmodernity*, Chicago : University of Chicago Press, 1996 등 참조.

풍미했던 '자퐁이즘'에 반응하여 "만약 건강과 충분한 경제 사정이 허락한다면, 더 높은 평온을 획득만을 위해서라도 나는 일본으로 이주하겠다."고 고백했을 정도로 아시아를 동경했다.[4]

동아시아의 세 나라들 중에서 일본은 '난학蘭學'을 통해 일찌감치 서구 문명과 접촉·소통하면서 니체 사상의 수입과 중계의 거점 역할을 담당했다.[5] 익명으로 작성된 니체와 톨스토이의 윤리관을 비교하는 최초의 글이 1893년에 선보였고, 1898년에는 니체 사상을 빌어 일본 선불교의 철학적 기반을 강화하려는 본격적인 논문이 출간되었다. 니체 사상에 대한 지식인과 일반 독자들의 높은 관심에 힘입어 1911년에 최초로 《차라투스트라는 이렇게 말했다》가 완역되었고, 1929년에는 니체 전집이 번역·간행되었다.[6] 중국 지식인들의 니체 사랑도 유별났다. 서양 근대사상을 앞장서서 계몽했던 양계초(1873~1929)는 '백일 개혁' 실패 직후인 1898년에 일본으로 망명가서 니체와 첫 조우했다. 그는 자신이 창립한 《신민총보新民總報》에서 니체를 '강자 권리의 극단적인 옹호자로서 19세기 말에 등장한 일종

---

[4] Graham Parkes, "Nietzsche and East Asian thought : Influences, impacts, and resonances," in Bernd Magnus and Kathleen Higgins (eds.), *The Cambridge Companion to Nietzsche*, Cambridge : Cambridge University Press, 1996, pp. 358-359. 니체의 중국 철학 및 일본문화에 대한 관심과 지식에 대해서는 Thomas H. Brobjer, "Nietzsche's Reading about China and Japan," in *Nietzsche- Studien* 34, 2005, pp. 329-336 참조.

[5] 이종찬, 《난학의 세계사》, 알마 , 2014 참조.

[6] Graham Parkes, "The Early Reception of Nietzsche's Philosophy in Japan," in Graham Parkes (ed.), *Nietzsche and Asian Thought*, Chicago : University of Chicago Press, 1991, pp. 179-181

의 새로운 종교 사상가'라고 1902년에 소개했다.[7] 양계초가 니체 사상을 '이기주의의 사악한 형태'라는 부정적인 방식으로 이해했다면, 당시 유학생 신분으로 일본에 체류 중이었던 작가 루쉰(1881~1936)은 '중국의 니체'라고 불릴 만큼 니체를 긍정적으로 수용했던 첫 추종자였다. 이 두 사람 외에 왕국유王國維(1877~1927) 등에 의해 왕성하게 전파되었던 니체는 '신문화운동'으로 알려진 1919년 5·4운동의 사상적 우상으로 추앙되었다.[8] 그 대중적인 인기를 몰아 곽말약郭沫若이 《차라투스트라는 이렇게 말했다》를 1928년에 중국어로 처음으로 번역·소개했다.

일본과 중국의 지식인들을 사로잡았던 니체 열병에 식민시대 조선 지식인들도 전염되었다. 유교 이데올로기라는 '죽음에 이르는 병'에 걸린 조선을 치유하여 일본 식민주의의 손아귀에서 구출할 묘약을 찾아 일단의 조선 지식인들은 '차라투스트라의 자식'이 되기를 두려워하지 않았던 것이다. 니체에 대한 최초의 글이 천도교 기관지 성격인 《개벽》 창간호(1920)에 발표 이후, 1920년대에는 니체 사상과 서구의 사상혁명, 동서양 사상의 충돌과 화합 등의 이슈와 관련해 니체가 언급·토론되었다. 《개벽》을 중심으로 논의되었던 니체 관련 글들이 1930년대에는 《농민》, 《조선중앙일보》, 《조선일보》 등

---

[7] Lixin Shao. *Nietzsche in China. Literature and the Men of Science*, New York : Peter Lang, 1999. p. 1.

[8] David Kelly, "The Highest Chinadom : Nietzsche and the Chinese ind, 1907-1989," in *Nietzsche and Asian Thought*, pp. 151-152. '신문화운동'과 니체주의의 친화적 연관성에 대해서는 pp. 29-43 참조.

과 같은 매체로 확장되어 좀 더 심도 있게 분석·비평되었다. 전문 연구자들이 니체 작품을 매우 선별적이기는 하지만 원문 번역의 형식으로 1930년을 전후로 해서 대중 독자들에게 소개했다는 사실은 니체 열풍이 지식인에게만 한정된 현상이 아니었음을 보여 준다.[9]

이 글은 일제강점기 조선 지식인들이 서술한 니체 관련한 글들의 비교 분석에 초점을 맞춰 서양 사상의 수용·전유·소비 과정과 그 특징을 '트랜스내셔널 관점'에서 재조명하는 것을 목표로 한다. 특정 인물과 사상이 국경선을 넘나들며 얽히는 혼종성과 상호교류성에 주목하면서 1920~1945년을 이 땅에서 살았던 '니체의 한국적 삶'을 재구성해 보려는 것이다. 다시 말하면, '니체·독일·서양'이라는 중심을 해체하고 그 접촉지대에서 생성된 '경계 사유border thinking'의 한 형태로 '조선식으로' 문화 번역된 니체 사상을 추적해 보려는 것이다.[10]

---

[9] 예를 들면 푸리-드릿히·니체, 〈짜라투-스트라의 노래〉, 이진섭 옮김, 《海外文學》 창간호, 1927, 148~149쪽 ; 프리-드릿히, 니체, 〈차라투스트라〉, 배상하 옮김, 《新興》 창간호, 1929 ; 서항석, 〈니체의 詩二篇〉, 《朝鮮文學》 1-3, 1933.10, 71~73쪽 ; 프리-드릿히, 니체. 〈고독〉, 조희순 옮김. 《詩苑》, 1935, 60~61쪽 등 참조. 니체 자신이 자서전에서 '불후의 명작'으로 자랑했던 《차라투스트라는 이렇게 말했다》는 해방 이후인 1959년에야 최초로 번역 출간되었다. 굳이 따지자면 일본보다는 48년, 중국보다는 31년 늦게 이 저서가 국내에 완역된 것이다.

[10] '경계사유'란 기존의 영토적·국민국가주의적인 구분 짓기를 지양하고 변경지대들 frontiers에서 생성되는 통합되지 않는 파편적이며 성취 지향적이지 않는 '다른 사유'를 일컫는다. 보편주의의 외관을 덧씌워 주는 '글로벌 디자인'을 거부하고 다층적인 로컬 역사를 지역에 기반을 둔 경험적으로 서술하려는 의도가 경계사유의 실험적인 속성이며 특징이다. 월터 미뇰로, 《로컬 히스토리/글로벌 디자인 : 식민주의성, 서발턴 지식, 그리고 경계사유》, 이성훈 옮김, 에코리브르, 2013, 56~58쪽, 124쪽, 137쪽 참조.

니체의 삶과 사상에 대한 국내 학계의 선행 연구는 최근에 양적·질적으로 풍부하고도 현재진행형으로 왕성하다.[11] 그러나 니체 사상의 국내 전파 과정과 수용 결과를 다룬 논문들은 의외로 빈약하다. 독일문학 전공자들과 서양철학 연구자들이 중심이 되어 니체 사상을 근대 서양 외래문화의 이식과 수용이라는 관점에서 접근한 연구들이 주류를 이룬다.[12] 대부분 선행 연구들은 연구의 시간적 범주가 주로 해방 이후 시기에 집중되어 니체 사상과의 '접촉기'인 일제 식민시대에 대한 연구가 소홀했을 뿐만 아니라, 공간적 연구 범주도 '조선/한국'이라는 일국적一國的 영토에 한정되었다. 또한 니체 저서에 대한 문헌서지학적 분석과 특정 사상에 대한 해석의 옳고 그름을 따지는 텍스트 분석이 선행 연구의 지배적인 경향이었다.

본 논문의 문제의식과 연관된 선행 연구는 1920~30년대 조선 지식인들의 니체 인식을 전통적인 사상사적인 시각으로 비평한 김정현의 논문들이다. 그는 〈니체 사상의 한국적 수용〉에서 1920년대

---

[11] 아마도 니체, 미셸 푸코, 발터 벤야민 등을 지난 30년 사이 국내 학계에서 가장 인기 있고 활발하게 논의되었던 서양 사상가 3인방으로 꼽아도 과장이 아니리라. 니체 서거 100주년 기념으로 전문 연구가들이 2000년부터 5년에 걸쳐 원문 번역하여 총 21권으로 책세상 출판사에서 출간한 니체 총서는 절정에 이르렀던 니체 열풍을 반영한 학문적인 열매였다. 필자가 2014년 여름 독일 바이마르에 소재한 '니체 아카이브'를 방문했을 때 책세상 니체 총서가 기념관 서재에 전시되어 있음을 확인했다.

[12] 이유영,《한국독문학비교연구 3-1945년까지 현대독일문학의 수용》, 서강대학교출판부, 1983 ; 정동호,〈한국에서의 니이체 철학의 수용역사〉,《인문학지》1-1, 1986 ; 김미기,〈한국 니체 철학 연구의 발전과 수용-니체 연구의 성과와 세계 표준판 니체 전집의 완역〉, 정동호 외,《오늘 우리는 왜 니체를 읽는가》, 책세상, 2006 등 참조.

'한국적 니체' 해석은 "동아시아의 지성사적 담론"의 영향력 아래에서도 일제 식민시대 상황에 부합하는 독창적인 성격을 보였다고 평가했다.[13] 또한 그는 〈1930년대 니체 사상의 한국적 수용〉에서 김형준(김오성과 동일인)의 사례에 초점을 맞춰 니체 철학을 투쟁의 행동철학, 반시대적 역사관, 네오휴머니즘적인 문예비평론 등의 세 차원에서 조명했다.[14] 김정현의 연구는 니체 철학을 '원산지 품종'과 구별되는 조선의 식민지 상황에서 다시 숙성된 사회적 산물이라는 시각으로 접근했다는 장점을 갖는다. 다만, 조선 지식인의 니체 해석이 왜 동아시아 담론의 연장선상에 있는지를 구체적으로 설명하지 못함으로써 '한국적 니체'의 특수성을 과장했다. 또한, 니체 사상에 대한 조선 지식인들의 긍정적/적극적 · 부정적/소극적 수용의 주요 기준이 되었던 이데올로기적 측면을 간과함으로써 1920~30년대 조선 지식인들의 니체 인식을 입체적으로 제시하지 못했다는 아쉬움을 남겼다.

선행 연구들에 노정露呈된 위와 같은 연구 공백과 약점을 보완 보완하기 위해 이 글은 아래와 같은 질문들을 제기한다. 니체 사상은 어떤 의도로 누구(어느 계층)를 대상으로 전파되며, 그 과정에서 '오리지널' 사상은 수용지역의 역사적 맥락 및 사상적 전통에 비쳐 어떻게 굴절 · 충돌하거나 협상되는가? 니체 사상의 수입 상인이었던

---

[13] 김정현, 〈니체 사상의 한국적 수용 – 1920년대를 중심으로〉, 《니체 연구》 1집, 2007 가을.

[14] 김정현, 〈1930년대 니체 사상의 한국적 수용〉, 《니체 연구》 14, 2008 가을.

식민시대 조선 지식인들은 그들이 직면했던 1920년대와 1930년대라는 각기 다른 역사적 콘텍스트에 비춰 '같은 제품'을 어떻게 차별적으로 포장하여 평가했는가? '조선식으로 번역'된 니체 철학에는 당대 조선 지식인을 사로잡았던 망탈리테(집단적 정신 자세)의 일단이 어떻게 투영되는가? 그리고 20세기 전반 조선 지식인들을 사로잡았던 '니체의 한국적 삶'은 같은 시기 중국·일본 지식인들의 그것과 어떻게 구별되거나 공통적인가? 이런 질문들에 대한 대답을 모색함으로써 한 나라의 '민족주의적 영토'에 유폐되었던 니체를 탈영토화시켜 동아시아의 시공간 혹은 트랜스내셔널 시대의 디아스포라 유랑자로 재발견하여 지구사적 전망의 새로운 지성사 쓰기의 (불)가능성을 실험하고자 한다.

"모든 좋은 것은 전에는 나쁜 것들이었다"[15]
: 1920년대 조선의 사상혁명과 니체

니체 철학이 '수입'되어 식민지 조선에서 사상적으로 점화點火되는 배경과 과정을 이해하기 위해서는 당대 지식인들이 착용한 시대 인식의 프리즘을 우선 관찰할 필요가 있다. 최초의 근대 종합교양잡지의 하나인 《개벽》[16]의 진단에 따르면, 1920년대 초반의 세계는 겉보

---

[15] 프리드리히 니체, 《선악의 저편·도덕의 계보》, 김정현 옮김, 책세상, 2002, 475쪽.

[16] 《개벽》은 1920~1926년 사이에 평균 8천 부, 최대 1만 부를 발행했던 계몽 종합

기에는 평화와 인도주의를 내세우지만 실질적으로는 폭력과 불평등
이 팽배한 야비한 정글이었다. "시대의 虛風에 속아 넘어가지 말고
철저하게 주의하야 보라. 人道니 正義니 자유니 평화니 先唱大喝하
던 米國으로서 국제연맹은 웨 탈퇴 하얏스며 군비문제는 웨 加勢가
되며 黑國의 민족을 웨 目下로 視하고 잇는가? 인종평등을 第一條로
떠들던 일본으로서는 웨 아즉 것 평등의 모순을 그대로 행하고 잇는
가?"[17] 제1차 세계대전 이후 제국 해체에 따른 민족 분쟁을 해결하
기 위해 창립된 국제연맹은 제 구실을 못하고, 미국 대통령 윌슨이
주창한 민족자결주의와 흑인차별은 모순되며, 일본 제국주의가 선
전하는 인종평등주의는 내선일체를 위장하는 가면이라고 《개벽》은
냉정하게 세계정세를 파악했다.[18]

사상과 문화라는 측면에서 관측하면, 1920년대는 온갖 종류의 동
서 사상들이 충돌·경쟁하는 또 다른 백가쟁명 시대였다. "蓬萊을
幻像하고 武陵을 꿈꾸던" 조선에 "동서고금의 사조가 우리의 정원
을 침입하야 출렁거리기를 시작"했다.[19] 낭만주의, 과학만능주의, 사

잡지였다. 김정인, 〈《개벽》을 낳은 현실, 《개벽》에 담긴 희망〉, 임경석, 차혜영 외,
2007, 《《개벽》에 비친 식민지 조선의 얼굴》 모시는사람들, 2007, 235쪽.

[17] 박달성, 〈東西文化史上에 現하는 古今의 思想을 一瞥하고〉, 《개벽》 9, 1921.3, 25쪽.

[18] 세계대전 이후 유럽지역의 소수민족 독립을 후원했던 국제연맹은 미국, 영국, 프랑
스 등의 제국주의적 야심과 비협조 때문에 그 소임을 다하지 못했다. 사족처럼 덧
붙이자면, 국제연맹헌장에 인종 간의 평등 보장 조항을 삽입하자는 1919년 일본의
제안을 미국을 포함한 '서구 백인 자유주의국가들'이 묵살했다. 마크 마조워 · 김준
형 옮김, 《암흑의 대륙 : 20세기 유럽 현대사》, 후마니타스, 2009, 90쪽, 99~100쪽.

[19] 오태환, 〈急變하야 가는 新舊思想의 衝突〉, 《개벽》 1, 1920. 6, 80쪽.

회주의, 실용주의 등 두통이 날 정도로 범람하는 각종 '主義'와 '學說'에 파묻혀 "오늘 우리의 사상계는 몹시 혼중한 중에 잇다."고 고백했다.[20] 다시 말하면, "옛 천년 동안 儒敎의 사상—三綱, 五倫—의 專制 밋헤서 신음하든 우리 사상계는 新思潮 자유, 평등사상의 유입으로 갑자기 해방을 어께됨애 舊는 破毁되고 新은 건설되지 못하야 정치상 혁명시대의 그것과 가티 無政府—무질서의 상태가 되고 만 것"이었다.[21] 이런 사상적 아나키즘 혹은 (이돈화의 용어를 빌면) '新思想과 舊思想이 충돌하는 換節期'[22]를 악용하여 정감록의 미신주의를 퍼트리고 유사 민족주의자와 가짜 사회주의자로 행세하려는 '사상투기업자思想投機業者'들이 설치고 있다고 한탄했다.[23]

이런 '사상적 환절기'인 1920년대에 고뿔로 고생하거나 심하면 사망하지 않도록 조선 사람들이 선택해야 할 바람직한 태도는 무엇일까? 당시 외래(서양) 사상을 대하는 일반적인 태도는 3가지 유형으로 분류된다.[24] 첫째, 자기가 원하지 않은 사상을 '불온하고 위험한' 사상이라는 딱지를 붙여 탄압하고 자신의 이익과 권력에 부합하는 사상으로 통일시키려는 '압박주의壓迫主義' 태도이다. 둘째, '동양정신을 바탕으로 서양 기술을 배우자'는 옛 동도서기론東道西器論을 계승하

---

20 박달성, 〈東西文化史上에 現하는 古今의 思想을 一瞥하고〉, 21쪽.

21 양명, 〈우리의 思想革命과 科學的 態度〉, 《개벽》 43, 1924.1, 28쪽.

22 이돈화, 〈換節期와 新常識〉, 《개벽》 60, 1925.6, 7쪽.

23 양명, 〈우리의 思想革命과 科學的 態度〉, 29쪽.

24 양명, 〈우리의 思想革命과 科學的 態度〉, 31~33쪽.

여 동양의 정신문명으로 서양 과학기술을 포섭하려는 '동화주의同化主義' 태도이다.[25] 셋째, 신구 사상과 동서 사상의 갈등과 충돌을 회피하기 위해 양자 사이의 공통점을 억지로 찾아 타협하려는 '침묵주의沈默主義' 태도이다. 그런데 이런 세 가지 태도는 공통적으로 '비평의 자유'와 '과학적 태도'—'실제로 증명할 수 잇는 지식만 밋는 태도'—가 결핍된 치명적인 약점이 있다. '사상혁명'의 완수를 위해 비평자유와 과학적 사고방식이 선행되지 않는다면, 조선 지식계는 공자 왈 맹자 왈 비판 없이 암기했던 옛 악습을 예수·소크라테스 가라사대 등으로 대체하여 반복할 우려가 있다고 《개벽》은 경고했다.[26]

그렇다면, 식민시대 조선 지식인들은 동양 현자를 서양 철학자로 기계적으로 맞바꿔 무비판적으로 숭배하는 같은 오류를 범하지 않았을까? 조선의 '사상혁명'에 도움이 될 서양의 사상적 아방가르드

---

[25] "크로포트킨의 무정부주의는 노자의 無治主義를 조곰 곳친 것이고 맑쓰의 共産主義는 周나라의 井田制-그것이다. 平等博愛는 墨子의 이상하든 바요. 民治主義는 孟子의 주창하는 그것이다. … 그네〔서양인〕들이 떠드는 비행기는 멧 백 년 전에 鄭平九씨가 발명하엿든 것이고 그네들이 자랑하는 活字는 高麗朝에 우리 祖先이 쓰든 것이다. 李舜臣씨의 거복선은 世界鐵甲船의 元祖이고 慶州의 瞻星臺는 세계 最古의 天文臺이다." 양명, 〈우리의 思想革命과 科學的 態度〉, 32쪽. 19세기 말 서양 문명의 도전에 응전하기 위해 많은 조선 사대부 지식인들이 견지했던 '동도서기론' 이 일본 식민시대에는 시대착오적인 주장으로 비판되었다.

[26] "과거 우리 민족은 거의 전부가 孔丘, 朱熹라는 두-인물을 중심삼아 맹목적 복종을 계속하여 왔다. … 오늘 우리 사회에 이와 가튼 사상이 완전히 없서진 것은 아니나 만이 변한 것은 사실이다. 그러나 그-변하엿다는 것은 다만 小數이든 것이 多數로-縱書이든 것이 橫書로 변하엿을 뿐이다. 〈絶代盲從〉이라는 네 글자에는 아모 변화가 업다. 그네들은 과거, 孔丘, 주희에서 絶對盲從하든 그-정신으로 현재 耶蘇, 맑쓰, 깐듸, 톨스토이, 크로포트킨, 타쿨, 레닌, … 등 無量數의 인물에서〔게〕 〈絶代盲從〉한다." 양명, 〈우리의 思想革命과 科學的 態度〉, 37쪽.

는 누구였을까? 수입된 서양 사상가들 중에서 니체의 중요성은 어디쯤 위치하고 있을까? 1920~1945년 사이에 간행된 주요 신문기사에서 언급된 서양 철학자들에 대한 통계 분석에 따르면, 마르크스가 75회로 가장 많이 거론되었고 그 뒤를 헤겔(53회), 칸트(45호), 하이데거(20회), 니체(18회), 스피노자(16회), 루소(15회) 등의 순서이다.[27] 마르크스를 예외로 제쳐 놓으면 주로 독일 관념주의 철학자들이 언론 기사에서 가장 많이 등장했는데, 그 대척점에 있는 생·실존주의 철학자로 분류되는 니체가 하이데거와 어깨를 거의 나란히 했다는 점이 눈에 띈다. 또 다른 통계자료인 1915~1945년 사이 '서양철학 관련 전체 논저 대상 철학자 개인별 분류'에 의하면, 니체는 칸트(8)과 헤겔(8)의 공동 1위, 2위 마르크스(4)의 뒤로 바짝 쫓아 3표로 3위를 차지했다.[28] 이런 실증 자료들에 근거하면, 조선의 사상혁명에 동원된 가장 결정적이며 인기 있는 사상가는 아닐지라도 니체가 식민지 지식인들이 자주 인용하고 주목했던 중요한 사상가였다는 데 이론異論이 없다.

[27] 이태우, 〈일제강점기 신문을 통해 본 유럽철학의 수용 현황 - 철학관련 기사검색 자료에 대한 통계적 분석을 중심으로 - 〉,《동북아 문화연구》13, 2007, 199~200쪽.
[28] 백종현,《독일철학과 20세기 한국의 철학》, 철학과현실사, 1998, 37쪽. 〔표 11-1〕 참조.

"新-人生標의 樹立者, 푸리드리취, 니체 先生을 소개함"

니체에 대한 '공식적인' 최초의 소개 글은 계몽주의 문화운동을 지향하는 월간잡지 《개벽》 창간호(1920년)에 게재된 소춘小春의 글이다.[29] 〈力萬能主義의 急先鋒, 푸리드리히, 니체 先生을 紹介함〉이라는 제목에서 드러나듯이, 필자 소춘[30]은 니체 철학의 요체를 "唱道〔唱導의 오류?〕한 의지의 철학 즉 전투의 철학"이라고 파악한다. 평생을 병마에 시달리며 싸웠던 니체가 추구했던 것은 "力萬能의 眞 교훈"으로 무장한 "새로운 인간의 길("新한 人道")이었다. "오즉 자기 의지에 살고 자기 刱造에 是醉하야 病苦와 더불어 苦鬪—안이 病苦에 희생이 되기까지—頭地를 不讓한 우리 《니체》 선생의 일이야말로 千古의 壯事이며 아울러 선생의 선생된 점"이라고 소춘은 니체 생애와 철학의 비장한 연관성을 설명했다.[31]

니체 생애에 초점을 맞춘 최초의 소개 글 한 달 후에 소춘과 동

---

[29] '공식적인'이라는 단서를 붙인 것은 서지학적 기록으로는 필자 미상으로 1909년 5월에 《남북학회월보》 12호에 실린 〈톨스토이와 니-체주의〉가 니체에 관한 국내 최초의 글이기 때문이다. 유감스럽게도 이 글의 존재 여부와 내용을 현재로서는 확인할 수 없다. 김정현, 34쪽 각주 3)번 참조. 위 글은 필자 미상으로 일본 기독교 계열 문학잡지 《心海》(Shinkai)에 1893년 〈유럽에서의 두 윤리사상의 대표자 니체와 톨스토이의 견해 비교〉라는 제목으로 발표된 글의 복제품으로 추정된다. 179쪽, 196쪽 각주 60번 참조.

[30] 소춘은 "사회주의 계열의 지성인"이며 계몽주의 운동가인 김기전(金起纏, 金起田 : 1894~?)의 필명이다. 그는 《개벽》지 주필이었고 《新女性》의 발행인이었다. 김기전에 관한 약력은 조규태, 《《개벽》을 이끈 사람들〉, 임경석 · 차혜영 외, 《《개벽》에 비친 식민지 조선의 얼굴》, 91~92쪽 참조.

[31] 《개벽》 1, 37쪽.

일 인물로 추정되는 '妙香山人'[32]이 니체 사상을 요약하는 일종의 속편을 같은 지면에 발표했다. 〈新-人生標의 樹立者, 푸리드리취, 니체 先生〉이라는 제목의 글은 니체의 사상 체계를 '永遠 輪回說', '超人主義', '弱卽惡-强卽善'등 3개념으로 분류하여 설명한다. '영원회귀', '니버멘쉬', '힘에의 의지'등 다소 변경된 명칭으로 현재까지도 니체 철학을 지탱하는 기본 삼각형 구조가 일찌감치 고정되었던 것이다. 묘향산인에 따르면, 인생과 자연은 진보하는 것이 아니라 "영원히 윤회하야 반복한다는 사상"이야말로 니체가 설파한 새로운 우주 질서이며 초인의 탄생을 위한 필요조건이다.

永遠輪回說! 얼마나 무서운 사상이며 무서운 숙명관인가? 基督敎의 비 현세주의를 세간이 비난하도다. … 이 永遠輪回에는 내세도 천국도 업고 다못 이 세간의 이 생활이 이 현상이 영원히 반복될 것뿐이다. 更言하면 이 세계는 全혀 무의미하다. … 이런 사상에 접촉할 時, 사람은 絶望이거나 不然하면 再生의 외에 他途가 無할 것이다. … 아! 그는 극단의, 안이 不可救의 悲哀絶望으로부터 다시 극단의 大喜悅 大勢力을 발견하얏스며 死의 抗底로부터 生의 정점에 登하얏도다. 그의 力萬能主義! 즉 力이면 무슨 현상이라도 초월할 수 잇다한 주의! 更言하면 그 유명한 超人思想은 여긔에서 養育되엇도다.[33]

---

[32] 소춘과 묘향산인을 동일 인물인 김기전으로 보는 견해는 김정현, 44~45쪽 각주 26) 참조.

[33] 묘향산인, 〈신-인생표의 수립자 - 푸리드리취, 니체선생을 소개함〉,《개벽》2, 1920. 7, 74~75쪽.

그리고 초인이 활약할 신세계에서 숭배되어야 할 새로운 복음의 요체는 '弱卽惡 – 强卽善'이다. 니체에게 도덕적으로 선하다는 것은 "威力의 느낌 威力을 慾하는 그 마음을 高케 하는 一切의 것"이며, 악하다고 하는 것은 "弱으로부터 生하는 一切의 것"이다. 새 시대의 현인은 "스스로 가치의 창조자"이며 그가 주장하는 가치개혁은 "善惡標準의 顚倒이다." 이렇게 니체 철학의 삼위일체를 종합한 묘향선인은 "안전보다는 전투가 그의 역설"이며 "從來 道德標의 總 改善이 그의 주장"이요 "超現狀 超現人이 그의 이상"이라고 결론지었다.[34]

우리 눈길을 끄는 것은 소춘과 묘향산인의 글을 포함하여 니체 철학에 관한 1920년대의 특별한 관심과 토론이 《개벽》을 중심으로 전개되었다는 사실이다. 동학 창시자 최제우의 '후천개벽' 사상에서 유래된 잡지 명칭에 반영되듯이, 《개벽》은 낡은 세상의 종말과 새로운 가치관의 도래를 위한 이 세상의 근원적인 전환을 지향했다. 거칠게 비유하자면, 예수의 재림을 알리는 천사들처럼 니체는 천도교의 도래를 준비하는 '사상적 융단'을 깔기 위해 초대된 손님이었다. "力萬能主義의 急先鋒"이며 동시에 "新 – 人生標의 樹立者"인 니체의 나팔소리에 발맞춰 "세계적 독창인 인내천주의 창도자" 최제우가 마침내 무대 위로 화려하게 등장한다.

본능을 謳歌한 〈니체〉도 새 사람이며 이성을 부르지즌 〈톨스토이〉도 새 사람이다. … 서양은 서양의 새 사람이 잇섯고 동양은 동양의 새 사

---

[34] 묘향산인, 〈신-인생표의 수립자 – 푸리드리취, 니체선생을 소개함〉, 78쪽.

람이 잇서왓다. … 내가 이제 쓰고저 하는 새 사람은 遠한 과거에 무텨 인는 그들의 새 사람이 안이며 딸아서 정치, 문예, 학술, 군략으서의 새 사람도 안이오 가장 近하고 가장 위대하고 그리하야 숭교적 사상으로 朝鮮의 獨刱인—안이 동양의 독창인—광의로 말하면 세계적 독창인 인내천주의 창도자—崔水雲 선생의 사상을 한 말로 널리 세계에 소개 코저 함에 있다.[35]

위와 같은 배경에서, 《개벽》에는 니체를 최수운 사상을 예비하는 조연급 사상가로 취급한 글들이 여러 차례 등장했다. 예를 들면, 니체의 '사상적 영원윤회설'은 유불선교를 종합한 '통일 종주(宗主)' 수운의 등장을 예언한 "신비한 탁식(卓識)"이었으며, 니체가 주창한 "極端한 肉的 本能主義"가 기독교를 "一種 虛僞의 詐欺師"로 비난한 덕분에 천도교가 각광받았다.[36] 다시 말하면, '망치를 든 철학자' 니체가 파괴한 낡은 종교와 철 지난 가치관의 잿더미 속에서 "종교에 問하야 敎理에 不悖하며 과학에 問하야 과학에 不違하며 哲學에 質하야 哲學에 適合한" 새로운 현대 신앙의 전범인 천도교가 피닉스처럼 부활했던 것이다.[37] 한 걸음 더 나아가서, 《개벽》이 추구하는 계몽주의적인 문화운동에 호응하여 니체의 초인사상을 민족정신의 개조와 혁신을 위한 사상적 지렛대로 삼으려는 시도도 표출되었다. 예

---

[35] 夜雷, 〈人乃天의 硏究〉, 《개벽》 1, 1920.6, 39~40쪽. '야뢰'는 이돈화의 필명이다.

[36] 夜雷, 〈人乃天의 硏究〉, 49쪽.

[37] 夜雷, 〈人乃天의 硏究〉(2), 《개벽》 2, 66~67쪽.

를 들면,《개벽》발행인 이돈화는 니체 사상의 요체인 '生命無窮主義'에 우리 모두가 직접적으로 접속할 수 있는 첫 번째 길은 '我一個體의 生命은 永久流轉하야 他의 個體로 轉換하면서 民族的 波流에 浮沈하는 것"이라고 확신했다.[38]

한편, 니체 사상을 19세기 말~20세기 초반의 사상적 혼란기를 헤쳐 나갈 등대로 영접했던《개벽》동인들의 견해와는 대조적으로, 그의 사상에 내포된 반동적 성격을 비판하는 글도 같은 시기에 발표되었다. 중국 북경대 정치학과를 졸업하고 미국 예일대학과 콜롬비아대학에서 수학했던 기독교 사회주의 계열의 언론인 이대위(1896~1982)는 니체를 계급제도를 옹호하고 반민중적인 반동 철학자라고 비난했다. 니체가 인류를 '主性的 階級'과 '奴隸的 階級'으로 양분하고, 전자는 '求能志願' 정신으로 자신의 본능과 야망을 구현하려는 '自是成 계급'이며 후자는 타인의 의견과 지도에 수동적으로 복종하는 '無權者'로 취급했음을 지적했다.[39] 군중과 '低級人民'이

---

[38] 이돈화는 '生命無窮主義'와 민족개조론의 밀접한 연관성을 이렇게 설명했다 : "民族의 共通 生命哲理하 함은 무엇인가. 민족의 生始를 의미함이며 民族的 生의 發展을 意味함이며 民族的 超人主義를 意味하는 말이니…" ; "…알에와 가튼 公理로써 우리는 直히 生命無窮主義에 接觸할 수 잇다 하노라. 第一, 我一個體의 生命은 永久流轉하야 他의 個體로 轉換하면서 民族的 大生命의 波流에 浮沈하는 것." 이돈화,〈空論의 人으로 超越하야 理想의 人, 主義의 人이 되라〉,《개벽》23, 1922.5, 12쪽, 17쪽. 같은 지면에 이광수의 유명한〈민족개조론〉이 게재되었음을 상기하자. 이돈화의 사상과 생애에 관해서는 허수,《이돈화 연구》, 역사비평사, 2011, 참조.

[39] 李大偉,〈니치의 哲學과 현대 문명〉,《청년》2-10, 1922.11, 7~8쪽. 그가 니체 사상의 주요 개념에 대해《개벽》동인들과는 다른 용어들을 사용한 것이 중국 유학 때의 영향으로 당시 중국 지식인들의 용어를 차용했는지의 여부는 추후에 검증해 볼 필요가 있다.

소유한 세계관을 노예도덕으로 깔보고, '高級人民'의 권력과 이기적 욕망을 후원하는 니체의 계급의식은 "平等과 人道主義를 力說하는 이 時代와는 專혀 相反되는 것"이라고 이대위는 폄하했다.[40]

좌우 이데올로기의 경계를 넘어 1920년대 조선 지식인들이 공동으로 적용했던 잣대는 니체를 톨스토이와 대비·평가하려는 태도였다. 니체와 톨스토이의 세계관을 개인주의와 사회주의, 본능주의와 금욕주의, 양육강식과 무저항주의無抵抗主義 등의 상반된 사상운동으로 배치하여 소화하려는 경향이 당시 조선 지식인들을 지배했다.[41] 일본에서 10여 년 전에 발표되었던 작품(〈유럽의 두 윤리사상의 대표자 니체와 톨스토이의 견해 비교〉)과 유사한 제목의 글이 1909년에 한글로 발표되었던 니체에 대한 최초의 글이었다는 점을 상기한다면, 식

---

[40] 李大偉, 〈니치의 哲學과 현대 문명〉, 10쪽.

[41] 예를 들면, "결국 동서사상의 千古觀은 오즉 二에 歸하야 해결될 것이다. 자기이냐? 자기 以外이냐? 개인이냐? 사회이냐? 例하여 말하면 〈니체〉의 主義이냐? 〈톨스토이〉의 主義이냐? 이것이 吾人 究竟의 取捨問가 될 듯하다." 박달성, 〈東西文化史上에 現하는 古今의 思想을 一瞥하고〉, 21쪽 ; "갈 곳을 몰으고 彷徨하는 人心에 두 가지의 길이 잇섯습니다. … 하나는 러시아의 怪物 톨쓰토이와 다른 하나는 獨逸의 傑出 니체―이 두 사람인데, 두 사람의 道德에 대한 말이 각각 反對되엇습니다." 안서, 〈近代文藝〉(二), 《개벽》 16, 1921.10, 110쪽 ; 〈近代文藝〉(三), 《개벽》 18, 1921.11, 85쪽 ; "近代 此 兩主義의 發源한 原因을 抑考하야 본다 하면 吾人은 個人主義의 代表者를 〈니체〉로 볼 수 잇스며 社會主義의 代表者를 〈톨스토이〉로 보게 되엇나니 此 兩者는 共히 現代의 偉大한 天才로써 互相 極端의 兩傾에 立하야 反對의 理想으로써 一世를 驚倒케 하엿다." 백두산인, 〈現代倫理思想의 槪觀, 東洋式 倫理思想의 變遷〉, 《개벽》 16, 1921.10, 31쪽 ; "사람은 交際上으로 말미어 언어의 偏見에 가낄 뿐만 안이라 학설의 노예가 됨에 더욱 심하나니 楊朱를 밋는 이는 墨翟를 도적이라 할 것이며 닛체를 올타 하는 이는 톨스토이를 그르다하는 법이라 …", 무명씨, 〈煽動的 解放으로브터 實行的 解放에 解放號 첫머리에 쓰는 것이라〉, 《개벽》 32, 1923. 2, 7쪽 등 참조.

민시대 조선 지식인들의 초창기 니체 인식이 일본 사상계가 설치했던 지적 프레임을 크게 벗어나지 못하고 같은 문제의식에서 맴돌았다는 혐의를 버릴 수 없다. 이 문제와 관련해서 당시 중국 지식인들도 니체를 톨스토이와 한 묶음으로 취급하면서 그의 사상에 접근했었다는 사실을 덧붙이지 않을 수 없다. 예를 들면, 신문화운동의 기수이며 일본 유학생 출신이었던 진덕수陳獨秀와 이대조李大釗도 중국으로 귀국한 1915년을 전후로 해서 니체와 톨스토이를 비교하는 글을 각각 발표했다.[42] 당시 조선 · 중국 지식인들은 동아시아에서의 니체 사상 전파와 배급의 전진기지 역할을 했던 일본 학계에 의존적이었던 것이다.

그렇다면《개벽》을 중심으로 1920년대 조선 지식인들이 소개했던 니체에 관한 글들은 순전히 일본 학계의 성과물을 표절한 불량품인가? 최근의 한 연구 결과에 따르면,《개벽》에 게재되었던 근대 서양 사상가들에 대한 많은 글들이 사실은 1915년 일본에서 출간된《近代思想十六講》의 관련 내용을 발췌 번역, 첨삭, 재배열한 '재활용품'이었다.[43] 열악한 학문적 인프라의 제약 속에서 1920년대 조선 지식인들은 일본 지식인들이 이미 설정해 놓았던 사상적 격자 안에서 그

---

[42] Lixin Shao, *Nietzsche in China. Literature and the Men of Science*, New York : Peter Lang, 1999, pp. 33-34.

[43] 허수, 〈1920년대 초《개벽》주도층의 근대사상 소개양상〉《역사와 현실》67, 2008, 52쪽, 69쪽 ; 나카자와 린센中澤臨川(1878-1920)과 이쿠타 초코生田長江(1882-1936)가 공동으로 편집한《近代思想十六講》은 서구 근대 사상가 15명의 생애와 사상을 대중 독자를 대상으로 소개한 책이다.

들의 서구 지식을 모방하거나 주요 개념과 번역어를 재탕했던 것이
다. 다소 과장하자면, 외국 문화 접촉기였던 19세기 말~20세기 초반
에 조선 지식인들은 중역重譯과 역술譯述 형식으로 '원본'을 제 입맛대
로 요리했던 "번역자이면서 편집자이고 저자이기도 했다."[44] 그럼에
도 불구하고, 조선 지식인들이 생략, 각색, 편집, 혼방, 짜깁기했던 니
체의 조선적 삶에는 당시 이들을 사로잡았던 현실 인식과 세계관이
주관적으로 각인되어 있음을 간과할 수 없다. 중국 신문화운동의 이
론가들도 영국 출신의 니체 전문가 책을 유사한 방법과 형식으로 각
색하고 편집하여 중국 청년들의 정신 개혁을 위한 선전 텍스트로 활
용했던 경우에 견주어 보면 흥미롭지 않을 수 없다.[45]

1930년대 조선 좌 · 우파 지식인들의 니체 전유하기

1930년대 조선 지식계의 생태계는 여러모로 1920년대와 달랐다. 제
1차 세계대전 직후 10년 동안은 조선 지식인들이 외래사상의 도전

---

[44] 김남이, 〈20세기 초 한국의 문명전환과 번역 - 重譯과 譯述의 문제를 중심으로〉, 부
산대학교 인문한국 고전번역 + 비교문화학 연구단 편, 《문화소통과 번역》, 보고사,
2013, 374쪽.

[45] 신문화운동의 선봉장 중의 한 명인 심덕홍(沈德鴻, 필명 茅盾)은 1910년 런던에서
출간된 사회다윈주의자 Anthony M. Ludovici, Nietzsche : His Life and Works를 표
준교과서 삼아 '니체의 가르침'이란 제목의 연재물을 1919년에 잡지에 기고했다.
Von Marián Gálik, "Nietzsche in China, 1918-1925," "Nietzsche in China, 1918-
1925," *Machrichten der Gesellschaft für Natur-und Volkerkunde Ostasiens*, 1972, pp. 9-13 참조.

속에서 전통사상의 생존과 철학적 정체성을 모색하던 과도기였다면, 1930년대는 본고장에서 유학했던 고등교육자들이 귀국하여 서양 사상을 체계적으로 조탁彫琢했던 수련기였다. 1920년대에 개진開進된 니체에 대한 대부분의 소개 · 해설이 일본 지식인의 저작들을 바탕 삼아 '중역重譯'소개한 일종의 중계무역품이었다면, 1930년대에는 소수의 전문 연구자들이 '원전'을 읽고 자신의 견해를 덧붙인 일종의 가공제품을 선보였다. 이런 변화된 작업 조건과 시대 맥락 속에서 니체 사상에 대한 조선 지식인들의 이해와 비평도 미묘하게 변주되고 숙성되었다.

우선, 니체 사상을 '민족적'(혹은 천도교적?) 시각으로 전유하는 데 그쳤던 1920년대와 달리 1930년대 조선 지식인들은 니체 사상을 현대 문명과 역사관의 위기라는 다른 차원에서 평가하려는 움직임이 등장했다. 니체-톨스토이의 대비적인 짝짓기가 니체 vs. 마르크스라는 파트너십으로 교체되어 논의되었던 것도 이런 변화를 반영했다. 아울러, 1920년대 니체가 일부 근대 지식인들의 첨단적인 전유물이었다면 1930년대 니체 사상은 대학생을 포함한 교양지식인의 지적 기호품으로 확장 전파되었다. 이 시기를 대표하는 대중잡지인《별건곤》과《삼천리》등에서 '世界 10代人物 公薦', '現代人의 心境打診', '(독자들의) 文化鑑賞記' 등의 다양한 형식으로 실시한 설문조사에서 니체가 독자들에게 가장 인기 있는 단골 사상가의 한 명으로 뽑혔다.[46] 니체의 반여성주의를 비꼬는 양식으로 1930년대 말

---

[46] 《동광》은 1931년에 '世界 10代人物 公薦'이란 제목으로 정치가(조만식), 문예평론

~1940년대 초에 반짝 유행했던 니체 사상에 대한 대중적인 소비 현상[47]은 해방 후 1950년대 말~60년대 초에 본격적으로 나타났던 '통속 니체'의 예고편이었다.

1930년대에 전개되었던 니체 철학에 대한 해석과 논쟁을 주도했던 대표 인물로 안호상安浩相과 김형준金亨俊을 꼽을 수 있다.[48] 안호상은 1920년대에 독일로 유학을 떠나 '본토'에서 서양철학을 공부하고 1930년대에 귀국하여 니체 철학을 "우리 대학에 체계적으로 소

가(이하윤), 성악가(현재명), 잡지 편집인(金東煥), 여성(柳瀅淑) 등 11명의 名士을 대상으로 한 앙케트에서 이하윤과 김동환 두 명이 니체를 '東西와 古今을 通틀어서 가장 崇拜하거나 惑은 가장 좋아하는 人物'로 지목했다. 칼 맑스가 3인의 추천을 받아 사상가들 중에서 가장 선호하는 인물로 뽑혔고, 톨스토이가 사상가와 소설가 카테고리를 합쳐 총6번 추천되어 가장 인기 있는 인물로 기록되었다.《동광》29, 1931.12, 58~61쪽 ;《별건곤》이 1933년에 실시한 설문조사 항목의 하나인 "귀하의 청춘에 영향을 준 서책은 무엇입니까?"라는 물음에 대답한 8명의 문화계 종사인물들 중에서 '여기자' 金源株은《니체》와 高山樗?牛의 글을 읽고 한때는 염세적 허무적 경향을 가저 본 적이 잇섯스나 그후에는 아직 큰 영향을 바든 서적이 엄습니다." 고 고백했다.《별건곤》61, 1933.3, 5쪽 ;《삼천리》는 1940년에 독자를 대상으로 모집한 '文化鑑賞記'〈철학과 종교〉목록에 '니체의 悲劇論'을 포함시켰다.《삼천리》12~7, 1940.7, 186쪽. 또한 정확히 1년 후 기사에서는 "佛蘭西戰線에 있는 獨逸兵士는 무었을 읽고 있나"하는 설문조사 결과, '니체의〈쯔아라토쓰토라는 이렇게 말한다〉'가 히틀러의《나의 鬪爭》과 함께 "매일 날개를 돛인 듯이 팔려 그건 殘部가 없"다고 밝히면서 니체 저서의 대중적 소비를 부채질했다.〈兵士의 愛讀書〉,《삼천리》13~7, 1941.7, 112쪽 참조.

[47] 예를 들면 秋湖,〈女子도 사람인가〉,《삼천리》10~10, 1938.10 등 참조.

[48] 일제강점기에 신문을 통해서 서구철학을 가장 활발하게 소개한 한국 철학자들은 미국에서 유학한 철학박사 한치진(130건), 신남철(82건), 김형준/김오성(73건), 전원배(63건), 김기석(58건), 안호상(52건) 등의 순서이다. 한치진이 주로 미국 실용주의 철학과 과학사상 소개에 치중했고, 신남철이 사적 유물론 전파에 전념했으므로 김형준과 안호상 등이 유럽 근대철학의 전도사 역할을 나누어서 감당했다고 볼 수 있다. 이태우,〈일제강점기 신문을 통해 본 유럽철학의 수용 현황〉, 203~204쪽 참조.

개한" 인물이다.[49] 일본 니혼대학 철학과 졸업생인 김형준은 김오성이라는 또 다른 필명으로 문학평론가로 활약했던 인물이다. 안호상을 포함한 서구 유학파들과 김형준으로 대변되는 일본 유학생들은 경성제국대학교 철학과 졸업생들과 함께 식민시대 근대 서양철학의 형성과 전파를 주도했다. 이들 소위 제1세대 철학 연구자들 중에서 경성제대 철학과 졸업생들이 중심이 되어 철학의 대중화를 표방하는 학보《新興》을 1929년에 출간했고, 1933년에는 최초의 전문 연구단체인 '철학연구소'를 창립했다.

경성제대 철학과 1회 졸업생 배상하裵相河는 1929년《新興》창간호에 니체 저서의 일부를 처음으로 원문 번역하고 짧은 해설을 덧붙인 글을 발표함으로써 니체 연구의 전환점을 마련했다. 그의 관찰에 따르면, 마르크스 사상과 니체 사상은 피상적으로 관찰하면 대립적인 것처럼 보이지만 두 사람 모두 '혁명적 기상革命的 氣象'을 피력했다는 측면에서 상호친화성을 갖는다.[50] 개인 의지와 계급이익에 부합되지 않는 현실적인 모순을 긍정적으로 인정하여 싸우려는 용기를 격려한다는 관점에서 보면 마르크스와 니체는 양립 가능한 사상가들

---

49 정동호, 〈니체저작의 한글번역 – 역사와 실태〉, 《철학연구》 47, 1997, 180쪽 ; 조요한, 〈우리의 삶, 우리의 實 : 韓國 哲學言語로의 摸索〉, 《월간조선》, 1982.3, 332쪽.

50 "맑쓰가 現代에 살어잇는이만큼, 네-체의 壽命도 다하지는 안헛다. … 一〔맑쓰〕의 大衆主義와 他〔네-체〕의 個人主義는 單只, 外的(對象에 잇서서) 表面的 相違에 지나지 모쇼는 것이니, 그들의, 根本精神, 卽 大衆主義와 個人主義를 生긔게한 原動力인, 힘, 熱情, 勇氣, 싸홈, 反逆 등 革命的 氣象에 잇서서는 兩者가 매우 가짜읍다고 할 수 잇슬 것이다." 裵相河, 〈차라투스트라(拔抄)〉, 《新興》 1, 1929, 102쪽.(강조는 배상하의 것)

이라고 배상하는 생각했다. 그는 두 사상가들 사이에 존재하는 이런 유사점과 상반성이라는 "滋味잇는 問題"를 독자들이 곱씹어 볼 것을 권유했다.[51] 배상하의 이런 평가가 얼 만큼 독창적인 것인지를 따지는 것과는 별개로, 1930년 중반에 박종홍도 니체와 마르크스가 "실천을 중시"한다는 공통점이 있다고 동의했다.[52] 1920년대 조선 지식인들이 견지했던 니체-톨스토이의 대립 쌍이 해체되고, 니체 사상을 마르크스주의와 견주어 보려는 새로운 경향이 출현했던 것이다.

김형준은 당대 지식인들 중에서는 드물게 니체 사상에 내포된 양가적인 이데올로기 성격을 포착했다. 니체 철학이 파시즘과 같은 극우 이데올로기에 활용되지만 "니-체의 초인사상의 품속에는 푸로레타리아적인 것도 있"기 때문에 "좌익평론가들도 니-체를 절규하는 형편"이라고 김형준은 관찰했다.[53] 한편으로는 시민계급의 천박한 '속인적 교양'을 경멸하고, 다른 한편으로는 '천민 본의의 평등주의'를 비웃는 니체의 이중적인 신랄함이 조선의 좌우 지식인들에게 어필했다는 것이다. 19세기 후반 독일의 위기 상황이 1930년대의 식민지 조선에서 비슷하게 반복되고 있다는 분석이었다.[54] 독일 제2제국

---

51 裵相河,〈차라투스트라(拔抄)〉, 102쪽.

52 "변증법적 유물론과 초인적 사상은 전자가 국제주의적이며 계습주의적임에 反하야 후자가 國民主義的이며 계급부정적인 점이 실로 절대적으로 상이하지만은 급기야 실천을 중시함에 있어서는 그 궤를 가티한다고 볼 수 있다." 박종홍,〈현대철학의 동향〉(6),《매일신보》1933년 12월 24일.

53 김형준,〈니-체와 현대문화-그의 탄생일을 기념하야〉,《조선일보》1936년 10월 17일.

54 김형준,〈니-체와 현대문화〉,《조선일보》1936년 10월 20일.

트랜스내셔널 지성사 다시 쓰기 • 187

은 18세기 프로이센이 구축한 군국주의라는 낡은 가치관과 1848년 혁명기에 반짝 실험되었던 자유주의와 사회주의가 대립하는 전환기였다. 1930년대 식민지 조선에서도 기득권층인 양반〔융커〕계층이 부르주아 시민계급과 경쟁하고 하층민을 앞장세운 사회주의에 위협당하고 있었다. '세기말 독일'보다 더 나쁜 것은 1933년 현재의 험악한 국제정세였다. 국제평화를 조율해야 할 국제연맹은 오히려 국제 간 분열의 싸움터가 되었고, "極東몬로主義를 提唱"하는 일본 제국주의가 야기한 만주 침략과 '太平洋上의 風雲'은 "무서운 제2차××〔대전〕의 慘禍를 낳고야 말 것"이라고 김형준은 날카롭게 예언했다.[55]

"우리 모두는 역사 때문에 타락했다."[56]
: 일본 식민시대의 반시대적 고찰

니체가 경험했던 19세기 후반 유럽 상황보다도 더 절박한 '한계상황'을 1930년대 조선인들은 어떻게 돌파할 것인가? 이런 물음에 대답을 구하기 위해 김형준은 후기 니체가 "철학의 유일한 방법"으로 창안했던 '史物學的 역사적 고찰'에 주목했다.[57] 그는 천도교 계열의 대중교양월간지《농민》에 발표한 3부작을 통해서 니체가《반시대적

---

55 김형준, 〈世界情勢의 展望〉,《농민》 4-1, 1933.1, 11~12쪽.

56 프리드리히 니체,《반시대적 고찰》, 이진우 옮김, 책세상, 2005, 323쪽.

57 김형준, 〈니-체와 현대문화〉,《조선일보》 1936년 10월 23일.

고찰》에서 주창했던 역사철학의 핵심 주제와 장단점을 나름 주체적인 관점에서 독자들에게 설명했다.

"人間은 歷史를 理解하는 動物인 同時에 歷史를 忘却하는 動物이다."—니체 역사관을 관통하는 이 명제가 갖는 이중적인 의미를 김형준은 현실 개조의 급소로 삼았다. "過去를 記憶하여 過去와 現在를 連鎖的으로 考察하는대서 自己를 確認하려는 동물"이라는 점에서 인간은 다른 동물들과 구별되는 "第1의 특징"을 갖는다.[58] 현재를 과거의 결과로 파악하는 역사 인식의 소유자인 인간은 또한 과거를 미래지향적으로 잊어버리려는 '망각의 능력'의 소유자라고 김형준은 강조했다. 그러므로 니체가 설파했던 이상적인 인간인 초인은 "歷史的 動物로서 歷史를 超越〔망각〕하야 새로운 歷史를 지으려는 人間"에 다름 아니었다.[59] 초인은 관습이나 종교와 같은 '역사적 조형력'의 압박을 극복하고 역사 과잉의 늪을 망각이라는 날개로 탈주하는 새로운 인간형이다. '귀족적 군국(영웅)주의자'라는 비난에도 불구하고 니체를 '진보적 사상가'로 자리매김해야 하는 이유는 이런 역사관 때문이라고 김형준은 확신했다.[60]

김형준은 니체 역사관에 담긴 역사의 효용과 폐해를 대중에게 계몽시키는 데 앞장섰다. 그는 니체가 설파한 '기념적 역사 記念的 歷史',

---

58 김형준, 〈니-체哲學에서 본 超人觀〉, 《농민》 3-1, 1932.1, 10쪽. 기억과 망각이라는 관점에서 서술된 과거 기록의 사학사적 기원과 성격 등에 관해서는 육영수, 〈역사, 기억과 망각의 투쟁〉, 《한국사학사학보》 27, 2013.6, 참조.

59 김형준, 〈니-체哲學에서 본 超人觀〉, 11~12쪽.

60 김형준, 〈니-체의 歷史觀-(人間에 對한 歷史의 利弊)-〉, 《농민》 3-3, 1932.3, 26쪽.

'골동품적 역사古物的歷史', '비판적 역사批判的歷史' 등 세 종류의 역사
가 조선 현실에서 갖는 의미를 탐색했다. 예를 들면, 수나라를 격파
한 을지문덕 장군이나 임진왜란의 영웅 이순신을 '기념'하려는 것
은 "過去의 偉大한 行爲를 模倣하여가지고 새로운 行爲를 하는대서
그 行爲者는 歷史를 더 새롭게 推進식히며 美化식히며 善化"시키는
효과를 갖는다.[61] 그러나 과거 유물을 숭배하고 조상의 가르침을 계
승·보존하려는 '호고적 정신好古的 精神'에 매몰되어 새로운 것을 생산
하지 못하는 고물적 역사에는 담보할 미래가 없다. 이 시점에서 과
거로부터의 해방을 꾀하는 '비판적 역사'가 필요하다. 비판적 역사
는 인간이 역사에 봉사하는 것이 아니라 역사가 삶에 봉사하도록 과
거-현재-미래를 고쳐 쓰려는 시도이다.

　역사가 삶에 끼치는 폐해는 기념적 역사와 고물적 역사가 공유하
는 '역사의 과잉'에서 비롯된다. 구체적으로 그 피해를 열거하자면,
"近代의 人間들은 모든 것을 歷史에 依하야 理解하며 歷史 그것만이
가장 正直하고 偉大한 것이라고 밋는 싸닭" 때문에 자신들의 인격과
자율적인 '생활의 힘'을 상실한다. 예를 들면, 조선시대 지도자들이
맹자공자가 주창한 유교사상만을 숭배하여 조선의 독창적인 사상을
'사문난적斯文亂賊'이라는 죄명으로 억압한 것이야말로 민족의 자주적
이며 진취적인 발전을 방해하는 결정적인 오류이자 비극이라고 김
형준은 비판했다.[62] 역사 과잉이 동반하는 또 다른 치명적인 폐해는

---

[61]　김형준, 〈니-체의 歷史觀〉, 《농민》 3-3, 29쪽.

[62]　김형준, 〈니-체의 歷史觀과 그 批判(三)〉, 《농민》 3-4, 1932.4, 28쪽.

"自己네의 時代가 맛치 人類의 老齡時代이며 自己들은 人類의 終末期亞流이며 末孫인 것갓치 生覺하게" 유도한다는 점이다.[63] 개인과 집단을 현실 순응적이며 대안적인 미래를 꿈꾸지 못하도록 마춰할 뿐만 아니라, 현실 개조를 위한 노력과 도전을 조소嘲笑하는 냉조적인 인간을 양산量産하는 것이다.

사학사적 관점에서 평가하면, '역사 과잉'이 동반하는 반시대적인 폐해를 비판하는 니체의 역사관은 독일 근대 역사가들이 설계·건축·완공한 '역사주의Historicism'에 대한 급진적인 부정이었다. 흔히 역사주의는 '어떤 현상의 본질에 대한 적합한 이해와 그 현상의 가치에 대한 적합한 평가는 그것이 발전 과정 안에서 차지하는 위치와 수행하는 역할을 고려하는 것을 통해 획득되어야 한다는 믿음'으로 규정된다.[64] 니체가 경멸했던 '역사적 인물'—김형준의 표현을 빌면, "모든 것을 歷史에 依하야 理解하며" "過去와 現在를 連鎖的으로 考察"하면서 "현재를 과거에로 싣고 들어가"려는 경향이 강한 근대인간—이야말로 역사주의가 잉태한 '歷史病에 감염되어 時代의 墓窟을 파는 者'였다. 니체가 직설적으로 겨냥했던 공격 대상이 서구중심적인 근대성과 진보 사관을 근본적으로 지탱하는 역사주의 그 자체였던 것이다.[65]

---

63 김형준, 〈니-체의 歷史觀과 그 批判(三)〉, 30쪽.

64 Maurice Mandelbaum, *History, Man and Reason : A Study in Nineteenth-Century Thought*, Baltimore : Johns Hopkins University Press, 1971, p. 42.

65 니체의 다음과 같은 발언은 역사주의에 대한 정면 도전으로 독해될 수 있다. "이 고찰이 반시대적인 것은, 시대가 자랑스러워하는 역사적 교양을 내가 여기서 시대의

김형준은 자신의 3부작 글에서 '역사주의'라는 용어를 단 한 번도 사용하지 않았지만 니체의 '역사관'이 갖는 반 역사주의적 성격에 기본적으로 공감하는 것처럼 보인다.[66] '역사의 과잉'을 조장하는 가장 못된 유명철학자로 헤겔을 지목한 김형준의 논리는 독일인들을 '역사교양'으로 무장한 '역사적인 학생들'로 대량생산함으로써 '세계 과정'의 부속품으로 복종시키려는 음모자로 헤겔을 꼽는 니체의 시선과 유사하다.[67] 그렇다면, 김형준은 1930년대 식민지 조선이

폐해로, 질병과 결함으로 이해하려 하기 때문이며, 또 심지어 나는 우리 모두가 소모적인 역사적 열병에 고통을 받고 있으며 적어도 우리가 고통을 당한다는 사실을 인식해야 한다고 믿기 때문이다."; "우리는 그들을 역사적 인간이라 부르고자 한다. 즉 과거로의 시선이 그들을 미래로 내몰고, 삶과 더 오래 겨루도록 그들의 용기를 북돋우고, 옳은 것은 앞으로 올 것이고 행복은 그들 앞에 가로 놓인 산 뒤에 있다고 희망의 불을 지필 것이다. 역사적 인간은 현존재의 의미가 어떤 과정이 경과하면서 점점 세상에 드러날 것이라고 믿으며, 바로 그 때문에 이제까지의 과정을 고찰함으로써 현재를 이해하고 미래를 더 강력하게 열망하는 법을 배우기 위해 뒤를 되돌아본다." 프리드리히 니체, 《반시대적 고찰 II : 삶에 대한 역사적 공과》, 이진우 옮김, 책세상, 2005, 288쪽, 298쪽. 위 각주 인용문의 강조 부분은 니체의 것.

[66] '역사'와 '역사주의'라는 서양의 근대 개념을 조선 지식인 누가 정확히 언제부터 어떤 용례로 차용해 왔는지를 따지는 것은 중요하지만 이 글의 주제의식에서 벗어난 작업이다. 이 이슈에 관해서는 이진경, 〈근대 계몽기 《대한매일신보》에서 근대적 역사 개념의 탄생〉, 《사회와 역사》 74, 2007 ; 도면회, 〈한국에서 근대적 역사 개념의 탄생〉, 정현백, 〈일본 근대역사학의 형성과 서구 역사학의 영향 그리고 개화기 조선 – 트랜스내셔널 전이를 중심으로〉, 《한국사학사학보》 27, 2013.6 등 참조.

[67] "過去의 모든 되여진 歷史를 時勢에 適合하게 現在가 가장 合理的인 것갓치 서술"하는 헤겔의 역사철학은 "近代의 自由主義時代를 世界理性의 最高表現에서 임내진 〈도덕의 왕국〉"으로 파악함으로써 결과적으로 "人類의 歷史가 近代 쑤르조아 時代를 出現식히기 爲한 經路를 證明하기 爲한 것"으로 전락시키는데 공헌했다고 김형준을 비판했다. 김형준, 〈니-체의 歷史觀과 그 批判(三)〉, 29쪽. 김형준의 헤겔 비판을 니체의 그것과 비교해 보자 : "금세기에 있었던 독일 교양의 모든 위험한 전환이나 동요는 이 순간까지 멈추지 않고 미치고 있는 헤겔 철학의 엄청난 영향으로 인해 더 위험해졌다고 나는 생각한다. 시대의 후예가 된다는 믿음은 정말이지 사람을

지향해야 할 목표를 '반역사주의'에서 구했을까? 이런 의문에 즉답한다면, 김형준은 '민족주의'라는 부메랑에 실려 오히려 역사주의의 튼튼한 품으로 회귀했다. 역사 과잉을 초극하기 위한 해결책으로 니체가 제안하는 반역사적 · 초역사적인 사유와 실천의 주체를 김형준은 개인이 아니라 계급(특히 농민)과 민족이라고 확신했기 때문이다. 문명 · 진보 · 이성 · 근대화를 X축으로 하고 국민 · 민족 · 국가 · 서양을 Y축으로 삼아 진행되는 역사주의라는 돛대를 달고 전 세계로 항해하는 민족 · 제국주의의 '내부적인' 한계 속에서 김형준은 니체의 역사관을 자의적으로 소비하고 전유했던 것이다.

1930년대 조선 지식인들의 '우파적' 니체 독해

다른 한편, 박종홍은 1930년대에 니체 사상에 초점을 맞춘 글들을 따로 발표하지는 않았지만 자신이 관심을 가졌던 실존철학의 족보 만들기의 길목에서 니체와 조우했다. 그는 현대 유럽철학의 흐름과

위축시키고 기분 상하게 만든다. … 그런 고찰 방식으로 인해 독일인들은 "세계 과정"에 관해 말하고 자신의 시대를 이 세계 과정의 필연적 결과로 정당화하는 데 익숙해졌다. 그런 고찰 방식으로 인해 역사는 예술과 종교와 같은 다른 정신적 힘들을 대신하여 유일하게 자주적인 것으로 자리매김 되었는데, 이 경우 역사는 "스스로 실현하는 개념"이며, 또 "민족정신의 변증법"이자 "최후의 심판"이다." 프리드리히 니체,《반시대적 고찰 II》, 358~359쪽. 헤겔 역사철학이 초석을 놓은 서구중심주의 · 보편주의적인 세계사에 대한 비판에 대해서는 라나지트 구하,《역사 없는 사람들 : 헤겔 역사철학 비판》, 이광수 옮김, 삼천리, 2011 참조.

주요 동향을 헤겔 철학의 부흥, 하이데거의 존재론과 딜타이의 생철학의 약진, 역사유물론의 지속적인 발전, 초인사상의 재발견 등의 소제목으로 요약했다.[68] 박종홍은 니체가 현대사상에서 차지하는 위상과 중요성을 두 가지 측면에서 부각시켰다. '정신주의자精神主義者'이며 '노력주의자努力主義者'인 니체의 초인사상에서 하이데거 존재론의 철학적 기원을 찾을 수 있다는 점이 그 한 가지이고, 19세기 말에 니체가 "불 지핀" 초인사상이 이탈리아 무소리니와 같은 20세기 나치즘으로 결실을 맺었다고 점이 두 번째 현재적 의의라고 박종홍은 평가했다.[69] 그는 니체 철학의 반항적이며 급진적이며 사상적 유산을 현대철학사의 한 항목으로 얌전하게 정렬시켰을 뿐만 아니라, 김형준이 '진보적 사상가'로 존경했던 니체를 나치즘의 사상적 괴수로 전락시켰다.

또 다른 '니체 우파' 안호상도 생전에는 인기 없던 니체 사상이 1935년 당시 새롭게 부각되는 배경과 이유를 추적했다.[70] 그는 니체 철학에 대한 현대적 의의를 무엇보다도 '문화관'에서 찾았다. 객관

---

68 박종홍, 〈현대철학의 동향〉, 《매일신보》 1934년 1월 1일~12일. 5회 연재물.

69 박종홍, 〈현대철학의 동향〉(4), 《매일신보》 1934년 1월 9일.

70 안호상은 〈니-최 부흥의 현대적 의의〉라는 제목의 연재물은 자신이 독일유학 시절에 했던 약속을 뒤늦게 지키는 숙제였다고 토로했다. 그가 "1928년 어느 가을" 바이마르에 있는 니체문서보관소를 방문했을 때 친절하게 안내해 주었던 니체의 누이동생 엘리자베스가 "니-최가 朝鮮에도 알어젓습니까? 당신이 朝鮮으로 돌아가거든 니-최를 紹介해 줄 것을 밋습니다."라고 부탁했고, 안호상은 "힘 잇는데까지 해보지요"라고 즉답했다고 회상했다. 안호상, 〈니-최 부흥의 현대적 의의〉(7 : 완결), 《조선중앙일보》 1935년 6월 30일.

194 • 디아스포라 지형학

(실증)주의로 대표되는 현대 과학기술의 한계에 관한 당대인들의 우려와 의구심이 니체가 주창했던 주관주의적이며 파토스적인 세계관으로 이끌었다고 안호상을 분석했다. "문화는 悟性的 科學家의 배후에서 생산되는 것이 아니라, 격정적이며 의지적 천재의 창조력으로 실현된다."는 메시지가 니체 문화관과 핵심이라고 파악했다.[71] 안호상은 니체의 현대적 르네상스를 설명하는 또 다른 이유로 니체의 생生에 대한 남다른 애증을 꼽았다. "생은 곧 전쟁이며 전쟁은 항상 생으로부터 유래하는 것"이라는 사실을 직시하고 그것을 극복하려는 과정이 '개인의 生'이며 동시에 '생의 지지성支持成'이라고 주창했던 니체의 '불안과 위기의 생철학'이 1930년대의 경제공황과 전쟁 위협을 살얼음처럼 건너야 했던 현대인들에게 호소력을 가졌다는 것이다.[72] 그리고 자신이 독일 유학파임을 과시하도 하듯이 안호상은 '존재sein', '가치관urwent' 등 주요 개념의 원어를 병기하면서 근대적인 논문 형식 글쓰기를 개척했다.

1930년대 조선 사상사의 가장 두드러진 특징은 독일철학을 중심으로 한 관념주의에 집중되었다는 점이다. 철학 1세대의 대부분이 소위 '데 · 칸 · 쇼'로 약칭되는 데카르트 · 칸트 · 쇼펜하우어의 도제들이었고 헤겔의 현상학과 하이데거의 실존주의에 경도되었다. 본질적으로 "선험적인 세계를 수납하는 성격"이 있는 독일관념론은 일본의 천황 신화와 같은 "지배원리의 도구"로 이용되기에 맞춤한

---

[71] 안호상, 〈니-최 부흥의 현대적 의의〉(2), 《조선중앙일보》 1935년 6월 25일.
[72] 안호상, 〈니-최 부흥의 현대적 의의〉(6), 《조선중앙일보》 1935년 6월 29일.

사유 양식이었다.[73] 특히 중일전쟁이 발발하고 '조선 사상범 보호관찰령'이 공표되었던 1936년 전후로 1930년대 전반기의 현실 참여적이며 실천적이었던 사상 연구가 퇴조하고 진리 탐구의 외피를 쓴 추상적인 순수철학으로 변질되었다.[74] 우리나라 최초의 철학 전문지인 《철학》의 공동창립자였던 박종홍과 안호상은 서양 근대철학사의 한 영역으로 니체 사상을 깔끔하게 분류 배치함으로써 아이러니컬하게도 니체가 스스로 "뛰쳐나왔던" 상아탑 담장 안으로 그를 유폐시키는 데 기여했던 것이다.[75]

"중심은 어디에나 있다."[76]
: 탈식민주의 · 트랜스내셔널 · 니체 다시 읽기

위 본문에서 살펴보았듯이, 1920년대 조선 지식인들은 니체를 사상

---

[73] 조요한, 〈우리의 삶, 우리의 현실. 한국 철학언어로의 모색〉, 335쪽.

[74] 이병수, 〈1930년대 서양철학 수용에 나타난 철학1세대의 철학함의 특징과 이론적 영향〉, 《시대와 철학》 17-12, 2006, 91쪽.

[75] 주지하듯이, 20대 중반에 스위스 바젤대학의 고전학과 교수가 되었던 니체는 지병과 학문 세계와의 불화로 학계와 등졌다. "사실인즉 나는 학자들이 살고 있는 집을 뛰쳐나왔다. 그리고는 문을 등 뒤로 힘껏 닫아 버렸다. … 그들(학자들)이 지혜롭다고 자부하면서 내놓은 하찮은 잠언이나 진리는 나를 오싹하게 만든다. 늪에서 나온 것처럼, 그들이 말하는 지혜에서는 자주 퀴퀴한 냄새가 난다. 사실 나는 일찍이 그들이 지혜에서 꽉꽉 대는 개구리 소리를 듣기도 했다!" 프리드리히 니체, 《차라투스트라는 이렇게 말했다》, 정동호 옮김, 책세상, 2000, 207~208쪽.

[76] 프리드리히 니체, 《차라투스트라는 이렇게 말했다》, 355쪽.

혁명을 착수하기 위한 '부정과 파괴의 철학'으로 환영했다. '강력주의', '개인본능주의', '의지와 전투의 철학', '생명무궁주의' 등으로 니체 철학을 동일시하면서 외래사상과 맞서 싸울 천도교와 민족정신의 웅비를 위한 사상적 디딤돌로 수용했다. 김형준은 니체 역사관이 지향하는 반봉건적이며 현실 개조적인 메시지를 능동적으로 접수하여 1930년대 식민지적 한계상황에서 탈주하고자 했다. 보수적인 아카데미즘을 대표했던 박종홍과 안호상은 니체 철학의 요체를 실존주의와 문화철학에서 구함으로써 '능동적 인간의 철학자' 니체를 상아탑의 스승으로 화석화했다. "今日의 純正哲學이 개념에만 흐르고 순문학이 技巧에만 흐르는 傾向"이 있다는 김형준의 한탄이 식민시대 말기의 현실을 비관적으로 잘 진단했다.[77]

1920~30년대 조선 지식인들이 펼쳤던 니체 담론의 역사적 성격과 지상사적 유산을 두 가지 시각에서 톺아보는 것으로 결론을 가름하고자 한다. 우선, 넓게는 서양 근대사상 좁게는 니체 철학을 둘러싼 당대 지식인들의 관심과 논쟁에는 사상혁명의 여명기를 지혜롭게 건너려는 시대적 고뇌가 각인되어 있다. 본능충족적인 개인주의 · 과거를 초극한 민족개조 · 사회진화적인 투쟁 · 봉건 타파적인 반역사주의 · 나치즘적인 행동철학—일제강점기 조선 지식인들은 니체 사상을 이처럼 다양하게 '조선식으로' 번역 · 혼방했다. '니체의 한국적 삶'은 그 작업 과정에서 이데올로기적 좌우 분열과 고급 니체와 저속 니체라는 아래위 등급으로 분열했다. '통속 니체'의 계보

---

[77] 김형준, 〈능동적 인간의 탐구〉(3), 《조선일보》 1936년 2월 26일.

학적 기원과 해방 후 남북한에서 진행된 니체 사상에 대한 이데올로기적 편 가르기의 관행이 식민시대에서 유래되었던 것이다.[78] 김형준이 북한 문화선전부 부장을 역임한 반면, 안호상은 대한민국 초대 문교부장관이었고 박종홍이 박정희 유신정권의 이데올로그였음은 우연의 산물이 아닌 것이다.

일본 식민시대에 '조선식'으로 재창조된 니체 담론의 역사적 평가와 관련해서 고려해야 할 또 다른 중요한 조건은 이웃 나라 중국·일본 사례와의 비교 검토이다. 세 나라의 니체 인식을 관통하는 '동아시아 담론'이 존재했는지의 여부와 공유된 시대정신(에피스테메)이 무엇이었는지를 되짚어 보는 작업이 요구된다. 20세기 초반 일본, 한국, 중국 세 나라가 니체를 키워드 삼아 사상사적으로 뒤엉킨 역사를 우리는 어떻게 실험적으로 서술할 것인가? 이런 어려운 과제에 도전하는 연구들이 최근에 간헐적이나마 선보였다. 중국 철학자들이 동양철학을 서구화하기 위해 니체의 철학 개념을 차용한다면, 서양 철학자들은 니체 철학에 동양적 화장을 덧칠하기 위해 도교사상과 비교함으로써 동서양 소통의 산물인 '중국적 니체주의Sino-Nietzscheanism'를 창출했다는 연구가 있다.[79] 또한 니체를 원산지 독일

---

[78] 북한역사사전은 다음과 같이 니체를 소개한다. : "도이췰란드의 극반동적인 관념론 철학자이며 파시즘의 리론적 철학자. … 니체의 세계관은 혁명정부와 인민대중에 대한 증오로 일관되어 있다." 조선민주주의인민공화국 사회과학원·역사연구소, 《력사사전》5, 과학백과사전종합출판사, 2001, 80쪽.

[79] Hans-Georg Moeller, "The "Exotic" Nietzsche – East and West," *The Journal of Nietzsche Studies* 28, Autumn 2004, pp. 57-69.

과 서구로부터 '탈영토화'시키고 좌우·동서양이라는 이분법적인 감옥에서도 해방시켜 고찰한 글도 있다.[80] 탈식민주의·포스트모던 시대에 니체를 다시 호명해서 재조명하기 위해서는 서구가 주도했던 일방적인 근대 개념을 버리고 동서양이 상호 연루되었고 동아시아 내부에서도 복잡하게 '엉킨 근대성Entangled Modernity'이라는 개념을 도입해야 한다는 주장이다.

주로 일본과 중국의 사례 연구에 입각한 이런 새로운 접근법이 우리에게 제공하는 시사점은 무엇일까? 일국사一國史를 벗어난 지성사 서술을 위해서는 무엇보다도 유교·불교와 같은 동아시아 전통사상이 니체를 매개로 하여 서구 근현대 사상과 접속·교환·충돌하는 전파 경로와 내파內波 지점을 유심히 관찰할 필요가 있다. 왜 20세기 초 일본 지식인들은 니체를 사무라이 문화가 심취했던 육체적 쾌락과 심미주의의 유혹자로 전유했고, 왜 1910년대 중국 지식인들은 니체를 존 듀이 프래그머티즘의 전도사로 오해했으며, 왜 1920~30년대 조선 지식인들은 니체의 강력주의와 무궁생명주의를 민족 개혁의 파수꾼으로 소비했을까? 이런 물음에 대답의 실마리를 찾기 위해서 다윈-스펜서-니체-톨스토이-마르크스 등 서구의 유명 사상가들이 일본·중국·한국의 독특한 지적 토양과 기후에서 꽃피운 사상적 연쇄반응을 때로는 미시적으로 때로는 거시적으로 탐색할 수 있는 입체적인 3차원 지도를 작성해야 할 것이다.

---

[80] Ken'Ichi Mishima, "Nietzsche in Japan from Right to Left : Rethinking the East-West Dichotomy in Entangled Modernity," *European Review* 8-4, 2000, pp. 569-589.

근대성과 보편주의라는 거대담론에 포획되지 않는—'중심이 어디에도 있는'—글로벌 전망을 가진 로컬 지성사는 과연 가능한가?[81] 이런 시각에서, 김형준의 '니체 사상 조선 것으로 다시 만들기' 공정 과정에 투영된 '경계 사유'의 내용과 그 한계를 성찰해 볼 수 있으리라. 그는 니체 역사관을 조선이 탐닉했던 유교주의를 청산하는 저항적인 무기로 삼았지만 민족주의라는 더 강력한 '중력'의 힘에 굴복함으로써 니체가 지향했던 반역사주의를 실현하지 못했다. 그의 '실패한 서사'는 20세기 전반기 일본·중국 지식인들이 서구사상의 전유와 토착화의 틈바구니에서 고통스럽게 실험했던 '우리의our/멀티multi 근대성modernity'의 맨 얼굴이 아니었을까?[82] 그렇다. 근대 서양제국의 안팎과 동아시아 변경 지역을 왕래·유랑하면서 실종·파편화·초월되었던 거칠고 야만적인 경계 사유들을 발굴·분류·비교하고 다시 읽는 작업이야말로 트랜스내셔널 지성사 쓰기의 가능성에 도전하는 우리가 직면해야 할 과제이다.

---

[81] 이 이슈에 대해서는 육영수, 〈트랜스내셔널 지성사 지금 (다시) 쓰기 : 중심의 이동 혹은 물구나무서기〉, 《역사와 문화》 23, 2012 ; 이경구, 〈한국의 역사는 개념사의 지평을 어떻게 확장할 것인가〉, 박근갑 외, 《개념사의 지평과 전망》, 소화, 2015 개정증보판 등 참조.

[82] Partha Chatterjee, Our Modernity, Vinlin Press : Kuala Lumpur, Malaysia. 1997 ; S. N. Eisenstadt, "Multiple Modernities", Daedalus 129-1, Winter 2000 ; Volker H. Schmidt, "How Unique is East Asian Modernity?", Asian Journal of Social Science 39. 2011 등 참조.

참고문헌

조선민주주의인민공화국 사회과학원 · 역사연구소, 《력사사전》 5, 과학백과사전
　　종합출판사, 2001.
김남이, 〈20세기 초 한국의 문명전환과 번역 – 重譯과 譯述의 문제를 중심으로〉,
　　《문화소과 번역》, 보고사, 2013.
김미기, 〈한국 니체 철학 연구의 발전과 수용 – 니체 연구의 성과와 세계 표준판
　　니체 전집의 완역〉, 정동호 외, 《오늘 우리는 왜 니체를 읽는가》, 책세상, 2006.
김정현, 〈1930년대 니체 사상의 한국적 수용〉, 《니체 연구》 14, 2008.
김정현, 〈니체 사상의 한국적 수용 – 1920년대를 중심으로〉, 《니체 연구》 12,
　　2007.
김형준, 〈니-체와 현대문화 – 그의 탄생일을 기념하야〉, 《조선일보》, 1936.10.17.
김형준, 〈니-체의 歷史觀 – (人間에 對한 歷史의 利弊) –〉, 《농민》 3-3, 1932.3.
김형준, 〈니-체의 歷史觀과 그 批判(三)〉, 《농민》 3-4, 1932.4.
김형준, 〈世界情勢의 展望〉, 《농민》 4-1, 1933.1.
도면회, 〈한국에서 근대적 역사 개념의 탄생〉, 《한국사학사학보》 27, 2013.
묘향산인, 〈신-인생표의 수립자 – 푸리드리취, 니체선생을 소개함〉, 《개벽》 2,
　　1920.7.
박달성, 〈東西文化史上에 現하는 古今의 思想을 一瞥하고〉, 《개벽》 9, 1921.3.
박종홍, 〈현대철학의 동향〉(6), 《매일신보》, 1933년 12월 24일.
박종홍, 〈현대철학의 동향〉, 《매일신보》, 1934년 1월 1일~12일.
배상하, 〈차라투스트라(拔抄)〉, 《新興》 1, 1929.
백두산인, 〈現代倫理思想의 槪觀, 東洋式 倫理思想의 變遷〉, 《개벽》 16, 1921.10.
백종현, 《독일철학과 20세기 한국의 철학》, 철학과현실사, 1998
서항석, 〈니체의 詩二篇〉, 《朝鮮文學》 1-3, 1933.10.
안서, 〈近代文藝〉(二), 《개벽》 16, 1921.10.

안호상, 〈니-최 부흥의 현대적 의의〉(7 : 완결), 《조선중앙일보》, 1935년 6월 24일
～30일.

야뢰, 〈人乃天의 研究〉, 《개벽》 1, 1920.6.

양명, 〈우리의 思想革命과 科學的 態度〉, 《개벽》 43, 1924.1.

오태환, 〈急變하야 가는 新舊思想의 衝突〉, 《개벽》 1, 1920.6.

육영수, 〈트랜스내셔널 지성사 지금 (다시) 쓰기 : 중심의 이동 혹은 물구나무서
기〉, 《역사와 문화》 23, 2012.

육영수, 〈역사, 기억과 망각의 투쟁〉, 《한국사학사학보》 27, 2013.

이경구, 〈한국의 역사는 개념사의 지평을 어떻게 확장할 것인가〉, 박근갑 외, 《개
념사의 지평과 전망》, 소화, 2015. 개정증보판.

이대위, 〈니　의 哲學과 현대 문명〉, 《청년》 2-10, 1922.11.

이돈화, 〈空論의 人으로 超越하야 理想의 人, 主義의 人이 되라〉, 《개벽》 23,
1922.5.

이돈화, 〈換節期와 新常識〉, 《개벽》 60, 1925.6.

이병수, 〈1930년대 서양철학 수용에 나타난 철학1세대의 철학함의 특징과 이론
적 영향〉, 《시대와 철학》 17-12, 2006.

이유영, 《한국독문학비교연구 3 - 1945년까지 현대독일문학의 수용》, 서강대학교
출판부,, 1983.

이종찬, 《난학의 세계사》, 알마 , 2014.

이진경, 〈근대 계몽기 《대한매일신보》에서 근대적 역사 개념의 탄생〉, 《사회와 역
사》 74, 2007.

이태우, 〈일제강점기 신문을 통해 본 유럽철학의 수용 현황〉, 《동북아 문화연구》
13, 2007.

이태우, 〈일제강점기 신문을 통해 본 유럽철학의 수용 현황 - 철학관련 기사검색
자료에 대한 통계적 분석을 중심으로 -〉, 《동북아 문화연구》 13, 2007.

정동호 외, 《오늘 우리는 왜 니체를 읽는가》, 책세상, 2006.

정동호, 〈니체저작의 한글번역 - 역사와 실태〉, 《철학연구》 47, 1997.

정동호, 〈한국에서의 니이체 철학의 수용역사〉, 《인문학지》 1-1, 1986.

정현백. 〈일본 근대역사학의 형성과 서구 역사학의 영향 그리고 개화기 조선〉,

《한국사학사학보》 27, 2013.

조요한, 〈우리의 삶, 우리의 實 : 韓國 哲學言語로의 摸索〉, 《월간조선》, 1982.3.

차혜영, 임경석, 《《개벽》에 비친 식민지 조선의 얼굴》, 모시는사람들, 2007.

추호, 〈女子도 사람인가〉, 《삼천리》 10-10, 1938.10.

필자 미상, 〈煽動的 解放으로브터 實行的 解放에 解放號 첫머리에 쓰는 것이라〉,
《개벽》 32, 1923.2.

허수, 〈1920년대 초 《개벽》 주도층의 근대사상 소개양상〉, 《역사와 현실》 67,
2008.

허수, 《이돈화 연구》, 역사비평사, 2011.

라나지트 구하, 《역사 없는 사람들 : 헤겔 역사철학 비판》, 이광수 옮김, 삼천리,
2011.

마크 마조워, 《암흑의 대륙 : 20세기 유럽 현대사》, 김준형 옮김, 후마니타스,
2009.

월터 미뇰로, 《로컬 히스토리/글로벌 디자인 : 식민주의성, 서발턴 지식, 그리고
경계사유》, 이성훈 옮김, 에코리브르, 2013.

프리드리히 니체, 《선악의 저편 · 도덕의 계보》, 김정현 옮김, 책세상, 2002.

프리드리히 니체, 〈차라투스트라〉, 배상하 옮김, 《新興》 창간호, 1929.

프리드리히 니체, 《이 사람을 보라》, 백승영 옮김, 책세상, 2002.

프리드리히 니체, 〈짜라투-스트라의 노래〉, 이진섭 옮김, 《海外文學》 창간호,
1927.

프리드리히 니체, 《반시대적 고찰 II : 삶에 대한 역사적 공과》, 이진우 옮김, 책세
상, 2005.

프리드리히 니체, 〈고독〉, 조희순 옮김, 《詩苑》, 1935.

Aschheim, Steven, *The Nietzsche Legacy in Germany, 1890-1990S*, Berkeley : University
of California Press, 1992

Brobjer, Thomas H., "Nietzsche's Reading about China and Japan," *Nietzsche- Studien*
34, 2005.

Chatterjee, Partha, *Our Modernity*, Kuala Lumpur, Malaysia : Vinlin Press. 1997.

Eisenstadt, S. N., "Multiple Modernities," *Daedalus* 129-1, Winter 2000

Forth, Christopher, *Zarathustra in Paris : The Nietzsche Vogue in France, 1891-1918*, DeKalb : Northern Illinois University Press, 2001.

Gálik, Von Marián, "Nietzsche in China, 1918-1925," "Nietzsche in China, 1918-1925," *Machrichten der Gesellschaft fur Natur-und Volkerkunde Ostasiens*, 1972.

Koelb, Clayton (ed.), *Nietzsche As Postmodernist : Essays Pro and Contra*, New York : State University of New York Press, 1990.

Mandelbaum, Maurice, *History, Man and Reason : A Study in Nineteenth-Century Thought*, Baltimore : Johns Hopkins University Press, 1971.

Mishima, Ken'Ichi, "Nietzsche in Japan from Right to Left : Rethinking the East-West Dichotomy in Entangled Modernity," *European Review* 8-4, 2000.

Moeller, Hans-Georg, "The "Exotic" Nietzsche – East and West," *The Journal of Nietzsche Studies* 28, Autumn 2004.

Parkes, Graham, "Nietzsche and East Asian thought : Influences, impacts, and resonances," in Bernd Magnus and Kathleen Higgins (eds.), *The Cambridge Companion to Nietzsche*, Cambridge : Cambridge University Press, 1996.

Parkes, Graham, "The Early Reception of Nietzsche's Philosophy in Japan," in Graham Parkes (ed.), *Nietzsche and Asian Thought*, Chicago : University of Chicago Press, 1991.

Rosenthal, Bernice (ed.), Nietzsche in Russia, Princeton : Princeton University Press, 1986.

Schmidt, Volker H., "How Unique is East Asian Modernity?," *Asian Journal of Social Science* 39. 2011

Shao, Lixin, *Nietzsche in China. Literature and the Men of Science*, New York : Peter Lang, 1999.

Smith, Gregory Bruce, *Nietzsche, Heidegger, and the Transition to Postmodernity*, Chicago : University of Chicago Press, 1996.

Thatcher, David, *Nietzsche in England, 1890-1914 : The Growth of a Reputation*, Toronto : University of Toronto Press, 1970.

제2부

디아스포라의 삶과 장소

1
만주국의 조선인
： 디아스포라와 식민 사이

'만주 문제'에서 '조선인 문제'로

19세기 후반에서 20세기 전반 만주는 동아시아의 발칸이라고 할 수 있었다. 이는 동아시아에서 만주가 유럽에서의 발칸과 마찬가지로 열강의 세력이 충돌하는 '화약고'였음을 뜻한다. 다시 말하면 유럽의 발칸과 동북아시아의 만주는 지정학적인 상동성을 가지고 있었다. 발칸의 경우는 러시아의 남하, 이에 대한 영국의 저지(크리미아전쟁), 다시 독일의 팽창(제1차 세계대전)으로 발전하였다. 만주를 발칸과 비교하면 독일에 해당되는 세력이 일본이라고 할 수 있을 것이다. 독일에 의해서 제2차 세계대전이 발발했듯이 일본에 의해서 '만주사변'이 발생했다. 그러나 만주는 발칸과는 다르게 1990년대에 다

---

* 이 글은 《만주연구》 제13집(2012.6)에 게재된 원고를 수정 및 보완하여 재수록한 것이다.

시 보스니아 내전 등으로 여전히 화약고로 남아 있지만, 만주는 '한국전쟁' 이후에는 더 이상 발칸이라고 할 수 없게 되었다. 우수리강의 한 섬을 두고 중국과 소련이 충돌한 적이 있었지만, 만주 지역 자체는 중국의 영토로 완전히 편입되었다. 만주에는 '민족 문제'가 남아 있지 않다.[1]

이 글은 '만주 문제'의 한 부분이 되는 '조선인 문제'에 대해서 살펴보고, 다시 조선인 문제가 만주국 조선인의 시민권을 결정하는 데 미친 영향에 대해서 살펴보고자 한다. 이 글의 문제의식은 만주의 조선인을 식민지 조선 문제의 연장으로 보는, 다시 말하면 조선인 '디아스포라'의 관점에만 머무르지 않고, 만주국 조선인은 다른 한편으로는 일본국 신민이라는 법적 지위로 인해서 일본인의 신분(의 일부)을 누렸다는 점에서, '식민'의 요소를 가지고 있었다는 점을 강조하기 위한 것이다. 법적으로$_{de\ jure}$ 만주국은 국가였고 만주의 조선인은 일본인이었다. 따라서 만주국이 국가라는 점에서 만주인(중국인)이 차별을 받아서는 안 되며, 만주국의 조선인도 일본인이라는

---

[1] 동북아시아의 지정학적 화약고가 '만주'에서 '북한'으로 전이되었다. 다시 말하면 '북한 문제'가 '만주 문제'를 대체한 것이다. "1930년대 만주국의 지정학적 핵심 논점들을 맴돌던 이러한 모순점들─중국과 일본의 민족주의 대결, 아시아의 지역적 정체성과 미국의 세계적 제국 헤게모니의 고집 사이의 갈등, 일본 민족 정체성에 내재되어 있는 근본적인 모순─은 오늘날 북한에 집중된다. 1930년대에 '싸움터cockpit'로도 불렸던 문제지역은 두만강의 한쪽에서 다른 쪽으로 넘어간 것이다. … 만주국이 1930년대 동아시아 신질서의 중심축이었다면, 북한은 21세기에 미국이 그 제국주의적 질서를 강요하고 유지하는 데 이용하려고 하는 수단이다." Gavan McCormic, "Community and Identity in Northeast Asia : 1930s and Today," 만주학회 · 동아대학교 동아시아연구원 국제학술대회, 2004, 129, 136쪽.

점에서 조선인은 일본인이 누리는 동등한 권리를 누릴 수 있어야 했다. 그러나 실제로는^{de facto} 만주국은 일본 관동군의 지배 하에 있는 식민지였고, 만주국의 조선인도 일본인이라는 점에서는 중국인보다는 더 많은 권리를 누릴 수 있어야 했지만, 조선인도 식민지인이라는 점에서는 일본인과 동등한 권리를 누릴 수는 없었다. 만주(국)인으로서는 일본인이 더 많은 권리를 가지는 것은 받아들일 수밖에 없었지만, 조선인이 자신들보다 더 많은 권리를 가지는 것은 받아들이기 어려웠다. 왜냐하면 만주국 수립 이전만 하더라도 조선인은 중국인보다 더 많은 권리를 가질 수 없었기 때문이다. 다시 말하면, 왜 만주국 수립으로 인해서 조선인이 갑자기 그 수혜자가 되는가에 대해서는 이해하기 어려웠을 것이다.

이는 관동군의 만주국 통치에서 하나의 딜레마로 나타났다. 일본은 일본과 만주국의 '특수관계'를 '일만일체화(一德一心)'라는 말로 나타내고, 조선과 만주국의 관계를 '선만동등화(一如)'라는 말로 나타냈다. 두 경우에 조선은 다른 의미를 가지는데, 전자에서는 '일본' 속에 용해되어 있고, 후자에서는 '조선'으로 돌출되어 있다. 다시 말하면 조선은 일본의 한 지역이기도 하고, 식민지이기도 했다. 관동군은 만주국 통치를 위해서 '민족(5족)협화'를 내세웠고, 조선총독부는 조선 통치를 위해서 '내선일체'를 내세웠다. 이 두 통치 방침은 시차를 두고 진행되었다. '민족협화'가 먼저였다. 민족협화는 만주국을 구성하는 일본족, 조선족, 한족, 만주족, 몽골족이 민족통합을 이루어 나가자는 것인데, 만주국이 법적인 국가인 한 만주인을 식민지인으로 취급할 수 없는 상황에서 나오게 된 정치적 수사(만주인에 대한 회유)였다. 일본은 '민족협화'를 뒷받침하기 위해서 '치외법권'을 철폐한 해에 중일전쟁을 일으켰다. 여기서 중국은 만주와 내몽골이 아닌 중국 관내를 지칭했다. 이러한 상황에서 만주국과 조선은 '병참 기지'로서 중요하게 되었다. 전쟁이 확대되어 감에 따라서 일본의 입장에서는 조선인의 협력을 얻는 것이 중요하게 되었다. 이에 '일본족과 조선족의 동일화(內鮮一體)'가 주창되었다. 이제 조선인은 만주인과는 다르게 '창씨개명'을 하고, '지원병'을 거쳐 '징병'의 대상으로까지 되었다. 이 과정은 조선인이 '강제동원'을 당하는 과정이었지만, 그 희생의 대가로 재만조선인은 점차 '2등 국민'이 되어야 했다.

이 글에서는 재만조선인의 시민권이 '만주 문제'와 '조선인 문제'라는 구조적인 틀에 의해서 규정되었으며, 재만조선인의 '2등 국민' 지위는 조선인의 전쟁 동원이라는 일본의 정책의 산물로 인한 것임을 설명하고자 한다. 이 글은 다음과 같이 구성되었다. 우선 '만주 문제'를 주로 전쟁, 철도, 이민이라는 세 가지 계기를 통해서 살펴본다. 그 다음 절은 '만주 문제'의 일부로서 '조선인 문제'를 토지소유권과 국적 문제를 중심으로 살펴본다. 마지막으로, 만주 문제와 조선인 문제의 해결책으로서 만주국이 수립된 후 조선인의 시민권이 어떻게 변동되었는가를 '조선인 개척민'을 중심으로 살펴본다.

'만주 문제'와 만주국

'만주 문제'는 1860년 북경조약 이후에 출현했다. 북경조약으로 만

주에서 중국과 제정러시아의 국경선이 확정되었고, 우장牛庄(사실상
은 영구營口)이 개항지로 되었다.[2] 이렇게 해서 남부에서는 해양으로
부터 영국이, 만주의 북부에서는 대륙으로부터 제정러시아가 만주
를 에워쌌다. 제정러시아로부터의 위협이 더 직접적이고 심각하였
으므로,[3] 청은 폐쇄(봉금封禁) 정책에서 개방(이민실변移民實邊) 정책으
로 전환하였다. 이것은 곧 대부분 미개척지로 남아 있는 만주가 개
척되게 되었음을 의미했다. 이어서 일본이 대만에 출병하고 류큐를
병합하는 등 해양으로부터의 또 하나의 위협 세력으로 다가왔다. 중
국과 일본은 조선에서 충돌했다('청일전쟁'). 이 전쟁은 서해에서의
해전과 북부 조선(평양)을 거쳐 만주까지의 육전이 동시에 진행되었
다. 전쟁의 결과 일본은 대만과 함께 요동반도를 할양받아 만주로
침략할 수 있는 교두보를 마련하였다.

일본이 요동반도를 할양받은 것에 대해서는 영국이 반발할 수도
있었지만 영국은 이를 수용한 대신에(1898년에 일본이 점령한 위해威
海衛를 영국이 조차하였음) 러시아가 반발했다. 러시아는 프랑스와 독

---

[2] 원래는 우장牛庄을 개항지로 하였으나 요하의 물길이 바뀌어 우장에서 90리 떨어진
영구營口가 요하와 바다가 연결되는 지점으로 되자, 영국이 영구를 우장으로 해석
하고 영사관을 설립하였다. 이어서 러시아도 영구에 영사관을 설립하였다. 일본은
1876년에 영사관을 설립하였다. 이로부터 일본인이 관원, 유학생, 상인 등으로 만주
에 거주하게 되었다. 李澍田,《中國東北通史》長春 : 吉林文史出版社, 1991, pp. 455-
456.

[3] 제정러시아의 위협은 만주뿐만 아니라 신장에서도 발생했다('이리 문제'). 1864년에
발생한 '이리사건'이 '이리조약'으로 국경선이 확정되면서 1884년에 이 지역에 신강
성을 설립하고, 이리장군 외에 순무를 임명하여 '藩部'에서 '內地(民政, 行省)' 체제
로 전환하였다.

일을 끌어들여 일본이 요동반도를 청에 반환할 것을 요구하여 관철시켰다.[4] 이제 만주를 둘러싼 충돌의 당사자가 일본과 러시아로 전이되었으며 영국은 일본과 동맹을 맺어 러시아의 남하를 저지하려고 했다.[5] 러시아는 요동반도 남단(대련과 여순)을 조차하고 동청東省철도의 지선을 대련까지 연장하였다. 일본이 반환한 요동반도가 사실상 러시아에게 돌아간 것이다. 러시아는 1900년 의화단 사건을 이용해서 10만여 명의 군대로 만주를 점령했다. 1902년 〈동산성교수조약東三省交收條約〉을 체결하여 1년 반 내에 철병을 약속하였지만, 동년 12월에 잠시 철병을 정지한다고 결정하면서 다음과 같은 요구 조건을 내걸었다. ① 러시아가 돌려준 땅을 다른 나라에 양도할 수 없다. ② 몽골의 현행 조직 체제를 고치지 않는다. ③ 만주를 다른 나라에 통상지商埠地로 개방할 수 없다. ④ 중국 북부 사무는 러시아인이 감독한다. 곧 러시아는 만주뿐만 아니라 몽고를 포함한 중국 북부 지방에 대해서도 영향력을 행사하려고 했다. 1903년에는 동청철

---

[4] 일본은 요동반도를 퇴환하는 대신에 금주의 할양을 요구하다가, 다시 은 1억 량 배상을 요구했지만 결국 3천만 량(약 4405만 엔)으로 감액하였다. 이 조약의 명칭은 〈봉천성남변지방퇴환조약(요남교수조약)〉이었다(李澍田, 《中國東北通史》, 484쪽). 러시아 또한 열강의 강요에 의해 조약을 개정한 적이 있었다. 러시아는 제6차 러시아-터키전쟁(제2차 동방전쟁)에서 승리를 거두었지만 1878년 베를린조약에서 조약 개정을 강요받았으며, 청과 체결한 1879년 리바디아 조약도 청이 영국과 프랑스의 중개로 1881년 페테르부르크 조약(통칭 이리조약)을 체결하여 리바디아 조약을 개정하였다. 러시아는 이리 지방을 청에 반환하고, 대신에 이리 지방의 일부와 자이산 노르 지방을 할양받고 90만 루블의 배상금을 받았다.

[5] 이미 러시아의 남하를 저지하기 위해서 1885년에서 1887년까지 약 2년간 영국은 조선의 거문도를 불법 점령한 일이 있었다. 1885년과 1886년에 조선 정부에서는 러시아와의 비밀조약 체결 움직임이 있었다.

도를 개통시켰다. 시간이 갈수록 만주에 대한 러시아의 우위가 확고해 질 것이었다. 이에 일본이 1904년 러일전쟁을 일으켰다. 1905년 포츠머드 조약으로 인해서 일본은 조선과 만주 남부를 세력권으로 만드는 데 성공했다. 만주북부(와 외몽골)는 여전히 러시아의 세력권에 속했다. 미국이 철도의 중립화를 매개로 해서 만주의 문호개방을 요구해 옴에 따라서 일본과 러시아는 1907년과 1910년 두 차례 협약을 맺고 만주의 '현상 유지(문호 폐쇄)' 정책을 추구했다.

　일본은 '간도 문제'를 이용해서 만주를 지배하는 데 관건이 되는 철도에 대한 지배와 '간도'의 조선인에 대한 치외법권을 가졌다. 일본은 1909년에 〈간도협약〉을 체결하는 과정에서 '안봉安奉(안동-봉천)선'과 '길회吉會(길림-회령)선' 철도 부설권을 취득했다.[6] 이미 전쟁 중에 부설되고 있었던 안봉선이 곧 개통되어 일본은 부산에서 만주까지 이어지는 철도를 가지게 되었다. 일본이 만주를 지배하는 중요한 수단이 철도였다. 이러한 지배 방식은 이미 러시아가 동청철도를 부설할 때 만들어 놓은 것이다. 러시아는 철도관리권과 함께 군대 주둔권, 행정권, 경찰권, 사법권 등을 포함하는 철도부속지에 대한 관리권을 가지고 있었다. 이러한 철도부속지의 관리권은 조계 관리권을 훨씬 더 능가하는 것이었다. 일본은 국책회사인 '남만주철도주식회사(이하 만철)'를 통해서 만주에서의 자본 투자—철도 경영과 관련되는 각종 산업에 대한 투자—를 주도했다. 일본은 러시아로부터

---

[6]　원래의 '동3성 6안'은 신법철도 부설권, 대석교 - 영구 지선, 경봉선 연장, 무순 · 연대 탄광 채굴권, 안봉선 연선의 광무, 간도 문제 등이었다.

취득한 관동주와 만철부속지와 함께 다시 만철이 부설하는 지선(차관철도, 만철의 '배양선培養線')과 만철이 경영하는 회사를 통해서 남만주에서의 이익을 독점하려고 했다. 이 이익 추구 과정은 당연히 일본과 중국의 이익이 충돌하는 것이었지만, 또한 중앙과 지방(봉천 군벌)의 이익이 충돌할 수도 있었다.

1915년에 일본은 중국에 대해서 '21개 조'를 요구했는데 핵심적인 사안인 제2항, 곧 〈남만주동몽골조약(이하 만몽조약)〉은 '만주(와 동몽골) 문제'였다. 일본은 만주남부와 동몽골에 대해서 '토지상조商租권'을 가졌다. 토지상조권 취득은 조선인을 포함한 일본인(사실상 조선인)의 농업 이민을 가능하게 하는 것이며, 이는 곧 일본의 영사관이 만주에 확장되는 것을 의미하는 것이었다. 일본은 이제 관동주와 만철부속지, 그리고 간도에 더해서 만주 남부와 동몽골 전체를 세력권으로 만들고자 했다. 그러나 현지에서 이 조약상의 권리는 사실상 관철되지 못하였다. 지방 정부는 일본인에게 토지를 매매하는 자에 대해서 '국토도매盜賣죄'를 적용한다고 했다. 도시에서는 만철부속지라는 교두보가 있었지만 농촌에서는 간도를 제외하고는 그러한 교두보가 없었다. 다만 하나의 예외가 있었는데 그것은 조선인 농민이었다. 만주의 조선인은 만철부속지와 간도의 극소수 조선인을 제외하면 절대 다수가 농민이었다. 이들 조선인 농민은 주로 간도와 동변도(조선에서는 '서간도'라고 불렀음) 그리고 만철부속지 인근, 간도와 가까운 흑룡강성 등지에서 농업에 종사했다. 남부 지방에서 온 조선인들에 의해서 논농사가 개척된 후로 조선인들은 밭농사보다 더욱 경제적으로 유리한 논농사 개척에 주력하였다.

1907년에 경봉철도京奉(북경 - 봉천) 전 구간이 개통된 후,[7] 만주의 철도는 중국 정부가 관리하는 경봉철도(봉천), 일본이 관리하는 만철(대련과 장춘), 러시아가 관리하는 북철(하얼빈)의 세 철도로 분절되어 세 철도 간의 경쟁이 치열하게 되었다.[8] 1910년대 후반은 일본이 차관철도의 형태로 만철의 철도망 확충('만철 배양로培養路') 건설을 추진했다. 1917년에 길장吉長(길림 - 장춘)철로 차관계약, 1918년 길회철로 차관예비계약과 만몽 4철로 차관예비계약(장춘 - 조남, 조남 - 열하 등)을 체결하였다.[9] 그런데 1920년대가 되면 중국이 철도 경쟁을 주도하였다. 이는 다음과 같은 정치적 배경 위에서 이루어졌다. 하나는 강대국으로 부상한 미국이 태평양으로의 세력을 확장하는 과정에서 일본과 충돌을 하게 되었다. 1921년에 개최된 워싱턴조약에 의해서 미국이 주장하는 '문호 개방'과 '영토 보전' 원칙이 인정되었다. 이는 만주에서 일본의 더 이상의 세력권화가 저지되었음을 의미한다. 또 다른 하나는 1917년에 발생한 '러시아혁명'이었다. 일본이 러시아혁명 간섭군으로 가장 많은 군대를 시베리아에 파견하였지만, 결국 시베리아의 제정러시아의 판도를 소비에트연방이 계승하였다. 마지막으로 중국도 사정이 변하였다. 남방의 국민당이 공

---

[7] 안봉철도 부설권을 인정받으면서 신봉철도(신민 - 봉천)를 중국에 넘겨주었다. 중국은 신봉철도를 획득하여 경봉철도를 완성할 수 있었다.

[8] 경봉철도는 849.39킬로미터, 동청철도는 1,700킬로미터, 남만주철도는 약 1,100킬로미터였다.

[9] 何瑜·華立,《國恥備忘錄-中國近代史上的不平等條約》北京教育出版社, 1995, p. 461.

산당과의 합작—소련의 지원—을 배경으로 해서, '국민혁명 – 북벌'이 추진된 것이다. 1927년 국민당이 '상해 쿠데타'를 통해서 공산당을 숙청한 후에는 반공을 표방했던 장작림의 '봉계奉系 군벌'이 국민당에 반대해야 할 이유가 없어졌다. 더욱이 국민당의 '북벌北伐'로 인해서 만주가 중국 내지의 연장으로 될 가능성이 높게 되었다. 이에 일본은 1928년 '제남사변'과 '장작림 폭사사건'을 일으켰다. 장작림을 계승한 장학량은 같은 해 말에 국민정부 편입('동북 역치東北 易幟')을 선언했다. 이제 동북군벌과 중앙정부의 일본에 대한 대응이 일치하게 되었고, 이는 곧 동북군벌이 일본에 대해서 자주권을 강화하는 정책을 실시하는 것으로 나타났다.

중국 정부는 이미 1920년에 러시아로부터 철도부속지의 관리권을 회수하였으며, 1924년 소련과 국교를 체결하면서 중동철도에 대한 공동관리권을 획득하였다. 1924년에 장작림에 의해서 설립된 동삼성교통위원회를 중심으로 해서, 만철의 수송항인 대련항에 대항할 수 있는 호로도항 건설과 이와 연계되는 철도망 건설을 추진하였다. 주요한 철도는 동부의 심해沈海(심양 – 해룡)철도와 길해吉海(길림 – 해룡)철도, 서부의 조앙兆昂(조남 – 앙앙계)철도와 앙제昂齊(앙앙계 – 치치하얼) 철도 등이었다. 동부 간선 철도는 1928년과 1929년에 각각 개통되었으며, 접궤되어 심길沈吉(심양 – 길림)철로가 되었다. 1928년 12월에는 앙제철로가 완공되어, 북경에서 심양을 거쳐 길림과 치치하얼까지 연결되게 되었다. 만철은 동부와 서부의 평행선 부설에 대해서 항의하면서, 1912년에 개통된 길장철도를 연장하여 길회철도를 부설하기 위해서 박차를 가하여, 1928년 10월에 길돈吉敦(길림 – 돈화)

철로를 개통시켰다.

한편 장학량 지방 정권은 1929년에는 중동철도 회수를 시도하였다가 소련과 군사적 충돌 끝에 물러섰다('중동로사건中東路事件'). 장학량 정권은 철도 정책에서 직접적인 성공을 거두지는 못했지만, 민중들의 자주권 강화 지지 운동('국민 외교')을 배경으로 해서, 정권의 정당성을 강화할 수는 있었다. 중국의 공세적인 철도 정책은 만철에 위기감을 주었다. '만몽 5개 철도 조약'에도 불구하고, 결국 '철도권 회수保路 운동'으로 인해서 길회선 부설이 좌절된 것이 그 단적인 예였다. 1920년대 후반 경제공황이 닥치면서 만철의 '경제적 투자'는 충분한 보상을 받지 못하고 있었다. 이에 일본은 '철도 문제(만철의 철도 지배)'를 완전히 해결하고 '2항 2선(대련과 안봉선과 같이 청진과 길회선)'을 실현함으로써 만주를 실제적으로 지배하고자 했다.[10] 그 해결책이 관동군에 의해서 만주 점령, 그리고 만주국 수립으로 나타났다. 1932년 4월 관동군사령관과 만철총재 사이에 '철도, 항만, 하천의 위탁 경영 및 신설에 관한 협정'이 체결되고, 같은 해 8월 관동군사령관과 만주국 정부 사이에 다시 '철도, 항만, 항공로 등의 관리 및 선로의 부설, 관리에 관한 협약'이 체결되었다. 그리고 1933년 2월에는 만주국 정부와 만철 사이에 위탁 경영에 관한 계약이 체결되어, 만주국의 국유철도(항만, 하천과 함께)를 만철이 위탁 경영하게 되었다.[11]

---

[10] 길회선 문제는 1933년에 경도京圖(신경 – 도문)선의 개통으로 귀착되었다.

[11] 高橋泰隆,《日本植民地鐵道史論》東京 : 日本經濟評論社, pp. 346-347 ; 김지환,〈간도

일본은 소련과의 전쟁을 대비하면서 주로 국방의 목적을 위해서 철도 노선을 확장해 갔다. 1933년에는 종래의 숙원 사업이었던 길회 철도를 경도철도(신경 - 도문)라는 형태로 부설하였으며,[12] 북만주철 도(이하 북철)에 대항하는 형태로 1935년 목도선(목단강 - 도문)을 개 통하고, 1936년에 도가선(도문 - 가목사) 전 구간이 개통되었다. 1935 년에 소련 정부가 북철을 만주국(사실상 일본)에 매각하였다. 이는 곧 만철의 북철 포위가 성공을 거두었음을 뜻하였다.[13] 만철은 또한 빈 흑선(하얼빈 - 흑하), 수녕선 등을 부설하였다. 동부개발('북변진흥계획') 과 함께 또 다른 오지인 서북부 지역(몽골과의 국경지대)이 개발되었 다. 그리고 항일무장 세력이 활동 중이었던 동변도 오지도 개발되었 는데, '동변도부흥계획')의 일환으로서 매집梅集선(매하구 - 집안)이 부 설되었다.[14]

전쟁과 철도는 또한 이민을 불러왔다. 광서光緒연간(1875~1908년)

협약과 일본의 길회철도 부설〉,《중국사연구》34, 1995, 265~267쪽.

[12] 이로써 만철부속지와 함께 간도를 개발하여 일본이 만주를 지배하는(러시아의 북 만철도를 포위하는) 교두보로 삼고자 하는 '2항 2선' 정책이 실현되었다. 2항은 대 련과 청진이었고 2선은 만철과 길회철도였다.

[13] 소련은 1928년부터 제1차 5개년 계획에 들어가면서 서시베리아 개발에 주력하 고 극동시베리아를 수비 범위로 하는 특별극동군을 정비해 갔다. 이 특별극동군이 1929년 중동철로를 둘러싼 중국과의 장학량 정권과의 분쟁에서 압도적 군사력을 과시했다. 소련은 만주사변 직후인 1932년 4월에 특별극동군을 증강하기 시작하였 고, 4월에는 극동해군을 편성하였다가, 1935년에는 태평양함대로 개편했다. 그리 고 1935년 12월에는 중국과 국교를 회복하고 1937년에는 불가침조약을 체결했다. 山實信一,《キメラ:滿洲國の肖像》, 中央公論社, 1993, p. 43, p. 46.

[14] 1938년 1월 통집철로(통화 - 집안) 공사로 11도구와 12도구를 지나는 노령터널 5.5 킬로미터를 개통하였다.

에 만주는 모두 개방되었다(전면 개방은 1904년에 이루어졌다). 1861년과 1897년을 비교하면 봉천성은 인구가 282.7만 명에서 495.7만 명으로 증가하였고, 길림성은 33만 명에서 77.9만 명으로 증가했다. 곧 봉천성과 길림성의 인구를 비교하면 1861년에는 봉천성 인구가 8.6배 더 많았던 것이 1897년에는 6.4배 더 많았다. 1903년 7월 동성철로 개통 당시 흑룡강성의 인구는 40.8만 명이었는데, 1908년에는 145만 5,657명으로 증가했다. 대부분의 인구는 철로로 수송되어 와서 철로 연선에 정착하게 된 이민자들이었다.[15] 1911년 당시 동삼성의 1킬로미터당 인구밀도를 보면 봉천성이 74.21명, 길림성이 29.62명, 흑룡강성이 6.95명이었다.[16] 철도가 부설되기 전에도 산동 등지에서 만주로의 불법 이민이 있었지만 개방 정책과 철도 부설로 인해서 만주 이민이 급증하였음을 알 수 있다(이러한 만주로의 이민 급증을 '틈관동闖關東'이라고 한다). 1923년에 실시된 중국 우무국郵務局 조사에 의하면 중국 내지와 변경 지역의 1킬로미터(중국 화리華哩)당 인구밀도를 비교해 보면 내지(4억 1,301여 만 명)가 206.0명, 만주(2,200여 만 명)가 60.7명, 티베트 및 청해(650만 명)가 14.0명, 신강(120만 명)이 2.2명, 몽골(260만 명)이 1.6명이었다.[17] 아직은 만주의 인구밀도는 내지보다는 훨씬 적었지만 다른 변경 지역과 비교하면 점차 내지로 편입되고 있음을 알 수 있다.

---

[15]   曲曉范, 《近代東北城市的歷史變遷》, 東北師範大學出版社, 2001, p. 46.

[16]   趙文林 · 謝淑君, 《中國移民史》 人民出版社, 1988, p. 475.

[17]   滿鐵調査課, 《滿洲に於ける邦人の現況(下)》, 1931, p. 5

변경 지역 중에서 만주에 이민이 급증하였던 것은 만주의 자연환경이 다른 변경 지역에 비해서 유리하였기 때문이기도 하였지만 또한 철도가 발달하였기 때문이기도 했다. 1919년에 간행된 《최신만주지지》에 따르면 만주의 인구는 1,500만 명이었는데, 1928년에는 3,200만 명으로 추정되었다.[18] 10년 사이에 인구가 2배 이상(1,200만 명)이 증가한 것이다. 철도 부설 후인 1919년에서 1928년까지의 인구 증가 상황을 보면, 봉천성(1928년부터는 요녕성)이 1,015만 명에서 1,447만 명으로, 길림성이 422만 명에서 859만 명으로, 흑룡강성이 146만 명에서 496만 명으로 증가했다. 그리고 1928년에 신설된 열하성이 450만 명이었다. 철도가 부설된 후 길림성과 흑룡강성의 인구가 급증하고 있음을 알 수 있다. '개척민'으로 인해서 흑룡강성의 인구 증가는 1930년대에 더욱 급증하였다.[19] 만주에서 철도는 일본에게는 전쟁과 관련되었지만, 중국에게는 이민과 관련되었다. 중국과 일본의 충돌은 또한 '조선인'을 매개로 나타났다. 이 시기에 일부 지역에서는 조선인 이민과 중국인 이민이 충돌하였다. 이것은 중국 지방 당국과 조선인 농민의 보호자인 일본 영사관(과 조선총독부)의

---

[18] 관동주와 만철부속지의 인구를 보면 1918년 7월 현재 중국인 61만 명, 일본인 12만 명, 조선인 1.5만 명, 기타 외국인 365명, 러시아인은 하얼빈의 5~6만 명을 포함하여 북만주에 10만 명으로 추계되었다.

[19] 목도선의 도문 – 녹도 구간은 1934년 11월에 준공되었고, 녹도 – 영안 구간은 1935년 1월에 준공되었다. 1930년 5월에 영안현의 조선인은 3,088명이었는데, 1933년에 970호, 5,820명이었으며, 1934년 9월에는 1,324호(51개 촌에 분포), 6,932명에 달하였으며, 1935년에는 2,422호, 12,767명으로 급증하였다. 남영선, 〈영안의 조선족〉, 흑룡강성작가협회(daum.cafe/ hljskorean, 검색일, 2012. 6. 25).

충돌로 이어졌다.

'조선인 문제'와 만주국

만주 문제의 하위 문제로 '재만조선인 문제(이하 조선인 문제)'가 있었다.[20] 만주의 개척 과정에서 발생한 조선인 이민의 시민권과 국적을 둘러싸고 '조선인 문제'가 발생했다. 조선인 문제는 처음에는 '간도 문제'로 나타났다. 1885년과 1887년에 조선과 청이 '감계 회담'을 진행했다. 이 감계 회담은 백두산 지역에 국한되는 영토 문제를 낳았지만 이 문제가 간도 문제로 발전한 것은 1899년 〈조청통상조약〉, 1904년의 〈한청변계선후장정〉에도 불구하고, 1907년 일본이 용정촌에 통감부간도파출소를 설치하면서부터였다.[21] 이 간도 문제는 1909년 〈간도협약(중국 명칭은 '도문강중조변무邊務조관條款')〉 체결

---

[20] '재만조선인 문제'와는 별도로 또한 '조선 문제'가 있었고, 이는 '선만 문제'를 구성했다. 여기서 조선 문제라는 것은 조선 식민지를 유지하기 위해서는 만주 문제를 해결해야 한다고 하는 주로 군부의 문제의식을 말한다. 조선인 독립운동과 소련과 연결되는 사회주의운동을 차단하기 위해서는 만주에 대한 치안을 확보할 필요가 있었으며, '재만조선인 문제'는 식민지 통치에 필요한 일본제국의 '위신'과도 관련되었다. 일본 군부로서는 '총력전'을 수행하기 위한 '자급자족권'을 형성하기 위해서 만주(나아가 중국)의 자원이 무엇보다도 필요하였지만, 조선총독부의 입장에서는 재만조선인 문제를 해결하는 것이 조선 내지의 조선인에 대한 헤게모니를 가질 수 있는 유력한 수단이었다. 山室信一,《キメラ : 滿洲國の肖像》, pp. 31~42.

[21] 1902년 이범윤이 간도시찰원(1903년 간도관리사)로 파견되었지만 그가 가지고 있었던 무장력은 '사포대'로 국가기관이 아니었다.

로 간도 조선인의 시민권 문제가 해결되었다. 그런데 1915년의 '21 개조'의 하나인 〈만몽조약〉으로 간도가 남만주의 범위에 속하는가 하는 것이 논란이 될 수 있었다. 만약 그렇다면 간도의 조선인은 '치외법권'을 가질 수 있었다. 간도협약은 또한 간도의 조선인에게 토지소유권과 함께 조선에 쌀을 무관세로 반입할 수 있는 권리를 부과하였으므로, 간도의 조선인으로서는 간도협약과 만몽조약의 유리한 조항을 적용하면 가장 좋았다. 그러나 만몽조약의 체결에도 불구하고 중국 정부는 남만주의 조선인(조약상으로는 일본인)에게 '토지 상조권'을 인정해 주려고 하지 않았다. 중국 정부는 워싱턴 조약 과정에서도 만몽조약을 포함하는 '21개조'를 폐기하려고 했다.

만주의 조선인 문제가 발생하게 된 배경은 만주의 조선인이 중국에 동화되지 않고 조선인으로서의 정체성을 가지고 생활함으로써, 만주의 일부가 조선의 연장처럼 되었던 데 있다. 이러한 상황에 대해서 중국이 그것을 문제로 여기지 않는다고 하면 그것이 이상할 것이다. 대부분의 조선인은 조선인 마을을 이루고 살았다. 이 조선인 마을의 존재는 조선인 학교를, 심지어는 조선인 군대와 조선인 정부를 필요로 했다. 사실상 중국의 행정이 조선인 마을에는 미치지 못했다고 할 수 있다. 이러한 상황은 아직 만주가 완전한 개척지가 되지 못한 데 있었다. 조선인은 '자치'는 아니더라도 적어도 '자위'가 필요했다. 만주에서 조선인은 중국과 일본의 사이에 끼여 있었다. 일본은 모든 조선인—중국 국적을 취득한 조선인조차도—을 자신의 지배 대상으로 간주했고 중국 또한 적어도 관동주와 만철부속지, 그리고 개방지(상부지商埠地) 이외에 있는 모든 조선인—간도의 잡거지에 거주하는 조선인조차—을 자신의 지배 대상으로 간주했다. 일본이 관동주와 만철부속지 이외의 지역에서 거주하는 조선인—대부분의 조선인은 이 지역에서 거주했다—을 통치하는 기구는 영사관(영사경찰)이었다. 이 기구는 중국의 통치기구에 비하면 빈약했으나 집중되어 있었다. 일본은 관동주와 만철부속지에 군대(관동군)를 가지고 있었고 만주에서 가까운 조선에 또한 군대(조선군)를 가지고 있었다. 이 군대는 '만주사변'에서 증명되었듯이 만주의 중국 군대를 압도할 수 있는 무력이었다.

조선인은 중국 국적을 취득한다고 해서 완전한 중국인으로서의 권리를 누릴 수 있는 것도 아니었다. 만약 그렇다고 하면 적어도 간도의 경우는 사실상 조선인 자치—선출직의 대부분을 조선인이 차지할 것이다—가 가능할 것이다. 그리고 중국 국적을 취득한다는 것은 중국의 법역에 완전히 들어간다는 것으로서 실제 조선인 마을이 누리고 있는 자치를 잃을 염려가 있었다. 그리고 일본 국적을 가진다는 것이 반드시 일본의 탄압만을 의미하는 것은 아니었다. 일본은 또한 조선인 '보호'를 할 수 있었다. 그것이 '영사 업무'였다. 일본은 영사경찰까지 주둔시키고 있는 점에서 일반적인 영사 업무의 범위를 벗어나 있었다. 만주의 조선인의 경우에는 만철의 보조와 조선총독부의 보조를 받을 수 있었다. 특히 조선총독부의 경우에는 조선인 학교와 서당에 대한 보조, 의료 시설의 지원, 농업 경영 자금의 대출 등의 업무를 실시할 수 있는 지원 시설을 설치했다. 그리고 조선인이 자치를 할 수 있는 '조선인 민회'를 영사관의 하부시설로 설립했다. 이들은 물론 친일 세력이었고 중국 정부와는 충돌했다. 중국의 입장에서는 친일 세력의 부식 자체가 일본의 만주 침략의 일환이었다.

민족주의 세력은 대체로 중국 정부와 우호적이었다. 이들은 다시 개화파와 수구파로 구분할 수 있었는데, 전자는 중국 국적 취득을 찬성한 데 반해 후자는 중국 국적 취득에는 반대했다. 중국 국적 취득이 문화적으로는 '중국 복장'을 강요한다는 점에서 유림들이 받아들이기 어려운 요구였다. 그리고 중국이 공화주의가 된 이후에는 중국과 조선(복벽 대상으로서의 조선)과의 거리가 더욱 멀어졌다. 수구파는 상해임시정부가 수립된 이후에는 거의 영향력을 잃게 되지만, 대신에 새로운 세력이 등장하게 된다. 이들은 사회주의자들이었다. 사회주의자들은 '중국혁명'에 참가하기도 했는데 이 중국혁명 참가는 혁명의 대상인 중국 정부(북경정부나 남경정부)와 충돌하였다. 이러한 만주의 조선인 사회의 변화에 따라서 중국 지방 당국은 조선인 이민을 통제(구축)하는 정책으로 전환하였다. 이 정책적 전환의 배경에는 소련, 일본, 중국 사이의 힘의 균형의 변화가 놓여 있었다. 소련이 만주에서 개입하기가 어려운 상황이었고, 남방의 혁명 정권이 통일에 성공하고 만주의 지방정부가 중앙정부에 복속함에 따라서, 그리고 중국 민중의 민족주의 운동이 발전함에 따라서, 중국의 대외 정책이 강경 노선으로 치달았으며, 일본 또한 현상 타개 정책―만주 적극주의―을 추구하였다. 이러한 '만주 문제'의 변화는 '조선인 문제'를 더욱 부각시켰다.

조선인 내부에서 친중과 친일이 분열하고, 다시 친중 중에서 친국민당, 친공산당(친소련)이 분열하게 되었다. 이러한 분열은 지역에 따라서 다르게 나타났다. 크게는 간도와 간도 이외 지역이, 다시 간도 이외 지역에서는 봉천성 지역과 길림성·흑룡강성 지역이, 또는 만철부속지와 그 외 지역에서의 조선인의 시민권이 달랐고, 이에 따라 조선인 문제에 대한 대책도 다르게 나타났다. 먼저 간도 지역을 보자. 간도 지역은 일본영사관이 가장 집중해 있는 지역으로 조선인 민회가 가장 발전했다. 이 조선인 민회 운동은 간도에서의 조선인의 지위를 반영했다. 다시 말하면 간도에서 조선인은 일본 영사관의 '보호'를 받아서 시민권의 대부분을 누릴 수 있었다. 가장 중요한 토지소유권을 보자. 간도 4현에서의 조선인 토지 소유 비율을 보면, 1924년에 48퍼센트였던 것이 1928년에는 55퍼센트, 1932년에는 60.2퍼센트로 증가했다(동아경제조사국, 동아경제조사국, 간도문제의 경위, 1931 : 6 ;《조선일보》1932. 2. 27, 이훈구, 329~330).[22] 간도가 사회주의 운동의 본거지가 된 데에는 이와 같이 민족 모순이 아니라 계급 모순―조선인 내부를 포함해서―이 중요했던 사정과 관련이 있었다.

다음으로 동변도(서간도) 지역을 보자. 서간도 지역은 조선인 민족주의 운동의 본거지였다. 이 지역에서 조선인은 토지소유권을 취득할 수 없었다. 대부분이 밭농사 지역이어서, 조선인은 소작인으로서 생활했다. 이곳은 산지여서 마적의 위협도 더 많았고, 지방 당국의 수탈도 더 많았다. 통화通化 영사분관이 설립되었지만 1927년에 임강臨江 영사분관 설립은 저지를 당하였다. 이 지역의 조선인은 미쓰야三矢 협정에 의해서 중국 당국의 치안 대상이었다. 조선인은 중국 당국

---

[22] 1932년 현재 간도 각 현의 조선인 토지 비율을 보면 연길현이 57.0퍼센트, 화룡현이 80.0퍼센트, 왕청현이 54.0퍼센트, 혼춘현이 48.0퍼센트에 달하였다.

으로부터도 일본 영사관으로부터도 '보호'를 받지 못하였다. 서간도의 조선인은 중국 당국의 양해 하에서 '자치'와 '자위'를 발전시킬 수 있었기 때문에 중국 당국과 충돌할 수 있는 사회주의는 발전하기가 어려웠으며, 간도에서와 같이 조선인 사회주의자가 주도하는 '폭동'을 일으키지도 않았다.[23]

만주의 조선인 문제는 조선인의 국적 문제로 수렴되어 나타났다. 대한제국기의 국적 규정에서는 국적이탈을 인정하지 않았다. 통감부간도파출소가 공포한 규정에서도 한국 신민의 국적이탈을 인정하지 않았다.[24] 1909년에 청이 제정한 〈국적조례〉는 귀화(입적) 조건으로 거주 연한(만 10년 이상)과 함께 본국 국적의 상실을 규정하였다. 1912년에 제정된 중화민국 국적법은 국적조례를 계승하여 국적취득 요건을 10년 이상 거주하고, 본 국적을 이탈한 경우로 한정하였다. 그러나 1915년 11월 일본공사가 중국 외교총장에게 보낸 각서

---

[23] 이러한 관점에서 이루어진 하나의 연구로서, 재만조선인 사회를 중북만의 남선미작이민이 형성한 사회, 간도지방의 북선인 사회, 동변도지방의 북선인 사회의 세 집단으로 나누고, 이들의 사회적 처지 – 토지소유관계를 핵으로 하는 생산관계 – 가 달랐음을 설명하고, 나아가 이에 따라서 정치적 행위, 곧 민족주의 운동과 공산주의 운동으로 나타났다는 설명이 있다. 廣瀬進, 〈間島及東邊道地方に於ける鮮農の特殊性 – 在滿鮮農の社會的諸條件(二)〉, 《滿鐵調查月報》 16-9, 1936.

[24] 1908년 9월에 통감부간도파출소가 발한 〈간도한국신민규칙〉에서는 재주 한국신민은 어떠한 상황에서도 국적을 상실할 수 없다(제8조)고 규정했다. 1910년 7월 내각에서 제정한 〈일한합병처리법안〉에 의하면 조선인 국제법상의 지위에 관해서는 조선인의 대우는 특별법령 혹은 조관에서 따로 규정한 외에 그 지위는 내지인과 완전히 같다. 간도에 거주하는 조선인은 간도협약에서 간도협약에서 규정한 지위를 여전히 향유한다. 외국에 귀화하여 이중국적을 가진 자는 일본의 국적법이 조선에 적용되기 이전에는 여전히 일본 신민으로 본다. 姜龍范 · 崔永哲, 〈'日韓合併'與間島朝鮮人的國籍問題〉, 《東疆學刊》 16-4, 1999, pp. 9-10쪽.

에서 "신조약(만몽조약) 체결에 의해 조선인이라고 해도 일본국 신민인 이상 간도협약의 규정에 관계없이 만몽조약의 규정에 따라 모두 동 지방에 거주 왕래할 수 있는 권리를 보유하며 중국 정부는 동 지방의 조선인에 대해 재판권을 행사할 수 없다"라고 했다. 이에 중국은 더욱 적극적으로 조선인의 귀화를 권장하면서 귀화인에 대한 권리를 제고해 주고 귀화하지 않는 조선인에 대해서는 강제로 추방하는 등의 정책을 전개하였다.[25]

중국 정부는 국적법에서 규정한 두 조건을 만족하지 않는 경우에도 조선인의 입적을 허가해 주었다. 중국 국적을 취득한 조선인들이 중심이 되어서 간민교육회(후에 간민회墾民會)를 설립해서 조선인의 자치기관의 역할을 수행했다(간민은 간도협약 이전에 간도로 이민한 조선인을 지칭한다). 그러나 조선인의 자치는 민족자치가 아니라 지역 자치의 틀 내에서 이루어졌다. 중국 지방 당국은 거주 연한에 달하지 않은 사람(5년 이상)에게도 귀화원을 수리해 주었는데, 1915년 9월까지는 간도 전체를 통해 귀화한 자가 약 2,560명으로 추정되었다. 1917년 9월까지 조선인중 귀화 증서를 수령하고 정식으로 귀화를 한 호수는 1,104호이고, 출원 중 가귀화 증서를 가진 호수가 1,955호였다.[26] 1919년 일부 지방에서의 조선인의 귀화 상황을 보면 다음과

---

[25] 정지호, 〈민국시기 동북지역 조선인의 법적 지위〉,《중국학보》58, 2008, 286쪽.

[26] 白榮勳, 〈滿洲朝鮮人の國籍問題と法的地位〉,《明治大學大學院文學研究論集》16, 2002a, 104쪽, 白榮勳, 〈間島協約と朝鮮人の國籍〉,《東アジア研究》34., 2002b, pp. 62-63. 이 시기 조선인의 참정권을 살펴보자. 혼춘청 관내에서는 상당한 부동산을 가지고 형식적으로 치발역복한 경우에는 참정권을 인정해 주었으며, 신해혁명 직

같았다. 1919년 현재 귀화호 비율을 보면 혼춘이 20퍼센트(4,474호 중 1,025호), 왕청이 20퍼센트(2,846호 중 575호), 화룡이 3퍼센트(13,458호 중 417호), 밀산이 2퍼센트(157호 중 3호)였다.[27]

조선인의 귀화로 조선인 문제가 해결되지는 않았다. 다시 '귀화 조선인 문제'가 발생했다. 이에 중국 정부는 조선인 귀화 제한 정책으로 전환했다. 1920년 길림성 정부는 〈조선인 귀화를 제한하는 훈령〉을 발하여, 귀화 조건으로 국적법의 귀화 조건을 준수함과 아울러 귀화 신청 기간 동안에 위법행위를 했을 시에는 즉시 귀화를 취소하고 추방하며, 귀화 후 2년 내에 중국 방식에 따라 모든 관습을 바꿔야 한다는 등 귀화 조건을 강화하였다.[28] 1923년 1월 20일부터

후 국가와 성 양 의회 의원 선거에서는 혼춘청 정부가 상당한 자산을 가진 귀화한 조선인으로 선거 자격을 가진 30여 명의 선거인 명부를 길림성선거총감독에게 보냈다. 1917년 제정된 길림성 화룡현공서입적간장 제7조에 의하면, 귀화한 조선인은 상하급 자치 직원이 될 수 있고 현립 학교 교장 및 교원이 될 수 있고, 본 현의 행정기관의 직원에 임명될 수 있으며, 본 현에 토지 자산을 가진 자는 그 소유권을 확정한다고 했다. 秋憲樹 編,《資料 韓國獨立運動 4》下, 연세대학교출판부, 1975, 1475쪽 ; 정지호, 〈민국시기 동북지역 조선인의 법적 지위〉, 286쪽. 1918년 2월 6일에 발포한 연길현의 길림성 의회 선거와 관련한 포고(조헌병기 39호)에서는 현 내 선거 자격자가 중국인 184명, 귀화 조선인 54명이었다. 白榮勳,〈間島協約と朝鮮人の國籍〉, p. 64. 1918년 12월 30일에 용정촌 순경국장이 개최하는 망연회에 귀화 조선인 8명을 초청하여 귀화 입적에 반대하는 일부 조선인이 일본인의 시설에 속하는 조선인거류민회에 가입하는 사정을 지적하면서, 원래 국적법은 귀화 입적 10년 이상자에게 선거권을 주고, 20년 이상자에게 피선거권을 주도록 규정되어 있지만, 이번에 국회에서 이를 개정하여 동일한 권리를 가지게 했다는 점을 알려주었다. 간도정부는 명망이 있는 조선인을 판사원으로 각지에 배치하고 조선인의 교육 및 지방 행정을 보조하게 했다.

[27] 고영일 외,《중국항일전쟁과 조선민족》, 백암, 2002, 64~65쪽.

[28] 楊昭全 · 李鐵環 編,《東北地區朝鮮人革命鬪爭資料匯編》, 遼寧民族出版社, 1992, 74~75쪽 ; 정지호, 〈민국시기 동북지역 조선인의 법적 지위〉, 293쪽.

3일간 조선총독이 조선총독부 관계자와 만주 각지 영사관의 영사를 초청하여 만주와 조선에 관한 당면 문제를 논의하는 회의에서 만주의 조선인의 국적 문제에 대해서 토의하였다. 이 토의에서는 조선총독부 내무국장, 봉천총영사, 만철주식회사 이사, 하얼빈총영사, 길림총영사대리 등이 국적상실을 찬성하는 입장을 표명하였고, 간도총영사(귀화자는 2만 명 정도 되는데 그들 중 70퍼센트는 일본 국적으로 벗어나고 싶지 않으며 중국 국적을 취득하고 싶지 않지만 토지소유권을 얻어 생활을 안정시키기 위해 어쩔 수 없이 귀화를 하고 있는 상황), 요양영사, 안동영사, 장춘영사, 정가둔영사, 포조浦潮(블라디보스토크) 총영사대리 부영사, 통화영사분관주임, 해룡영사분관주임 등이 반대하는 입장을 취했다.[29]

　1920년대 중반까지 조선인의 귀화율은 높지 않았다. 1925년의 귀화 상황을 살펴보면, 길림이 13.5퍼센트(12,570명 중 1,700명), 액목이 13.9퍼센트(3,596명 중 500명), 돈화가 28.3퍼센트(3,535명 중 1,000명), 연길이 4.2퍼센트(197,600명 중 8,350명), 왕청이 8.4퍼센트(72,508명 중 6,100명), 영안이 1.7퍼센트(5,954명 중 100명)였다.[30] 이를 보면 길림성 내에서 간도 이외의 지역에서 귀화율이 더 높았고, 아직 영안을 포함하는 북부 지역은 귀화율이 높지 않았다. 또 다른 자료를 보면 1925년 간도 조선인의 귀화율을 보면 화룡현이 5,610명, 연길현이

---

[29]　金正柱 編,〈在滿洲朝鮮關係領事館打合會議報告〉,《朝鮮統治史料》8. 宗高書房, 1971 ; 정지호,〈민국시기 동북지역 조선인의 법적 지위〉, 289~292쪽.

[30]　鐵道省,《滿洲ニ於ケル鐵道ト在滿朝鮮人》, 1928, 27쪽.

4,727명, 왕청현이 1,406명, 훈춘현이 12,451명으로 훈춘현이 가장 높았다.[31] 이는 간도협약이 혼춘에는 미치지 않았기 때문에 혼춘의 조선인의 경우에는 중국 국적을 취득해야 간도 잡거지의 조선인과 같은 정도의 권리를 누릴 수 있었기 때문일 것이다. 1927년의 조선인 귀화율을 보면 봉천성이 270명으로 0.09퍼센트, 길림성이 37,470명으로 7.2퍼센트, 흑룡강성이 740명으로 0.5퍼센트였다. 전체적으로는 38,480명으로 4.7퍼센트에 달했다.[32] 1928년 간도 및 길회연선 조선인의 귀화율을 보면, 길림은 1,700명으로 7.4퍼센트, 액목은 500명으로 13.9퍼센트, 돈화는 1,000명으로 28.3퍼센트, 연길은 8,350명으로 4.2퍼센트, 왕청은 6,100명으로 8.4퍼센트, 영안은 100명으로 1.7퍼센트였다(연길과 왕청은 영사관 조사에 기초해서 실사한 것이므로 비교적 확실하다).

조선인의 귀화율이 낮았던 것은 여러 원인이 있지만 위의 지역별

---

[31] 末松吉次, 《南北滿洲及西比佰利亞地方在住朝鮮人ニ關スル調査》, 1925 ; 李盛煥, 《近代東アジアの政治力學》, 錦正社, 1991, p. 165.

[32] 東亞經濟調査局 編, 《滿蒙政治經濟提要》(改造社版 《經濟學全集》 第25卷, 1932, 517쪽 ; 李盛煥, 《近代東アジアの政治力學, 錦正社, 1991, p. 346. 1926년 봉천성 정부는 동변도에서의 조선인의 귀화를 제한했다. "조선인이 지방 치안을 문란시키는 일이 빈번하고 동변도는 조선과 인접해 있으므로 특히 조선인의 입국에 주의를 요한다. 귀 도윤은 관할 각 현지사에게 금후 조선인의 중국 입적을 금지시키고 이로써 불량분자로 인해 중일 교섭 사건이 발생하는 것을 방지해야 한다." 1926년 8월 화룡현에서는 귀화 조선인에 대해, 조선인 민회 탈퇴, 일본 국적 탈퇴, 귀화하지 않은 자라도 조선인민회 회비 납부 금지, 중국 국적이 없이 토지를 소유한 자는 귀화 수속을 밟고 후에 이러한 사실이 발견되면 토지 몰수, 엄벌에 처함 등의 지시를 내렸다. 朝鮮總督府警務局, 《在滿鮮人ト支那官憲》, 成進文化社, 1974 ; 정지호, 〈민국시기 동북지역 조선인의 법적 지위〉, 293쪽.

귀화율에서도 알 수 있듯이, 조선인에 대한 차별이 그다지 크지 않았다는 것을 의미한다. 간도협약이 지켜진다고 하면 사실 간도의 조선인은 관공리가 되려고만 하지 않으면 굳이 귀화할 필요가 없었다. 귀화를 하지 않더라도 경제적인 시민권을 누릴 수 있었고, 조선인이 다수를 차지하는 상황에서 사회적·문화적 시민권도 거의 확보하고 있었다. 간도는 조선의 연장(제2의 조선)으로 볼 수 있었다. 그러나 간도가 일본의 만주 침략의 또 다른 교두보로 되는 것을 방지하기 위해서 중국 정부는 간도의 조선인을 귀화시키려고 했다. 그 수단은 간도협약대로 하지 않고 귀화를 한 사람에게만 토지소유권을 인정해 주는 것이었다(1919년 귀화율이 특히 낮았던 화룡현의 경우에는 귀화를 하든 하지 않든 토지소유권을 인정해 주었다). 그러나 일본은 조선인이 중국에 귀화를 하든 하지 않든 일본의 국적을 상실할 수 없다고 하였다. 따라서 조선인은 귀화를 하는 경우에도 '이중국적' 신분을 벗어나지 못하였다.

간도총영사관의 조사 통계에 의하면, 1928년 2월까지의 간도 4현에서의 귀화자의 비율은 호수로는 14.4퍼센트(6만 3,499호 중 9,164호), 인구로는 13.8퍼센트(38만 2,014명 중 5만 2,739명)이었다. 간도 4현의 사례에서 귀화 조선인은 다음과 같은 네 부류에 속하였다. ① 배일사상(민족주의자)을 가지고 충심으로 중국 국민이 되려고 하는 자(1.4퍼센트), ② 이주의 연한이 오래되어 풍습에 동화되었기 때문에 귀화한 자(1.4퍼센트), ③ 정치적 위험사상(공산주의자)을 가지고 있거나 귀화로부터 특별히 편리를 얻을 수 있는 자(1.4퍼센트), ④ 토지소유권 확보 혹은 기타 수단으로 편의상 귀화한 자(9.8퍼센트). 이를 보면 토

지소유권 등과 같은 편의를 구하고자 귀화한 경우가 전체 귀화의 80
퍼센트에 달한다.

반면에 귀화자하지 않은 자는 또 다음과 같은 두 부류가 있었다.
① 일본 관헌의 보호를 신뢰하는 것이 유리한 자(8.6퍼센트), ② 무산
계급 등이어서 귀화할 필요를 느끼지 않는 자(68.8퍼센트), ③ 이해의
여하에도 불구하고 귀화하지 않으려는 자(8.6퍼센트). 귀화하지 않는
부류 가운데서 대부분을 차지하는 무산계급의 경우는 귀화의 필요
를 느끼지 않고 중국 측에서도 환영을 하지 않는데, 만약 중국 측이
귀화를 강요하면 입적할 수도 있었지만, 이 경우에는 다시 조선에
귀국하는 경우에 문제가 발생할 수도 있었다. 일본영사관 측에서는
이들이 향후 귀화를 할 것인가에 대해서 현재 일본 측의 보호가 철
저하지 않고 중국 측도 거의 대차가 없는 이상, 생존이 불가능하지
않는 이상 특별히 귀화를 하려고 하지는 않을 것으로 보았다.[33] 이들
간도의 조선인 농민 대부분은 지방주인제地方主人制에서 '전민佃民'의
신분에 놓여 있었다.[34]

일본은 1916년 미국에서의 일본인 이민 문제로 인해서 국적법을
개정하여 일본인의 본국적 이탈을 승인하였고 1924년에 다시 개정
하여 국적이탈 원칙을 더욱 명확하게 했지만, 이 개정 국적법은 조
선, 중국, 러시아 등지에는 적용되지 않는다고 규정하여 만주의 조

---

[33]   白榮勳, 〈間島協約と朝鮮人の國籍〉, p. 65.

[34]   千壽山·洪景蓮, 〈九一八事變前東北三省朝鮮人的入籍狀況〉, 崔洪彬 編, 《朝鮮族研
       究論文集》, 延邊大學出版社, 1995.

선인에게는 국적이탈이 허가되지 않았다.[35] 만주의 조선인으로서는 일본 정부가 미국의 일본인에게는 미국으로부터의 배척을 이유로 국적이탈을 허용했듯이 중국으로부터 배척을 당하고 있는 만주의 조선인에게도 국적이탈을 허용해 달라는 명분을 가질 수 있었다.

1928년 1월에 전만주 조선인대회가 개최되어 조선인의 중국 국적 취득에 대해서 논의했다. 찬성파는 일본의 국적으로 가지고 있어도 일본인과 같은 보호를 받을 수 없을 것이라고 했고, 반대파는 중국에 귀화해도 중국 관헌이 조선인을 자국민과 같이 보호해 주지 않을 것이라고 주장했다.[36] 찬성파는 특히 일본 관헌의 세력이 희박한 오지에 있는 동포는 일본인이라고 해서 중국 측의 반감을 사서 학대를 받는 사실을 지적했다. 찬성파는 길림·장춘(길림 서부와 중부) 등 만주 북부에 거주하는 조선인들이고, 반대파는 봉천·안동을 중심으로 남만주의 만철연선에 거주하는 조선인들이었다. 이는 조차지와 철도부속지에서 일본 세력이 강하고, 만주 북부에서는 중국 세력이 강함을 반영한 것이었다. 전만조선인대회는 상설기관 설치 등을 결의하고, 봉천성정부공서, 재만주일본관헌기관, 조선총독부에 인원을 파견하여 진정을 하기로 했다.[37]

1928년 길림성 정부는 조선인 귀화자는 조선인민회 및 동류의 단체에서 탈퇴, 일본 측이 경영하는 금융기관 탈퇴, 중국 현립 학교 입

[35] 白榮勳, 〈滿洲朝鮮人の國籍問題と法的地位〉, p. 103.

[36] 《間島新報》 1931. 8. 6 ; 白榮勳, 〈間島協約と朝鮮人の國籍〉, p. 69.

[37] 白榮勳, 〈間島協約と朝鮮人の國籍〉, p. 110.

학, 중국 의복 착용 등을 규정했다.[38] 1929년 2월에 중국 정부가 새로운 국적법을 공포하여 본국적 이탈 조항을 폐지하였다. 이에 찬성파에 속하는 1927년에 설립된 '귀화한족동향회'는 1929년 2월에 최동오 간사장 등을 남경국민정부에 파견하여 입적수수료 감액 등을 요구했다. 1929년 4월에는 동삼성 귀화 조선인 대표단이 국민정부에 "조선인은 일본의 노예가 되길 원하지 않으며, 중국 국적을 취득해 중국 국민이 되길 원한다"는 진정서를 제출했다. 첨부 자료에 따르면 중국에 귀화한 조선인은 요녕성 1만 명, 길림성 10만 명, 흑룡강성 1만 명으로 약 9퍼센트에 달하였다.[39] 조선인대표단은 귀화한족동향회 설립을 허가하여 행정사무를 보조하는 데 편의를 도모하게 해 달라는 청원을 하였다. 중국 정부는 동향회의 설립은 불허하였지만 조선인 구축령을 완화하여 6개월 이내에 귀화 수속을 밟고, 귀화 수수료도 종래 12원에서 10원으로 경감시켜 주었다. 그러나 당시 조선인의 1인당 평균 생활비가 1년에 70원 정도였으므로 10원은 매우 부담이 되는 금액이었다. 봉천성(요녕성) 당국은 귀화를 희망하는 조선인은 먼저 일본 내무성에서 발행하는 출적 증명서를 원서와 함께 제출하게 했다. 이는 봉천성이 일본의 침략에 대해서 가장 민감한 반응을 보였음을 나타낸다. 동삼성 대표단은 1929년 5월 국민정부에 다시 진정서를 보내, 현재 동삼성에 거주하는 조선인은 중국

---

[38] 1928년 재만조선인 중 귀화자가 30퍼센트로 추정된다. 滿洲帝國協和會中央本部調査部, 《國內に於ける鮮系國民實態》鮮系國民實態》, 1943, p. 13.

[39] 楊昭全·李鐵環, 《東北地區朝鮮人革命鬪爭資料匯編》, 98~99쪽 ; 정지호, 〈민국시기 동북지역 조선인의 법적 지위〉, 294쪽.

국적을 취득하고자 하는 사람이 90퍼센트에 해당하며 극소수의 과
격 공산혁명주의자와 극소수의 친일분자로 구성되어 있다고 하고,
민중지도이념의 하나로, "간척사업에 종사하여 자급자족사회를 만
든다. 당국의 주의와 정강에 따라 국민교육 및 군사훈련을 진흥한
다"라고 하여, 조선인 민족주의자의 입장을 대변하였다.[40]

   1929년 3월 길림성 정부는 조선인의 귀화를 제한하는 훈령을 발
하여, 귀화 조건으로 3년 이상 거주, 조선 또는 러시아 적을 둔 자 제
외, 귀화 증서를 가진 자로서 조선 또는 러시아 이주자는 귀화 증서
반납, 귀화 증서를 가진 자로서 조선 또는 러시아 적을 가진 자로 판
명될 때는 귀화 증서 회수 등을 규정했다. 1929년 8월 길림성 주석
은 훈령을 내려 조선인의 귀화를 허용하지 말고, 조선인에게 토지
소유권을 허락하지 말라고 했다. 1930년 5월 간도 4개 현에서는 이
미 귀화한 자라고 해도, 삼민주의에 반대하는 자, 친일 행동을 하는
자, 공산주의 사상을 가진 자, 일본의 간첩이거나 의심이 가는 자, 일
본의 침략 정책에 편의를 제공한 자, 국토를 도매하거나 도매하려는
자 등에 대해서는 귀화를 취소한다는 통지를 발하였다.[41]

   전만조선인대회에는 참가하지 않은 간도의 사정을 보자. 간도의
18개 민회장이 참가한 회의(간혼18개처선인민회장연합회의)에서는 일
본 정부에 교육, 산업, 의료 등 제 시설을 완비해 줄 것과 상당한 행

---

[40] 楊昭全·李鐵環,《東北地區朝鮮人革命鬪爭資料匯編》; 정지호, 〈민국시기 동북지역
     조선인의 법적 지위〉, 294~295쪽.

[41] 朝鮮總督府警務局,《在滿鮮人卜支那官憲》; 정지호, 〈민국시기 동북지역 조선인의
     법적 지위〉, 293~294쪽.

정비를 요구하는 동시에 이적(일본 국적 포기)을 승인해야 한다고 주장했다. 1932년 1월 봉천에서 자치특별행정구를 요구하는 운동이 전개되었다. 이는 당초 간도 조선인민회가 연합회 참가에 소극적이었기 때문이었다. 이들은 간도의 독립, 간도자치운동, 간도특별행정구역화 등을 요구했는데, 이러한 요구는 1934년 10월에 간도 지역이 길림성에서 간도성으로 분리되는 것으로 일단락되었다.[42] 이러한 조선인의 움직임에 대해서 일본 정부도 대책을 강구해야 했다. 이에 1928년 4월 외무성을 중심으로 척무성, 관동청, 조선총독부 등이 재만조선인문제조사위원회를 설립하고 〈기초안〉을 제출했다. 〈기초안〉은 만몽조약을 관철하고 상조권 문제를 해결하고, 중국 정부에 조선인의 토지 이용권을 인정시키고 일본은 중국에 경찰권, 과세권, 토지에 관한 소송 재판 관할권을 인정하고, 국적법을 조선에 시행하여 만주에서 치외법권을 철폐하고 만주 내지를 조선인과 일본에게 개방시킬 것 등을 결정했다.[43]

일본의 각 영사관에서의 조사한 내용과 이와 관련되는 주장을 살펴보자. 치치하얼영사관 조사에 의하면 1929년 10월까지 재류조선인 9,148명 가운데서 2,333명이 귀화를 하여 귀화율이 26퍼센트에 달하였다. 그런데 귀화에 대한 의향이 농민과 시가지 거주 상인 간에 다르게 나타났다. 농민은 토지의 소유권을 획득하고 중국 측의

---

[42] 滿鐵調査課, 《滿蒙事情》 105, 1930.6.2, pp. 811-813 ; 白榮勳, 〈滿洲朝鮮人の國籍問題と法的地位〉, p. 109, p. 87, p. 93.

[43] 白榮勳, 〈滿洲朝鮮人の國籍問題と法的地位〉, p. 110.

압박을 면함으로써 생활의 안정을 얻기 위해 귀화를 희망했다. 그리고 귀화한 자 중에는 그 사실을 숨기고 일본 신민이라고 칭하고, 일본 측에 접근하여 보호를 구하는 자도 있었다. 그러나 상인의 경우는 거의가 아편 등을 취급하는 부정업자에 속하여 일본 관헌의 보호를 받는 것이 이익이었으므로 귀화에 관해서는 극히 냉담하고 거의 귀화를 희망하지 않았다.[44] 길림총영사관의 1929년 조사에서는 관내 거주 조선인의 귀화율이 14퍼센트에 달하였다(17,665명 중 2,395명). 귀화의 유형을 보면 중국 측의 일방적 귀화(일부 불령자 및 공산주의선인을 포함)와 합법적 귀화로 구분할 수 있는데, 후자는 일본의 국적법 시행을 구하고 합법적으로 중국에 귀화하려고 하였는데, 그중에는 이중국적에 의한 편리를 향유하는 점에서 귀화를 하려는 사람도 있었다.[45] 장춘을 보면 찬성론은 주로 지식층이었고, 반대론은 중국은 완전한 법치국가가 아니고 정국도 불안정하며 가렴주구가 많으므로 차라리 일본 관헌의 보호를 받는 것이 득책이라고 주장했다. 관동청 관내에서도 토지의 상조와 소작권을 위해 귀화를 할 수 있다는 입장(귀화임의설)과 오지 조선인은 일본과 관계를 끊어도 아무런 문제가 없지만, 중국과 관계를 끊으면 바로 전 생활이 근본적으로 파괴된다는 주장(귀화지당설)이 있었다.

지역에 따라서 조선인의 시민권의 정도가 달랐음을 알 수 있다. 오지의 조선인이 시민권이 가장 취약했고 따라서 중국 국적 취득의

---

[44] 白榮勳, 〈滿洲朝鮮人の國籍問題と法的地位〉, pp. 113−114.

[45] 白榮勳, 〈滿洲朝鮮人の國籍問題と法的地位〉, pp. 103−115.

실익이 가장 컸다. 치치하얼의 귀화율이 가장 높았던 것이 이를 반영한다. 그런데 간도총영사는 간도는 만주의 다른 지방과는 달리 귀화에 상관없이 실제로 조선인은 토지소유권을 획득하고 있고, 이 중의 보호를 받고 있다고 하고, 만약 조선인의 귀화를 인정해 주면 1921년 이래 거대한 국폐를 투입하여 확장해 온 간도·훈춘 지방의 경찰서가 점차 그 기능을 잃을 것이고, 조선인의 지원지도기관인 민회, 학교, 병원, 금융부 기타 시설도 점차 그 기능을 잃을 것이라는 점에서 국적이탈을 반대하였다. 하얼빈영사는 귀화를 승인하는 것이 조선인의 불만과 불평을 수습하는 방안이라고 주장했다. 귀화를 통해서 조선인의 생활이 안정될 것이고 외교교섭을 피할 수 있다고 했다.

중국 정부의 조선인 정책도 문제가 있었다. 1930년 2월 내정부가 〈국적취득자제한해제심사규칙〉을 공포하여, 국적법 제9조의 국적 취득 및 그에 부수하는 처와 자는 공직에 취임할 수 없다고 규정한 제한을 해제하였다. 이 해제 대상은 만 5년 거주이고 부수 입적의 처자는 만 10년이었다. 이렇게 하여 조선인의 입적 및 법적 지위가 개선되었다. 1930년 3월에 개최된 동삼성행정회의에서 조선인 조사기관으로서 교민조사처를 설립하여, 부처장에 조선인 2명을 임명하고 조선인의 입적을 권유하였다. 그러나 1930년 5월 중앙정부가 길림성 정부에게 비밀통첩을 하달하여(내정부는 주일본중국공사에게 이 사실을 비밀리에 보고했다), 일본 정부가 귀화를 인정할 수도 있으므로, 이에 대한 대책으로서 조선인의 귀화 출원에 대한 심사를 엄중히 하고 (귀화 청원자의 거주 연한이 법정 연한에 달하였는가, 보증인이 가공의 인물이 아닌가, 법적 자격을 갖추었는가, 평소 행위가 어떠한가 등), 제한적 방침을 취할 필요가 있다고 했다. 중국 정부는 귀화 조선인에게는 토지소유권 및 각종 산업의 특권, 공민권을 부여하고, 구장 · 촌장 등의 선거권 · 피선거권을 인정하는 대신에, 귀화 조선인의 자녀는 중국의 교육을 받고 중국의 의복을 착용할 것을 요구했다. 이러한 방침은 1880년대에 청이 간도의 조선인에 대해서 요구했던 것과 같았다.

1930년 4월에 길림성정부 주석이 국적취득자의 참정권 문제에 대한 회의를 개최해서, 귀화 조선인에게 부여해야 할 각종 권리의무의 제한 방법, 불령조선인의 권리 취득과 행사 가능성에 대한 방지책 강구, 귀화 조선인에게 부여하는 권리 의무 내에 길림성에 적합하지 않는 조항 해제 방법 등을 토의했다. 본회의의 결정은 길림성 민정청의 토의를 거쳐, 제27회 성위원회의에 회부하여, 공민권 제한의 대상을 길림성에서도 조선인이 가장 집중해 있는 간도에 한정한다고 결정하고, 본건을 내정부에 송부하여 재가를 구했다. 이에 대해 내정부는 연변(간도) 각 현은 중국인과 조선인(원문은 화한)이 잡거하고 점차 주객전도의 경향이 있음을 지적했다. 이 지적에 따라서 길림성정부는 1930년부터 시작되는 간도의 각 현 행정제도 개혁에서, 화룡현, 훈춘현의 구장 후보자 10명을 중국인으로 결정하고, 조선인을 구장 후보에서 제명했다. 이에 간도에서는 연길현, 훈춘, 국자가 등지를 중심으로 하여 귀화 조선인에 의한 참정권운동이 전개되었다.[46]

---

[46] 白榮勳, 〈滿洲朝鮮人の國籍問題と法的地位〉, pp. 113−120.

중국 정부가 1929년 국적법 개정으로 조선인이 일본 국적이탈을 전제하지 않고서도 중국 국적을 취득할 수 있는 길을 열어 놓았음에도 불구하고, 조선인 귀화를 받아들이는 데 주저한 이유 중에는 조선인이 귀화한다고 해도 일본 정부가 조선인의 귀화를 인정하지 않기 때문이거나(사실상의 친일파), 그리고 조선인 사회주의자들이 활동을 더 용이하게 할 수 있기 때문이거나(사실상의 친소파), 만약 중국 정부가 조선인의 귀화를 쉽게 받아들여 준다고 하면 조선인의 이민자의 수가 급증할 것에 대한 우려 등이 복합적으로 작용하였을 것이다.

만주국과 조선인

만주국 성립 이후 조선인 문제의 핵심이었던 국적 문제는 다시 만주국인과 일본제국 신민이라는 문제로 변용되어 나타났다. 조선인 시민권 문제는 만주국 수립으로 모두 해결되었다. 이제 조선인은 적어도 법률상 만주국인이 누릴 수 있는 모든 권리를 누렸다. 그러나 민족 문제는 여전히 남아 있었다. 다시 말하면, 조선인은 국적은 일본인이었지만 민족은 여전히 일본족(내지인內地人)에 대해서 조선족(반도인半島人)이었다. 이 민족의 차별도 조선 내지에서 불어닥친 '내선일체' 관념으로 인해서 조선족이 아니라 '일계日系' 일본인에 대해서 '선계鮮系' 일본인으로 되었다(일선日鮮이 아니라 내선內鮮으로 되었다). 1920년대 후반 조선인이 벗어나고자 했던 '조선인 문제'는 거의 해결되었다. 만주국의 수립은 중국 정부가 우려했던 조선인을 첨병으로 하는 일본의 만주 침략이 실현된 것이라고 할 수 있었다. 1931년 10월에 봉천에서 설립된 조선인민회연합회는 1933년 관동군이 발포한 〈재만조선인지도방안〉에서 조선인 민회를 연락·통제하는 기관으로서 인정을 받았다. 민회연합회는 가맹 민회의 회비(3,000원)와 함께 외무성으로부터의 보조금을 받아서 운영되었다. 민회연합회는 만주국에서 조선인의 사실상의 지방자치행정기관의 역할을 했다. 민회연합회는 1933년 3월에 월보를 창간하여 1937년 11월 해산할 때까지 56호를 발행하였다. 1933년 3월 조선총독부로부터 농업장려비를 보조 받아 부업 장려와 같은 산업제일주의운동을 전개하였다. 설립 당시 가맹 민회 수는 13개 소였던 것이 1934년에 95개 소, 해산 당시의 1937년 11월에는 125개 소에 달했다.[47]

조선인의 지위를 둘러싸고, 조선인을 일본인으로 취급할 것인가, 만주국인으로 취급할 것인가의 문제가 발생했다. 국적으로만 보면 조선인은 당연히 일본인으로 취급되어야 했지만, 만약 조선인을 일본인으로 취급하게 되면 민족협화라는 관점에서, 특히 중국인의 불만을 살 것이 뻔했다. 1920년대 후반 조선인이 중국 국적을 취득하려고 했던 상황과 비교해 보면 만주국에서의 조선인의 지위가 어떻게 달라졌는가를 실감할 수 있었다. 이에 만주국 통치의 관점에서 관동군은 치외법권을 철폐하기로 하고, 조선인의 지위를 만주국인과 동등한 지위로 조정하려고 했다. 이제 치외법권 철폐를 둘러싸고

---

[47] 申奎燮,〈帝國日本の民族政策と在滿朝鮮人〉, 東京道立大學大學院 博士學位論文, 2002, pp. 93-94, p. 97.

'조선인 문제'가 다시 나타났다.

1935년 12월에 대만對滿사무국 관계자와 현지위원회(1935년 2월 설치)간의 검토회의에서 결정한 〈행정권처리요강〉에서는 조선인의 지위를 조약상으로는 일본인과 동등하지만, 실질적으로는 타 민족과 평등하고 그 취급 방법에 대해서는 양해 사항에서 정하는 것으로 결정했다. 이는 조선인도 일본 신민이라는 조선총독부의 기본 방침과는 다른 것이었다. 1936년 8월 관동군사령부가 발표한 〈재만조선인지도요강〉에서는 조선인이 만주국의 중요한 구성분자임을 강조하였다. 조선인민회를 협화회에 통합시키고, 조선인에 대한 조선총독부의 권한은 만주국(관동군사령관 겸 전권대사를 통해)에 이행하고(조선인민회의 행정기능이 만주국 행정기능에 흡수), 구 동북정권 시대의 폭정에 대한 반동적 관념과 일부의 잘못된 우월감을 억제하고, 민족협화의 건국정신에 철저하게 하여, 국내의 치안 유지에 임하면서 점차 국방의 책무를 진다라고 하였다(만주국국무원총무청이 1936년 10월 22일에 〈재만조선인지도요강설명〉을 작성하고, 같은 달 29일 도문에서 열린 남조선총독과 관동군사령관과의 회담에서 이 문서를 합의하였다).[48] 이것은 조선인의 법적 지위 변화를 초래하는 치외법권 철폐를 전제로 하는 만주국('민족협화') 우위의 원칙이 관철된 것이다.

중일전쟁 후 조선에 대한 중요성이 증가하게 되면서 재만조선인의 지위는 다시 변동을 겪게 되었다. 1939년 초에 내선일체의 근본취지를 만주국의 조선인에게도 적용하기로 했다. 이것은 1938년 2

---

48 申奎燮, 〈帝國日本の民族政策と在滿朝鮮人〉, pp. 104-105.

월에 공포된 칙령 제95호 〈육군특별지원병령〉을 만주의 조선인에게도 적용하기로 했기 때문이다. 재만조선인에게도 창씨개명이 실시되면서 이제 이름으로만 보아서는 조선인인지 일본인인지 구분할 수 없게 되었다.[49] 조선에서 창씨개명은 1939년 11월에 제령 제1호 〈조선민사령개정의 건〉, 제령 제20호 〈조선인의 씨명에 관한 건〉이 공포되어 1940년 2월에 실시되었다. 도시에서 조선인의 지위 문제는 배급제도에서 노출되었는데, 창씨개명 후에도 중국인 인조장隣組長은 조선인을 일본인과 차별하려고 했다. 그는 배급물자를 타는 서류의 이름 기입란에 조선인이 기입한 일본명에 대해 새 씨명 외에 본래의 조선명을 기입할 것을 요구했다. 그는 배급 관계에서 선계와 일계를 구별할 필요가 있는데, 왜냐하면 조선인은 법적으로는 일본인이라고 해도, 병역의 의무를 부담하지 않고 의무교육을 받지 않기 때문에 문화 정도에서 차이가 있고 풍속 습관 역시 다르기 때문이라고 했다. 요컨대 선계는 아직 선계라고 주장했다.[50] 이에 조선인에게는 창씨개명 무용론이 나왔다.

중국인 인조장의 반발은 민족협화와 내선일체의 모순을 지적한 것이다. 그런데 1942년 5월에 조선인에게도 징병제도를 실시하기로

---

[49] 1940년 12월 4일 현재 거주지별 창씨개명 신고율은 조선 내(호구 수는 412만 3,646)는 76.7퍼센트, 일본(호구 수는 19만 2,318)은 14.0퍼센트, 만주(호구 수는 21만 4,522)는 17.9퍼센트, 중국(호구 수는 1만 3,980)은 14.0퍼센트였다. 申奎燮, 〈帝國日本の民族政策と在滿朝鮮人〉, p. 197.

[50] 申奎燮, 〈帝國日本の民族政策と在滿朝鮮人〉, pp. 184-185.

결정하게 되면서부터는 내선일체가 우위를 점하게 되었다.[51] 1942
년 8월에 조선총독부와 만주국 간에 제2차 〈선만협정〉이 체결되어
'만선일여'의 방침을 더욱 강화하는 것을 재확인함과 동시에 조선에
서의 징병제 등을 재만조선인에게 적용하는 것과 관련하여, 만주 측
에서는 내선일체의 조선 통치의 근본 방침을 존중하여 이에 전폭적
으로 협력하기로 했다. 이는 만주국 정부가 내선일체를 민족협화보
다 우선시키는 것을 의미하였다.[52] 협화회본부장은 1942년 6월 국
민총력조선연맹과 협화회의 제휴를 강화하고 〈조선지도방침〉을 협
의하기 위해 조선을 방문하였다.[53] 협화회는 동아공영권 내에서 조
선이 점하는 지위와 조선에서의 황민화 정책에 관해 인식을 고쳤다.
복합민족국가인 특수한 사정을 이유로 재만조선인에 대한 황국신
민화에 소극적이거나 또는 반대했던 협화회가 협화회의 지도 방침
으로서 황군신민의식을 고양하고, 충량한 일본인으로 연성을 강화
하는 방침으로 변경했다. 이는 곧 '만선일여'를 매개로 해서 '내선일
체'를 수용하게 된 것이다.[54]

---

[51] 재만조선인의 유지는 징병제시행축하선서식을 열고, 감사문을 일본 정부 및 조선
      총독부에 보냈다. 申奎燮, 〈帝國日本の民族政策と在滿朝鮮人〉, p. 185.

[52] 宋漢鏞, 〈滿洲國における朝鮮人統治政策 – 全滿朝鮮人民會聯合會の分析を中心に〉,
      《日本植民地研究》9, 1997, p. 111.

[53] 『滿鮮日報』 1942년 6월 3일자, 6월 18일자.

[54] 《滿鮮日報》, 1942년 6월 21일. 1942년 5월 일본각의 조선인에 대한 징병제 공포,
      1944년부터 징집, 타국에 국적을 가지지 않는 재외조선인에게도 징병제를 적용한
      다고 결정했다. 《滿鮮日報》, 1942년 5월 14일, 16일. 1942년 11월에 재만조선인징병
      제실행준비위원회를 설립했다. 1944년 4월 1일, 8월 20일, 관동군에 의해 제1회 징
      병검사를 실시했다. 수험자 총수는 15,363명이었다. 예정 적령자의 전원이 수험에

1932년 9월에 만주국과 일본이 체결한 〈일만의정서〉에서 "만주국 영역에 있어서 일본국 또는 일본제국 신민이 종래 일본과 중국 간의 조약·협정 및 기타의 공사협정에 있는 일체의 권리와 이익을 확인하고 존중한다"라는 규정에 의해서 만몽(정확하게는 남만주와 동부내몽고)에서의 일본의 특수 권익이 승인되게 되었다. 문언으로만 해석하면 북만주에서는 일본인은 어떤 권리도 가질 수 없었다. 그러나 1932년 3월에 〈상조권을 전면적으로 실시하는 데 관한 법령〉(교령 제3호), 1933년 3월에 〈일본인토지상조임시방법〉를 발하였다. 일련의 행정명령을 종합하면 토지상조권은 3성 외에도, 북만특별구, 신경과 하얼빈특별시, 그리고 1932년 12월 신성제 시행 후에 설치한 흥안 각성과 열하성의 대부분 지역에도 적용될 수 있었다.[55] 상조권은 시행 세칙에서 사실상 토지소유권으로 취급하였다. 상조에는 장기상조와 단기상조로 구분하고 전자는 상조 기간을 20년(국유지는 30년)으로 하고 무조건 경신할 수 있는 것으로 하여 영구조권으로 사실상 토지소유권에 상당하며, 단기상조는 상조 기간이 3년 이내로서 토지임차권

　　참가해서 갑종 합격자는 5,777명, 제1을 이하 제3을까지는 8,149명, 병종 이하 무종까지는 1,436명이었다. 宋漢鏞, 〈滿洲國における朝鮮人統治政策 – 全滿朝鮮人民會聯合會の分析を中心に〉, p. 116.

[55]　재정부·민정부가 발한 〈일본인토지상조임시방법〉에서는 이 법령의 적용 범위를 봉천성, 길림성, 흑룡강성으로 하였다. 이외의 토지상조 관련 법령으로는 1933년 3월에 발한 〈일본인토지상조의 종지 및 부정당취득금지방법〉, 같은 해 4월에 사법부가 발한 〈일본인토지상조권설정등기에 관한 문건〉, 같은 해 6월에 발한 〈잠행상조권등기법〉, 〈동시행세칙〉, 〈상조집조발급규칙〉, 〈상조집조의 취급에 관한 계약수속문건〉, 〈양도에 의해 만주국인의 상조권취득에 관한 문건〉 등이 있었다. 〈滿洲國成立後に於ける商租權〉, 《滿鐵調査月報》 15-8, 1935, p. 4.

에 상당하였다.[56] 이렇게 해서 일본인은 만주국 전국에서 농업을 포함한 모든 경제활동에 종사하는 데 어떠한 불리한 점도 없었다.[57] 이것이 만주국이 사실상 일본의 식민지였음을 나타낸다.

일본이 만주국을 승인한 마당에 치외법권을 철폐하지 않을 명분이 사라지게 되어, 1937년 결국 치외법권을 철폐하고 만철부속지의 행정권을 만주국에 이양하게 되었다. 치외법권을 철폐한 후에 만철부속지를 만주국특별구로 할 생각이 있었다. 그렇게 되면 만주국 수립 후에 동성특별구(하얼빈의 부두구埠頭區, 남강南崗, 향방香坊)를 개칭한 북만특별구와 마찬가지로 부속지 내 각 도시는 자치를 누릴 수 있었다.[58] 그러나 1935년 중국(만주국)과 소련이 공동으로 경영하던 북만철도를 만주국이 매수한 후 북만특별구가 사라지게 되자 만주국특별구의 명분도 사라지게 되었다. 그러나 만철부속지는 치외법권 철폐 후에도 신사, 병옮김, 교육 등 일부 행정권이 재만일본대사관의 관할로 남았다. 관동주는 사실상 조선과 같은 일본의 해외 식민지('외지外地')의 하나였다. 만주국 수립 이전부터 관동주에서 거주하던 중국인은 본지인(민적民籍)으로 만주국 수립 이후에 관동주에 이민을 온 외지인(기류寄留)과 구분하였다. 관동주 당국은 본지인들

---

56 中谷忠治, 《間島に於ける農業機構の概要(二)》, 《滿鐵調査月報》 15-12, 1935, pp. 71-74.

57 1934년 4월 만주국은 무적조선인에 대한 토지상조 취득등기 거절을 발표하고 재만 조선인의 조선 호적 등록을 강요하였다.

58 野間淸, 〈滿鐵附屬地行政權の返還と滿洲國租稅制度竝に租稅負擔に就いて〉, 《滿鐵調査月報》 14-1, 1934, p. 28.

도 관동주인('주민州民')에 포함시키고 이들에 대해 동화정책을 실시하였으며, 만주국군('국병國兵')으로 징병하지 않고 경제상의 혜택을 주었다.

1932년 말 현재 외무성 동아국이 작성한 〈민족별 거주지성질별 인구 상황〉에서 거주지성질이라는 차별성이 존재하고 있었음을 확인할 수 있었다. 그것은 통상지(상부지), 잡거지, 미개방지, 부속지 등이었다. 미개방지 가운데 조선인이 거주하는 곳은 간도영사관 내, 하얼빈영사관 내, 치치하얼영사관 내, 만주리영사관 내, 적봉영사관 내 등이 있었다. 간도를 제외한 지역은 모두 만몽조약에 포함되지 않는 지역이었다. 조선인의 영사관 내별 분포 상황을 보면 간도는 상부지에 1만 4,927명, 잡거지에 13만 6,045명, 미개방지에 6,571명(합계 15만 7,543명), 하얼빈에 상부지에 7,420명, 미개방지에 3만 491명, 부속지에 3,255명(합계 41,166명), 치치하얼에 상부지에 580명, 미개방지에 1만 3,843명, 부속지에 1,193명(합계 15,616명), 만주리에 상부지에 72명, 미개방지에 4명, 부속지에 125명(합계 73명), 적봉에 미개방지에 638명(합계 638명)이 거주하고 있었다.[59] 만주국 수립으로

---

[59] 간도영사관은 연길, 화룡, 왕청, 혼춘, 무송, 안도의 6개 현을 지칭한다. 무송, 안도는 봉천성에 속하므로 만몽조약에 의해서 모두 잡거지이다. 그리고 연길과 화룡도 간도협약에 의해서 모두 잡거지이고, 왕청현은 6개 사 가운데 1개 사(백초구가 있는 춘융사)만 잡거지였다. 혼춘은 상부지를 제외한 모든 지역이 미개방지였지만, 혼춘분관은 조선인이 상부지에 4,804명, 잡거지에 4만 4,159명이 있고, 미개방지에는 없는 것으로 보아 사실상 간도협약이 적용되어 이미 잡거지로 되었음을 알 수 있다. 왕청현의 미개방지 5개 사는 1932년 말 통계에서는 향으로 명칭을 바꾸어서 국자가분관과 백초구분관에 나누어져 있었다. 그런데 국자가분관은 상부지와 잡거지에 조선인이 거주하고 있으나 백초구분관은 상부지에만 조선인이 거주하는 것으로

재만조선인에 대한 중국과 일본의 관할권 다툼도 그리고 이로 인한 재만조선인의 이중 국적도 더 이상 문제가 되지 않게 되었다. 만주 전역에서 조선인은 '상조권'을 누릴 수 있게 되었다. 따라서 간도의 조선인이 가지고 있던 특권의 상당 부분이 사라지게 되었다. 치외법 권이 철폐되기 전에는 치외법권 지역인 만철부속지와 만주의 기타 지역(영사관관내)간의 차별이 사라지지는 않았다. 그러나 1937년에 는 치외법권도 철폐되어 사실상 만주의 전 지역이 하나의 주권(법권, 법역)으로 통일되게 되었다.

조선인에게는 더 이상 귀화의 문제가 발생하지 않았다.[60] 만주국 에서 일본인의 지위가 중국인(만주국인)의 지위보다 높은 상황에서 조선인이 중국인이 될 필요는 없었다. 치외법권 철폐로 재만조선인 도 만주국 국민으로 통합한다고 하는 '관동군'의 정책('일만일덕일심

되어 있고, 그 수는 7,414명이었다. 따라서 간도영사관의 미개방지는 백초구분관에 속하는 지역으로 추정할 수 있다. 하얼빈 등 중동철로연선은 잡거지가 설정되지 않 아서 상부지, 미개방지, 중동철도부속지(행정구역으로는 동성특별구〔만주국 수립 이후에는 북만특별구〕 등을 이루고 있었다)로 구분됨을 알 수 있다. 위 통계가 맞 다고 하면 적봉영사관의 경우에는 미개방지에 거주하는 조선인 638명만을 관할하 였다. 外務省東亞局, 《滿洲國及中華民國在留本邦人及外國人人口統計表·第二十六 回》, 1933, pp. 171-172.

[60] 조선인은 만주사변을 만주군벌의 압박으로부터의 해방으로 인식하고, 일본 국적을 가지는 것의 실익을 체험하고 제국 신민의 긍지에 만족하고 있었다. 조선총독부외 사과장에 보고에 의하면 "만주사변 이후 재만선인이 일본국신민인 특권만을 진회 하고 교만한 태도를 나타내어 자중을 결하고 겸양을 잃고 불손폭만으로 다른 민족 과 사이에 분쟁을 야기하기 때문에 비난기피의 대상으로 되는 경우가 매우 많았다." 宋漢鏞, 〈滿洲國における朝鮮人統治政策 – 全滿朝鮮人民會聯合會の分析を中心に〉, pp. 99-100, p. 103. 신경총영사관에 의하면 구동북정부 시대에는 토지 소유를 위해 또는 압박 배척을 면할 수단으로 또는 불령조선인이 귀화하는 예가 있었지만 만주 국이 들어선 오늘에는 없다고 한다. 新京總領事館, 《管內在住朝鮮人》, 1933, p. 68.

日滿一德一心', '만선일여滿鮮一如')이 추진되었지만, 결국 재만조선인은 만주국 국민이기보다는 일본제국 신민이라는 조선총독부의 정책 ('내선일체內鮮一體')이 관철되게 되었다. 이러한 재만조선인의 이중적 지위로 인해서 만주국에서는 〈국적법〉이 제정되지 못하였다. 대신에 1940년에 〈임시민적법〉을 제정하였고, 다시 〈국병법〉을 제정하였다. 임시민적법에서는 국적과는 무관하게 만주국의 민적에 등록할 수 있었지만, 재만조선인은 이미 조선총독부의 '호적령'에 따라 조선의 '호적'에 등록되어 있었다. 국병법에서는 조선인은 일본인과 마찬가지로 만주국의 병역 의무(징집)에서 제외되었다(간도특설부대와 같이 지원병으로만 입대할 수 있었다). 조선인은 장차 일본의 병역법에 따라서 일본제국의 징집 대상이 될 것이었다. 이에 조선총독부의 관리가 만주에 파견되어 와서 조선총독부의 호적에 등재되지 않은 '무적자'를 취적시키는 사업을 전개하였다.

조선인의 지위를 추정해 볼 수 있는 하나의 지표로 조선인 이민의 규모를 들 수 있다. 1927년에서 1930년까지의 3년간 증가를 보면 1년 평균 1만 6,313명이 증가한 데 비해서, 1933년에서 1936년까지의 3년간의 증가를 보면 1년 평균 8만 712명이 증가했다.[61] 민족별 인구 증가 상황을 비교하면 조선인은 일본인 다음으로 인구가 증가했다. 1932년을 기준으로 할 때 1938년의 인구는 총 인구가 1.28배 증가했는데, 일본인은 3.65배, 조선인은 1.86배 증가했다.[62] 다음으

---

[61] 滿洲帝國協和會中央本部調査部,《國內に於ける鮮系國民實態》鮮系國民實態, p. 16.

[62] 宮川善造,《滿洲國の緣族複合狀態》, 新京 : 滿洲事情案內所, 1941, p. 54.

로 1941년을 기준으로 1942년의 증가를 보면 천 명당 증가율이 일본인은 79.2명, 조선인은 51.9명, 중국인은 27.4명이었다.[63] 원문은 중국인은 만인, 일본인은 일본인내지인, 조선인은 일본인조선인이다. 중국인의 증가율이 높아진 것은 산업5개년계획을 실시하는 과정에서 중국인 노동력이 필요하였기 때문이었다.

지역별 조선인의 인구 증가 분포를 보자. 1933년을 기준으로 1935년까지의 인구 증가는 남만이 1.3배(24만 8,387명)이고, 간도가 1.12배(45만 3,345명), 북만이 1.65배(9만 8,350명)이었다.[64] 1933년 말 민족별 거주성질별 인구통계를 보면 일본인은 만주국에 19만 4,896명, 관동주에 13만 9,016명이 있었다. 만주국 내에서는 다시 만철부속지에 13만 6,416명, 북만철도부속지에 2,515명, 부속지 외에 5만 5,965명이 있었다. 조선인은 만주국에 67만 1,535명, 관동주에 2,259명이 있었다. 만주국 내에서는 다시 만철부속지에 2만 7,717명, 북만철도부속지에 7,578명, 부속지 외에 63만 6,240명이 있었다.[65] 민정부 조사과가 조사한 1934년 말과 1942년 말 만주국 조선인 인구 66만 2,862명(2.02), 154만 583명(3.46)의 각 성별 분포를 살펴보자(괄호 안은 비율 퍼센트이다). 간도성이 43만 8,297명(73.40), 62만 2,227명(73.43), 봉천성이 6만 9,545명(0.73), 13만 9,069명(1.70), 안동성이 4만 6,879명(1.69), 6만 9,687명(2.96), 빈강성이 3만 9,426명(0.94), 7만 5,338명(1.71), 길

[63] 《滿洲人口統計(民族別)》(滿鐵資料館分類記號 03203), 1942, p. 3.

[64] 滿鐵産業部 編,《經濟年報(昭和十二年 · 上)》, 1937, p. 41.

[65] 外務省東亞局,《滿洲國及中華民國在留本邦人及外國人人口統計表 · 第二十六回》, p. 1.

림성이 2만 9,884명(0.63), 16만 9,311명(2.99), 삼강성이 1만 5,204명 (1.67), 3만 8,554명(3.02), 하얼빈특별시가 7,245명(1.50), 용강성이 3,486명(0.16), 9,477명(0.45), 북만특별구가 2,595명(1.19), 신경특별 시가 1,563명(1.07), 2만 971명(3.70) 등이었다.[66]

1934년 6월 말 현재 영사관 관내별 조선인 인구의 분포를 보면 71만 7,507명 중 간도에 16만 8,482명, 안동에 6만 6,086명, 봉천에 4만 5,572명, 연길에 4만 2,362명, 하얼빈에 3만 5,102명, 통화에 3만 2,316명, 길림에 1만 4,586명, 신경에 1만 2,617명, 신민부에 3,024명이었다.[67] 1935년 현재 조선인 인구의 분포는 관동주에 4,389명, 만철부속지에 3만 2,081명, 영사관 내에 79만 7,831명이었다.[68] 조선인 인구의 대부분은 영사관 내에 거주하고 있었다. 반면에 일본인은 만철부속지에 17만 2,121명, 관동주에 16만 3,715명, 영사관 내에 14만 5,034명이 거주하였다. 1934년 말 만주국 통계에서는 관동국 관내(관동주와 만철부속지) 인구가,[69] 1942년 말 통계에서는 관동주가 포함되지 않았다. 1943년 당시에는 하얼빈특별시와 북만특별구는 이미 철폐되어 빈강성에 편입되어 있었다. 새로 만들어진 일부 성에서의 1942년 말 조선인 인구를 살펴보면 북안성이 3만 6,255명(1.57), 동안성이 4만 4,583명(7.13), 목단강성이 12만 1,775명(18.60), 통화성이 9만 5,389

---

[66] 滿洲帝國民政部,〈第一次統計年報〉. 1935, pp. 4-5.

[67] 在滿日本大使館,《在滿朝鮮人事情》. 1935, pp. 136-137.

[68] 《滿洲統計》 1-11, p. 40.

[69] 1934년 말 조선인의 분포를 보면 만주국에 118,754명, 만철부속지에 5,423명, 관동주에 499명이 있었다. 國務院總務廳統計處,《滿洲帝國人口統計》, 1935, p. 6, p. 25.

명(9.91)이었다. 북안, 동안, 목단강 3성은 '북변진흥계획'을 추진하면서, 통화성은 '동변도부흥계획'을 추진하면서 개발된 곳인데 이들 지역에서 조선인의 인구 비율이 상대적으로 높았다. 특히 목단강성은 간도성 다음으로 조선인의 비율이 높았고, 특히 목단강시에서의 조선인 비율이 높아서 '제2의 간도'로 불릴 만하였다.

이 시기 조선인 인구의 증가에서 또 하나 주목되는 사실은 도시 인구의 급증이었다. 조선인 4명 중 1명은 도시에 거주하였다. 1937년과 1943년간 조선인의 대도시에서의 인구 비율의 변동을 살펴보자. 봉천은 2.7퍼센트에서 4.1퍼센트로, 신경은 2.1퍼센트에서 3.3퍼센트(1942년에는 3.7퍼센트)로, 하얼빈은 1.0퍼센트에서 1.9퍼센트로 각각 증가하였다. 1942년 말 이 세 도시의 조선인 인구는 봉천이 5만 5,530명, 신경이 2만 4,507명, 하얼빈이 1만 4,492명으로 도합 9만 4,529명에 달하였다. 또 하나 주목되는 현상으로는 조선인 인구의 간도성 집중률이 감소하였다. 1934년에는 조선인의 3분의 2가량이 간도성에 거주하였으나 1940년에는 40퍼센트 대로 떨어졌다. 그리고 1934년에서 1940년까지의 간도성 각 현의 조선인 인구 증가 상황을 보면 왕청현이 3만 9,907명에서 10만 3,394명으로, 안도현이 3,058명에서 1만 8,763명으로, 다른 현에 비해서 급속하게 증가했다.[70] 이 지역은 집단이민과 집합이민의 배치된 지역이었다.

만주국 시기에 조선인 이민의 한 종류로 '개척민'이 있었다. 개척민은 이전과는 달리 사람이 살지 않는 지역에서 개간을 한 것이 아

---

[70] 滿洲帝國民政部, 〈第一次統計年報〉, 1935, pp. 8-9.

니라 중국인 농민 또는 조선인 농민이 이미 경작하고 있는 토지를 시장가격보다 더 싼 값(하나의 예를 들면 시장가격의 3분의 1)으로 구매하여 농장, 부락을 건설하였다. 이 과정에서 조선인이 수혜자였는지 피해자였는지 해명이 되어야 할 것이다. 1936년 8월 만주국이 발표한 〈재만조선인지도요강〉에서는 동변도와 간도 지구 23개 현을 조선인 개척민 신규입식 지구로 정식으로 확정했다(194). 1938년에 〈선농취급요강〉을 제정하여 신규입식을 규정한 23개 현 제한을 취소하고, 조선 개척민의 이주 범위를 확대했다.[71]

집단개척민은 1937년에 1만 2,951명, 1938년에 1만 4,427명, 1939년 5월 1일 현재 3만 1,416명으로 총계가 4만 8,794명이었다(389). 1938년 7월에 집단개척민, 집합개척민, 집결개척민, 자경농개척민, 안전농장, 분산개척민 등을 집단, 집합, 분산으로 재분류하였다. 집단이민은 주로 간도 3개 현에 배치했다.[72] 1937년에는 전체 2,478명 중 2,280명을 1938년에는 2,854명 중 1,824명을, 1939년은 3,920명 중 1,070명을 간도 3개 현에 배치했다(9,260명 중 5,178명, 조선사정, 1939 : 81). 또 다른 자료를 보면 1939년까지 집단이민 입식 상황을 보면 전체 49,600명 중 간도성에 26,950명, 통화성에 4,470

---

[71] 孫春日,《'滿洲國'時期朝鮮開拓民研究》, 延邊大學出版社, 2003, p. 176.

[72] 1936년부터 1943년까지 간도에 이주해 온 일본개척단은 16개단, 896호(원래 계획 호수는 2,170호였다), 3,706명이었다. 연길현에 일본인 개척지가 110헥타르이고, 동척과 만척지가 2,025헥타르에 달했다. 이 토지는 농민들에게 사들인 것인데 토지 가격은 시장가격의 3분의 1밖에 되지 않았다). 1941년 8월에 식량 공출제를 실시했다. 孫春日,《'滿洲國'時期朝鮮開拓民研究》, p. 100.

명, 길림성에 6,472명, 목단강성에 5,124명, 이외에 빈강성, 용강성, 금주성, 북안성, 봉천성 등에 걸쳐 있었다. 논농사에는 2정보, 밭농사에는 4정보의 토지를 주었다(1940, 208 : 214). 토지비, 주택건설비, 영농자금 등 건설 수요 경비를 일본 금융기관이 빌려 주고 개간한 토지에서 수확하여 20년간 분할상환 형식으로 갚게 했다. 1940년까지 만선회사가 조선인 집합이민을 신경, 봉천, 연길, 목단강 각 지점과 북안건설사무소를 통해 6만 4,260명을 입식했다.[73]

집합개척민은 1939년부터 실시된 이민 형태로서 규모가 비교적 적고, 만선회사가 입식지 선정을 책임지는 외에는 나머지는 만주국이 지방 금융회에 지도와 원조를 위탁해서 실시했다. 만주국의 지정 요구에 따라 각 도에 인원을 할당해서 입식했다. 이들은 수속비와 여비를 부담해야 했다.[74] 만주국 개척총국의 조사를 거쳐 1938년

---

[73] 1936년 1월에 조선인 농업개척민에 관한 방침을 확립하고, 신규 입식 조성기관으로 1936년 6월 칙령 제97호로 만선척식주식회사를 설립하기로 했다. 1936년 9월에 경성에서 선만척식주식회사, 신경에 만선척식고분유한공사를 설립했다. 집단이민은 총독부, 만주국 및 선만척, 만선척이 원조 알선하여, 여비, 경지, 자금, 가옥 등을 공사가 준비하고 장래 자작농이 되도록 지도하는 것이고, 집합이민은 기이주자의 연고초입으로 토지만 선척이 준비하고, 소작농으로 하는 것이고, 분산이민은 연고자이지만 선척의 관여는 하지 않는다. 이민의 훈련은 집단과 집합이민은 조선 및 만주에서 행한다. 입식 호수 매년 1만 호 산정은 남선을 주로 하는 과잉인구를 대상으로 한다. 실제 매년 1만 호 입식을 예기하기 어렵기 때문에 30개년 20만 호를 목표로 했다. 집단이민의 1939년도 할당 호수는 3,000호이고, 각 도 할당 비율은 충북 15퍼센트, 충남 10퍼센트, 전북 20퍼센트, 전남 15퍼센트, 경북 25퍼센트, 경남 10퍼센트, 강원 5퍼센트였다. 지도원조지역은 간도 및 동변도 23개 현으로 이외 집결지로서 개원, 철령, 서안, 서풍, 영길, 액목, 돈화, 쌍양, 회덕, 서란, 화전, 영안(목단강), 수화(빈강), 태동, 도남(용강), 통료(흥안남) 등의 제현이다. 孫春日, 《'滿洲國'時期朝鮮開拓民研究》, p. 68, p. 389.

[74] 高見成, 《鮮滿拓植株式會社 · 滿鮮拓植株式會社5年史》, 滿鮮拓植株式會社, 1941(滿

부터 1940년 3년간 이주증을 가지고 중조변경 관구를 통과한 분산 개척민은 6,775호, 2만 4,912명이었다.[75] 이들 분산 이민에 대해서는 만주국 개척총국이 통일적으로 관리하고 만선회사는 원칙상 거의 간섭할 수 없었다.[76]

이러한 종류는 일본 개척민과 같았다. 일본 개척민은 또한 연초개척민, 임업개척민, 자경촌개척민(철로안전보호의 개척단), 어업개척민(삼하성 하천어업 위주), 보급창개척민(제1선에서 보급창 공작을 하는 개척단),[77] 마산개척민(우량마 생산), 이주공창개척민(실업노동자), 대륙귀농개척민, 개척여숙(청소년의용군 배우자, 1941년 창설), 만주건설근로봉사대(1939년 창설) 등 여러 형식의 특수개척민이 있었다.[78] 일본은 집단개척민, 집합개척민, 철도자경촌, 청년의용대 등으로 1938년도는 2만 2,001명, 1940년도는 5만 9,288명에 달했다. 제9차(1939~40) 집단개척단 101단의 배치된 지역을 보면 북안성에 28개, 삼강성에 23

洲移民關係資料集成 12, 不二出版社), pp. 71-72 ; 孫春日,《'滿洲國'時期朝鮮開拓民研究》, p. 216.

[75] 1940년부터 조선총독부가 신의주, 만포진, 혜산진, 상삼봉, 남양, 등지에 관구를 설치하고, 만주국이 안동, 집안, 임강, 도문, 개산둔 등지에 개척총국판사처를 설치했다.. 당지 경찰서가 이주증명서를 거주증명서로 교환해 주었다. 高見成,《鮮滿拓植株式會社 · 滿鮮拓植株式會社5年史》, p. 80 ; 孫春日,《'滿洲國'時期朝鮮開拓民研究》, pp. 223-224.

[76] 孫春日,《'滿洲國'時期朝鮮開拓民研究》, p. 210, p. 217.

[77] '제1선'이라는 것은 일본이 소련과의 국경 지대에 토치카 진지를 구축하면서 최전방 군사시설을 구축한 지방을 말한다. 다시 제2선과 제3선이 있었다. 제2선은 후방이고 제3선은 후방의 후방이었다. 제3선에 일본 개척민이 주로 배치되었다.

[78] 孫春日,《'滿洲國'時期朝鮮開拓民研究》, p. 217.

개, 용강성에 16개, 빈강성에 13개, 목단강성에 10개, 길림성에 6개, 동안성에 5개 단이었다. 북안성, 삼강성, 용강성, 목단강성 등 동북부 군사 요새 지역의 '제3선'에 많이 배치된 것이 특징적이었다. 최전방의 경우에는 조선인 이민이 후방으로 재이주를 하고 대신에 일본인 이민이 배치되기도 했다.

조선인 농업 이민 중에는 또한 집단부락과 안전농촌이 있었다. 1936년 6월말 〈집단부락 성별 호구 일람〉을 보면 간도, 봉천, 흥안남, 용강, 빈강, 삼강에 36개 부락, 8,579호, 39,165명이었다. 안전농촌은 조선인 농민의 자작농창정을 목적으로 하는 집단농촌으로 당초 이재민의 수용구제를 위해 1932년 이래 동아권업주식회사가 총독부, 관동군, 만철 및 만주국정부의 원조 아래 건설한 것을 선척의 설립과 함께 인계한 것이다. 철령농촌, 영구농촌, 하동농촌(주하), 수화농촌, 삼원포농촌(유하현) 등이 있었다(2,400호, 1만 1,000명). 1938년 7월 이후 이민 정책이 더욱 구체화되었는데 흑룡강성으로의 이민을 장려하고 논 개발을 서둘러 전쟁 수요에 대비하려고 했다. 1938년 목릉현에 조선인 이민이 266호, 1,490명에 달했다. 1940년에 흑룡강성 조선인 인구는 15만 3,357명이었다.[79]

---

[79] 孫春日,《'滿洲國'時期朝鮮開拓民研究》, p. 90, p. 388.

조선인에서 조선족으로

심양 인근 마을에서 중국공산당 간부로 활동했던 조선인 노인과 인터뷰를 한 적이 있었다. 나는 몇 가지 사실에 놀랐다. 하나는 그가 초등학교에 다니던 1940년대 전반기, 조선인들이 매우 가난했다는 사실이다. 그리고 그들은 학교에서 조선어를 사용하지 못하였던 일, 만일 조선어를 사용하면 벌점을 받고, 체벌을 받은 일을 식민지 교육으로서 기억하고 있었다.[80] 두 번째로는 마을에 있던 조선인들이 해방 직후에 대부분 마을을 떠났다는 사실이다. 그 원인은 중국인의 눈에 조선인이 '얼구이즈', 곧 '제2 일본인'으로 비쳤기 때문에 보복이 두려워서 심양으로 빠져나간 것이라고 했다. 이들은 다시는 마을에 돌아오지 않았다. 셋째는 중국공산당원으로서 매우 열심히 중국공산당의 방침에 따라 일을 했다는 것이다. 무엇이 그를 중국공산당으로서 열심히 일을 하게 했을까? 만주국 시기에 조선인으로서의 삶과 중화인민공화국 시기의 조선인의 삶이 무엇이 달랐을까?

이 질문에 답하기 위해서는 만주국 시기의 조선인의 삶에 대한 대답을 필요로 한다. 이 글은 이 질문에 답하기 위해서 썼다. 1931년과 동일한 일이 1946년(토지개혁)에 발생한 것인지 궁금하다. 만주국에서 조선인이 중국인과 동등한 지위를 누린다고 하는 것은 중화인민

---

[80] 조선에서의 국어보급운동과 병행하여 재만조선인에서도 일본어의 보급 및 생활화 운동이 전개되었다. 봉천시에서는 선계보도분과위원회의 지도 하에서 각 가정에의 국어보급운동을 실시했다. 申奎燮, 〈帝國日本の民族政策と在滿朝鮮人〉, p. 185.

공화국이 수립된 후에 실현되었다. 국민당은 1928년의 조선인 구축과 유사하게 조선인을 '한교韓僑'라고 해서 송환(추방)했다. 이 두 시기 사이의 변화는 1931년 이후의 조선인의 간도에서의 항일 빨치산 투쟁에서 찾을 수 있을 것이다. 이것은 1928년 조선인들이 중국 국적 취득을 주장하면서 조선인이 중국혁명에 참가하여(국민혁명) 일본 제국주의와 싸우겠다는 주장과 유사하다.

이 글에서는 조선인의 시민권을 조선인의 독립운동(혁명운동), 친일 또는 친중 자치운동과 관련해서 살펴보지는 못했다. 일본에서 고등관에 합격하여 만주국 감남현에서 참사관(부성장과 동급)으로 근무했던 김규민의 회고에 의하면 보통의 중국인들은 한국인을 '한거이닌', '차유세닝'이라고 부르기도 했지만 '꺼울리빵즈高麗棒子'라고 부르는 일이 더 많았다. 그것은 조선인이 비참한 사람이 많으니까 '거지'라는 뜻으로 '빵즈'라고 낮추어 부른 것이다.[81] 소만국경 일선에는 일본 사람 개척단을 배치하고 그 다음이 한국 사람 개척단을 배치했다. 개척단이 들어오면 만주척식회사가 그 개척단지를 사서 거기다가 집, 수로, 도로 등 건설했다. 세금은 물납 형식으로 받아서 군량미로 조달했다. 개척단은 일종의 자치단체였고, 완전히 '특혜 농촌'이었다. 감남현 정부에는 일본 사람이 한 50명에 조선인이 셋으로 조선인이 1할 정도 있었다. 김규민의 초봉은 230원이었다.[82]

---

[81] 중국인이 조선인을 부르는 또 다른 이름이 있었다. 그것은 '얼구이즈(二鬼子)'였다. '일본인 앞잡이'라는 뜻이다.

[82] 한국정신문화연구원 현대사연구소, 《격동기 지식인의 세 가지 삶의 모습》, 1999, 28~33쪽.

만주국의 조선인은 이전 시기에 중국 정부와 조선총독부의 이중의 국가의 지배를 받았듯이, 만주국과 조선총독부의 이중의 지배를 받았다. 그런데 이 지배는 이전 시기와는 비교할 수 없이 강도가 높았다. 이것은 조선인 무적자의 '취적' 과정에서 확인할 수 있다.[83] 조선인은 무엇보다도 병사 관계와 관련되어 취적이 필요했다. 만주국에서는 1940년 4월 〈국병법〉이 제정되자 이를 뒷받침하는 법령으로서 동년 8월에 〈임시민적법〉을 제정했다. 그리고 임시민적법이 시행되는 동년 10월 1일에 〈임시국세조사〉를 실시하였다. 조선인은 1922년에 공포된 〈조선호적령〉에 따라 취적을 하여야 했으나, 재만조선인의 3분의 1 이상이 무적자였다. 조선인은 조선총독부와 만주국에 이중적으로 취적(본적이 조선과 만주에 이중적으로 설정)해야 했다. 1942년 5월에 조선인에게도 징병제를 실시하기로 결정한 후인 동년 9월에 조선총독부가 〈조선기류령朝鮮寄留令〉과 〈조선기류수속규칙〉을 공포하여, 본적이 아닌 곳에 거주하거나, 본적이 없거나 불명인 자가 90일 이상 일정의 장소에 주소를 가지는 경우에는 '기류자'로서 기류부에 등재해야 했다. 만주국의 조선인의 경우에는 만주국의 민적부와 조선총독부의 기류부가 연계해서 작성되었다. 이는 물론 조선인을 전쟁에 동원하기 위해서 거주지를 파악하기 위한 것이었다.[84]

---

[83] 1940년 국세조사에서 조사된 재만조선인의 수는 145만 384명이었는데, 1939년 10월 현재 재만무적조선인의 수는 58만 1,060명(10만 7,259호)이었다. 遠藤正敬, 〈滿洲國の身分證明と'日本臣民' : 戶籍法, 民籍法, 寄留法連繫體制 〉,《アゾア硏究》56-3, 2010, p. 4, p. 6.

[84] 일본에서는 1914년에 〈기류법〉이 제정되었지만 이 법은 조선에는 적용되지 않았다.

만주국의 외국인은 1941년 8월에 공포된 〈외국인입국체재취췌규칙〉에 따라 치안부^{治安部}로부터 엄중한 단속을 받았다. 물론 외국인의 범주에 일본인과 조선인은 포함되지 않는다. 만주국에서도 1943년 2월에 〈기류법〉을 제정하였다.[85] 만주국 전국에서 3,600개의 관계 기관으로부터 43만 명의 담당 사무자를 동원한 결과, 1944년 1월 시점에서 길림성에서는 1943년 중에 50만 건 정도의 사무 처리가 이루어져 민적이 거의 정비되기에 이르렀다.[86] 조선인은 취적을 통해서 점차 국가 없는 상태에서 국가 상태로 전환되어 가고 있었지만 여전히 '국가'는 혼란스러웠다. 만주국, 조선총독부, 일본제국이 중첩되어 있었다. 만주국에서 조선인은 완전한 만주국 인민이 아니었고, 그렇다고 완전한 일본제국의 신민도 아니었다. 조선인은 여전히 '본적'에 의해서 일본내지인(日界)과는 구분되는 조선반도인(鮮界)이었다. 이러한 복합적인 상황은 조선인의 정체성과 경험을 또한 복합적으로 만들었다. 만주국의 조선인은 만주국 이전 시기와는 달리 중국인이 누리는 모든 권리를 사실상 누리면서, 다시 조선총독부의 추가적인 후원을 받은 점에서 '혜택'을 받은 것은 사실이었다. 이 혜택은 만주국 이전 시기는 '보충적'이었다고 하면 만주국 시기에는

---

[85] 遠藤正敬, 〈滿洲國の身分證明と'日本臣民': 戶籍法, 民籍法, 寄留法連繫體制 〉, p. 8.

[86] 《滿洲日日新聞》 1994년 1월 17일. 신경시에서는 '국도의 유령인구 박멸'을 목적으로 수도경찰청이 1943년 2월 10일에서 24일까지 호구조사와 주요 물자구매통장을 일제히 조회한 결과 7만 명 정도의 유령 인구를 발견하였다. 이에 신경시의 실제 인구는 55만 명이 아니라 63만 명에 달하였다. 《滿洲日日新聞》 1943년 2월 24일 ; 遠藤正敬, 〈滿洲國の身分證明と'日本臣民': 戶籍法, 民籍法, 寄留法連繫體制〉, pp. 7-8.

'잉여적'이라고 할 수 있었다. 만주국에서 조선인이 가졌던 혜택과 비용은 조선이 일본의 식민지인 동시에 만주국이 일본인 식민지라는 이중적 식민지 상황에 기인하는 것이었다. 이 이중성으로 인해서 만주국의 조선인은 이중화되었다. 이 점에서 만주국의 조선인의 삶은 하나의 식민지 상황에만 처한 일본인과 중국인의 삶과는 분명히 달랐을 것이다.

참고문헌

고영일 외, 《중국항일전쟁과 조선민족》, 백암, 2002.

김득순·최성춘 편역, 《중공동만특위문헌자료집(하)》, 연변인민출판사, 2007.

김석주·남설봉, 〈연변지역 농업의 변화에 관한 연구〉, 《한국지역지리학회지》 14-2, 2008.

김희곤, 〈한국유일독립당촉성회에 대한 일고찰—중국내지 제1차 국궁합작의 시도〉, 《한국학보》 33, 1983.

리광인, 《겨레 항일지사들1·2》, 북경 : 민족출판사, 2007.

밀산조선족백년사편찬위원회, 《밀산조선족백년사》, 흑룡강조선민족출판사, 2007.

박경수, 《연변농업경제사》, 연변인민출판사, 1987.

박환, 《만주한인민족운동사연구》, 일조각, 1991.

孫春日, 《해방 전 동북 조선족 토지 관계사 연구(하)》, 吉林人民出版社, 2001.

송한용, 《일본과 장학량의 철도교섭》, 용봉논총, 2001.

송한용, 〈동북군벌의 철도정책〉, 《역사학연구》 27, 2006.

연수현조선족경제문화교류협회 등편, 《연수현조선족100년사》, 북경 : 민족출판사, 2005.

유병호, 〈1920년대 중기 남만주에서의 자치와 공화정체—정의부와 참의부의 항일근거지를 중심으로〉, 《역사비평》 17, 1992.

유병호, 〈재만한인의 국적문제에 대한 연구—1900년대초 한·청 양국의 갈등을 중심으로〉, 《사림》 18, 2002.

윤병석 외, 《중국동북지역 한국독립운동사》, 집문당, 1997.

전원옥, 〈재만항일독립운동단체의 전민족유일당운동〉, 《백산학보》 19, 1975.

정지호, 〈민국시기 동북지역 조선인의 법적 지위〉, 《중국학보》 58, 2008.

정협길림성 연변조선족자치주위원회 문사자료위원회 편, 《연변문사자료휘집》 1,

연변인민출판사, 2007.

秋憲樹 編,《資料 韓國獨立運動 4》下, 연세대학교출판부, 1975.

한국정신문화연구원 현대사연구소 편,《격동기 지식인의 세 가지 삶의 모습》, 한
국정신문화연구원, 1999.

홍종필,〈'만주사변' 이후 조선총독부가 간도지방에 설치한 집단부락에 대하여〉,
《명지사론》 7-1, 1995.

황민호,〈만주지역 민족유일당운동에 관한 연구-유일당촉성회의를 중심으로〉,
《숭실사학》 4, 1988.

姜龍范 · 崔永哲,〈'日韓合倂'與間島朝鮮人的國籍問題〉,《東疆學刊》 16-4, 1999.

上海市政協文史資料委員會 外 合編,《列强在中國的租界》, 中國文史出版社, 1992.

孫春日,《'滿洲國'時期朝鮮開拓民硏究》, 延邊大學出版社, 2003.

孫春日,《中國朝鮮族移民史》, 中華書局, 2009.

楊昭全 · 孫玉梅 主編,《中朝邊界沿革及界務交涉史料匯編》, 吉林文史出版社,
1994.

楊昭全 · 李鐵環,《東北地區朝鮮人革命鬪爭資料匯編》, 요녕민족출판사, 1992.

李澍田,《中國東北通史》, 長春 : 吉林文史出版社, 1991,

周艾民,《〈東方馬其諾防線〉大揭秘 : 侵華日軍僞滿洲國境要塞群實錄》, 中央編譯
出版社, 2004.

千壽山 · 洪景蓮, 崔洪彬 編,〈九一八事變前東北三省朝鮮人的入籍狀況〉,《朝鮮族
硏究論文集》, 延邊大學出版社, 1995.

《滿洲統計》 1~11.

高見成,《鮮滿拓植株式會社 · 滿鮮拓植株式會社5年史》, 滿鮮拓植株式會社, 1941.

古賀元吉,《支那及滿洲における治外法權及領事裁判權》, 日支問題硏究會, 1933.

廣瀨進,〈間島及東邊道地方に於ける鮮農の特殊性 – 在滿鮮農の社會的諸條件
(一)〉,《滿鐵調査月報》 16-8, 1936.

廣瀨進,〈間島及東邊道地方に於ける鮮農の特殊性 – 在滿鮮農の社會的諸條件
(一)〉,《滿鐵調査月報》 16-9, 1936.

國務院總務聽統計處,《滿洲帝國人口統計》, 1935.

宮川善造,《滿洲國の緣族複合狀態》, 新京, 滿洲事情案內所, 1941.

金正明 編,《朝鮮獨立運動史》5, 東京 : 原書房, 1966.

金正柱 編, 〈在滿洲朝鮮關係領事館打合會議報告〉,《朝鮮統治史料》8. 宗高書房, 1971.

大阪經濟法科大學間島史料硏究會,《在間島日本總領事館文書》, 大阪經濟法科大學アジア硏究所, 1999.

東亞經齊調查局 編,《滿蒙政治經齊提要》(改造社版《經齊學全集》第25卷), 1932.

滿洲國通信社,《滿洲開拓年鑑》, 1941.

滿洲移民史硏究會編,《日本帝國主義下の朝鮮移民》, 龍溪書舍, 1976.

滿洲帝國民政部, 〈第一次統計年報〉, 1935.

滿洲帝國協和會,《國內に於ける鮮系國民實態》, 鮮系國民實態, 1943.

滿洲帝國協和會中央本部調查部,《國內に於ける鮮系國民實態》, 1943.

滿鐵産業部編,《經齊年報(昭和十二年 · 上)》, 1937.

末松吉次,《南北滿洲及西比佰利亞地方在住朝鮮人ニ關スル調查》, 1925.

白榮勳,《東アジア政治 · 外交史硏究 : ‘間島協約’と裁判管轄權》, 大阪經齊法科大學出版部, 2005.

白榮勳, 〈間島協約と朝鮮人の國籍〉,《東アジア硏究》34, 2002b.

白榮勳, 〈滿洲朝鮮人の國籍問題と法的地位〉,《明治大學大學院文學硏究論集》16, 2002a.

副島昭一, 山本有造 編, 〈滿洲國統治と治外法權撤廢〉,《滿洲國の硏究》, 京都大學人文科學硏究所, 1993.

小峰和夫,《滿洲 : 起源 · 植民 · 覇權》, 御茶の水書房, 1999(1991).

松葉秀文,《滿洲國國籍問題の一考察》, 滿鐵調查月報 16-5, 1936.

松村高夫, 〈日本帝國主義下における滿洲への朝鮮人移民について〉, 三田學會雜誌 63-6, 1970.

宋漢鏞, 〈滿洲國における朝鮮人統治政策 – 全滿朝鮮人民會聯合會の分析を中心に–〉,《日本植民地硏究》9, 1997.

申奎燮, 〈帝國日本の民族政策と在滿朝鮮人〉, 東京道立大學大學院 博士學位論文, 2002.

外務省,《在滿朝鮮人槪況》, 1934.

外務省東亞局,《滿洲國及中華民國在留本邦人及外國人人口統計表·第二十六回》, 1933.

李盛煥,《近代東アジアの政治力學》, 錦正社, 1991.

日本防衛廳戰史室編, 滿洲國史, 在滿日本大使館,《在滿朝鮮人槪況》, 1935.

田中隆一,〈對立と統合の鮮滿關係－內鮮一體·五族協和·鮮滿一如の諸相-〉,《ヒストリア》152, 1996.

朝鮮總督府,《間島集團部落》, 1936.

朝鮮總督府警務局,《在滿鮮人ト支那官憲》, 成進文化社, 1974.

中谷忠治,〈間島に於ける農業機構の槪要(二)〉,《滿鐵調查月報》15-12, 1935.

中谷忠治,〈間島に於ける農業機構の槪要(一)〉,《滿鐵調查月報》15-11, 1935.

淺野豊美,〈蛋氣樓に消えた獨立-滿洲國の條約改正と國籍法〉,《近代日本文化論2 日本人の自己認識》, 岩波書店, 1999.

淺野豊美,〈滿洲國における治外法權と國籍法〉,《涉澤硏究》11, 1998.

淺田喬二·小林英夫, 日本帝國主義在中國東北的統治, 鐵道省,《滿洲ニ於ケル鐵道ト在滿朝鮮人》, 1928.

許壽童,〈日本の在滿朝鮮人敎育政策 1932-1937-間島の朝鮮人私立學校を中心に-〉,《一橋硏究》27-2, 2002.

식민지 ‘문화 전시의 장’으로서 《관광조선》

서기재

관광잡지 《관광조선》의 탄생

1876년 개항 이후 일본인들은 다양한 목적을 가지고 조선으로 건너
와 삶의 터전을 만들어 갔다. 이들은 조선 전국 각지에 분포된 공공
기관, 언론기관에서 근무하거나, 일본인 밀집지역에 거주하면서 일
본인 혹은 거래 가능한 조선인을 대상으로 상업을 영위했다. 이들은
주로 조선 내의 법적·제도적 우위를 점하고 있었고 문화적으로도
리드를 하는 계층에 속한 사람들이었다. 이런 사람들을 ‘재조일본인
在朝日本人’이라고 할 수 있는데, 이들을 중심으로 한국 최초 근대 관광
잡지인 《관광조선觀光朝鮮》[1]이 출간되었다.

---

* 이 글은 《일본어문학》 제62집(2013.8)에 게재된 원고를 수정 및 보완하여 재수록한
  것이다.

[1] 《觀光朝鮮》제Ⅰ권1호(1939년 6월)/2호(8월)/3호(10월).
   《觀光朝鮮》제Ⅱ권1호(1940년 1월)/2호(3월)/3호(5월)/4호(7월)/5호(9월)/6호(11월).

《관광조선》은 1939년 일본여행협회 조선지부에서 발행되었는데, 잡지가 창간된 이 시기는 중일전쟁 발발 이후 일본이 전시 상황에서 열세에 몰리고 있었다. 이러한 상황에서 이 잡지는 시국의 반영이라는 측면과 함께 '재조일본인'의 욕망도 반영해 갔다.

'재조일본인'에게 조선은 '삶의 터전(조선과 밀착)'임과 동시에 '식민지(일본열도와의 거리)'라는 특수성을 유발하는 공간이었다. 그들은 열도 일본을 한없이 동경했으며, 양문화적 특성을 지니고 있었기 때문에 끊임없이 일본인으로서의 정체성을 스스로 확인하고 타인에게 확인받고 싶어 했다. 일제강점기 말기《관광조선》의 발간 주체들도 마찬가지였고, 이 때문에 잡지에는 '재조일본인'의 전략적 태도가 담기지 않을 수 없었다.

《관광조선》은 조선의 관광 잡지라는 특징을 전면적으로 내세우는 것처럼 보이나, 결국은 '일본인의 공간'으로 조선을 다시 선보이며, 열도 일본과 조선의 문화를 공유하는 장으로 진열된다. 잡지의 '재조일본인'들―즉 잡지의 편집주체인 일본여행협회 조선지부 직원, 기자, 예술가, 작가 등―은 자신들이 있는 조선이라는 공간을 좀 더 특별하게 전시하기 위한 흔적들을 남긴다. 이 글에서는《관광조선》에 나타난 '재조일본인'의 존재 의식과 이의 발현으로서 '여성'과 '경

《文化朝鮮》제 Ⅲ권1호 新年特別号 1940년 12월/2호 玲春号 41년 3월/ 3호 佳春号 5월/4호 靑風号 7월/5호 明秋号 9월/ 6호 靑雁号 11월.
《文化朝鮮》제 Ⅳ권1호 新年特別号 1942년 1월/ 2호 春運号 3월/ 3호 新綠号 5월/4호 綠蔭号 7월/ 5호 初冬号 12월.
《文化朝鮮》제 Ⅴ권1호 1943년1월 /2호 (미확인)/3호 1943년 6월.
《文化朝鮮》제 Ⅵ권1호/ 2호/ 3호 1944년 8월 /4호 1944년 12월.

성' 묘사에 초점을 맞추어 살펴보고 있다.[2]

1930년대 말 일본의 관광업계와 '재조일본인'

《관광조선》이 창간되기 전후, 즉 1930년대 말 일본 관광업계의 상황은 그다지 순탄치 않았다. 1937년 중일전쟁 이후, 일본 관광업계에는 어두운 그림자가 드리워졌다. 원래대로라면 1936년 제11회 베를린 올림픽 이후, 1940년 제12회 동경올림픽과 더불어, 일본 초대천황인 진무천황 즉위 2600년을 맞이하여 국가 및 세계대회를 개최하고자 했던 것이다. 그러나 결국 1938년 7월 15일 개최 중지를 권고받게 되었고,[3] 그 때문에 관광업계가 그다지 호전적이지 않은 상황에서 거기에 종사하는 사람들의 불안은 커져 갔다. 게다가 1939년 7월부터 자동차용 가솔린을 배급제로 하여, 배급량도 30퍼센트 줄인다는 계획이 발표되면서, 관광업도 타격의 대상이 되었으며, 1940년대 이후 전쟁 상황이 반영되어 여행금지 조치가 확대되었다.

---

[2] 《관광조선》의 선행 연구로는, 서기재, 〈근대 관광잡지 《觀光朝鮮》의 탄생〉, 《동아시아문화연구》 46, 2009), 서기재, 〈근대 관광잡지 《관광조선》의 대중을 향한 메시지〉 《일어일문학》 52, 2011), 서기재, 《《觀光朝鮮》의 '문학'의 전략성〉《일본어문학》 53, 2012, 서기재, 《관광조선(觀光朝鮮)》에 나타난 '재조일본인'의 표상〉, 《일본문화연구》 44, 2012) 등을 확인할 수 있다. 잡지 《觀光朝鮮》에 관한 연구는 이 잡지의 존재에 대해 소개하는 논문에서 출발하여, 잡지 구성의 특수성, 잡지에 실린 문학에 드러난 의미와 편찬주체와의 관계 등과 관련한 논문을 확인할 수 있다.

[3] 공익재단법인 일본 올림픽위원회 공식 웹사이트〈http : //www.joc.or.jp/〉의 〈올림픽 역사〉 부분 참고(조사일 2012.11.27).

이러한 상황 가운데 1939년의 《관광조선》의 탄생은 의아하게 여겨지기까지 한다. 즉, 일본인이 이전처럼 조선을 관광하기 위해 열도를 쉽게 떠날 수 있었던 상황이 아니었던 것이다. 여행잡지의 역할은 잡지를 통해 독자를 여행지로 유도하는 것이다. 그러나 실제 조선 여행이 어려워져 가는 현실적 상황에서 여행을 결심하는 독자를 생성해 내기란 어려웠을 것이다. 그렇다면 편집 주체는 잡지에 어떤 의도를 담아 갔던 것일까?

잡지 편집 주체인 일본여행협회 조선지부의 일본인들은 그야말로 조선에 삶의 터전을 마련하고 있는 '재조일본인'[4]의 전형이었다. 이들은 열도의 일본인과 달리 이민족과 섞여서 공존하고 있기에, 끊임없이 스스로가 '일본인'으로서의 태도를 취해야 하는 환경에 놓인 사람들이었다. 그 때문에 일본인으로서의 자각은 필수적인 것이었고, 열도 일본은 고향이라는 개념을 초월한 한없이 동경할 수밖에 없는 공간이었다.[5] 즉, 자기 부모의 고향, 혹은 어렴풋이 기억하는 자신이 태어난 곳, 조선과는 다른 우월한 세계였던 열도 일본은 그들에게 환상과 그리움, 그리고 언젠가는 돌아가야 한다는 희망 등이 복합적으로 얽힌 '상상된 공간'이었다. 이들이 식민지에서 지내

---

[4] 재조일본인에 대한 설명은, 서기재, 〈《觀光朝鮮》에 나타난 '재조일본인'의 표상-반도와 열도 일본인 사이의 거리-〉, 《日本文化硏究》 44, 2012, 342쪽 참조.

[5] 조선의 중부에서 살았던 우리들에게 있어 '내지'라는 말이 얼마나 아름답게 울려 퍼졌던가. 누구도 '고향'이나 '향토'라는 말을 사용하지는 않았다. 그런 것을 초월한 것으로서 좀 더 큰 무한한 동경을 담아서 우리는 '내지'라는 말을 사용했다(《觀光朝鮮》 II-2, 日本旅行協會朝鮮支部, 1940, 22~23쪽).

는 시간이 길어지고, 삶의 방식이 열도와는 달라진다는 것을 느낄 수록 열도보다 좀 더 나은 '무언가'를 내세우며 스스로를 위로하지 않으면 안 되었던 것이다.

일본여행협회 조선지부의 직원들이 주축이 되어 편찬된 《관광조선》의 탄생에는 이러한 '재조일본인'의 '상상된 공간'으로서의 일본에 대한 의식이 담겨 있다. 때문에 그들이 사는 조선에 특별한 의미를 부여하여 열도와 균형을 유지하고자 했다. 이 잡지는 열도 일본인을 향하여 '재조일본인'의 심정을 대변해 주는 장이며, 위로의 장이 되기도 했던 것이다. 그렇다면 이들은 어떤 형태로 조선을 특별하게 보이고 싶었을까.

먼저 잡지 구성 주체가 중요시했던 것은 잡지의 '현시성'이었다.[6] 《관광조선》에는 조선 각지를 여행하며 실시간으로 정보를 습득하고, 각종 문화적 상황을 보고하며, 거기에 숨 쉬는 사람들의 모습을 전달하는 작업을 중요시했다. 특히 당시 조선에서 유행하는 대중가요, 미술, 패션, 음식, 예능, 만화, 화류계 관련 내용을 '재미'라는 요소를 담아 구성했다. 이미 근대 초기부터 발행되던 여행안내서나 기행문에 보이는 조선의 과거 문화유산 소개와 같은 전형적인 요소는 잡지에서 의미를 잃어 갔던 것이다.

이렇게 구성된 잡지는 대부분 조선의 백화점 내부에 비치되었다. 일본여행협회 조선지부가 조선 각지의 백화점 내에 설치되어 있다

---

6 서기재, 〈근대 관광잡지 《観光朝鮮》의 탄생〉, 《동아시아문화연구》 46, 2009, 64~71쪽.

는 점은[7] 잡지의 고급화 전략 및 열도 일본과의 실시간 거래 연계망에 끼어들 수 있다는 가능성을 시사한다.[8] 한편 일본에 있는 여행협회 지부 사무소는 백화점뿐만 아니라 서점, 사람의 왕래가 많은 거리, 철도역 등 좀 더 많은 대중이 접할 수 있는 공간에 설치되었던 것을 알 수 있다.[9] 즉, 반도와 열도의 미디어 소통 구도를 보자면 〈조선 : 백화점 이용 가능 고객, 즉 일본인과 부유층 조선인 ↔ 일본 : 일본 대중〉이라는 것을 알 수 있다. '재조일본인'의 열도 일본 대중을 향한 호소라고도 볼 수 있는 것이다. 다음과 같은 잡지의 창간사에서도 일본 대중의 관심을 강력하게 촉구하고 있는 내용을 확인할 수 있다.

대륙, 대륙 하면서 사람들은 대륙에 눈을 돌린다. 그러자 대륙에서 불거져 나온 커다란 반도 하나를 발견하고 그것이 대일본제국의 영토라는 것을 새삼스럽게 다시 생각한다. (중략) 조선이 가진 잠재력을 개발 현현하지 않으면 안 된다. 그러기 위해서는 누구보다 우선 일반국민

---

[7] 잡지에서 확인 할 수 있는 일본여행협회 조선 지부는 당시 유행을 리드하는 '미나카이(三中井)' '미츠코시(三越)' '와신(和信)' '조지야(丁子屋)' 백화점에 주로 설치되어 있다. 이들 백화점은 일본과 실시간으로 연락을 취하며 일본의 유행을 받아들이는 통로가 되는 장소가 되기도 했다.

[8] 하야시 히로시게,《미나카이백화점》, 김성호 옮김, 논형, 2007, 89쪽.

[9] 잡지《觀光朝鮮》에는 일본의 각 지부의 사무소 소개가 있는데, 이것을 보면 일본 전국 각지의 대중이 모일 만한 역사, 서점, 백화점, 교통의 요충지 등에 지방 사업소가 설치되어 있는 것을 알 수 있으며, 여기에 비치된《觀光朝鮮》은 일본의 더 많은 대중이 접할 수 있는 책이었다는 것을 짐작할 수 있다.

이 조선을 알아야 한다는 것이다.[10]

　이 글에서는 중일전쟁, 만주국 건설 등으로 일본인의 관심이 반도보다는 대륙에 집중되어 있고, 반도에 대한 관심이 엷어져 가는 것을 안타까워하는 심경이 드러나고 있다. 그리고 같은 글에서 일본에서 발행된 《다비旅》, 만주의 《관광동아觀光東亞》를 거론하며, 조선에도 동급의 잡지가 필요하다는 점을 강조하여,[11] 일본, 만주, 조선이 동일한 관심선상에 있어야 함을 주장하고 있다.

　한편 이 잡지의 편집자들은 기존의 여행 잡지가 '개인의 분화된 취미'를 제대로 반영하지 못한다는 한계점[12]에 착목했다. 즉 한 잡지가 관광, 교통정책, 기행과 안내, 경험, 교류, 교통사정, 관광지 정보 등 여행에 관한 모든 것을 취급하는 것이 곤란하다는 점을 반영하여 취미를 살린 잡지로 특화시킨 것이다. 《관광조선》은 문화유적이 아닌 조선에 사는 '현대인'에 포커스를 맞추어 이들이 지닌 특성을 소개함으로써, 조선이 이런 특별한 사람들이 숨 쉬는 실제적 공간이라

---

[10] 　《觀光朝鮮》 I -1, 日本旅行協會朝鮮支部, 1939, pp. 2-3. 필자 옮김, 이하 동일.

[11] 　같은 글, 3쪽. 이미 일본여행협회본부에서는 잡지 《旅》가 발행되고 있고, 만주지부에서는 신동아인식의 안내서로서 《觀光東亞》가 매월 간행되고 있음에도 불구하고 우리 조선지부가 굳이 지금 동종의 잡지 《觀光朝鮮》을 간행하는 이유도 이 관광 조선의 의의와 사명이 큼과 특수성을 고려했기 때문이라고 할 수 있다.

[12] 　赤井正二, 〈旅行の近代化と〈指導機關〉―大正·昭和初期の雜誌《旅》から―〉, 《立命館産業社會論集》 44-1, 2008, 112쪽. 여기에서는 1924년부터 발행된 일본의 여행 잡지의 문제점으로서 '여행문화의 존재의 전체로서 근본적으로 요구되는 문제의식은 점차 분산된 개인의 취미'라고 언급하고 있다.

는 점을 강조했다.

과거 여행안내서가 발신하는 조선에 대한 내용은, ① 역사가 멈춰 버린 정지된 공간 ② 박물관의 유물과 같은 공간 ③ 미개하고 불결한 요소를 품고 있는 식민지 ④ 연민과 일본인의 우월의식을 자극하는 공간이었다. 이와 대조적으로《관광조선》에서의 조선은 세련된 문화 도시, 문화를 향유하는 특별하고 매력적인 인간이 존재하는 장소였던 것이다.

여성을 앞세운《관광조선》의 전략

잡지 편집 주체는 스테레오타입의 조선에 대한 이미지 변신을 위해 어떤 요소를 사용했을까? 기존 여행안내서나 기행문의 조선과 조선인에 대한 묘사는, 노동력의 상징으로서 지게, 게으른 양반, 곰방대를 물고 있는 노인, 빨래하는 여성, 기생, 흰옷을 입은 사람들, 냄새나는 거리, 폐허가 되어 가는 과거의 유산, 불쌍한 민족 등으로 이루어져 있었다.[13] 이것은 식민지적 특성이 자아내는 '부負'의 이미지로, 거기에서 얻어 낼 수 있는 즐거움이란 그것을 바라보는 것을 통해 만끽하는 대일본제국 국민으로서의 우월감이 대부분이었다. 조선에 존재하는 모든 것은 분석의 대상이었고, 조선은 전혀 다른 '이계異界'

---

[13] 서기재, 〈일본근대 〈여행안내서〉를 통해서 본 조선과 조선관광〉,《日本語文學》13, 2002, 433~434쪽.

로 비춰지며 그야말로 신기한 구경거리였다.

과거 여행안내서가 소개하는 식민지 조선은 열도 일본인의 일상과는 동떨어진 장소로서 였다. 즉, 여행을 가려면 대단한 준비와 각오가 필요한 전형적인 미개한 외국 관광지의 이미지를 담아 왔던 것이다. 거기에는 조선인의 특이한 점을 보며 신기해하는 여행자들이 존재했고, 이러한 '특이한 조선'이 열도 일본인을 자극하기도 했다. 조선의 대표적 관광 상품은 금강산이나 기생 정도였으며, 조선은 문화적으로 뒤떨어져 있어 미개한 조선인들을 교화시키며 다스려야 한다는 사명감을 부여하는 공간으로 자리 잡았다. 그러나 《관광조선》에서는 이러한 조선 소개의 상황을 문제점으로 제시한다.

예를 들면, 조선에 대해 생각해 보자. 우리는 너무나도 금강산이나 기생으로 대표되는 조선의 겉면만 소개해 왔다. 그것은 더없이 아름다운 조선의 보물이고 일본은 물론이거니와 세계의 어디에 내놓아도 부끄럽지 않은 〈관광〉 조선의 자랑이다. 그리고 그러한 표면적인 조선은 오직 금강산이나 기생이나 대동강뿐 아니라, 가치가 있으나 아직 소개되지 못하고 묻혀있는 것도 많이 있을 것이다. 여기에 〈관광〉 조선 소개의 임무도 엄청나게 크다는 것을 말하지 않을 수 없고, 또 국제적으로는 물론 그 노력이 한층 바람직한 것이지만 그러나 여기에서 생각해 보고 싶은 것은 <u>일본과의 관계</u>이다. (중략) 내선일체화의 아래에서 대륙에 있어서 식민지가 아닌 <u>제2의 내지</u>로 소개되는 조선은 좀 더 <u>현실적·생활적</u>이 되지 않으면 안 된다. 〈관광〉적인 면을 배척하는 것이 아

니라 그 안에 담아 가야 할 것을 다시 좀 생각해 보고 싶다는 것이다.[14]

이 글을 통해 스즈키는 지금까지 조선 관광이 금강산, 대동강, 기생 등과 같은 대표성을 띤 고정된 관광 상품이 반복 소개되어 왔다는 것을 지적한다. 더불어 지금까지의 '정형화'되고 '겉모습'만 그려져 왔던 조선을 탈피하여, '생활조선生活朝鮮'에 대한 가치 발견의 중요성에 대해 강조한다. 필자는 조선이 '식민지'가 아닌 '제2의 내지'로서 열도의 일본인에게 인식되기 위해서는 구태의연한 관광자원 소개 방식에서 벗어나야 할 것을 지적하고 있다. 그 때문에 현실성과 생활성이 반영된 내용을 소개의 중심에 두고자 했다.

일본인 독자에게 '조선의 일상'을 최대한 이해 가능, 접근 가능한 것으로 제시하지 않으면 안 되었던 것이다. 창간호의 〈조선관광안내〉[15]에는 "여행자에게 있어 '가깝고 먼' 느낌은 거리나 시간과의 관계에서 나오는 것이 아니라, 여행지에 대해 모르는 것과 그에 따른 불안 때문에 멀게 느껴지는 것이다"고 기술한다. 따라서 이를 해소하기 위해 여행자를 좀 더 현실적 · 생활적 조선으로 초대해야만 했던 것이다.

이러한 조선에 대한 실용적인 관심을 자극하는 매개로 이 잡지는 가장 먼저 무엇을 앞세웠을까. 현실과 생활을 그려내기 위해서는 고형화된 문화유산이 아닌, 그 장소에서 살아 숨 쉬는 인간의 모습이

---

[14]　鈴木武雄,〈《觀光》の朝鮮と《生活》の朝鮮〉,《觀光朝鮮》Ⅱ-2, 1940, 3쪽.

[15]　《觀光朝鮮》Ⅰ-1, 1939, 76쪽.

그려져야만 했다. 그러나 전술하였듯이 식민통치 이전부터 다양한 매체를 통해 각인된 조선인의 이미지란 쉽게 바뀌기 어려운 것이었다. 대부분의 기존 조선 관련 서적은 조선인을 열등생, 낙오자 등의 제국이 정해 놓은 규범 속에서 표현하는 것이 보통이었다.[16] 《관광조선》은 이러한 규범에 균열을 주고, '재조일본인'이 사는 조선이 매력적인 장소라는 현장감을 주기 위해서 '조선 여성'이라는 통로를 활용하게 된다.

먼저 《관광조선》에서는 세련되고 아름다운 조선 여성의 얼굴이 그려진 회화를 표지전면에 장식했다. 전쟁 집중기에 접어들기 전까지 이 잡지의 표지는 당시 조선의 젊고 유망한 서양화가 김인승金仁承이 담당했다.[17] 그는 여인의 인물화로 잡지 표지의 전면을 채웠다. 이 여성들의 특징은 이목구비가 뚜렷한 서양적 용모에, 조선의 전통 의상을 착용하고 있으며, 무표정으로, 품격 있고 고상한 자태를 취

---

[16] 현지에 있는 일본인 중학생 정도까지의 아동들은 약 7대 3 정도로 조선인에 대해서 뼛속 깊이 안 되는 민족, 바보, 멍청이, 공부를 못하는 민족이라고 교사나 부모에게 세뇌당한 것에 대해 의심하지 않았다. 3할 정도가 자신은 조선인을 잘 알고 있고 이해하고 있으며, 선생님이나 부모님이 말한 것처럼 그렇게 간단하게 판단할 문제는 아니라고 생각했다(仲村修 しかたしん 他, 《兒童文學と朝鮮》, 神戶學生・青年センター出版部, 1989, 117쪽).

[17] 김인승은 1937년 본격적 작품 활동을 시작한 이후부터 광복까지 친일적 작품 발표 1944 〈간호병〉, 1943년 조선징병제시행기념 기록화, 朝鮮美術家協會 서양화부 평의원, 반도총후미술전 추천작가로 활동하면서 친일 미술 활동 주도했던 인물 중한 사람이다. 한편 당시 그의 회화는 관찰력 소묘력이 뛰어나 조선 화단에서 그의 작품을 평하며 모범생, 우등생이라 불렸다. 동경미술학교 서양학과에 재학 중이던 1936년, 조선미술전에 작품을 출품하여 창덕궁상 수상했고, 1937~1944년까지 연속해서 특선을 했으며, 수차례의 개인전을 개최하기도 했다.

하고 있다. 《관광조선》에서는 독자와의 첫 만남인 표지에서 이러한 도도하고 기품 있는 조선 여인을 담아냈다.

　김인승이 그려낸 조선 여인은 한복을 착용했으나 그 용모는 서구 유럽인들과 같은 이국적 분위기를 담고 있다. 당시 김인승이 영향을 받던 일본의 예술계는, 근대 국가로서의 일본이 서양의 여러 나라와 동시대를 대등한 관계로 존재한다는 의식이 강했다. 1930년대 일본 회화는 급격한 도시화, 국제화라는 현상 속에서, 전통의 모더나이즈, 모더니즘의 일본화라는 상호작용이 중층적으로 전개되고 일본회화의 성숙이라는 종합적인 상황을 형성했다. 일제강점기라는 특수 상황에서 당시 미술계의 주류가 참여했던 조선전람회는 이런 취향들이 아카데미즘으로 형성되었다. 김인승은 이러한 미술계의 시대적 특징을 적절하게 반영하여 조선 여성의 이상적인 모습을 그려냈고, 이것이《관광조선》의 표지를 장식함으로써 모던한 조선 여성의 이미지를 형성했다. 이러한 관광잡지를 매개로 한 차원 높은 문화의 장에 손쉽게 다가갈 수 있도록 일본 대중을 초대하고 있었던 것이다.

이 잡지는 여행 잡지이므로 독자가 직접 여행에 '참여'하는 것을 통해 그 목적의 진정한 의미가 달성된다. 그러나 앞서 언급한 것처럼 시기적으로 독자가 여행에 직접 참여하기 어려운 상황이었다. 때문에 일본여행협회 출장소에 비치된 잡지라는 매개를 통해 조선에 대한 이미지를 만들어 가게 되는 것이다. 그 때문에 오히려 잡지는 더 전략성을 띠지 않을 수 없었다. 기존의 조선 여성에 대한 묘사는 기생(성의 대상)/빨래하는 여성(노동력)의 스테레오타입으로 제시되며 부정적이었다. 그러나《관광조선》에서는, 과거 여성의 노동력 낭비로 묘사되던 빨래는 '반도의 명물'로 대치된다. 그리고 반도 여성을 아름다운 존재로 세심하게 묘사해 간다.

비가 내리지 않는 한 천변에 나가면 반도의 명물인 세탁하는 광경을 볼 수 있다. (중략) 청진은 일대 신흥공업도시로 날로 발전하는 한편 북조선은 미인의 산지이다. 청초함 속에 균형 잡힌 얼굴을 많이 볼 수 있다. 서조선 평양의 여성은 세련된 아름다움이라고 표현할 수 있다면 북조선의 여성미는 순박하면서도 동적이라고 할 수 있다.[18]

---

[18] 《観光朝鮮》 I -1, 1939, 31쪽.

경성의 아가씨들이 자랑하는 아라무드한(최신 유행의—필자 주) 자태
는 어떤 이는 유럽풍으로, 어떤 이는 동경풍으로 신착 스타일북 속에
서 용감하고 시원스럽게 빠져나온 듯하다. 그런데 요즘 총명한 이 반
도의 아가씨들은 그대로 계절이 끝나 갈 때까지 기다릴 정도로 감각이
무디지 않다. 그녀들은 얼마 지나지 않아 이러한 유행을 소화하여 반도
적인 것을 가미하여 그녀들이 가진 미학으로 연마하여 이 마을의 근대
적 감각에 하나의 색채를 더한다. 그렇기에 경성이 반도에 있어서 유행
의 소화기관으로서의 기능을 불완전하지만 발휘하고 있는 것이다. 여
기에서 거리에 등장하는 경성 아가씨는 반도형, 빠리지엔형, 대륙형 등
이 섞여 잡종적인 성격을 띠고 입이 거친 거리의 남자에게 '공개된 모
델 시가지다'라고 평가된다.[19]

조선 여성을 표상하는 단어
는 '청초' '균형' '세련' '아름다
움' '감각적' 등이다. 기생에 대
해서도,

　　기생의 절반은 소학교 출신,
　고등여학교 출신, 여자전문학
　교출신도 상당히 있어 헤르만
　헤세나 앙드레 지드 같은 것을

19　李聖秀, 〈マドモアゼルド ソウル　京城娘〉, 《観光朝鮮》 Ⅱ-5, 1940, 68쪽.

애독하는 인텔리 기생도 있고, 하이힐에 짧은 치마를 입고 다니는 모더
나이즈한 현대적인 미인도 있는 것은 유쾌한 현상이다. (중략) 연회가
시작되면 기생들은 손님 옆에 딱 달라붙어 앉는다. 테이블에 있는 여러
요리를 공손하게 하나하나 덜어서 접시에 담는다. 원한다면 입 속에도
넣어준다. 한잔씩 술을 마시는 동안 그 눈에서 사랑을 느끼고 흥은 깊
어 간다. 더욱 온돌의 따뜻함 때문에 춘소일각 천금春宵一刻 千金의 가치
를 느낀다.[20]

어쨌든 의상도 아름답지만 균형 잡힌 아름다운 기생의 몸은 내지의
게이샤보다 훨씬 예쁘다고 해야 할 것 같다. 자태의 균형, 복장의 아름
다움, 친절한 말씨, 맑고 아름다운 눈과 희고 고운 이, 게다가 가녀리고
나긋나긋한 허리, 아름다운 손가락, 하얀 생선과 같은 손 등[21]

여기서 강조되는 것은 기생들의 고학력, 교양, 세련됨이다. 그녀들
이 '무지' '천박' '촌스러운' 존재가 아니라는 기술은 일본 남성들을
상대할 만한 조건을 갖추고 있다는 설명이기도 하다. 일본 게이샤의
비교 우위에 있다는 점도 내용에서 부각된다. 이 잡지에서 드러나는
여성들은 이처럼 독자를 잡지의 세계로 끌어들이는 역할을 충분히
담당하고 있다. 그리고 조선의 무용가, 가수와 같은 문화를 리드하
는 여성들의 활약상을 기술하는 것을 통해 시류를 전하는 데에 있어

---

[20] 《観光朝鮮》II-5, 1940, 77쪽.

[21] 伊庭數彦, 〈妓生のために〉, 《観光朝鮮》II-5, 1940, 76쪽.

서도 적극적으로 활용되고 있는 것을 볼 수 있다. 그리고 조선 여성이 《관광조선》에서 차지하는 분량과 역할은 특히 시각적 부분(사진, 일러스트, 만화)에서 두드러지는 것을 확인할 수 있다.

'경성인'의 공간으로서 경성

또 한 가지, 조선에 대한 인상을 바꾸기 위해 '도시적 매력을 지닌 경성'을 강조했다. 경성은 과거로부터 여행안내서에서 가장 강조되는 지역 중 하나였다. 경성에 관한 안내서로는 이미 1913년부터 아오야기 스나타로靑柳南冥의 《신선경성안내新撰京城案內》(京城朝鮮研究會 發行), 1915년 이시하라 도메키치石原留吉의 《경성안내京城案內》(京城協 贊會) 등 꾸준히 출판되고 있었다. 이러한 안내서는 경성의 지리적 위치에서 출발하여, 제국의 주체가 건설해 놓은 건물을 중심으로 한 관광지, 名勝舊蹟, 교육 · 행정 · 산업 · 풍습과 관련한 일반적인 기술, 위생 관련 사항과 숙박관련 내용 등을 싣고 있다. 1919년 철도원鐵道院에서 공식적으로 발행된 《조선 · 만주 · 지나 안내朝鮮滿州支那 案內》는 동경에서 정가 5엔에 판매되면서, 명확한 지도와 철도 여행 가능 지역을 자세히 소개하며, 조선이 일본 영토라는 내용을 알리는 것에 목표를 두고 있다.[22] 여기에서도 조선의 모습은 객관적인 조

---

[22] 鐵道院, 〈서문〉, 《朝鮮 滿州 支那案內》, 丁未出版社, 1919, 2쪽.

사 내용을 진열하는 형태로 제
공된다.[23] 그 때문에 조선인에
대한 현장감 있는 묘사는 극히
드물다. 또한 조선인 묘사는, 노
동력의 상징인 지게, 게으른 양
반, 무덤을 표현한 흙만두, 곰방
대를 문 노인이라는 단어가 대
표한다. 일본여행협회안내소
및 유명한 서점에 비치되었던[24]
1926년 경성부교육회京城府教育會

발행 편찬의《포켓경성안내ポケット京城案内》에서나, 1934년 조선총독
부철도국朝鮮總督府鐵道局에서 발행한《조선여행안내기朝鮮旅行案內記》[25]
의 경성 소개에서도 살아 숨 쉬는 조선인의 이야기는 전달되지 못한
다. 이러한 여행안내서에서 보이는 경성은 과거의 조선과 현대의 조
선으로 나뉘어, 과거의 조선은 문화유산을 중심으로 정지된 시간 속
에 묶여 폐허가 되어 가는 상황이 묘사되고, 현대의 조선은 제국 일
본에 의한 개발 상황이 중심적으로 소개되었다. 즉, 조선 역사의 사

---

[23] 鐵道院,〈서문〉, 36~43쪽.

[24] 이 책은 조선에서 인쇄되었는데, 마지막 출판사와 연도를 기입하는 난에 일본 자판
      쓰리스토 뷰로의 안소와 유명 서점에서 판매되고 있다는 표기가 있다(朝鮮總督府
      鐵道局,《朝鮮旅行案內記》, 朝鮮印刷株式會社, 1934, 127쪽).

[25] 《조선 · 만주 · 지나 안내》나《조선여행안내기》는《観光朝鮮》이 비치되기 전 같은
      장소에 비치되었던 안내서라고 할 수 있다.

멸 흔적과, 현재 식민지 건설의 혁혁한 현장을 드러내는 작업이 중심이었다고 할 수 있다.[26]

그러나 일제강점기 말기에 접어들어 경성 묘사는 상업지역, 공업지역, 기타 주택지역 등으로 세분화되어 어떤 사람들이 사는 공간인가, 어떤 사람들이 모이는 공간인가에 더 의미 부여하는 경향이 강해졌다.[27] 경성의 주요 공간에 조선의 고유한 색깔이 빠져 가는 것을 통해 경성은 그 이미지가 새롭게 부여된다.《관광조선》도 이런 사항을 반영하여 세련되고 활기찬 조선 거리의 현장을 담아 간다.

식민지 경영 주체의 의도대로 쪼개진 '도시 경성'은 일본인과 비슷한 꼴을 만들어 가려는 조선인들(유사 일본인)이 활보하는 공간이었다. 경성의 중심부는 총독부, 경성제국대학, 경성역, 조선신궁의 네 지점을 연결한 직사각형 안에 들어가 있고, 그 중심부에 경성부청 건물이 위치하고 있었다. 이런 건물들은 일본의 공적인 상징이기도

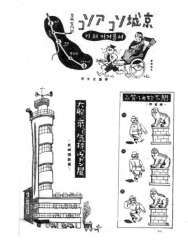

26 서기재,《조선여행에 떠도는 제국》, 소명, 2011, 133쪽.

27 최원오, 〈한성, 경성, 서울의 역사적 변천에 따른 공간인식과 서울사람에 대한 인식 변화〉,《기호학연구》26, 2009, 380~381쪽 참조.

하고, 일본인 조선인을 막론하고 그곳에 거주하는 사람들로 하여금 '경성은 일본의 도시'라는 것을 드러내는 랜드마크 역할을 하고 있었다. 이 직사각형 안의 거리에는 일본인 문화나 라이프스타일을 구체적으로 표현하고 판매하는 상점가가 늘어서 있었다.[28]

잡지에서는 경성 특집호를 통해 당시 경성의 분위기를 생생하게 전달하고자 하는 기획을 마련한다. 이 호를 구성하는 중추에 있는 사람들은 경성에 거주하는 저널리스트 중에 제1선에서 활약하는 사람들이었다. 《관광조선》 경성 특집호[29]에서는 경성에 대해, "이정도로 스마트한 근대 거리는 없다."고 하며, 조선에서 사람들이 가장 많이 모이는 장소라며, 경성 사람들의 모습을 생생하게 소개한다. 그리고 경성의 경제 · 문화 · 정치의 집약성과 문화의 우수성을 강조한다.[30]

반도의 중추 '경성' 특집! 국제 간선을 따라 동서요충의 명도 '경성'은 본 호에 있어서 역사적 문화적 성격과 생태를 유감없이 탐구하고 있다. (중략) '즐거운 경성'은 저널리스트 중 제1선에서 활약하는 13명이 등장하여 신선하고 다채롭게 구성했다. 이들의 육감(六感)적인 고찰은 경성의 관리, 교수, 예술, 흥륭 산업, 사모님, 아가씨, 어린이, 외국인

---

[28] 하야시 히로시게, 《미나카이백화점》, 136~137쪽.

[29] 〈경성, 이동네 저동네〉, 《観光朝鮮》 II-5, 1940, 37쪽.

[30] 경성은 총독부를 비롯해 모든 관청의 주요부가 집중되어 있으며, 군시설 중핵도 여기에 있다. 그리고 대학 전문학교 수가 가장 많고, 각 분야 지식계급 학생이 충만, 소비도시로서 경성의 백화점은 내지와 비교해도 손색이 없고, 고급상품이 진열되어 있다(澁谷礼治 〈京城の経済的側面観〉, 《観光朝鮮》 II-5, 1940, 40쪽).

을 날카롭게 분석하고, 경성의 스포츠, 카페와 찻집, 음식, 기생을 주제로 하여 도시 생태의 멋진 정경을 보고한다. 참으로 예리하고 세밀하게 묘사하여 현란한 일대문화를 그린 그림이다. 또 본지가 항상 자랑으로 여기는 사진의 페이지— 거기에 전시하는 '경성'이야말로 실로 '오늘날의 경성'이고 '살아 있는 경성'이다. (중략) 경성! 반도시정 30주년의 태양 속에 그 거리는 눈부시게 펼쳐져 있다.[31]

이러한 공간에 대한 재구성은 거기에 조선인을 새로이 배치하는 결과를 낳는데,《관광조선》에 보이는 조선인들이 그 상징성을 띠는 것이다. 그러면서 겉으로만 훑고 지나갔던 조선인 묘사를 탈피하여 직접 조선인과 대면하여 그들을 표현하는 형태로 기술 태도가 변해 간다. 조선이라는 지역의 생동감을 이야기하기 위해서는 조선에 존재하는 사람의 모습을 가지고 오지 않을 수 없었다. 잡지에서 새로운 항목으로 설정되어 설명되는 관리, 교수, 사모님, 아가씨, 어린이, 외국인은 손에 잡힐 듯이 생생하고 활기차다. 경성이 만주 대륙에 대한 열정에 밀려 잊혀져 가는 장소가 아니라는 것을 강조하기 위함이다.《관광조선》이 발행되던 해인 1939년, 일본의 유행 잡지 중 하나인《모던일본モダン日本》은 특별기획으로 〈조선판〉을 마련하는데, 거기에서도 일본인이 체험한 생생한 조선에 대한 대화 내용을 싣고 있다.[32] 당시의 잡지의 구성은 사람과 사람의 만남이라는 것으로 더

---

31 〈편집후기〉,《観光朝鮮》Ⅱ-5, 1940, 106쪽.
32 《モダン日本臨時大朝増刊朝鮮版》, 1939, 90~108쪽. 〈새로운 조선을 이야기하는 좌

현실감을 부여하고, 재구성된 조선인이 거기에서 활약하는 것이다.[33]

그러나 이렇게 거리를 활보하는 이들의 실체는 모보, 모던걸이라고 불리는, 주로 직업이 없는 부르주아, 카페 여급, 기생, 학생 등의 중산층 젊은이들이 대부분이었고, 이들은 카페, 다방, 극장, 연주회장, 예배당, 공회당 등을 누비고 다녔다. 이들은 경성에 활기를 불어넣으면서, 첨단 패션과 눈에 띄는 행동으로 볼거리를 제공했고, 관찰되며 스캔들을 일으키고, 비난받고 관음되는 존재였다.[34] 그리고 조선의 실상을 반영하지 못한 식민지 정책은 경성에 있어서, 구 중소상인의 몰락, 범죄율증가, 소시민 토지 상실, 인구의 도시 집중화, 이에 따른 실업자 수의 증가를 낳았다는 이면이 존재[35]하지만 이런 그림자는 잡지에 보이지 않는다.

한편《관광조선》에는 〈경성에서 나온 일본적 스타 계보〉라는 난에서 조선의 연예계 소식을 포함하여 경성에서 유명해진 일본인 소개도 함께 싣는다. 예를 들어, 요코미츠 리이치橫光利一의 제2의 고향이

담회(新しき朝鮮を語る座談會)〉에서는 조선의 유명한 기생들이 일본의 유명인을 만난 이야기 등의《관광조선》과 유사한 구조를 띠고 있다.

[33] 그 외에도 깔끔한 맛의 요리를 맛볼 수 있는 음식점과 수십 곳 일본 현지의 맛을 느낄 수 있는 음식점들 소개하며 삶의 편리성도 강조한다. 또 경성의 스포츠에 대해서도 소개하는데, 예를 들어 야구 경기 장면이나 여학생들의 농구 사진을 게재하며, 딱딱하게 야구의 역사나 일반적인 내용을 기술하는 것이 아니라 대화체의 글로 현장을 직접 목격하며 느낀 생생한 감상을 기술하고 있다. 유도나 검도도 도장을 방문하여 경성에 검도와 유도가 들어오게 된 역사 계기 등을 인터뷰 형식, 즉 현장감을 전달하는 형태로 독자를 잡지의 세계로 유도하고 있다(《觀光朝鮮》Ⅱ-5, 1940, 81쪽).

[34] 마정미,《광고로 읽는 한국사회문화사》, 개마고원, 2005, 96쪽.

[35] 최혜실, 〈1930년대 도시소설의 소설공간〉,《현대소설연구》5, 1996, 21쪽.

조선이라는 내용, 경성제국대학 총장 시노다篠田의 딸, 〈멸망의 문滅亡の門〉, 〈백은의 강白銀の川〉의 저자인 가와가미 기쿠코川上喜久子, 당시 《신조新潮》의 편집주임인 나라사키 쓰토무楢崎勤와 그의 형인 일본화가 나라사키 뎃코楢崎鐵香와 같은 예술가에 대한 소개가 있다. 그리고 이들의 아버지인 조선주둔군부속 치과의사, 후지타 쓰구하루藤田嗣治 화백과 조선총독부병원 초대원장인 그의 아버지 등 '재조일본인'들의 활약상을 전달하며 이들을 '경성인'이라고 부르고 있다.[36] 예술가, 문학자, 의사, 잡지 편찬자 등 문화를 주도하는 일본인들을 일컬어 '경성인'이라고 부르는 것이다. 즉 '경성인'은 〈일본과 조선이 만나 새롭게 형성된 세련된 문화인〉의 한 형태를 가리킨다. 대부분 일본인, 성공한 조선인, 세련된 조선 여성이라는 한정된 범위 안에서의 존재이다. 일본인은 조선에서 활동하는 일본인을 통틀어 가리키는 경향이 강하다. 즉, 일본문화에 기반을 두며 경성에서 사는 사람들을 가리킨다. 즉, '경성인'은 조선인을 낮게 차별하여 부르던 '조선인'과 비슷한 말이 아니라, 가장 세련되고, 생기 있고, 빠르게 변화하는 시대에 적응한 새로운 인종을 가리키는 말이었다.

새로운 식민지 문화, 문화인

《관광조선》의 필진들은 '조선'과 '조선인'에 대해 새로운 의미부여

36[36] 《觀光朝鮮》 II -5, 1940, 92쪽.

를 시도했던 '재조일본인'이었다. 잡지 간행 시기에는 80만 명에 이르는 일본인들이 조선에 거주하고 있었고, 이들은 공무원, 회사원, 군인, 상업종사자에 이르기까지 조선 문화의 주도권을 쥐고 있었다. 그들은 조선을 동정과 보호의 대상이 아닌, 문화를 누릴 수 있는 공간으로서 재배치하려고 했다. 그 이전 조선의 관광자원으로서의 가치는 식민지적 열등성을 표상하는 공간이라는 고정된 의미를 재생산해 왔던 것이 사실이다.

이 잡지가 출간되는 시기적 상황은, 일본의 관심이 이미 대륙으로 향해 있었고, 조선은 더 이상 매력 없는 식민지였다. 그 때문에 잡지 편집 주체는 과거의 이미지의 재생산에서 벗어나야 한다는 것에 착목했던 것이다. 조선이 열도의 일본인의 무관심 속에 묻혀 버리기에는 너무나도 많은 일본인들이 조선에서 거주하고 있었기 때문이다. 이미 조선에 건너간 일본인들의 2세가 사회에서 활약을 하게 되면서 '재조일본인'으로서 아이덴티티를 구축한 세대들의 층이 두터워져 가는 상황이었던 것이다.

잡지는 전폭적으로 '사람'을 묘사하고 이들의 생생한 목소리를 전달하는 것에 잡지 구성의 초점을 맞추었다. 여태까지 조선에 대해 대륙 진출의 교두보라는 지리적 중요성을 강조했던 것에서 벗어나, 이제는 거기에 거주하는 사람들로 관심사를 옮겨 가야 한다는 필요성을 인식했던 것이다. 물론 여기에서 사람들이란 일본인과 일본인화된 조선인에 한정되어 있다.

'재조일본인'이 열도 일본인에게 발신하는 메시지는 '조선은 일본과 다르지 않다'는 것이었다. 나아가 '조선은 새롭고 즐거운 곳이다'

라는 것을 강조하며, 오히려 '일본을 능가하는 고급스러운 문화적 공간'으로 제시했다. 그 저변에 있는 실체는 허무하지만, 화려하게 각색된 조선 여성과 도시 경성이 배치되어 있다. 그리고 거기에서 탄생한 새로운 인종인 '경성인'이라 불리는 문화인이 떠돌고 있었던 것이다.

* 본 글의 5개의 이미지는《觀光朝鮮》Ⅱ-5(1940.9)에서 인용한 것이다.

참고문헌

최혜실, 〈1930년대 도시소설의 소설 공간〉, 《현대소설연구》 5, 1996.

서기재, 〈일본근대 〈여행안내서〉를 통해서 본 조선과 조선관광〉, 《日本語文學》 13, 2002.

마정미, 《광고로 읽는 한국사회문화사》, 개마고원, 2005.

하야시 히로시게, 《미나카이백화점》, 김성호 옮김, 논형, 2007.

최원오, 〈한성, 경성, 서울의 역사적 변천에 따른 공간인식과 서울사람에 대한 인식 변화〉, 《기호학연구》 26, 2009.

서기재, 〈근대 관광잡지 《観光朝鮮》의 탄생〉 《동아시아문화연구》 46, 2009.

서기재, 《조선여행에 떠도는 제국》, 소명, 2011

서기재, 〈근대 관광잡지 《관광조선》의 대중을 향한 메시지〉 《일어일문학》 52, 2011.

서기재, 〈《観光朝鮮》에 나타난 '재조일본인'의 표상 – 반도와 열도 일본인 사이의 거리 –〉, 《日本文化研究》 44, 2012.

《観光朝鮮》 I -1, 1939.6.

《観光朝鮮》 II -2, 1940.3.

《観光朝鮮》 II -5, 1940.9.

《モダン日本臨時大朝增刊朝鮮版》, 1939.

朝鮮總督府鐵道局, 《朝鮮旅行案內記》, 朝鮮印刷株式會, 1934.

鐵道院, 〈서문〉, 《朝鮮 滿州 支那案內》, 丁未出版社, 1919.

仲村修 しかたしん 他, 《兒童文學と朝鮮》, 神戸學生・青年センタ-出版部, 1989.

赤井正二, 〈旅行の近代化と〈指導機關〉─大正・昭和初期の雜誌《旅》から─〉, 《立命館産業社會論集》 44-1, 2008.

〈Japanese Olympic committee: History of Japan's Bids for the Olympics〉 http：// www.joc.or.jp

3

냉전적 이산과 탈냉전적 공존의 전망

교토京都 재일코리안의 구술을 중심으로

김귀옥

냉전과 탈냉전을 가로지르는 코리안 디아스포라

세계적 탈냉전 시대가 도래한 지도 25년이 넘었다. 탈냉전 시대는 동아시아와 한반도의 정치로부터 경제·사회문화적으로 많은 변화를 가져왔다. 그러한 변화 중 하나는 디아스포라 문제라고 할 수 있다. 탈냉전 이래로 한국에는 등록 외국인이나 탈북자가 급증했고, 해외 동포들의 이주와 역이주도 늘어나고 있고 있다. 2015년 7월 말 현재, 한국 내 체류 중인 외국인 수는 180만 1,410명이고 그중 79.4 퍼센트인 143만 363명은 등록 및 거소신고 외국인이다.[1] 또한 한국

---

* 이 글은《사회와역사》(제99집, 가을호)에 게재된 원고를 수정 및 보완하여 재수록한 것이다. 이 글이 완성되는 데에는 교토의 재일코리안들의 구술조사에 대한 협조가 없었다면 불가능했다. 그분들의 협조와 구술에 감사를 보낸다. 또한 녹취와 자료 정리에 협조해 준 제자 박병인 군(노사발전재단 연구위원), 논문에 대해서 다양한 논평을 해 준 일본의 학자들인 김영 씨, 김부자 교수, 송연옥 교수나 국내의 여러 연구자들에게도 감사의 인사를 전한다.

은 말할 것도 없고, 중국, 베트남, 몽골, 일본, 미국, 영국, 프랑스, 독일 등 국제적으로 흩어져 있는 탈북 디아스포라[2]도 21세기 디아스포라 이주민에 속한다.[3] 한국도 짧은 시간 내 급속하게 다문화, 다민족사회로 바뀌고 있다.[4]

2000년대 한국의 탈냉전적 변화는 코리안 이산Diaspora[5]에도 영향을 미치고 있다. 한국계 해외 이주자만 보더라도 1990년대까지 554만 4,229명이었고, 주로는 미국, 중국, 일본, 구소련 등에 분포했다. 2000년대 들어 신이민 행렬이 줄을 이어, 2013년 현재 중국, 미국을 비롯한 170여 개국에 701만 2,492명이 거주하고 있다.[6] 또한 1990년대 세계적 탈냉전에서도 별로 두드러지지 않았던 남북관계의 변화가 2000년 6·15남북공동선언에 의해 급물살을 탔다. 그런 과정에 남북 이산가족 상봉과 교류와 함께 일본의 총련계로 분류되던 재일코리안들이 17차에 걸쳐 고향방문단으로 한국을 방문하였고, 동

---

[1] 대한민국 법무부 편,《출입국·외국인정책 통계월보》7월호, 법무부, 2015, 13쪽.

[2] 박덕규·이성희,《탈북 디아스포라》, 푸른사상, 2012, 16쪽.

[3] 한국에 입국한 북한이탈주민만 해도 2015년 12월 말까지 28,795명이다. 통일부의 〈통계자료〉 북한이탈주민 현황(2015년 12월말 입국자기준). 참고 : http : //www.unikorea.go.kr/content.do?cmsid=3099

[4] 오경석,《한국에서의 다문화주의 : 현실과 쟁점》, 한울, 2007, 29~30쪽.

[5] 이 글에서는 'diaspora(디아스포라)'를 이산으로 해석하되, 필요에 따라 디아스포라를 사용한다.

[6] 외교부 편,《재외동포 현황》, 외교부, 2013, 14쪽. 외교부는 재외공관(대사관, 총영사관, 분관 또는 출장소)에서 작성한 공관별 재외동포 현황을 취합하고 있는데, 그 총계에 따르면 2007년 704만 1,684명, 2009년 682만 2,606명, 2011년 716만 7,342명으로 작은 등락을 보이고 있다.

시에 재일코리안들의 남북의 방문이나 사회문화적 교류도 증가한 것으로 보인다.

21세기는 다민족, 다문화시대라고 불린다. 다민족시대의 이산 개념은 해외 이주 집단의 특성을 보는 데 더 유용하다. 한국에서도 1990년대 후반부터 디아스포라 개념[7]을 활용한 연구들이 제출되고 있고,[8] 문학계에서도 다양한 디아스포라 문학 관련 연구가 생산되고 있다. 디아스포라 개념은 1990년대 이래로 '구 디아스포라'에서 '신 디아스포라'로 이행하고 있다. 즉 사프란 식의 한번 고국으로부터 추방당하면 돌아가기 어렵지만 의식은 고국에 고착되어 있는 형의 구 디아스포라[9] 개념으로부터, 이주민들이 초국적으로 이산되어 세계적으로 원활한 교통통신 수단에 의해 초국적 사회문화적 공동체와 정체성을 형성하는 '신 디아스포라' 개념[10]으로 이행하는 관점의

[7] 김귀옥,《월남민의 생활경험과 정체성 : 밑으로부터의 월남민 연구》, 서울대학교출판부, 1999.
  윤인진,《코리안 디아스포라》, 고려대학교출판부, 2004.
  박명규, 〈한인 디아스포라론의 사회학적 함의〉,《한국의 소수자, 실태와 전망》, 한울아카데미, 2004.
  정석기,《한민족의 디아스포라》, 쿰란출판사, 2005.
  윤인진 · 박상수 · 최원오,《동북아의 이주와 초국가적 공간》, 아연출판부, 2010.

[8] 한국의 디아스포라 연구에서 획을 그은 사건은 전남대학교 세계한상문화연구단 (2002년 설립, 단장 임채완 교수)의 노력으로 전남대 대학원에 디아스포라학과가 설립된 일이다. 이곳에서 2007년부터 《디아스포라연구》를 발간하고 있다. 또한 2005년 건국대학교에 '아시아 · 디아스포라연구소'가 설립되어, 2007년부터 학술지 《아시아 · 디아스포라연구》를 간행하였다.

[9] William Safran, "Diasporas in Modern Societies : Myths of Homeland and Return," *Diasporas* 1-1, 1991, pp. 83-99.

[10] James Clifford, "Diasporas," *Cultural Anthropoly* 9-3, 1994, pp. 302-338.

이산 문제 연구가 늘고 있다.

이산 연구는 한반도와 재일, 재미, 재중, 수많은 해외와 국내 코리안을 분리해서 사고하는 인식을 넘어 연관적으로 사고하려는 관점에 서 있다. 이산적 인식 자체가 떠나간 고국을 기억하는 데서부터 출발하기 때문이다. 다시 말해 코리안 디아스포라는 한반도에서의 조선 사회의 해체와 식민지로부터 시작하여 1945년 8월 15일 이후 분단과 냉전에 의해 깊은 영향을 받는다. 또한 1980년대 후반 세계적 탈냉전, 동서이념의 해체와 함께 디아스포라는 모국과 이주국을 넘나드는 존재가 되어 있다. 그렇다면 과연 재일코리안은 최근까지 어떤 이산적 삶을 살아왔고, 어떤 이산적 관계를 맺고 있는가를 구체적으로 볼 필요가 있다.

재일코리안 사회를 좀 더 구체적으로 세밀하게 보기 위해서는 현지 조사가 필요하다. 현지 조사를 해야 재일코리안 사회에 더 깊숙이 들어갈 수 있기 때문이다. 이러한 필요성에 따라 글쓴이는 2010년 9월 초부터 2011년 7월 말까지 교토시京都市의 다양한 재일코리안을 만나서 관찰과 대화, 답사 등을 통해 연구를 수행했다. 그중에 10명은 구술생애사 면담을 진행하였다. 따라서 이 글에서는 글쓴이가 1년 가까이 머물렀던 교토京都에서 만났던 재일코리안과의 교류와 면담 과정에서 발견하고 깨닫게 된 그들의 삶과 이산의 문제를 더 구체적으로 살펴보고자 한다.

김귀옥, 《월남민의 생활경험과 정체성 : 밑으로부터의 월남민 연구》, 9쪽.

이 글은 다음과 같이 구성되어 있다. 우선은 재일코리안 최근 연구 동향을 살펴보고, 이글의 연구 방법론을 제시하고, 다음으로 교토 재일코리안의 일반적인 상황을 살펴보며, 다음으로 구술사 조사를 토대로 하여 세 시기의 이산의 경험을 살펴보고 그 함의를 도출하고자 한다.

재일코리안 연구 동향과 시기별 범주화

최근 재일코리안 연구 동향

1990년대까지는 이광규의 〈재일한국인생활실태를 중심으로—〉 (1983) 연구처럼, 문헌 자료를 바탕에 둔 이민 정책 연구나 식민시대 이민사 연구가 주를 이루었다. 2000년대 전후하여 연구 환경이 더 자유로워지고 연구 기금 조성 환경이 과거에 비해 양호해지면서 연구 방법론이나 주제 면에서 더 다양해지고 있다.

실례로 재일코리안의 호칭에 남아 있던 탈냉전적 인식으로의 전환을 들 수 있다. 얼마 전까지만 해도 한국 학자들 사이에서는 '재일조선인'이라고 하면 '북한적'을 가진 친북, 조총련계 인사로 간주되었다. 최근에도 그런 경향은 남아 있기는 하지만, 재일코리안의 총칭으로 재일조선인을 사용하는 국내 연구자들의 연구물이 늘고 있다. 이정석의 〈재일조선인 문학이 바라 본 해방정국〉(2008), 홍용희의 〈재일조선인 디아스포라 시의 특성 고찰〉(2009), 박지영의 〈데라야마 슈지 문학에 나타난 재일조선인과 전후 일본〉(2010), 권숙인의

〈일본의 전통, 교토의 섬유산업을 뒷받침해 온 재일조선인〉(2011),
김보림의 〈일본의 재일조선인 교육 정책과 변화〉(2012) 등이 있다.

　반면 기존의 냉전적 인식을 극복하기 위해서 사용되고 있는 명칭
으로는 '재일코리안コリアン'의 사용도 확산되고 있다. 일본의 간사이
關西 지역 연구자들이 만든 연구소인 'コリアンコミュニチイ研究'나
리츠메이칸대학立命館大學의 'コリア研究センター', 1985년 '분열된
재일코리안의 화합'을 위해 추진된 '원코리아페스티벌One Korea Festival'
과 같은 문화행사 등을 포함하여 일본에서 재일코리안의 호칭이 늘
어나고 있다. 최근 한국 연구자들도 재일코리안을 사용하기 시작했
다. 김현선의 〈국적과 재일 코리안의 정체성〉(2009), 문재원의 〈재일
코리안 디아스포라 공간과 정체성의 정치〉(2011), 이성의 〈재일코리
안의 현황과 미래〉(2011), 임채완의 《재일코리안 디아스포라 문학》
(2012), 라경수의 〈일본의 다문화주의와 재일코리언 : '공생'과 '동
포'사이〉(2012) 등은 재일코리안에 대한 인식 변화를 가져오는 데 중
요한 역할을 했다.

　한편 일본에서 재일코리안들이 널리 사용해 온 용어로서, '한국 ·
조선'을 뗀 채 관습적으로 사용해 온 호칭인 재일 또는 '자이니치在
日'를 사용한 국내 연구도 소수 있다. 김병구의 〈이산과 '재일'적 삶
의 기원에 대한 탐색〉(2009), 김형규의 〈'재일在日'에 대한 성찰과 타
자 지향〉(2012), 박정이의 〈영화 〈GO〉에 나타난 '재일' 읽기〉(2012)
등에서는 재일코리안의 변화하고 있는 정체성에 주목하고 있다.

　한편 재일코리안의 이산 문제를 다룬 연구들도 2000년대 전후하

여 제출되고 있다. 한국에서는 '북송'[11]이라고 부르는 1959년부터 1984년까지의 재일코리안의 북한 '귀국 사업'에 대한 주제는 중요성에 비해 오랫동안 학문적으로 접근되지 못했다. 2007년도 일본에서 테싸 모리스-스즈끼의 《北朝鮮へのエクソダス》[12]가 발표되었을 때 학계의 파장이 컸다. 스즈끼는 국제적십자위원회나 일본적십자사 등의 기밀 해제된 공식 문서를 통하여 북한 귀국 문제는 일본이 주도한 것은 말할 것도 없고, 냉전적 상황 속에서 구소련, 미국 등도 간여되어 있는 국제적 사건이자 남북 분단에 의한 이산의 비극적 결과였음을 밝혔다.[13] 김귀옥은 〈분단과 전쟁의 디아스포라-재일조선인 문제를 중심으로〉(2010)에서 한반도 분단과 전쟁에 의한 디아스포라의 문제로서 접근했다. 남근우는 〈북한 귀국사업의 재조명 : '원조경제'에서 '인질(볼모)경제'로의 전환〉(2010)에서 북한 귀국 재일코리안을 둘러싼 북한의 경제적 의도를 살펴보려고 했다. 박정진은 북일 관계 속에서 〈북한의 대일접근과 재일조선인 '북송(귀국)문제〉(2011)를 보았다. 또한 귀국 재일코리안의 북한 내 적응 문제를 다룬 연구로는 이주철의 〈입북 재일동포의 북한 체제적응에 관한 연구〉

---

11 한국에서는 '북송'이라고 부르지만, 재일코리안들은 대개 '귀국'이라고 하고, 일본에서는 '귀환'으로 칭해 왔다(박정진, 〈북한의 대일접근과 재일조선인의 '북송(귀국)'문제〉, 《북한연구학회보》 제15권 1호, 2011, 219~246쪽). 이 글에서는 재일코리안이 명명한 '귀국'이라는 용어를 택하되, 맥락에 따라 '북송'을 사용한다.

12 이 책과 함께 테싸 모리스-스즈끼는 〈북송사업과 탈냉전기 인권정치〉(황정아 옮김, 《창작과비평》 33-3, 2005)와 《봉인된 디아스포라》(박정진 옮김, 제이앤씨, 2011)를 한국에서 출판했다.

13 테싸 모리스-스스끼, 《북한행 엑서더스》, 한철호 옮김, 책과함께, 2008, 118~119쪽.

(1999)와 정은이의 〈재일조선인 귀국자의 삶을 통해서 본 북한체제의 재조명 : 재일탈북자의 증언을 중심으로〉(2009) 등을 들 수 있다.

다음으로 최근 들어 재일코리안 연구에서 참여관찰과 심층면접 등을 활용한 코뮤니티Community 연구가 등장하고 있다. 오사카의 재일코리안 공동체로 유명한 이쿠노쿠 연구인 고정자·손미경의 〈한국문화 발신지로서의 오사카 이쿠노쿠 코리아타운〉(2012), 도쿄 코리아타안 연구인 유연숙의 〈도쿄 코리아타운과 한류 : 다문화 공생의 실천 장소〉(2012), 교토부 우치시의 '우토로' 재일조선인 부락을 연구한 이정은의 〈식민제국과 전쟁, 그리고 디아스포라의 삶〉(2011)과 교토 히가시쿠조를 연구한 이정은의 〈경계의 균열, 공생의 문화변용 : 민족축제 '마당'을 통해본 교토 히가시쿠조의 역사성과 장소성〉(2013), 니시진오리의 재일코리안을 연구한 권숙인의 〈일본의 전통, 교토의 섬유산업을 뒷받침해 온 재일조선인〉(2011) 등은 재일코리안 연구의 심화와 구체성을 가져오는 데 기여했다고 볼 수 있다.

최근 재일코리안을 둘러싼 연구 주제나 질적 연구들은 아직 풍부하고 다양하지는 않지만, 차츰 늘어나고 있는 추세이다. 현지 질적 연구들에 의해 재일코리안의 구체적인 실상이 어느 정도 드러나고 있지만, 재일코리안의 삶 속에 깊이 뿌리 내리고 있는 분단과 이산 문제가 재일코리안 가족과 개인에게 어떤 영향을 주어 왔고, 역동적으로 반영되고 있는지는 다루지 못했다. 이 논문에서는 현지 조사와 구술사 연구를 통하여 거시 역사의 분단과 이산의 문제를 재일코리안 가족과 개인의 문제와 연결시키고자 시도하고 있다.

정의와 시기별 범주화

우선 이 글에서 사용하고 있는 재일코리안을 정의하고자 한다. 재일코리안 정의에는 네 가지 점이 고려되어야 한다. 첫째, 서경식의 설명대로 재일조선인은 일제 식민지 시기 일본으로 이주하게 된 조선인의 후예로서 일본의 마이너리티[14]라는 점이다. 둘째, 이성[15]이 지적하듯 전체 재일코리안 중 일본 국적자가 늘어나는 추세에서 재일한인(한국인)＝한국적＝친한국, 재일조선인＝조선적＝친북한이라는 식으로 분단적으로 사고하는 인식을 극복할 필요가 있다는 점이다.[16] 셋째, 탈분단·탈냉전적 관점에서 재일조선인을 보아 통일 과정에서 한반도 및 해외 한민족과도 기원의 정체성을 공유하며 정치·경제·사회·문화적으로 교류할 주체로서 인식을 형성할 필요가 있다는 점이다. 넷째, 최근까지는 재일코리안 범주화에서 '올드카마Old comer'와 '뉴카마New comer'[17]를 구분하는 경향이 있다. 이 글에서는 주로 올드카마를 중심으로 연구를 진행하지만, 재일코리안 연구

---

[14] 서경식, 《디아스포라의 눈》, 한겨레출판사, 2012, 21쪽.

[15] 이성, 〈재일코리안의 현황과 미래〉, 《통일인문학논총》 52-11, 2011, 279~306쪽.

[16] 건국대학교 통일인문학연구단의 재일코리안 조사가 흥미롭다. 응답자의 80.6퍼센트가 대한민국적을 가지고 있고, 조선적 8.0퍼센트, 일본 국적 11.1퍼센트인데, 모국(민족 정체성)을 묻는 질문에 응답자의 43.9퍼센트는 조선반도(분단되지 않은 한반도), 40.4퍼센트가 대한민국, 2.5퍼센트가 북한을 모국으로 인식하고 있었다(김익현·나지영, 〈재일조선인의 민족정체서와 경계인〉, 《코리언의 민족 정체성》, 선인, 2012, 274~277쪽).

[17] 일본에서 '올드카마'는 식민지적 기원을 가진 한국이나 중국 출신 이주자를 의미한다면, '뉴카마'는 1980년대 중반 이후 이주자를 가리킨다(설동훈, 《노동력의 국제이동》, 서울대학교출판부, 2000, 151쪽).

에서 그들의 차이를 인정하는 바탕 위에서 일본과 한국의 관계에서 통합적으로 사고할 필요가 있다. 이러한 점을 고려하여 이 글에서는 재일코리안Korean in Japan은 "일제 식민지 시기 이산되어 해방과 분단 과정에서 남북으로 관계가 맺어져 있으며, 조선적·대한민국적·일본적 등의 국적을 불문하고 일본에 살면서 코리안이라는 정체성을 갖는 사람"으로 정의 내리고자 한다.

또한 이 글에서는 이산Diaspora(분산)을 세 범주와 시기로 나누어 살펴보고자 한다.

첫째, '식민과 제국의 이산'. 조선이 해체되는 과정과 한반도가 일본제국주의에 편입되는 과정에서 발생한 이산을 의미한다. 시기적으로 일제강점기에 해당된다. 이산 1세대 한 명을 포함한 주로 이산 2세대들에 의한 재현적 기억을 통해 이산과 일본 내 적응 과정을 보게 될 것이다.

둘째, '분단과 냉전의 이산'. 일본의 태평양전쟁 패전 후 외국인으로 규정되어 마이너리티로서 정치적 배제, 사회경제적 제약과 차별 속에서 재일코리안이 남과 북과 각각 새로운 관계를 맺으면서 발생한 이산을 의미한다. 특히 1959년부터 1984년까지 10만 명 가까운 재일코리안이 북한으로 귀환 과정에서 새로운 이산가족들이 발생했다. 이 시기는 일제 패전 이후부터 1980년대 중반까지에 이르는 시기이다.

셋째, '냉전과 탈냉전의 중첩 속의 초국적 이산'. 1980년대 후반 이래로 재일코리안의 일본 국적 취득이 늘어나기 시작하고, 한국적 재일코리안=한국, 조선적 재일코리안=북한이라는 공식이 일정 정도 해체 또는 약화되면서 다양한 이산과 교류가 가능해지면서 발생한 이산을 의미한다. 이 시기의 이산은 구 디아스포라 유형으로부터 신 디아스포라 유형으로 착종하고 있는 유형이라 할 수 있다. 시기적으로는 1980년대 후반, 1990년대 초반 세계적 탈냉전으로부터 지금에 이르는 시기이다.

이러한 세 범주와 세 시기를 나누어 교토 재일코리안의 이산 경험을 살펴보고자 한다.

교토 재일코리안의 전반적 상황

이 장에서는 전체 재일코리안의 분포를 먼저 살펴보고, 다음으로 교토 재일코리안을 살펴본다. 일본 법무성은 재일코리안을 '한국 · 조선적韓國 · 朝鮮籍'으로 분류하여 외국인등록을 시켜 왔다. 일본의 전체 외국인등록자 가운데 등록 재일코리안의 지역별 분포를 다음 〈표 1〉에서 1981년과 2011년으로 나누어 살펴보도록 한다.

〈표 1〉 1981/2011 일본 지역별 외국인등록자, 등록 재일코리안 분포

都道府縣	1981*		2011**		
	외국인 등록자 총수	재일코리안 (퍼센트)	외국인 등록자 총수	아시아인 (퍼센트)	재일코리안 (퍼센트)
總數	783,479	665,083 (84.9)	2,078,508	1,653,679	545,401 (32.9)
北海道홋카이도	8,874	6,966 (78.5)	22,029	17,898	5,226 (29.1)
青森아오모리	2,334	1,971 (84.4)	3,987	3,404	1,010 (29.6)
岩手이와떼	1,873	1,485 (79.3)	5,234	4,735	1,055 (22.2)

宮城미야기	4,626	3,650 (78.9)	13,973	12,278	4,109 (33.4)
秋田아키타	1,342	1,090 (81.2)	3,794	3,340	711 (21.2)
山形야마가타	997	699 (70.1)	6,246	5,772	1,965 (34.0)
福島후쿠시마	2,796	2,236 (80.0)	9,623	8,579	1,844 (21.4)
茨城이바라키	5,102	4,114 (80.6)	51,598	39,451	5,470 (13.8)
栃木도치기	2,849	2,304 (80.9)	31,101	19,953	2,959 (14.8)
群馬군마	3,799	3,013 (79.3)	41,963	22,147	2,887 (13.0)
埼玉사이타마	13,687	11,109 (81.2)	119,727	98,827	18,377 (18.5)
千葉치바	14,286	11,252 (78.8)	110,235	94,808	17,630 (18.5)
東京도쿄	114,506	73,787 (64.4)	405,692	347,441	104,915 (30.1)
神奈川가나가와	41,664	29,644 (71.2)	166,154	131,220	32,525 (24.7)
新潟니가타	3,221	2,699 (83.8)	13,374	11,678	2,150 (18.4)
富山후지산	2,125	1,916 (90.2)	13,729	9,984	1,291 (12.9)
石川이시카와	3,708	3,385 (91.3)	10,783	8,735	1,913 (21.9)
福井후쿠이	5,314	5,140 (96.7)	12,176	9,201	3,116 (33.8)
山梨야마나시	1,916	1,527 (79.7)	15,101	10,123	2,290 (22.6)
長野나가노	5,776	4,853 (84.0)	33,717	23,782	4,462 (18.7)
岐阜기후	11,375	10,939 (96.2)	47,375	31,796	5,275 (16.5)
静岡시즈오카	9,590	8,160 (85.1)	82,184	39,601	6,216 (15.6)
愛知아이치	59,668	59,568 (94.8)	200,696	129,240	38,438 (29.7)
三重미에	8,899	8,419 (94.6)	45,312	24,823	5,751 (23.1)
滋賀시가	7,993	7,532 (94.2)	25,436	13,742	5,669 (41.2)
京都교토	49,487	46,835 (94.6)	52,563	47,769	30,815 (64.5)
大阪오사카	196,424	186,530 (95.0)	206,324	193,231	124,167 (64.2)
兵庫효고	84,818	70,280 (82.9)	98,515	88,240	50,438 (57.1)
奈良나라	6,939	6,156 (86.7)	11,194	9,519	4,405 (46.2)
和歌山와카야마	5,829	5,242 (86.9)	5,945	5,442	2,672 (49.0)
鳥取돗토리	1,936	1,765 (91.2)	4,041	3,715	1,242 (33.4)
島根시마네	1,695	1,427 (84.2)	5,458	4,054	841 (20.7)
岡山오카야마	9,472	8,794 (92.8)	21,488	19,170	6,268 (32.6)
廣島히로시마	18,741	16,960 (90.5)	39,261	33,653	10,334 (30.7)
山口야마구치	15,689	14,986 (95.5)	13,825	12,981	7,288 (56.1)
德島도쿠시마	664	422 (63.6)	4,957	4,466	379 (8.4)
香川가가와	1,473	1,120 (76.0)	8,315	7,162	1,016 (14.1)
愛媛에히메	2,424	2,103 (86.0)	8,857	8,082	1,467 (18.1)
高知고치	1,232	982 (79.7)	3,429	3,054	648 (21.2)

福岡후쿠오카	29,523	27,055 (91.6)	52,555	48,113	18,390 (38.2)
佐賀사가	1,616	1,383 (85.6)	4,259	3,978	848 (21.3)
長崎나가사키	3,742	2,343 (62.6)	7,350	6,380	1,276 (19.9)
熊本구마모토	2,457	1,544 (62.8)	8,944	8,027	1,122 (13.9)
大分오이타	3,695	3,046 (82.4)	10,118	9,156	2,565 (28.0)
宮崎미야자키	1,383	949 (68.6)	4,311	3,726	639 (17.1)
鹿兒島가고시마	1,424	481 (33.8)	6,284	5,555	555 (9.9)
沖繩오키나와	4,496	222 (4.9)	9,276	5,648	772 (13.6)

* 출전 : 일본법무성통계 ; 이광규,《재일한국인-생활실태를 중심으로-》, 일조각, 1983, 79쪽, 재인용.

** 출전 : 일본법무성 통계자료 재구성(http : //www.e-stat.go.jp/SG1/estat/List.do?lid=000001089591 2013년 3월 13일).

1981년 자료는 1952년부터 1982년 이전까지 까다로웠던 일본의 입관법入管法에 의해 외국인의 일본 재류 자격을 제한했던 정책을 반영한다. 반면 2011년 자료는 1982년과 1990년 입관법의 개정으로 재류 자격의 폭이 넓어진 일본의 외국인수용정책에 의한 외국인 수용 폭과 규모가 넓어진 상황을 반영한다고 볼 수 있다.[18]

〈표 1〉에 따르면 1981년 외국인등록자 총수 783,479명 중 재일코리안은 665,083명으로 전체 84.9퍼센트를 차지하는 반면 2011년에는 총수 2,078,508명 중 재일코리안은 545,401명으로 32.9퍼센트를 차지하고, 30년 전에 비해 절대 인구가 5분의 1 이상 줄어들었다. 일본 47개 지역별로, 2011년도 외국인등록자 중 재일코리안의 수가 가장 많은 곳은 오사카 124,167명, 도쿄104,915명, 효고현 50,438

---

18 坂中英德・淺川晃廣,《移民國家ニッポン—1000万人の移民が日本を救う》, 日本加除出版, 2007, p. 161.

명, 아이치현 38,438명, 가나가와현 32,525명에 이어 교토부京都府 30,815명이다. 또한 외국인등록자 중 재일코리안의 비율별로 보면, 교토부가 64.5퍼센트(30,815명)[19]은 차지하여 가장 높고, 다음이 오사카 64.2퍼센트(124,167명), 효고 현(현 수도 고베) 57.1퍼센트(50,438명), 야마구치 현56.1퍼센트(7,288명) 등의 순서이다.

더 구체적으로 교토京都시[20]의 재일코리안에 대해서 살펴보도록 한다. 교토 인구는 147만 명 정도의 크지 않은 도시이지만, 연간 5천만 명이 찾는 국제관광도시이다.[21] 또한 교토는 교토대학을 비롯하여 33개의 대학을 가진 교육도시로서도 명성을 갖고 있는 만큼 대학생이 16만여 명[22]으로서 교토시 인구의 10.9퍼센트에 해당한다.

또한 일본 교토시 통계[23]에 따르면, 2011년 현재 교토 총인구 147만 3,416명 중 외국적 총수는 4만 1,200명이다. 그 가운데 재일코리안에 해당하는 '재일한국·조선적'이 2만 4,716명으로 60.0퍼센트, 중국인이 24.3퍼센트를 차지하고 있다.

---

[19] 2011년 일본 법무성의 외국인등록자 중 '교토 한국·조선적' 수 3만 815명은 교토시를 포함한 전체 교토부京都府 전체에 거주하는 재일코리안을 의미하고, 2011년 교토시 총합기획국의 '한국·조선적' 수 2만 4,716명은 교토시에 거주하고 있는 재일코리안을 가리키고 있다.

[20] 주지하듯 교토시는 교토부京都府의 중앙이다. 교토부에는 교토시 외에도 교탄고京丹後시, 미야즈宮津시, 마이즈루舞鶴시, 후쿠치야마福知山시, 아야베綾部시, 난탄南丹시, 가메오카龜岡시, 우치宇治시 등이 있다. 이 글에서는 교토시만을 가리킨다.

[21] 《제주의소리》 2013년 2월 11일.

[22] 《경향신문》 2013년 4월 11일.

[23] 京都市總合企畫局, 《京都市統計書》, 京都市, 2012, 65쪽.

이제 교토시의 재일코리안 인구 변천 추이를 〈표 2〉에서 살펴보도록 한다.

〈표 2〉 연도별 교토시 재일코리안 인구 변천

(단위 : 명)

연도	교토 재일조선인 인구	교토시 인구[*2]	국세조사[*3]
1910	(교토부 53명)[*1]	470,033	
1920	713[*1]	591,323	55,963,053
1930	14,820[*1]	765,142	64,450,005
1940	52,034[*1]	1,089,726	73,114,308
1945	(교토부 69,900)[*1]	866,153	78,101,473[*주]
1950	23,241[*2]	1,101,854	83,199,637
1960	30,666[*2]	1,284,818	93,418,501
1970	34,104[*2]	1,419,165	103,720,060
1980	36,832[*2]	1,473,065	117,060,3961
1990	37,020[*2]	1,461,103	123,611,167
2000	32,427[*2]	1,467,785	126,925,843
2005	28,426[*2]	1,474,811	127,767,994
2010	25,207[*2]	1,474,015	128,056,026
2011	24,716[*2]	1,473,416	

[*1] 출전 : 高野昭雄, 〈「京都らしさ」を支えた在日朝鮮人〉, 《コリア研究》第4号, 2013, 23-40쪽.
[*2] 출전 : 京都市總合企畵局, 《京都市統計書》, 京都市, 2012, 65쪽
[*3] 출전 : 《國勢調査》에 의거한 것임. [24]
[*주] 1945년에는 태평양전쟁 직후라 1947년에 임시국세조사를 실시했음.

---

[24] 일본에서는 1920년부터 국세조사를 실시하여 서력상 '0'으로 끝나는 해에는 대규모 조사, '5'로 끝나는 해에는 간이조사가 실시되고 있다. 1920년 일제는 일본, 대만과 함께 조선에서도 함께 국세조사를 실시하도록 되어 있었다. 단, 1920년 조선에

우선 교토시 인구는 20세기 초부터 1940년대 초반까지 지속적으로 성장하여 1940년에는 백만 명이 넘게 되지만, 1945년 일본의 패전으로 86만여 명으로 감소를 겪게 된다. 교토에 살던 일부 재일코리안이나 대만계가 귀환했던 것이 주요 원인으로 추측된다. 그러나 1950년이 되면 다시 백만 명이 넘어 1970년 140여 만 명이 된 이래로 최근까지 140여 만 명으로 정체를 겪고 있다. 인구증가율 면에서 일본 전국 인구 변천과 교토시 인구 변천을 보면, 일본은 전국적으로 보면 1980년대까지는 두 자리 인구증가율을 보이다가, 1990년 이래로 인구증가율이 한 자리 수에 머물러 있다. 교토시의 경우에는 이보다 빨리 1980년부터 인구증가율이 한 자리 수 상태에 머물러 있다.

그렇다면 교토시의 재일코리안의 규모를 살펴보도록 한다. 일제강점기 조선인은 1920년 713명에서 1940년 5만 2,034명으로 20년 만에 73배 가까이 급성장하였다. 일제 패전 이후 1950년에는 외국인으로 등록된 재일코리안이 2만 3,241명으로 급감했다. 1990년 3만 7,020명으로 증가는 했으나, 2001년부터는 다시 감소하여 2011년에는 1950년과 비슷한 수준에 머물러 있음을 알 수 있다. 일제강점기 재일코리안이 도일渡日하여 교토에 왔던 것은 두 가지 큰 이유가 있었던 것으로 보인다. 하나의 이유가 대학 진학 등을 이유로 한

서는 1919년 3·1운동의 영향으로 국세조사계획이 취소되고 1925년부터 시작되었다(권태환·김두섭,《인구의 이해》, 서울대학교출판부, 2002, 242쪽).

유학 이주[25]라면, 또 다른 이유는 노동이주이다. 일제강점기 교토시를 포함한 교토부에서 진행된 철도나 비행장 건설[26]이나 가모가와鴨川 정비사업, 히에잔比叡山 케이블카건설사업,[27] 토카이도센東海道線관련 공사 등의 많은 토목사업,[28] 태평양전쟁기 군수공업이나, 니시진오리西陣織를 포함한 전통 섬유산업 부문에서의 추가 노동력의 수요 급증으로 조선에서 유입되었던 것으로 보인다.[29]

다음으로 교토시 내에서 재일코리안은 어떤 분포를 보이는지를 살펴보도록 한다. 간략하게 교토시의 행정구역을 참고하기 바란다.

---

[25] 吳鳴夢, 〈在京都朝鮮人史年表〉, 《社協京都會報》, 在日本朝鮮社會科學者協會京都支部理事會, 2009, p. 323.

[26] 이정은, 〈식민제국과 전쟁, 그리고 디아스포라의 삶〉, 《한국사회학》 45-8, 2008, 172쪽.

[27] 히에잔 케이블카건설사업은 1927년 완공되었다. 1926년경 교토 도시샤대학 영문학과에 재학 중이던 정지용이 수백 명이 일하던 건설 현장의 조선 노동자 합숙처에 방문하여 "압천상류 上·下"이라는 회고문(정지용, 〈압천상류〉 상·하, 《정지용전집 2》, 민음사, 1988, 101~105쪽)을 남기고 있다(심경호, 〈정지용과 교토〉, 《동아시아 비교문학의 전망》, 동국대학교출판부, 2003, 389쪽. ; 水野直樹, 水野直樹, 〈比叡山 ケーブルカー工事と朝鮮人勞働者〉, 《京都と韓國の交流の歷史》(2), 韓國民團京都府本部, 2008, 20~21쪽).

[28] 高野昭雄, 〈「京都らしさ」を支えた在日朝鮮人〉, 《コリア研究》第4号, 2013, 23~40쪽. 吳鳴夢. 〈私の記憶手帳−右京區山之內在住朝鮮人〉, 《コリア研究》第4号, 2013, 41~58쪽.

[29] 권숙인, 〈일본의 전통, 교토의 섬유산업을 뒷받침해 온 재일조선인〉, 《사회와역사》 91, 2011, 325~372쪽.

〈그림 1〉 교토의 행정구역[30]

이 그림에서 보듯 교토시는 가모쿄上京구, 기타北구, 우쿄右京구, 사쿄左京구, 나카쿄中京구, 히가시야마東山구, 시모쿄下京구, 미나미南구, 후시미伏見구, 야마시나山科구, 니시쿄西京구 11개의 구區로 이루어졌다. 각 지역의 재일코리안 분포를 〈표 3〉에서 살펴보도록 한다.

〈표 3〉 교토시 재일코리안 거주 분포

지구	1958년*		2004년**	2010년**
	호수	인수 (명/퍼센트)	인수 (명/퍼센트)	인수 (명/퍼센트)
가모쿄上京구	511	2,455/ 6.1	923/3.5	900/3.5
기타北구	590	2,607/ 6.5	1,932/7.4	1,694/6.7
우쿄右京구	1,010	5,413/ 13.5	4,850/18.6	4,295/17.0
사쿄左京구	765	3,750/ 9.3	3,042/11.7	2,603/10.2
나카쿄中京구	657	3,677/ 9.1	1,551/6.0	1,382/5.4
히가시야마東山구	298	1,182/ 2.9	546/2.1	474/1.9

---

30 이 이미지는 다음에서 인용하였음. http : //ko.wikipedia.org/wiki/%ED%8C%8C%EC%9D%BC : Kyoto-map.jpg

시모교下京구	2,512	10,529/ 26.2	906/3.5	915/3.6
미나미南구	1,718	7,807/ 19.4	5,925/22.8	5,200/20.5
후시미伏見구			2,924/11.2	4,357/17.2
야마시나山科구			1,431/5.5	1,234/4.9
니시쿄西京구			1,989/7.6	2,343/9.2
마이츠루舞鶴	458	1,692/ 4.2		
교토 후카京都府下	불명	1,104/ 2.7		
합계		40,216/ 100.0	26,019/99.9	25,397/100.1

* 출처 : 京都府廳, 《京都府廳統計》, 1958 ; 板垣龍太 編輯, 《社會調査實習報告書》, 同
志社大學社會學部社會學科, 2008, 재인용.

** 출처 : 일본법무성 http : //www.e-stat.go.jp/SG1/estat/List.do?lid=000001074828

교토시 11개 행정구역[31] 모두에 재일코리안이 분포되어 있다. 11
개 구 중에서 1958년만 해도 우쿄구, 시모교구, 미나미구 등, 2010년
대에는 미나미구, 후시미구, 우쿄구, 사쿄구 등에 재일코리안이 집거
하여 주요 집거지에 차이는 있다. 우쿄구, 기타구, 가모교구 인근지
역에는 니시진오리공장, 상점 관련 시설들이 모여 있다.

20세기 교토 현대사에서 재일코리안은 뺄 수 없는 존재가 되어
있다. 재일코리안의 대다수가 2세대 이하인 현실에서 그들은 한반
도(대부분은 남한 지역)에는 부모를 통한 재일코리안으로서 이산의 기
원을 가지고 있다. 한편 그들의 상당수는 1959년 이래로 북한으로
귀국한 가족, 친·인척을 가지고 있다. 다시 말해 식민지기 이래로
한반도 분단과 냉전 시대를 거치면서 이중, 삼중의 이산을 경험하고

---

[31] 교토시가 11개 행정구역으로 확정되는 것은 1976년이고, 그전까지는 9개 구로 이
뤄졌다.

있다. 그렇다면 교토 재일코리안들은 한반도 식민과 분단, 냉전과 탈냉전 시대 어떤 이산을 경험했는지를 구술조사를 통해 살펴보도록 한다.

교토 재일코리안 이산 조사 결과

구술자 소개

그간 글쓴이가 진행한 현지 조사와 달리 교토 조사는 관찰과 답사를 통하여 재일코리안들과의 일정한 신뢰를 쌓은 후 진행되었다. 여러 형태의 접촉을 통한 면담은 다양하게 이뤄졌으나 비교적 심도 있게 면담이 진행된 열 명을 중심으로 소개하고자 한다.

〈표 4〉 구술자의 간단한 인적 사항

가명	강미령	리영철	송영미	오수영	오영경	오정철	임명길	하영수	허민형	현영민
성별	여	남	여	남	여	남	남	남	남	남
부모 고향	부모: 경북 영덕	부:경남 고성 모:광주	부:전북 모:일본 남편: 경남 합천	부:경남 창원 처:경남	부:부산 모:부산 남편: 경북 예천	부모: 경북	부모: 경북 예천	부:경남 합천 모: 경남 울산	부모: 제주	-
가족 도일 시기	1941년	1920년대	1920년대	1920년대	1920년대	1930년대	본인 1941년	1943년	1950년대	-
출생 연도	1944	1949	1942	1934	1935	1959	1926	1950	1956	1989
출생지	히로시마	교토부	도쿄	교토	효고현	교토	경북 예천	고베	오사카	교토

성장지	교토	교토	도쿄	교토	효고/도쿄/교토	교토	교토	도쿄	오사카	교토
현 거주지	교토	교토	도쿄	교토	교토	교토	교토	교토	오사카	도쿄
학력	대학-교원 양성소	고등학교	일반대학 졸업	일반대학 졸업	소학교 중퇴	대졸	중학	한국 대학 졸업 일본 대학원 중퇴	한국 대학 중퇴	대학 재학
직업	교원 책임자	NGO 간부	교육 NGO 전직 교사	교육 NGO	사업 문화사업가	식당업 (자영업)	NGO 퇴직 간부	교원 책임자	자영업	학생
국적*	◇	◇	◇	◇	◆	◆	◇	◆	◆	◇
배우자 관계	재일 2세	재일 2세	재일 1.5세	재일 2세	재일 1.5세	재일 2세	재일 1.5세	재일 2세	재일 2세	미혼
배우자 생존 여부	생존	생존	사망	생존	사망	이혼	생존	생존	생존	무
남 가족 친척**	★	★	★	★	★	★	☆★	★	☆	★
북 가족 친척**	♠	♠	♤♠	♠	♤♠	♠	♠	♠	♠	♠

* 국적- 대한민국 국적 ◆, 조선적 ◇, 일본적 ◎ ; 가족들이 상이한 경우

** 친척- 남한 내 가족 ☆, 남한 내 친척 ★, 북한 내 가족 ♤, 북한 내 친척 ♠

구술자는 전원 가명을 사용하였다. 10명 중 3명이 여성이고, 7명은 남성이다. 도일 시기의 경우, 1920년대 4명, 1930년대 1명, 1940년대 3명, 1950년대 1명이고, 한 명은 정확히 기억하고 있지 않았다. 출생 연대로는 1920년대 1명, 1930년대 2명, 1940년대 3명, 1950년대 3명, 1980년대 1명으로 구성되어 있다. 또한 재일코리안 1세대인

임명길과 3세대[32]인 현영민을 제외한 8명은 모두 일본에서 태어난 2세대이다. 출생지를 보면, 4명은 교토(부)에서 태어나고 자랐고, 고베를 포함한 효고현 2명, 도쿄 1명, 히로시마 1명, 오사카 1명, 한국 경북 예천 1명이다. 성장지의 경우 교토 7명, 도쿄 2명, 오사카 1 명이며 현거주지에 있어서 9명은 교토이고, 1명은 오사카이다.

학력 면에서 보면, 대학 졸업 5명, 대학 재학 1명, 대학 중퇴 1명, 고등졸업 1명, 중학졸업 1명, 소학교 중퇴 1명이다. 직업 면에서 교직이나 교육 NGO 종사자는 4명, NGO 관련자 2명, 문화사업가 1명, 자영업 2명, 대학생 1명이다. 국적은 대한민국적 4명, 조선적 6명이다. 그러나 구술자의 가족의 경우에는 한국적, 조선적, 일본적, 외국적 등 다양하게 이루어져 있다. 배우자 관계를 보면, 1.5세는 3명, 2세대 6명이며, 생존 배우자는 6명, 사망자 2명, 이혼 1명, 기혼 1명으로 이루어져 있다. 다음으로 이산 상황을 보면, 북한에 가족이나 친척이 없는 1명을 제외하고 모두 남북에 걸쳐 가족이나 친척이 모두 거주해 있다.

아래에서는 구술면담 결과를 통해 세 시기의 이산 과정과 경험에 대해 살펴보도록 한다.

---

[32] 직접적인 녹음을 통한 인터뷰를 한 사람은 현영민이지만, 재일코리안들의 여러 행사나 모임 등에 참관하는 과정을 통해서 3, 4세대들과 재일코리안과 관련된 다양한 주제의 이야기를 할 수 있었다.

구술을 통해서 본 교토 재일코리안의 이산의 기억과 특성

식민과 제국의 이산 : 기억으로의 재현

〈표 4〉에서 보듯 이번 조사에는 이산 1세대인 임명길을 제외하고 모두 재일코리안 2세, 3세이다. 따라서 이산은 재일코리안 1세대로부터 시작되기 때문에 이산의 기억은 이번 조사에 참여한 2세대들의 기억으로부터 구성되어 면담자와의 면담 과정에서 이산의 기억이 생략되거나 과장, 축소되었을 수 있다. 이산의 경험을 더 구체적으로 말할 수 있던 사람은 이산 1세대에 속하는 임명길이다. 대부분의 2, 3세대들은 부모의 고향을 기억하는 것도 노력의 결과였다. 구술자 중 허민형을 제외하고는 임명길을 포함한 구술자의 부모인 이산 1세대들은 모두 일제강점기에 이주했다.

우선 임명길의 이산 경험을 살펴보도록 한다. 그가 도일한 것은 1941년이다. 당시 만 15세였던 임명길은 공부하고 싶어 이주했다. 그의 고향은 경상북도 예천이었고 자작농 출신이었으나 아버지가 빚보증을 잘못하여 그가 다섯 살 나던 해에 집과 전답을 빼앗겼다. 그런 과정에 심상소학교 고학년이 되면서는 월사금도 제대로 못 낼 처지가 되었다. 월사금도 제대로 낼 수 없었으나 그가 학교 대표를 하게 되면서 장학금을 받았던 것으로 보인다. 또한 1930년대 말에는 예천군 학생 참배단 중 한 명으로 선발되어 일본 도쿄의 왕궁이나 교토, 오사카 등을 견학하고 돌아왔다. 아마 그러한 경험으로 인해 일본은 상상의 공간에서 실감의 공간으로 바뀌게 되었던 것으로 보인다. 1941년 봄, 심상소학교 졸업 후 일본인 교장의 소개로 교토에 오게 되었다. 당시 한국에는 일본에 가면 "낮에 일하고 밤에는 야학 간다."고 하여 돈 걱정 없이 공부할 수 있다는 소문이 파다했다. 임명길은 교토에 도착한 날, 협화회協和會에 신고했다.

고향 사람은 우리 동네에서 온 사람이 하나 있었어요. 그 사람이 이제 신분 보증이 되어 가지고, 경찰에 지도원하고 있었거든요. 그때 저조선 사람 감시 하는 것은 단체 '협화회'[33]라고 합니다. 협화회 지도원이 그 한 사람 있어가지고 그 사람이 보증을 서 가지고 그래 저 전부 수속은 학교에서 해 주더래요. 그래 가지고 일본에 와 있었죠. (임명길)

그는 야학교를 다니기 위해 처음에는 1년간 후시미伏見구의 '사쿠라 지마櫻島' 염색공장에서 일했다. 교토의 염색 산업은 니시진오리西陣織 비단 제조와 함께 기모노를 만드는 데 중요한 구성 요소이다. 비단 제조의 경우에는 유명한 일본인 장인 노동자가 많았으나, 조선 사람도 비단 직조일을 많이 했다.[34] 그런데 염색과 같은 거칠고 힘든 일은 재일코리안이 주로 했다. 염색공장은 교토의 가모가와鴨川, 다

---

[33] 교토에 협화회協和會가 결성된 것은 1938년이다(吳鳴夢, 〈在京都朝鮮人史年表〉, 《社協京都會報》, 在日本朝鮮社會科學者協會京都支部理事會, 2009, 329쪽). 이 협화회는 〈조선인노동자모집요강〉에 따라, 일본에 오면 협화사업단체에 가입하여 회원증을 소지하고, 주소를 바꿀 경우에는 5일 내에 협화사업단체에 제출해야 하며, 협화사업단체 간부, 경찰관, 직업소개소원 지식에 복종하도록 되어 있었다(정태헌·기광서, 〈일제의 반인륜적 조선인 강제노무동원과 임금 탈취〉, 《역사와 현실》 50, 2003, 411쪽).

[34] 권숙인, 〈일본의 전통, 교토의 섬유산업을 뒷받침해 온 재일조선인〉, 359쪽.

카노가와高野川, 가츠라가와桂川, 호리가와堀川과 같은 강가에 위치하여, 노동자들이 흐르는 물에서 염색 작업을 했다.[35] 임명길도 그러한 일을 1년 가량하면서 교토에 정착하기 시작했다. 다음으로 그는 우토로 지역의 군수물자공장 건설 현장에서 맨손으로 '노가타野方'를 했다. 거기 일하는 사람도 대부분 재일코리안들이었다. 그는 우토로 군수공장에서 노가다일을 하며, 현재 후시미伏見구 교토부립모모야마桃山고등학교[36]에 있는 야학교의 중학 과정을 공부하면서 급속하게 민족차별의식에 눈을 뜨게 되었던 것으로 보인다.

1920년대 부모가 도일했던 오수영이나 오영경(1935년생)이나 송영미(1942년생)의 경우를 보면, 오수영(1934년생, 남)의 아버지는 경상남도 창녕군의 가난한 한의원의 6남매 중 2남이었다. 아버지는 서당도 다니고 한약방에서 일하다가, 조부가 돌아가시자 공부를 하려고 1925년경 교토로 왔다. 친척은 있더라도 생활이 어려워서 결국 토목 공사장 등에서 일고日雇노동자로 살다가, 그의 어머니를 만나서 결혼하게 되었다. 막노동에 병환이 들어 오수영과 여동생을 두고는 1935년 별세했다. 어머니는 외할아버지를 따라 도일했는데, 외조부는 경상남도 창원군의 자작농가의 차남으로 태어나 자작自作을 하면서 남의 집에 고용농을 할 정도로 가난하여 기근을 면하기 위해 교

---

[35] 水野直樹, 〈友禪染めを支えた在日コリアン〉, 《京都と韓國の交流の歷史》3, 韓國民團京都府本部, 2009, 16~17쪽.

[36] 교토시 후시미구에 위치하고 있다. 임명길은 그 학교를 확인하고자 하여 65년 만에 글쓴이와 함께 2011년 6월 29일 오후, 기억을 좇아 옛 야학 교사가 있는 '京都府立桃山高等學校'를 방문했다.

토로 흘러들게 되었지만, 교토부의 (현재는 교토시 우교右京구에 속함)의 농가에 고용살이를 했다. 그 후 외조부가 고향의 가족들을 불러들여 그의 어머니는 8살 나이로 교토에 오게 되었다.

송영미(1942년)의 아버지(1912년생)는 전라북도 김제출신으로 1920년대 후반에 먼저 일본으로 건너간 삼촌의 권고에 따라 공부를 하고자 도일하였으나 원했던 공부는 하지 못하게 채 '야쿠자ヤク ザ(893)'의 조직원이 되어 도박단을 운영했다고 한다. 그런 과정에서 벼락치기성 부를 만지게 되었고, 중매로 결혼하게 된 여성이 송영미의 일본인 어머니였다. 그런 이유에서인지, 송영미의 아버지는 자신이 조선 출신임을 말하지 않았고, 송영미는 어려서부터 일본인으로 키워졌다. 중학 진학 과정에서야 자신이 조선적을 가진 아버지와 일본인 사이에서 태어난 '반쪽바리'임을 깨닫게 되자 깊은 방황을 하게 되었으나 그 무렵 이미 아버지는 세상을 뜨고 안 계셨다.

강미령(1944년생)의 아버지(1921년생)의 고향은 경상북도 영덕이다. 아버지는 19살 때인 1940년대 초에 히로시마廣島현으로 강제징용을 오게 되었고, 아버지를 따라 어머니도 도일을 하게 됨에 따라 강미령의 언니와 그 자신은 히로시마에서 태어났다.[37] 또한 아버지

---

37 면담자 가운데 1세대 이주에서 '강제징용'이 적은 것은 몇 가지 이유에 기인한다. 강제징용은 1930년대 후반부터 주로 강행되었기 때문에 일본에 체류하는 기간이 짧아 생활 기반이나 연고가 적었기 때문에 상당수의 강제징용자들은 일본의 패전 직후 한반도로 귀환했다. 강재언과 김동훈은 1910~1938년까지의 도항을 '자유도항, 1938년 일본이 국가총동원법을 공포하고, 1939년 노무동원계획을 발표했던 시기를 '강제도항'으로 구분했다(강재언·김동훈,《재일 한국·조선인-역사와 전망》, 소화, 2005, 51쪽). 강제징용자들도 일본의 패전에 맞춰 하루빨리 귀환하기를 희망했고,

의 큰형 역시 일제강점기 교토 니시진오리에서 기모노 오비^{着物帯}(기모노 끈) 제작공이었다. 해방 후 외할아버지와 큰아버지가 교토에 정착했기 때문에 부모님은 귀국하지 않고, 교토로 이주를 했었다.

들어보면 그래서 그때 돌아가서 그래서 교토에 쭉 미나미^南쿠에서 살았는데, 그때 큰 태풍이 하나 들어왔어요. 그래서 큰 집이랑 엄청 낮은데, 가까운데 오순도순 살았는데 우리 집 전부 지붕이 날아가 버렸지 않습니까. 그래서 히로시마에 그 야시, 같이 일을 했던 동무들을 찾아서 아버지가 히로시마에 내려갔습니다. 그래서 우리가 거기로 이사 가기로 해서 이사 간 곳이 히로시마 일본에 뽕밭이 나는 곳에 갔어요.

그곳에서 소학교 다니고, 중학교 다니고 중학교 3학년 때에 다시 교토에 돌아왔습니다. 그때 쭉 일본학교 다니고 내 자신이 중급부 1학년, 2학년, 3학년 될 때까지 이런 총련 조직이 있다는 것도, 조선학교가 있다는 것도 아무것도 몰랐어요. 아버지는 그러나 조선 사람이냐? 아버지, 어머니를 보아도 그렇고 우리 집 봐도 그렇고 조선 사람인데 어떻게 일본 학교에서 조선 사람이라는 것이 드러나지 않게 살아가야겠다는 그런 마음으로 통명^{通名}으로 진학을 결정하면서…. (강미령, 1944년생, 여)

강미령의 사례에서 보듯 대체로 재일코리안의 도일 과정에서 일

일본 역시 미군정의 협조에 따라 강제징용자가 일본 사회에 부담이 되지 않도록 한반도로의 귀환을 서둘렀던 것으로 보인다(김태기, 〈일본 정부의 재일한국인 정책〉, 《근·현대 한일관계와 재일동포》, 서울대학교출판부, 2002, 398~399쪽).

반 해외 이주와 비슷하게 '사슬이동Chain migration'이 일어나고 있다. 교토에 이주하는 과정에서도 대개 먼저 교토에 정착한 친, 인척의 도움으로 이주하는 사례가 많다. 그런 이유로 오사카에는 제주도 출신이 많다면, 교토에는 경상도 사람들이 많은 편이다.

오정철의 아버지의 고향은 경상북도 영양군, 어머니의 고향은 경상북도 영덕군이다. 아버지는 친척을 따라 도일했고, 어머니는 외가 가족들과 함께 도일해서 두 분은 돌아가실 때까지 한국을 방문하지 못했다. 그는 부모의 도일 시기를 정확히 알지 못하지만, 아버지는 1920년대 교토로 도일하여 가모가와鴨川 상류 쪽에서 일고日雇노동자로 일했고, 해방 후에까지 일본인들의 피차별 부락과 맞닿은 모토다나카元田中 조선인 부락에서 살았다. 아버지가 해방 직후 사망을 했기 때문에 어머니 혼자서 일용 노동을 하면서 함바식당을 운영하여 착실히 돈을 모아 교토 내에서 제법 유명한 재일코리안 식당을 차렸다. 그의 형제자매들의 대다수는 교토 내에 어머니 식당의 분점을 내어 비교적 윤택하게 생활하고 있다. 오정철이나 그의 맏형은 어머니가 아버지 부재 과정에서 어머니가 가족을 지키기 위해 숱한 고생한 것을 생각하며 종종 눈물을 흘렸다. 1세대의 이산에 대한 기억은 생존을 위한 고난으로 가득차 있다. 그러한 기억은 어머니의 제사에서도 맏형의 추도사 속에 재현되고 있었다. 어머니의 제사일 사진을 살펴보도록 한다.[38]

---

[38] 재일코리안 중 얼마나 많은 사람들이 전통 '조선식' 제사를 지내는가는 확실한 통계는 없다. 참고로 건국대학교 통일인문연구단의 조사에 따르면 설날이나 추석 등의 전통 명절을 한국식으로 쇠고 있다고 응답한 사람은 35퍼센트 내외이다(김진환·김붕앙, 〈재일조선인의 생활문화〉, 《코리언의 생활문화》, 선인, 2012, 206쪽).

〈그림 5〉 오정철 가계의 어머니 제사 모습

촬영 : 김귀옥(2011년 1월 27일, 오정철 맏형 집)

　　오정철(가명)은 추도사에서 부모님이 경상도에서 교토로 오게 되
는 사연, 교토의 천민부락에서 살면서 일본말을 제대로 하지 못하여
천민보다 더 무시를 받게 되었던 사연, 아버지를 일찍 여의게 되어
어머니가 많은 자식들을 키우며 일본 사회에 적응하느라고 고생했
던 사연을 눈물지으며 이야기했다.

　　이번 조사 과정에서 재일코리안을 만나게 되면 2세대들 중에는
부모의 고향을 방문하지 못한 사람이 많았다. 그러나 부모의 이산의
경험을 기억하는 것은 고향 주소를 외우고 고향문화를 재현하는 것
으로부터 시작된다. 예컨대 경상도식 사투리나 생활문화를 통해 이
산의 기원을 재현하고 정체성을 의미화하고 있었다.

분단과 냉전의 이산 : 경계에 선 사람들

식민 시대에 이주했으나 일제의 패전 직후 귀국을 하지 못한 재일코
리안들은 한반도 분단과 냉전의 의미를 제대로 이해하기는 어려웠
던 것으로 보인다. 분단 이후에는 고향 방문이나 교류도 여의치 않

았다. 정권 유지 차원에서 조작된 혐의가 강했던 수차례의 재일유학
생간첩단사건[39]으로 인해, 한국적을 가지고 있는 재일코리안이더라
도 한국인들은 그들의 경계의 대상으로 여기게 되었다. 반면 조선적
을 가지고 있었던 사람들 중에서 1975년 9월부터 시작된 성묘단 사
업으로도 재일코리안 5만570명이 방문[40]한 바 있었으나, 당시 일반
적인 한국 사람들 중에는 조선적 재일코리안＝친북한계로 인식하는
경향이 별로 바뀌지 않았다.

　그 시기 주목해야 할 사건으로는 1959년부터 1984년까지 93,340
명[41]의 재일코리안이 북한으로 '귀국'한 사건을 들 수 있다. 이 사건
을 디아스포라의 관점에서 보면 첫째, 재일코리안의 디아스포라적
관계는 남한과 일본과의 관계만의 문제가 아니라, 북한과 일본과의
관계로도 확장되었다는 점이다. 북한 귀국 재일코리안으로 인해 재
일코리안 디아스포라는 남한과 북한, 일본에 걸쳐진 관계 속에 놓이
게 되었다.

　둘째, 재일코리안은 남북에 걸쳐진 경계인이면서도 사회 · 경제적
관계를 이어 나가면서 일본과 남한, 일본과 북한에서 새로운 문화접

---

[39]　이재승, 〈어두운 시대의 소송기술—재일교포 간첩사건에서 영사증명서〉, 《민주법
　　학》 38-12, 2008, 236쪽.

[40]　《연합뉴스》 2005년 11월 13일자.

[41]　金英達 · 高柳俊男編, 《北朝鮮歸國事業關係資料集》, 新幹社, 1995, 341쪽. 북한 귀국
　　자 9만 3,340명 중에는 일본인 6,730명과 중국인 7명(북한 귀국 재일코리안의 배우
　　자로 추정)도 포함되었다. 한편 김영달金英達은 일본 시민단체 '구하자 북한민중/
　　긴급행동 네트워크RENK'의 대표였는데, 2000년 피살당했다(《연합뉴스》 2000년 5
　　월 14일).

변을 가져오게 되었다.

셋째, 1980년대 재일코리안은 북한과의 합영합작을 통한 무역 관계와 1990년대 중반 북한의 극심한 경제난 시기에는 공·사적 원조 경제, 특히 가족적 지원 관계[42]를 가지게 되었다.

이제 교토 지역의 냉전 시대 이산적 경험을 사례별로 살펴보도록 한다.

우선 남한 지향적 사례를 보도록 한다. 구술자 10명 중 하영수(1950년생, 남)와 허민형(1956년생, 남)은 모두 유학으로 서울을 방문하였다. 허민형은 1975년 법대를 지망하여 서울 유학을 갔으나 제대로 다니지도 못한 채, 먼저 유학 갔던 형[43]이 1975년 간첩단 사건으로 연루되는 바람에 유학 생활은커녕 자신이 설계했던 인생 전체를 수정해야 했다. 또한 하영수는 1969년 서울로 유학 와서 대학을 마치고 대학원 진학의 계획을 세워 두고 있었으나 일련의 간첩단 사건으로 두려움과 회의감으로 일본으로 돌아가고 말았다. 한국적을 가진 다른 두 사람, 즉 오영경(1935년생, 여)이나 오정철(1959년생, 남)은 1980년대까지

---

[42] 남근우는 이를 '인질(볼모)경제'로 표현하였다(남근우, 〈북한 귀국사업의 재조명 : '원조경제'에서 '인질(볼모)경제'로의 전환〉, 《한국정치학회보》 44-4, 2010, 150쪽). 실제로 그런 측면도 있겠지만, 1970년대까지 심각했던 일본의 재일코리안차별정책이나 한국의 기민정책, 재일코리안에 대한 북한의 '공민'으로서의 인식과 지원 등과 같은 상황을 같이 놓고 볼 필요가 있다(이성, 〈재일코리안의 현황과 미래〉, 《통일인문학논총》 52-11, 2011, 283~284쪽).

[43] 그의 형과 관련된 '학원침투간첩단사건'이 언론에 공개될 당시에는 41명의 조직원을 속해 있는 어마어마한 사건처럼 보였으나, 그의 형은 2년간 수감 생활을 한 후 무죄로 석방되어 일본으로 돌아갔다(진실·화해를위한과거사정리위원회, 〈재일동포 허경조에 대한 인권침해 사건〉, 《2010년 상반기 조사보고서》, 2010, 514~515쪽).

는 한국을 방문하지 않았다. 적잖은 재일코리안에게 당시 한국은 그리움과 두려움이 착종하는 부모의 고향이 있는 나라였다.

　다음으로 일제의 패전과 분단과 냉전 과정에서 남과 북으로 귀환과 재이산이 발생한 사례를 살펴보도록 한다. 송영미와 오수영의 가족, 친인척은 해방과 분단의 과정에서 남북으로 재이산을 한 경우이다. 송영미의 경우에는 남편 가족의 삶이 해방과 분단, 냉전 과정에서 남과 북으로 디아스포라적 상황이 벌어져 있다. 다음 〈그림 6〉을 보자.

〈그림 6〉 송영미의 시댁 가족의 가계도와 이산

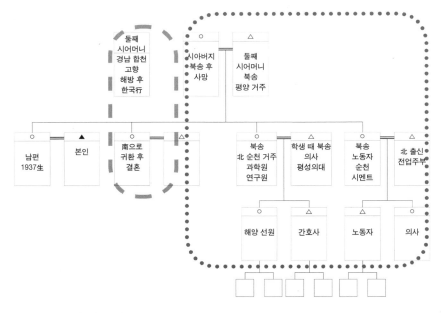

* 2011년 5월 28일 구술
○ : 남성,　△ : 여성,　▲ : 구술자,　＝ : 혼인관계
▅▅▅　해방 후 고향(경남 합천) 귀환　●●● 북송

송영미의 시아버지의 첫째 부인은 일제의 패전 후 송영미의 남편 (장남)은 일본에 두고 차남을 데리고 경남 합천으로 귀환했다. 차남이 성장하여 결혼했다는 소식을 전해 들었다고 하니 얼마간은 귀환 후에도 교류가 있었던 것 같다. 1960년대 초반에 아래 큰 시동생은 시부모님과 함께 북한으로 갔고 막내 동생도 귀국했다. 헤어진 후 10년 정도는 서신 연락만 가능했다가 1970년대 들어 일본 가족들의 북한 방문이 가능해졌다.[44] 송영미의 구술을 보자.

그러니깐 70년대에 들어서서 공화국에 왔다 갔다 할 수 있게 되었잖습니까? … 80년대 들어서면서 그 자유로이는 아니지만 일본 정부도 외국에도 우리도 갈 수 있게 시켜주고, 그래서 공화국을 왔다 갔다 할 수 있었던 것이지요. … 1992년 만경봉호를 새로 만들어졌습니다. … 우리가 귀국하거나 왔다 갔다 하는데 필요하기 때문에 우리도 돈 내자 해서 기부운동을 했습니다. 그래서 92년에 생긴 것인데 그 만경봉호 92, 우리는 그 배 참 좋아하지요. 근데 그 배 같으면 짐을 얼마든지 실을 수 있지 않습니까? (송영미, 1942년생, 여)

1959년 첫 북한 귀국선은 소련제 배였다.[45] 북한산으로 알려져 있

---

[44] 송영미에게서는 들을 수 없었으나 신숙옥 같은 재일코리안은 귀환했던 자신의 외삼촌이나 오촌아저씨들로부터 북한 내부의 부정적인 사정을 적은 편지를 받고 귀환의 꿈을 접었고 귀국했던 친척들의 비극적인 상황 등으로 인해 깊은 상처를 받았다(신숙옥, 《자이니치, 당신은 어느 쪽이냐는 물음에 대하여》, 뿌리와이파리, 2003, 95쪽).

[45] 1959년 12월 14일 니가타 항에서 두 척의 소련제 크릴리온 호와 토볼스크 호에 795

는 만경봉호가 '귀국선'이자 '무역선'으로 만들어진 것은 1971년 8월 25일이다.[46] 1971년 만경봉호가 건조된 후부터 만경봉호는 귀국선만이 아니고 일본에 거주하는 가족이 헤어진 가족과 상봉하기 위해 방북하거나, 학생들이 수학여행이나 견학 등을 하기 위한 방문선[47]으로도 역할을 했다고 한다. 또한 잘 알려져 있듯이 '만경봉호92'는 총련 측의 주도로 재일코리안들이 기부하여 만들어졌다. 송영미는 가족을 상봉하기 위해서 만경봉호로 귀국하는 길이 편리했음을, 2006년 북일관계가 극도로 악화되어 만경봉호가 일본에 취항할 수 없게 된 이후 깨닫게 되었다고 한다. 송영미와 비슷한 경험은 강미령(1944년생, 여), 오영경(1935년생, 여), 오수영(1934년, 남) 등에게서도 일어나고 있다.

오수영은 아버지를 어려서 여읜 탓에 외가의 영향을 많이 받고 자랐다. 그의 외삼촌 5명 중에 큰 외삼촌은 남한에 살다가 별세했다. 또 그의 둘째 외삼촌은 3남 5녀를 두었는데, 장남과 장녀가 복송되어 살고 있다. 넷째 외삼촌은 태평양전쟁기에 학도병으로 지원해서 필리핀에서 복무했다가, 일제의 패전으로 일본으로 돌아왔으나 한국으로 돌아가 1950년대 경남의 어느 시에서 시의원을 한 바도 있다. 표면적으로 보면 오수영은 조선적으로서 친북한계 인사로 분류

명이 재일코리안이 '귀국'하였다(《동아일보》 1959년 12월 15일).

[46] 오기완, 〈다큐멘타리 : 북송선 만경봉호〉, 《북한》 79-7, 1978, 204쪽.

[47] 이 모습은 한국의 김명준 영화감독이 2006년 제작했던 〈우리학교〉를 통해 잘 볼 수 있다.

될 것이다. 그의 가족은 분단과 냉전 시대를 걸쳐 일본, 남과 북으로 흩어져 교류도 제한된 채 살고 있다.

오영경 역시 자신의 아버지가 사망한 이듬해인 1961년 어머니와 아래 남동생 2명, 막내 여동생 모두 북한으로 귀환하였다. 그녀의 남편 집안 역시 형은 북한 귀국, 아래 동생은 한국으로 귀국한 것은 위의 사람들의 사정과 다르지 않다.

리영철(1949년생, 남)의 경우에는 친척이 해방 후 한국으로 귀환하여 얼마간 연락이 오고갔으나 1960년대, 1970년대에는 연락이 끊겼다고 했다. 일제 패전 후 일본에 체류하게 된 임명길(1926년생, 남)은 2000년대 전까지는 고향 친척과의 연락이 끊겼다. 그의 처가 가족들은 2남 3녀 중 막내 처제 가족이 1960년대 초반에 귀국하여 현재까지 평양에서 거주하고 있다. 오정철(1959년생, 남)의 사촌 형제자매 3명이 귀국하였고, 그의 맏형은 사촌형제들을 만나기 위해 북한을 몇 차례 방문했다. 그 대신 오정철의 맏형은 한국 방문을 미뤄 뒀다. 맏형과의 인터뷰에서 그는 "통일이 되면 부모님의 고향에 방문할 예정"이라고 했다. 그러나 오정철은 60살이 넘던 맏형이 2008년 후에는 남북관계가 악화되고 통일이 지연되자, 대한민국적을 취득하고자 영사관에 갔으나 거절당했다는 속사정을 이야기했다.[48]

---

[48] 오정철의 맏형은 교토의 민족학교 교장으로 정년퇴직 후 암으로 몇 차례 수술하여 몸이 극도로 쇠잔해진 상황에서도 민족교육 운동과 함께 좌우간에 교류의 장을 계속 활성화시켰다. 또한 그의 마지막 소원은 조국이 통일되는 것이고, 통일 후 고향을 방문하는 것이었다(2015년 2월 인터뷰). 병이 깊어져 2015년 10월 어렵게 고향을 방문하였으나 계속되는 투병으로 12월 6일 별세하였다.

하영수(1950년생)의 경우, 아버지가 민단 간부였고, 친한국계로 생각되어 북한 귀국 문제를 처음에는 질문하지 않았으나, 두 번째 인터뷰에서 외가 친척이 북한으로 귀국하였고, 한국으로 귀국했던 삼촌은 한국전쟁기에 월북하였다고 말했다. 그의 아버지는 방북하는 지인 편에 자신의 동생의 행방을 찾으려고 시도했으나 찾지 못하여 애타다가 별세하고 말았다.

1950년대 한국전쟁 후 남북 관계는 극도로 악화되어 한반도는 냉전이데올로기의 대결의 현장이 되었다. 1950년대부터 시작된 일본과 한국 간 수교 회담은 진전이 없는 상태였다. 일본은 식민주의를 망각한 채 60만 명이 넘는 재일코리안 처리 문제에 부심하던 차에 재일코리안에 대해 무관심했던 이승만 정부를 배제한 채 북한 적십자 당국과 재일코리안 문제를 협의하게 되었다. 당시 북한은 재일코리안을 '해외공민'으로 인정하고 있는 터라, 북한과 일본은 적십자사를 통한 협의 과정 과정을 거쳐 재일코리안을 소위 '인도주의적 귀환 정책'에 입각하여 1959년부터 송환하도록 결정하였다. 이 문제는 재일코리안이 일본과 남과 북으로 재이산되는 결과를 낳게 되었다.

따라서 냉전 시대는 1, 2세대들에게 꿈에서나 고향을 그리도록 하는 구 디아스포라적 삶을 살도록 강요했다. 한 예를 들면, 재일코리안인 이붕언은 89명의 재일코리안 1세대를 인터뷰한 책이 한국에 《재일동포 1세, 기억의 저편》(2005)으로 번역되어 출판되었다. 이 책에 등장하는 89명을 분류하니, 단 한 명만 평북 출신[49]이고 모두 남

---

[49] 이붕언, 《재일동포 1세, 기억의 저편》, 동아시아, 2005, 276쪽.

한 지역 출신이다. 그중에 경남(44명)과 경북(27명) 출신이 전체의 80.0퍼센트를 차지하고 있음에도 불구하고 해방 후 고향이나 한국에 방문한 경험이 있다는 기록한 사람이 33명이고, 고향의 친·인척과 교류하고 있다고 하는 사람은 13명에 불과하다.

냉전과 탈냉전의 중첩 속의 초국적 이산

1990년대 세계적 탈냉전은 재일코리안의 사회적 삶을 지배해 왔던 내부적 냉전에 훈풍을 불어넣기 시작했다. 그 훈풍은 공식적으로는 2000년 남북정상회담에 따른 6·15남북공동선언과 유화 국면에 불었다. 그러나 이미 1990년대 전후로 이산가족들의 조용한 상봉은 간헐적으로 이뤄졌던 것으로 보인다.

재일코리안 1세대로서 일본에 남기로 결정했던 임명길에게는 고향 사람들과 어떻게 상봉하게 되었는가를 살펴보도록 한다.

해방 이후 〔작은 아버지네와 소식이 끊겼는데〕 한 20년 되었던가. 〔작은 아버지 사위, 그의 사촌동생 남편〕이 그래서 〔교토에〕 놀러 왔어요. 그것을 가지고 이제 또 알게 되었습니다. 요번에 찾아간 것도 그때 주소도 듣고 했기 때문에 그래 그 연락이 되었어요. 그래 가지고 우리 작은 아버지도 죽었다고 압니다. 그는 대기업 부장이었는데, 세계여행 하다가 일본에 방문해서 연락해서 만났고 …. (임명길, 1926년생, 남)

그의 구술에 따르면 1990년대 초에 사촌 여동생의 남편이 일본을 방문하여 수십 년간 끊긴 친척들의 관계가 회복되었던 것으로 보인다. 한국의 친척이 방문할 수 있었던 것은 먼저 임명길 측에서 어떤 식으로든 고향 친척들에게 연락처를 남겼기 때문에 가능했던 것으로 추측된다.

그 일이 계기가 되어 간헐적으로 서신 교환을 했고, 2000년 6·15 남북공동선언으로 가능하게 된 총련계 고향방문단의 일원으로 고향에 두 번 방문을 했다. 처음에는 혼자 방문을 했고, 두 번째는 처와 함께 방문을 했다.

〈그림 7〉 2001년 고향을 방문한 임명길

촬영 : 임명길 보관용 사진 재촬영(김귀옥, 2011년 6월 29일)

조선적으로 고향 방문은 하지 못하고 한국 방문만 했던 사례는 리영철과 송영미이다. 그들은 2002년 부산 아시안게임 때 응원단으로서 만경봉호92를 타고 방문했다. 송영미는 한국 방문 후 한국어통역사 자격증을 취득했는데, 조선말이 아니라 서울말을 표준어로 한 자격증 시험이었다.

오정철(1957년생, 남)은 사업차 한국을 수차례 방문했지만, 맏형이 한국을 방문할 수 없는 사정으로 인해 자신도 부모님의 고향을 방문하지 않았다는 이야기를 하면서 몇 차례 눈물을 흘렸다. 다만 1980년대 후반에 어머니의 언니가 일본을 방문하여 수십 년 만에 상봉했다. 그러한 상봉이 가능했던 것도 일본 측에서 고향에 수소문을 하여 고향 사람에게 연락처를 남겼기 때문이었다.

오영경(1935년생, 여)은 자신의 친정 가족들이 북한으로 귀국했기 때문에 최근까지도 간헐적으로 방북하여 형제자매 가족들을 상봉했다. 1990년대 남편의 사망 이후 국적도 조선적에서 대한민국적으로 바꾸었다. 2000년 이후 아버지의 고향인 부산을 방문하여 아버지의 친인척과 한두 차례 연락하여 조부모의 묘지를 함께 만들었다. 그러나 그 후 친인척들과는 잘 맞지 않아 교류는 하지 않고, 한국에 관광차 방문하곤 한다.

또한 현정화(1989년생, 남)는 재일코리안 3세대이자, 조선적이다. 아직 한국을 방문한 적이 없다. 북한 방문도 2006년 북일 관계의 악화로 만경봉호가 입항하지 못해 한 번밖에 되지 않는다. 2010년 9월, 북한을 방북해서는 삼촌들과 가족들을 만났다. 그는 법률가로서 재일코리안의 차별 문제를 해결하고자 법률 공부를 하고 있다고 했다. 그는 기회가 되면 계속 일본에서 살면서 한국을 자유롭게 방문하기를 희망하되, 방문의 조건이 국적을 바꾸는 것은 아니기를 바란다고 강조했다. 교토의 재일코리안의 여러 행사나 모임에서 만났던 재일코리안 3, 4세대들 가운데에는 국적 문제를 자유롭게 생각하는 사람들이 많았다. 다만 그들이 자유롭게 일본의 시민이자 마이너리티로 살기 위해서는 일본의 재일코리안 정책이 기존의 차별정책을 폐지하고 일본 사회 내에 시민으로서 수용되어야 함을 강조했다.

구술자들의 가계도를 그리면 가족들의 현 주거지나 국적, 배우자 관계 등이 흔히 말하는 조선적＝친북한, 대한민국적＝친남한의 등식으로는 설명될 수 없다. 예컨대 오영경의 경우 죽은 남편의 국적은 조선적, 남편 사후 오영경은 대한민국적으로 바꾸었다. 또한 3세대인 그의 자녀 3녀 2남은 모두 민족학교나, 조선대학교(도쿄 소재)을 졸업했지만 4세대들은 일본에 사는 증손주로부터 한국은 말할 것도 없고, 이탈리아 등에서 살아가고 있다. 허민형의 집안도 3세대의 경우에는 일본에 거주하고 있는 가족 외에도 제주도로 귀환한 사람, 북한으로 귀국한 사람, 미국에 거주한 사람 등 다양하다. 재일코리안 3, 4세대 이하(후세대로 약칭)는 1세대와 2세대와 달리 가족과 헤어졌지만 지속적으로 교류하고 상봉하며, 정체성의 변화를 겪으면서 살아가고 있다. 따라서 교토 재일코리안의 삶은 서서히 초국적 신디아스포라의 성격으로 바뀌고 있다.

심지어 북한으로 귀국했던 오영경의 조카 중 한 명은 탈북하여 현재 일본으로 돌아와 살고 있다. 최근까지 일본에는 귀국자 중 탈북하여 일본으로 귀환한 사람이 300여 명 된다[50]고 한다. 통일부가 집

---

[50] 일본에 거주하는 탈북자 문제에 관심 가져 온 리츠메이칸대학 국제관계학부의 나카토 사키오中戸祐夫 교수의 구술(면담일 2010년 9월 16일).

계한 79명[51]과는 꽤 거리가 있다. 79명은 탈북 후 한국으로 입국하였다가 일본으로 간 사례라면, 200여 명은 탈북 후 한국 입국을 생략한 채 일본으로 간 사례로 볼 수 있다. 앞으로 이 문제에 대해서는 심층 연구가 필요하다.

자유로운 한반도와 디아스포라를 꿈꾸며

이 글은 1년 가까운 기간 교토를 현지답사하고 교토 재일코리안의 다양한 사회적 관계나 삶을 관찰한 후 10명의 구술생애사를 조사한 자료를 통해 작성되었다. 주로 교토 재일코리안 2세대(1명의 1세대와 1명의 3세대 포함)들의 기억과 삶 속에서 거시적인 주제인 식민, 분단과 냉전, 탈냉전 과정에서 나타난 가족과 개인의 이산 경험을 고찰하였다. 그들은 이산의 출발지인 한국의 고향, 정착지인 일본, 분단 이후 남한과 북한에 걸쳐진 가족들과의 냉전적 이산 관계 지음과 탈냉전 과정에 새롭게 전개되는 가족들과의 관계와 일본에서의 삶의 모습과 문제점의 일단을 살펴볼 수 있었다. 정리하면 다음과 같다.

첫째, 식민과 제국의 이산은 1세대들에 대한 기억을 통해 재현되었다. 대체로 2세대는 1세대와 직접적인 접촉을 하면서 성장하였으나 식민지기 이산 과정을 정확하게 알지는 못한 편이었고, 오히려

---

[51] 김귀옥, 〈분단과 전쟁의 디아스포라 - 재일조선인 문제를 중심으로〉, 《역사비평》 91(여름호), 2010, 53~93쪽.

일본 정착 과정에서 한 고생을 선명하게 기억하고 있었다. 또한 1세대인 임명길을 제외한 2세대들은 1세대의 고향을 실감나게 알지 못한 상태로 상상 속의 고향을 암기하고 있었다.

둘째, 분단과 냉전의 이산은 고국인 남한 방문의 좌절의 기억과 북한으로의 귀국으로 인한 가족의 북한으로의 재이산으로 나타났다. 이 시기 1, 2세대들에게는 국적 선택과 재이산의 모순으로 인해 삶 속에서 분단이 체현되는 것을 경험해야 했다. 남한을 택한 사람들에게는 북한의 가족과 교류하거나 접촉할 기회가 사라지고, 북한을 택한 사람들에게는 남한의 가족과 교류할 기회가 멀어졌다.

셋째, 냉전과 탈냉전의 중첩 속의 초국적 이산은 교토 재일코리안의 사회적 관계나 삶의 방식에 배어 있는 듯이 보였다. 세계적 탈냉전과 남북의 화해 과정에서 분단은 지속되고 있으나 재일 조선적의 한국 방문과 교류의 기회도 생기고, 대한민국적을 가지고 있어도 북한의 가족 방문이 어느 정도 가능한 상황에 이루어졌다. 반면 후세대들은 일본 시민화되는 것을 자연스럽게 생각하는 경향도 늘고, 기회가 되면 한국과 교류의 기회도 갖고, 외국을 방문하거나 이주하는 생각도 많이 품고 있는 경향이 있다. 한 가족 내에서 다양한 남북과 일본과의 관계가 발생하며, 한편으로는 남과 북으로 다른 한편으로는 일본과의 공존적 삶이 자리 잡기 시작했다. 1, 2세대들에게서 보이는 구 디아스포라적 삶과 사회적 관계는 그들의 자식 세대들을 통하여 일본 시민적 의식과 경험, 월경이 가능한 초국적 삶의 양상을 띠고 있으나 현실적으로 차별적인 일본의 외국인 정책과 남북의 냉전적 상황으로부터 자유로울 수 없다.

이번 교토 연구는 주로 2세대들의 기억을 통해 이산의 양상을 살펴보았기에, 향후 재일코리안 후세대들을 심층 연구를 통하여 이산의 양상을 지속적으로 살펴볼 필요가 있다. 그러나 분명한 것은 한반도, 즉 남북 관계가 좀 더 평화롭고, 통일이 성큼 다가와야 해외 디아스포라의 삶과 교류도 자유로울 수 있다. 세계지도에 사라진 냉전이 한반도에서도 진정 사라지기를 희망하며, 자유롭게 국내외를 가로지를 수 있는 한반도를 꿈꿔 본다.

참고문헌

강재언, 김동훈, 《재일 한국 · 조선인-역사와 전망》, 소화, 2005[1999].

고정자 · 손미경, 〈한국문화 발신지로서의 오사카 이쿠노쿠 코리아타운〉, 《코리아
　　타운과 한국문화》, 북코리아, 2012.

권숙인, 〈일본의 전통, 교토의 섬유산업을 뒷받침해 온 재일조선인〉, 《사회와역
　　사》 91, 2011.

권태환, 김두섭, 《인구의 이해》, 서울대학교출판부, 2002.

김귀옥, 《월남민의 생활경험과 정체성 : 밑으로부터의 월남민 연구》, 서울대학교
　　출판부, 1999.

김귀옥, 〈분단과 전쟁의 디아스포라 - 재일조선인 문제를 중심으로〉, 《역사비평》
　　91(여름호), 2010.

김병구, 〈이산과 '재일'적 삶의 기원에 대한 탐색〉, 《한국문학이론과비평》 43-6,
　　2009.

김보림, 〈일본의 재일조선인 교육 정책과 변화〉, 《日本文化硏究》 43-7, 2012.

김익현 · 나지영, 〈재일조선인의 민족 정체성과 경계인〉, 《코리언의 민족 정체성》,
　　선인, 2012.

김진환, 김붕앙, 〈재일조선인의 생활문화〉, 《코리언의 생활문화》, 선인, 2012.

김태기, 〈일본 정부의 재일한국인 정책〉, 《근 · 현대 한일관계와 재일동포》, 서울
　　대학교출판부, 2002[1999].

김현선, 〈국적과 재일 코리안의 정체성〉, 《경제와사회》 83-9, 2009.

김형규, 〈'재일(在日)'에 대한 성찰과 타자 지향〉, 《한국문학이론과 비평》 57-12,
　　2012.

남근우, 〈북한 귀국사업의 재조명 : '원조경제'에서 '인질(볼모)경제'로의 전환〉,
　　《한국정치학회보》 44-4, 2010.

대한민국 법무부, 《출입국 · 외국인정책 통계월보》 11, 법무부, 2011.

라경수, 〈일본의 다문화주의와 재일코리언 : '공생'과 '동포' 사이〉,《재외한인연구》22-8, 2010.

문재원, 〈재일코리안 디아스포라 공간과 정체성의 정치〉,《日本文化硏究》40-10, 2011.

박덕규 · 이성희 편저,《탈북 디아스포라》, 푸른사상, 2012.

박명규, 〈한인 디아스포라론의 사회학적 함의〉,《한국의 소수자, 실태와 전망》, 한울아카데미, 2004.

박일,《재일 · 한국人》, 전성곤 옮김, 범우, 2005.

박정이, 〈영화〈GO〉에 나타난 '재일' 읽기〉,《日語日文學》54-5, 2012.

박정진, 〈북한의 대일접근과 재일조선인 '북송(귀국)' 문제〉,《북한연구학회보》15-1, 2011.

서경식,《디아스포라의 눈》, 한승동 옮김, 한겨레출판사, 2012.

설동훈,《노동력의 국제이동》, 서울대학교출판부, 2000.

신숙옥,《자이니치, 당신은 어느 쪽이냐는 물음에 대하여》, 강혜정 옮김, 뿌리와이파리, 2003.

심경호, 〈정지용과 교토〉,《동아시아 비교문학의 전망》, 동국대학교출판부, 2003.

오경석,《한국에서의 다문화주의 : 현실과 쟁점》, 한울, 2007.

오기완, 〈다큐멘타리 : 북송선 만경봉호〉,《북한》79-7, 1978.

유연숙, 〈도쿄 코리아타운과 한류 : 다문화 공생의 실천 장소〉,《코리아타운과 한국문화》, 북코리아, 2012.

윤인진,《코리안 디아스포라》, 고려대학교출판부, 2004.

윤인진 · 박상수 · 최원오 편,《동북아의 이주와 초국가적 공간》, 아연출판부, 2010.

이광규,《재일한국인 – 생활실태를 중심으로 –》, 일조각, 1983.

이붕언,《재일동포 1세, 기억의 저편》, 윤상인 옮김, 동아시아, 2005.

이성, 〈재일코리안의 현황과 미래〉,《통일인문학논총》52-11, 2011.

이재승, 〈어두운 시대의 소송기술 – 재일교포 간첩사건에서 영사증명서〉,《민주법학》38-12, 2008.

이정석, 〈재일조선인 문학이 바라 본 해방정국〉,《우리문학연구》24-6, 2008.

이정은, 〈식민제국과 전쟁, 그리고 디아스포라의 삶〉, 《한국사회학》 45-8, 2011.

이정은, 〈경계의 균열, 공생의 문화변용 : 민족축제 '마당'을 통해 본 교토 히가시 쿠조의 역사성과 장소성〉, 《사회와역사》 97(봄), 2013.

이주철, 〈입북 재일동포의 북한 체제적응에 관한 연구〉, 《통일문제연구》 31(상반 기호), 1999.

임채완, 《재일코리안 디아스포라 문학》, 북코리아, 2012.

정석기, 《한민족의 디아스포라》, 쿰란출판사, 2005.

정은이, 〈재일조선인 귀국자의 삶을 통해서 본 북한체제의 재조명 : 재일탈북자 의 증언을 중심으로〉, 《아세아연구》 52-3, 2009.

정지용, 〈압천상류〉 상 · 하, 《정지용 전집 2》, 민음사, 1988.

정태헌 · 기광서, 〈일제의 반인륜적 조선인 강제노무동원과 임금 탈취〉, 《역사와 현실》 50, 2003.

진실 · 화해를위한과거사정리위원회, 〈재일동포 허경조에 대한 인권침해 사건〉, 《2010년 상반기 조사보고서》, 진실 · 화해를위한과거사정리위원회, 2010.

아라사키 모리테루, 《오키나와 현대사》, 정영신 · 미야유치 아키오 옮김, 논형, 2008.

테싸 모리스-스즈끼, 〈북송사업과 탈냉전기 인권정치〉, 황정아 옮김, 《창작과비 평》 33-3, 2005.

테싸 모리스-스즈끼, 《북한행 엑서더스》, 한철호 옮김, 책과함께, 2008.

테싸 모리스-스즈끼, 《봉인된 디아스포라》, 박정진 옮김, 제이앤씨, 2011.

해외교포문제연구소 편, 《교포정책개발과 재외동포재단 비전설정연구 : 교포정 책의 당면과제를 중심으로》, 2008.

홍용희, 〈재일조선인 디아스포라 시의 특성 고찰〉, 《한국현대문학연구》 27-4, 2009.

Clifford, James. "Diasporas." *Cultural Anthropoly* 9-3, 1994.

Safran, William. "Diasporas in Modern Societies : Myths of Homeland and Return," *Diasporas* 1-1, 1991.

京都府廳, 《京都府廳統計》; 板垣龍太 編輯, 1958 ; 《社會調查實習報告書》, 同志社

大學社會學部社會學科, 2008, 재인용.

京都市總合企畫局,《京都市統計書》, 京都市, 2012.

高野昭雄,〈「京都らしさ」を支えた在日朝鮮人〉,《コリア研究》第4号, 2013.

金英達・高柳俊男編,《北朝鮮歸國事業關係資料集》, 新幹社, 1995.

朴三石,《敎育を受ける權利と朝鮮學校》, 日本評論社, 2011.

朴實,〈東九條マダンに託す願い〉,《社協京都會報》, 在日本朝鮮社會科學者協會京都支部理事會, 2009.

朴一,〈浮遊する在日コリアン－同化と差別のなかで〉,《第7回 立命館大學コリア研究センタ－國際シンポジウム》, 立命館大學コリア研究センタ－, 2008.

水野直樹,〈比叡山ケ－ブルカ－工事と朝鮮人勞働者〉,《京都と韓國の交流の歷史》2, 韓國民團京都府本部, 2008.

水野直樹,〈友禪染めを支えた在日コリアン〉,《京都と韓國の交流の歷史》3, 韓國民團京都府本部, 2009.

吳鳴夢,〈在京都朝鮮人史年表〉,《社協京都會報》, 在日本朝鮮社會科學者協會京都支部理事會, 2009.

吳鳴夢,〈私の記憶手帳-右京區山之內在住朝鮮人〉,《コリア研究》4, 2013, pp. 41-58.

板垣龍太 編輯,《社會調査實習報告書》, 同志社大學社會學部社會學科, 2008.

坂中英德・淺川晃廣,《移民國家ニッポン－1000万人の移民が日本を救う》, 日本加除出版, 2007.

4
구룡포 디아스포라 경관의 혼종적 독해와 유산산업

홍금수

한반도의 형상을 호랑이로 비유했을 때 꼬리 부분에 해당하는 호미 곶으로 향하는 길목에 포항시 구룡포읍이 자리한다.[1] 현재 인구 1만 명을 넘나드는 45.2제곱킬로미터 규모의 구룡포읍은 전 산업 시기에 군마를 배양하던 목장으로 출발해, 일제가 동북아 정치질서에 개입할 즈음 일본 주고쿠中國와 시코쿠四國 사이의 세토나이카이瀬戸內海 연해어민에 의해 이주어촌으로 재편되며, 지역 엘리트 주도로 방파제 축조와 천해 매립이 이루어짐으로써 동해안을 대표하는 수산업

---

* 이 글은 《문화역사지리》 제25권 3호(2013)에 발표한 글의 제목과 내용을 수정 및 보완하여 재수록한 것이다.

[1] 구룡포는 원래 장기군 외북면에 속했으나 1914년 3월 1일의 행정구역 조정을 계기로 종전의 흥해 · 연일 · 청하 · 장기 등 4개 군을 통합해 출범한 영일군의 창주면 소속으로 개편되고, 1942년 10월 1일에는 조선총독부령 243호에 의거 창주면 12개 리와 동해면 구만동 일대가 합해져 읍으로 승격된다. 통합 포항시 관내로 편입된 것은 1995년의 일이다(越智唯七, 《新舊對照 朝鮮全道府郡面里洞名稱一覽》, 1917, pp. 493-494 ; 내무부, 《지방행정구역발전사》, 1979, 497쪽 ; 행정안전부, 《지방자치단체 행정구역 및 인구 현황》, 2012, 164쪽).

전진기지로 거듭난다. 일제강점기의 읍 단위 행정구역은 대체로 일본인이 밀집하고 왜식 경관이 우세한 곳이라 하겠는데, 포항면이 포항읍으로 승격된 지 10년 뒤에 구룡포읍이 지역 중심지로 부상하였던 것 역시 황금어장을 침탈하기 위해 이주해 온 세토나이카이 어민이 식민지적 우위를 바탕으로 자치권을 행사하던 시대적 상황에 기인한다.

국권을 회복한 직후 일본인 디아스포라에 의한 어업 타운의 낙인을 안고 번성을 구가한 구룡포에게는 종속으로 점철된 치욕의 과거를 기억에서 지우고 시선에서 감추는 의지와 노력이 기대되었다. 주체적 지역사의 공백을 충전하는 노정에 지역민의 경험과 무관한 탈식민의 '과거 만들기'가 민족주의의 이름으로 요청되었던 것이다. 그러나 현실은 과거의 실제적 수용도 배격도 아닌 모호한 방향으로 전개된다. 일체화된 집단기억과 역사가 성립되지 못하고 복수의 공·사적 기억이 충돌하는 가운데 식민지 이후의 구룡포를 대변할 만한 장소정체성의 정립이 요원해진 것이다.

여기에 민족적 이념 대립의 정점에 발발한 한국전쟁과 문화적 전환의 시기를 틈탄 관 주도의 유산산업heritage industry은 지역 이미지를 한층 교란한다. 새로운 맥락에서 재활용되고 있는 신도神道 경관 요소, 시멘트로 신원을 감춘 채 자리를 지키고 있는 일인 개척민의 기념비, 전통 신앙의 요체인 용왕당, 반공이념의 상징 충혼탑과 충혼각, 관광객을 겨냥해 의도적으로 경내로 옮겨진 일본 밀교의 유물 등으로 구성된 구룡포 옛 신사 터의 혼성경관은 적어도 표면적으로는 정체성의 총체적 난맥을 투영한다.

신사는 효율적인 식민통치를 겨냥한 행정체제의 근대적 개편과 자국민을 위한 구룡포 어촌경제의 발전에 상응하는 식민지적 예속의 상징경관이었다. 항구 북단의 일본인 거리를 내려다보는 언덕에 자리한 신사는 이주 어민에게는 정신적 위안의 성소이지만 현지 주민들의 의식세계를 지배하는 무언의 식민지적 권위가 발산되는 공간이었다(〈그림 1〉). 국권을 회복한 지 70년을 향해 가는 지금 예전의 신사는 사라지고 없지만 그 흔적은 시각적으로 모호하고 애매한 상태로나마 여전히 잔존해 있다. 구룡포 신사 터의 혼성경관은 전식민지성, 식민지성, 탈식민지성이 공존하는 혼돈의 지리를 재현한다. 다시 말해, 저변에 잠재된 전통 어촌의 자연신 사상을 용왕신당이 대신하고, 일본 거류민 집단의 헤게모니적 지배의 아우라는 신사로 오르던 계단, 그 양쪽에 나열한 봉헌 석비, 성역의 경계를 상징하던 도리이鳥居 잔해, 경내를 지키던 코마이누狛犬 등을 통해 발산되고 있으

〈그림 1〉 구룡포항

원으로 표시된 지점은 지역민의 심상지리의 중심이자 일상생활의 구심점이었던 옛 신사 터이다. 남쪽의 야산과 서쪽의 배후 산지에서 바라본 모습이다.

며, 민족주의 경관을 대신해 냉전 이데올로기의 상징인 충혼각·충혼탑이 과거의 신사 진전眞殿을 대신하면서 탈식민을 선언하고 있는 것이다.

전반적으로 이 다중정체의 경관에서는 피지배의 역사를 냉철하게 기억하여 초월적으로 극복하고자 하는 의지와 실천 모두 모호하고 미약하다는 인상이 지배적이다. 미완의 흐릿한 경관이 제국주의적 침탈을 상징하는 강압적이고 수탈적인 성격을 드러내지 않는 데다 서브얼턴으로 지내던 시절에 대한 노스탤지어까지 더해짐으로써 전통과 탈식민의 자연스런 연결은 방해를 받고 있다고 하겠다. 탈식민을 지향하면서도 유제를 완전히 털어 버리지 못하는 질곡의 상황은 일면 식민지 시대 지배이념의 자연화naturalization 또는 당연화를 은연중에 시사하는 동시에 과거를 자신들의 방식으로 기억하고자 하는 지역민의 의지를 반영하지만, 외부로는 장소정체성의 혼란으로 비춰지기도 한다. 완전한 탈식민의 전제조건이라 할 문화정체성의 회복이 필요한 시점이고 그를 위해 일본화에 대한 탈동일시disidentification를 기대하지만 구룡포에서는 오히려 현재를 거부하고 식민지 과거와의 연관을 강조하는 역동일시counter-identification가 우세한 것은 아닌지 의구심이 들 정도이다.

식민지 시대 구룡포의 지배세력으로 군림했던 타자에 대한 현지인의 감정을 이렇게 혼란스럽게 만들고 그 복잡한 심리적 상태의 잔영으로서 혼돈의 경관이 등장하게 된 원인을 밝혀 보려는 것이 본 연구의 목적이다. 논리적 해명을 위해 먼저 과거過去의 해석을 둘러싼 제 개념, 즉 경험적 사실을 종합함으로써 구성되는 역사歷史, 그것을 선택적으로 내재화하는 기억記憶, 과거의 실재를 물리적으로 확신시키는 유물遺物과 경관景觀, 과거와 변증법적으로 연결된 현재現在, 공유된 역사와 집단기억을 매개하는 유산遺産, 그리고 그로부터 정립되는 정체성正體性의 상호텍스트성을 숙의하지 않을 수 없었다. 그리고 논의를 통해 규명된 이들 제 개념과 유산공간에서 역사·기억·경관은 단순한 과거의 복제가 아닌 복잡한 상징적 과정으로서 경합의 양상을 띤다는 존슨N. C. Johnson(1999 : 177-178)의 제언에 입각해, 필자는 구룡포 신사 터의 유산공간에 형성된 혼성경관을 두고 민족의 탈식민주의, 국가의 반공이념, 포항시의 유산산업 각각이 현재의 목적에 따라 강요하는 과거의 지배적 재현과 독해에 대해 구룡포의 기억이 선택한 주체적 거부와 타협의 양상을 심층적으로 논의해 볼 것이다.[2]

과거 해석의 상호텍스트성과 구성 담론

과거에 대한 종합적인 논설은 로웬탈 David Lowenthal의 *The Past is a Foreign Country*(1985)에 제시된다. 저자는 과거에 대한 애착과 열망의 한 단면으로서 노스탤지어가 과거 전체로 확장되고 있다는 인상을 받고, 현재가 환멸의 대상이 되는 반면 과거에 대한 세간의 관심이

---

[2] 본 연구는 2011년 4월 2일의 사전답사에 이어 2012년 9월 21일, 10월 6일~7일, 2013년 9월 10일에 걸친 현장조사에 입각해 이루어졌으며 본문에 제시된 사진은 당시 촬영된 것이다.

이토록 커지는 이유를 진중하게 통찰하고 있다. 책 제목이 암시하는 대로 시간을 거슬러 올라가면 지금 딛고 있는 장소는 성격을 달리하는 영역으로 다가오며 그 안에 거주하는 사람들의 생활 방식과 사고 또한 현재를 살아가는 우리의 그것과 판이하다 한다. 어색하고 낯선 타향이며 크게 보면 지리적 · 심리적으로 격리된 이국에 비유할 수 있는 시 · 공간적 실체가 바로 과거라는 것이다(Lowenthal 1985 : xv-xxv). 사뮤엘R. Samuel(1994)과 홉스봄 E. Hobsbawm(1997)도 과거는 "현재의 서막이 아닌 대안으로서 분명 다른 나라이며 따라서 역사적 이해는 과거의 타자성에 대한 이해에서 출발해야 한다."는 말로 동조를 표한다.

그런데, 아무리 멀어도 닿을 수 있는 장소와 달리 이미 시간을 초월한 과거는 물적 잔재와 유경험자의 선택적 설명만 남기고 또한 지속적으로 변하기 때문에 실체를 확인할 길이 없다. 그렇다고 과거에 닿을 수 있는 통로는 전혀 없는 것인가? 로웬탈의 답은 역사, 기억, 유물에 있다. 연대기를 읽고 지난 일을 기억하며 풍상의 시련을 견뎌낸 유물을 관찰함으로써 과거에 대한 인식과 지식을 형성할 수 있다고 본 것이다. 먼저, 경험에 기초하며 우연적으로 생산 · 공유되는 역사를 통해 과거에 대한 통찰이 획득된다. 더 이상 존재하지 않는 과거의 재현이자 복원으로서 역사는 지식 활동의 일환으로 이루어지기 때문에 분석과 비판적 담론을 요하며 따라서 보편적 권위를 담보한다(Nora 1989). 그러나 이념의 잣대를 들이대 과거를 편파적으로 재단하는 측면 또한 엄연히 존재한다. 이를 감안해 로웬탈은 역사가 통합 · 압축 · 과장을 특징으로 하는 주관적 해석에 더하여 앞으로의 결과까지 전망할 수 있어 과거 '이상'인 동시에, 기록이 아무리 철저하다 해도 광범위한 과거 전체를 설명할 수 없고 실제를 입증할 수 없으며 화자인 역사학자와 청중(독자) 각자 또는 상호 간의 편견을 수반하기 때문에 그 '이하'이기도 하다고 판단한다(Lowenthal 1985 : 214-218).

〈그림 2〉 기억의 초상

1919년 12월 17일 영일군 창주면 구룡포리 266번지에서 출생한 서상호 옹은 일제강점기와 한국전쟁 등 격동의 근·현대를 살아온 장본인으로서, 잔주름에 반영된 그의 사적 '기억'은 구룡포의 공식적인 '역사' 이상의 권위를 인정받는 동시에 역사와 경합의 관계에 있다.

과거로 향하는 두 번째 경로는 기억이다. 과거를 회상하고 현재를 감싸 안으며 미래를 숙고할 수 있는 수단으로서 기억은 여신 므네모시네Mnemosyne에 비유될 만큼 중요했고(Le Goff 1992), 기록이 정착되기 전 연장자는 단지 기억하는 사람이라는 이유만으로 존경을 받았다(〈그림 2〉). '과거를 상기하는 인간의 정신적 능력이자 기록문화가 정착되기 전의 정보 보존 방식'으로 정의되는 기억은 한편으로 유동적

이어서 오래된 일부는 버려지고 새로운 것이 추가되며 또 어떤 것은 변하지만 그 총량은 삶이 연장되고 경험이 축적됨에 따라 증가하는 속성을 내포한다. 그러나 아무리 많은 것을 기억하더라도 시간의 흐름에 따라 기억력은 감퇴하게 마련이며, 생생하게 재생산된 과거는 점차 흐릿해지고 감정이출을 거쳐 궁극에는 망각에 의해 지워지고 주체와 함께 생을 마감한다(Lowenthal 1985 : 194).

인식의 한 형태인 기억은 또한 상징화 코드에 기초하여 선택적으로 인지된 과거를 복원하고 재형성하는 과정이다. 중요한 일부만을 기억하고 대부분의 경험은 망각에 붙여 혼란에 질서를 부여하는 특징을 지닌다. 따라서 기억된 과거는 새로운 경험과 현재의 필요에 따라 계속해서 수정 또는 재해석의 과정을 거치며 그러한 노정에 불필요한 것은 지워지거나 왜곡되고 각색된다. 아울러 기억은 본질적으로 감정의 개입을 전제로 한 사적 경험의 치환이지만 자신의 기억에 확신을 더하고 정당성과 영속성을 확보하려면 다른 사람의 기억을 필요로 하며, 때론 집단적으로 기억된 과거에 부합하도록 개인적인 기억에 수정을 가하기도 한다(Lowenthal 1985 : 195-196, 204-210).[3]

---

[3] 이 같은 공동의 연계는 알박스 M. Halbwachs의 '집단기억'의 의미를 되돌아보게 한다. 그에게 기억이란 집단성에 기초하며 극히 개인적인 회상조차 구성원의 자격으로 이루어지는 공동체적 활동에 다름 아니다. 기억은 분명 주체가 보고 느끼고 생각하고 행동하는 극히 사적인 경험 안에 성립되어 시공간적 경계를 가진 다른 사람의 그것과 결코 혼동될 수 없지만, 이 모든 것이 사회적 환경 사이에서 진행되는 만큼 순수한 개인기억은 있을 수 없고 기억하는 주체도 실상은 집단의 구성원으로서의 개인이다. 특정 집단에 소속되는 순간 개인은 공동체로 생각하고 기억하는 습성과 능력을 배양하도록 요청된다. 개인기억이 확신을 얻어 잊고 있던 과거를 회복하려면 집단기억 안에 자리를 잡아야 하고 그 전체성의 토대와 준거에 따라야

한편, 역사와 기억은 물리적인 유물로부터 과거가 실재한다는 확답을 받는다. 과거에 이르는 세 번째 통로로서 유물 자체는 침묵으로 일관하므로 해석자를 필요로 하지만 과거와 현재를 연결하는 중요한 고고학적 메타포를 제공한다. 생활양식의 부활을 표상하는 유물은 편파성을 교정하는 신뢰할 만한 증빙으로 간주되며 그 진정성에 거는 대중의 신념은 확고하다. 기억이나 역사와 달리 의도와 목적 없이 대중에게 다가서고, 무엇보다 과거에 대한 감각적이고 직접적인 통찰을 부여하며, 집적된 과거의 관습과 가치와 감정을 담는 동시에 그것이 현재에 살아 있음을 알린다. 일상적으로 친숙한 유물의 경우 과거성을 박탈당하여 현재의 일부로 간주되기까지 하며, 과거로부터 멀어질수록 물리적 마모와 의미의 소모를 피할 수 없지만 그 희소성과 취약성 때문에 오히려 과거를 되부르기 위한 유산으로 재생되기도 한다(Lowenthal 1985 : 238-248).

중요한 것은 로웬탈이 이들 역사, 기억, 유물 각각을 과거에 대한 독립적인 또는 서로 경쟁하는 지식의 원천으로 보지 않는다는 사실이다.[4] 고립된 역사는 황량하고 생명력이 없으며, 기억은 편협하기

한다. 그렇게 해서 개인의 과거는 결국 집단의 과거와 수렴한다는 것이다(Maurice Halbwachs, *The Collective Memory*, New York : Harper & Row, 1980, pp. 23-73).

[4] 역사와 기억의 관계에 관한 논의 가운데 역사가 과거를 전유하게 되면서 기억은 소외된다는 이분법의 대비는 경합에 초점을 맞춘 설명을 대표한다. 과거를 달리 기록하거나 객관화를 시도하지 않고 단지 일상생활의 일부로서 제스처, 관습, 전통, 내면화된 자기인식, 회상 등에 자리를 틀고 있었을 뿐인 '진정한' 기억이 18세기 말의 정치경제적 혁명에서 파생된 근대의 기억, 즉 역사로 대체되었다는 것이다(Nuala C. Johnson, "Memory and heritage," in Paul Cloke, Philip Crang and Mark Goodwin (eds.), *Introducing Human Geographies*, London and New York : Routledge, 1999, p. 171

쉽고, 침묵하는 유물은 단지 역사와 기억이 전하는 것만을 의미하는 단점들을 함유하기 때문이다. 이들이 상호 연관될 때, 유물은 기억을 촉발하고 기억은 역사를 통해 구체화되며 역사는 유물에 의해 다시 기억으로 번역된다. 그리스 신화에서 역사의 여신 클리오Clio가 기억의 여신 므네모시네의 딸로 등장한 데서 알 수 있는 것처럼, 역사와 기억은 대립적이기보다는 오히려 기억의 한계를 극복하는 대안으로 역사가 등장한다는 상호의존성의 측면에서 설명된다(안병직

; "Historical geographies of the present," in Brian Graham and Catherine Nash (eds.), *Modern Historical Geographies*, Essex : Prentice Hall, 2000, p. 253). 특히 노라Pierre Nora 에게 역사란 기억을 왜곡, 변형, 침투, 마비시키는, 실재하는 과거와의 자연스러운 연결을 방해하는 침입자로 비춰진다. 기억 속에 살아 있는 경험과 전통을 파괴하고 집단정체성을 위협하지만 기억의 역할을 결코 대신할 수 없는 역사에 실망할 뿐이다. 민족, 인종, 종교, 성, 계급 등의 측면에서 소수집단이나 주변집단의 기억이 무시되거나 억압되었던 것은 단적인 예이다(안병직, 〈집단기억과 역사〉,《신 지식의 최전선》1, 한길사, 2008, 184쪽). 정보 축적의 막대한 기능을 수행하는 기록문화가 보편화되고 인쇄기술이 발달함에 따라 지식을 구성하는 방식의 변화와 함께 기억하는 영혼에게 망각을 강요하는 심대한 영향이 초래된다. 구술문화에 생소한 기억술이라는 기억력 향상법까지 등장할 정도로 과거를 자연스럽게 재생하던 기억 능력의 전반적인 저하가 초래되었다(Jacques Le Goff, *History and Memory*, Steven Rendall and Elizabathe Glaman (trans.), New York : Columbia University Press, 1992, pp. 59-65). 과거를 자연스럽게 재생하던 기억 능력의 전반적인 저하를 웅변한다. 이처럼 역사가 지배적인 위치를 차지하면서 자발적 기억을 위한 환경이 더 이상 유지되지 못하는 상황에서 노라가 상정한 것이 바로 기억의 장les lieux de memoire이다. 기억은 박물관, 고문서, 기념물, 성지, 공동묘지, 위령비, 교과서, 국기 등 물질적이며 상징적이며 기능적인 체화라 할 수 있는 기억의 장의 형태로 인위적으로 생성, 고정, 재현될 필요가 있었던 것이다. 기억이 표현되고 구체화되는 매개로서 기억의 장은 또한 수행적이어서 의례, 축제, 행진 등 사회가 기억하는 중요한 방식까지 아우른다. 기억을 끊임없이 의심하고 억누르는 역사의 책동을 견뎌 내는 방식이다(Pierre Nora, "Between Memory and History : Les Lieux de Mémoire," *Representations* 26, 1989, pp. 7-13, 19 ; Steven Hoelscher and Derek H. Alderman, "Memory and place : geographies of a critical relationship," *Social & Cultural Geography* 5-3, 2004, p. 350).

2008 : 181). 연륜이 쌓여 가면서 기억은 생의 기간 동안 많은 것을 경험하지만 회상의 범위를 넘어설 경우 역사와 유물에 길을 내주며, 유물 또한 퇴락으로부터 자유롭지 못해 역사에 길을 열어 준다. 예를 들어 사진이라는 이미지 자료는 사물의 모습을 담아 생생하게 과거를 재현함으로써 유물을 대체하고 기억의 필요성을 경감시킨다. 그렇지만 사진은 기억의 불쏘시개로서 실제 과거에 충실한 회상을 유도한다. 이와 같이 과거에 대한 통찰의 과정이자 매개인 역사와 기억과 유물의 경계는 중첩되며 삼자가 일체로서 과거감을 배가시킨다(Lowenthal 1985 : 249, 251, 255-257).

그러면 이들 역사, 기억, 유물이 공동으로 복원해 낸 과거는 과연 어느 정도 객관적일까? 과거와 현재의 관계를 설정하는 중요한 의제이기도 한데, 최근의 논의는 과거가 전적으로 현재의 조건과 관심에 따라 역동적으로 재구성된다는 방향으로 기류가 형성되는 듯하다. 심지어 과거는 인간이 현재 가운데에서 가장 상상적인 부분만을 투사해 만들어 낸 픽션의 역사로 설명될 정도이다. 이처럼 과거가 현재 안에 포착되고 현재의 통제와 이해와 해석에 따르는 한, 모든 역사는 현재의 역사이며 과거는 과거인 동시에 현재일 수밖에 없다 (Boholm 1997 ; Mead 1932 ; Hobsbawm 1997 ; Johnson 2000 ; Le Goff 1992).[5]

---

[5] 로웬탈도 과거는 현재의 가치에 기초를 둔 상상의 구성물, 현재의 요구에 부응하여 지속적으로 변화하고 창조되는 실체라 인정한다. 역사는 현재의 필요에 따라 자료를 차별적으로 선택, 재배치하여 결론을 끌어내고, 기억은 구미에 맞는 것을 부각시키고 원하지 않는 장면은 도려내며, 유물은 상황에 맞게 개조되어 유연적으로 해석된다고 보았다. 결국 과거는 현재와 다른 영역으로 구별되는 동시에 통합 또는 공존한다(David Lowenthal, "Past Time, Present Place : Landscape and Memory,"

과거가 현재를 가능케 한 원천이고 미래를 위한 초석임을 인정하되 항시 현재에 의해 재구성된다는 점을 부정하기 어렵다면, 권위의 소재는 결국 현재일 것이다. 과거의 존재 이유는 현재의 정당화이며 일상에서는 대개 '전통'이라는 이름으로 부여받은 역할을 수행한다. 전통은 과거와의 연속성을 확보하고 현재의 권위를 정당화시키기 위해 제도화와 의례화를 거치며, 정치·경제·사회적 상황에 따라 변화·소멸했다가 다시금 표면 위로 부상한다. 권력관계의 자연화에 중요하다면 은밀하고 때론 노골적으로 재생산·재창조·재해석이라는 이름의 날조를 자행하며 심지어 해체한 전통까지 적극적으로 발굴한다(Newcomb 1979 ; Boholm 1997 ; Knapp 1989 ; Hoelscher 1998 ; Hobsbawm 1983 ; Giddens 1994). 이런 과정에서 주목을 받는 것 가운데 하나가 바로 유산으로서, 구체적인 과거의 사건, 인물, 유물, 역사, 신화를 지칭하거나 사뮤엘의 경우처럼 '위험에 처해 있는 유물 또는 환경 일반'을 의미한다. 공유된 역사와 기억의 상징이자 집단정체성을 반영하는 소중한 문화적 전통이라 하겠으며, 웅장하고 스펙터클한 엘리트의 소산과 함께 기층민의 토착적 유물까지 목록에 추가될 경우 과거 전체가 유산으로 명명되기도 한다(Graham et al. 2000).

그러나 유산에 대한 초기 입장은 휴이즌Robert Hewison의 *The Heritage Industry*(1987)의 영향인지 주로 비판적으로 설정된다. 그는 유산산업을 미래에 대한 불확실성과 침체된 경제로 불만 가득한 현재, 더욱

Geographical Review 65-1, 1975, pp. 1-36 ; *The Past is a Foreign Country*, Cambridge : Cambridge University Press, 1985, pp. 231-237).

이 장소의 파괴로 자아 상실이 유발되고 정체성에 대한 확신까지 침해되는 불안한 현재에서 촉발되어 피난처인 과거에 구원을 요청하는 국면으로 해석하였다. 빈사 상태에 빠진 현재를 반전시키고 정체성을 회복하기 위해 호출된 유산산업은 결코 존재한 적 없는 세계에 대한 환상이자 모사품에 지나지 않는 허울뿐인 유산을 양산해 진정한 과거를 엄폐한다고 비판한다. 유산산업의 얄팍한 음모에 소집되어 안전하게 길들여지고 날조된 과거의 이상과 가치와 이미지는 상품으로 둔갑하여 우리에게 창조적 영감을 제공하는 대신 관광자원으로 착취됨으로써 의미의 빈곤에 내몰린다고 해석했다. 따라서 휴이즌에게 유산산업은 과거를 비판적으로 이해하는 능력을 방해하고, 퇴락하는 현재의 불만을 해소하기는커녕 단지 강박적으로 옛것을 보존하고 신성하게 받들 것을 요구할 뿐이다.[6]

일방적 비난에 대해 사뮤엘은 유산산업이 과거와의 연계를 매개하고 비록 전통의 이름으로나마 시장의 영향력을 제한하며 지방정부 주도 하에 고용을 증대시킬 수 있는 노동집약적 부문의 하나라고 긍정적으로 평가한다. 아울러 유산의 보존과 함께 과거에 대한 복합

---

[6] 휴이즌을 필두로 유산 비판자들heritage baiters은 유산산업이 심지어 과거의 고통까지도 스펙터클로 변환하여 관광 기념품으로 만들고 실재를 대신해 디즈니화 역사를 제공함으로써 진품을 대체하는 기만이자 희화라 걱정한다. 역사를 판매대에 놓고 노스탤지어를 교환하며 과거를 상품화한다는 것이다. 그들에게 유산은 나약한 사회의 징표인 동시에 국가적 데카당스의 상징일 뿐이다. 또한 지배엘리트 음모론에 입각하여 유산은 의도적으로 선택된 역사적 회상의 프로젝트로서 헤게모니 쟁취를 위한 독점 수단이며, 옛것에 대한 감성화를 통해 과거를 무가치하고 몰진정하게 만드는 원인이라 공격한다(Raphael Samuel, *Theatres of Memory*, London : Verso, 1994, pp. 259-270).

적 비전을 수립하고 문화적 쇄신과 실험의 기회로 활용하며, 미래를 지지하는 동시에 전면적 불확실성을 대신해 정체성을 지탱한다고 오히려 찬사를 보낸다(Samuel 1994). 로웬탈 또한 *The Heritage Crusade and the Spoils of History*(1998)에서 '유산이 허위와 기만으로 가득하고 탐욕스러우며 쇼비니스트적 목적을 관철하기 위해 왜곡된 신화로서 진정한 과거를 폄훼한다'는 부정적 평가에 연연할 필요가 없다고 주장한다. 대신 유산에 대한 애착은 과거에 대한 축하이자 신념의 고백으로서 역사를 깎아 내리는 것이야말로 유산 본연의 역할이라 파격적으로 설명하면서, 중요한 것은 진실이 아니라 무조건적 충성이기에 유산은 자연스레 과장하고 생략하고 날조하고 망각하며 무지와 오류에 번성한다고 진술한다. 그리고 이 모든 행위는 유산에 생명을 불어 넣는 창조적 예술이자 신념행위로서 집단의 정체성을 확립하는 데 절대적이기 때문에 이반은 결코 허용되지 않는다고 해명하였다(Lowenthal 1998 : 88-121, 139-147, 249).

같은 맥락에서 유산이 편파적이라는 비판 또한 무의미하다. 과거에 대한 편견 섞인 집착과 자부심의 욕망이야말로 유산의 요체라 보기 때문이다. 편견은 유산에게는 미덕으로서 용인되고 강화되며 암약으로 폄훼되지 않고 오히려 의도적으로 요청되는 일도 있다. 경합하는 유산을 배제하고 무시하고 경멸하는 것은 독선적이라는 비판에도 불구하고 오히려 자연스러울 뿐이다. 배타적 신화에 기초해 배제의 신념을 고수함으로써 유산은 경쟁적인 타자와의 갈등을 유발하지만, 뿌리, 소속감, 정체성의 측면에서 공동체 구성원 상호 간의 응집을 다지고 공동의 목적의식을 강화하므로, 유산의 악은 미덕과 불가분의 관계를 이룬다(Lowenthal 1998 : 122-132, 227-237).

이처럼 편견과 배타성으로 충만한 유산은[7] 과거의 상품화, 과거의
현대적 활용, 역사의 상업화를 겨냥한 공공 및 민영부문의 유산산업
에 의해 상품으로 제작 · 판매된다. 기억되고 보존되며 상상된 과거
로서 유산은 현재의 소비를 위한 문화적 재화이고 유산 장소는 경제
활동의 입지인 동시에 그 자체가 소비의 공간으로 해석된다. 유산의
상품화는 특히 관광에서 두드러지는데, 반개발의 노스탤지어에 추
동된 유산관광의 성장은 레크리에이션의 형식으로 과거에 대한 지
식을 함양하고 침체된 지역에 기회를 제공하며, 수익 일부는 유 · 무
형의 과거의 가치를 유지하고 보존하는 데 사용된다. 유산산업은 관
광 수요를 증진하고 관광은 아직 발굴되지 못한 더 많은 토착문화가
유산으로 포함되도록 재현의 범위를 넓히는 원동력이 된다(Graham et

---

[7] 유산은 현재의 관심과 목적에 따라 가상의 과거로부터 상속된 것 가운데에서 선
택되고 지속적으로 재구성 · 재해석되며 가상의 미래로 계승될 것이 결정된다는
관점도 있다. 여기서 유일한 참고점은 현재이다(David C. Harvey, "Heritage Pasts
and Heritage Presents : temporality, meaning and the scope of heritage studies,"
International Journal of Heritage Studies 7-4, 2010, p. 320, pp. 324-325 ; Brian Graham, G. J.
Ashworth and J. E. Tunbridge, *A Geography of Heritage : Power, Culture and Economy*, Arnold
; Oxford University Press, 2000, pp. 16-17, p. 23). 이는 유산에 대한 다양한 독해 가
능성을 암시하며 그간 일차원의 관점에서 영속적이고 절대적인 실재로 인정된 전통
에 회의를 제기하는 탈전통화de-traditionalization에 부합한다. 즉, 과거의 매 순간
이 현재라는 초월적 실재에 의해 지속적으로 구성되는 재현에 불과하다는 인식에
기반을 두고 지배이념의 주도 하에 형성된 편향되고 전일적인 유산관을 탈피하여
다양한 기억에 입각한 복수의 해석을 허용한다(John Urry, "How societies remember
the past," in Sharon Mcdonald and Gordon Fyfe (eds.), *Theorizing Museums : Representing
identity and diversity in a changing world*, Oxford : Blackwell, 1996, pp. 47-48, 53-55). 편
견과 배타성 가득한 상품으로서의 유산을 대하는 주체의 비판적 자세를 촉구하는
탈전통화는 많은 것을 시사한다.

al. 2000 ; Ashworth 1994 ; Newcomb 1979). 그러나 관광은 결코 중립적일 수 없기에 수익이 기대되는 과거만을 선택하고 편향적으로 해석함으로써 문화적 가치를 왜곡시킬 수 있어 주체의 비판적 소비를 요망한다.

비판적 해석을 전제로 한 유산의 경제적 · 문화적 효용과 함께, 현재 안에 살아 있는 과거의 상징으로서 역사와 기억의 영속적 · 계보적 가치에 입각하여 정체성을 함양하는 유산의 또 다른 역할도 무시할 수 없다. 허위로 판명된 유산도 일관성이 유지될 경우 진실 이상으로 자기연속성에 대한 확신을 가져다주며 공동체에 일체감을 부여한다. 그런데, 유산이 구현하고자 하는 집단정체성은 내부적 응집을 다지기 위한 기제로서 경쟁하고 갈등하는 신념, 가치, 열망의 집단, 즉 타자를 요청한다.[8] 타자와의 경계에 울타리를 둘러침으로써 장소의 의미를 고정시키려 시도하는 만큼 집단정체성은 장소정체성과 불가분의 관계에 있다(Johnson 1999 ; 2000 ; Graham *et al.* 2000 ; Urry 1996 ; Harvey 2010 ; Giddens 1994 ; Lowenthal 1994 : 41-53). 역사기억, 문화기억, 사회기억, 공적기억, 대중기억 등 집단적 형태의 기억이 장소에 정박하여 정체성의 맥락을 형성하는 것인데, 한 집단이 전통을 잇고 정체성을

---

[8] 과거를 전유할 수 있는 특권적 위치에 있는 집단은 타자화Othering에 기초해 내부적 수용을 공고히 한다. 타자를 배제하기 위해 집단정체성의 미덕을 사취하고 환상, 날조, 미스터리, 오류에 경의를 표하며 신화를 창조한다. 공유된 전승으로서 헤리티지 역시 과거에 대한 특권적 해석을 전유하며 쇼비니스트적 질투에 입각해 정신과 물질의 우월성을 강조한다(Brian Graham, G. J. Ashworth and John E. Tunbridge, *A Geography of Heritage : Power, Culture and Economy*, Arnold ; Oxford University Press, 2000, pp. 18-19, 29, 62 ; David Lowenthal, "Identity, Heritage, and History," in John R. Gillis (ed.), *Commemorations : The politics of national identity*, Princeton : Princeton University Press, 1994, pp. 41-53).

유지하려면 친밀하고 편안한 환경, 다시 말해 소속감, 영원한 안식, 애착 등의 특별한 감정이 싹트는 현장으로서 장소를 기억 속에 잡아 두어야 한다(Hoelscher and Alderman 2004 : 348-349 ; Tuan 1977 : 149, 154, 158-159). 알박스Maurice Halbwachs(1980) 또한 시간이 흘러도 장소는 변함없이 유지되기 때문에 언제라도 현재 안에서 과거의 기억을 추출할 수 있다는 이유에서 장소와의 안정된 관계는 정체성을 수립하는 데 중요하다고 밝힌다.

그런데, 장소는 로컬에서 글로벌에 이르는 중층의 스케일을 가지며 스케일은 그 자체가 유산 불협화의 원인으로 지목되기도 한다. 특정 스케일은 다른 스케일을 침해하려는 성향을 지녀 서로 다른 수준에서 개발된 유산은 조화롭지 않다는 것으로서, 이는 곧 정체성의 정치가 내재하고 장소가 이데올로기의 현장으로 돌변할 수 있음을 암시한다. 정체성은 의미를 부여하는 공통의 역사적 경험과 공유된 문화적 코드를 반영하는 동시에 차이 · 파열 · 단절이 또한 엄연하다(Graham et al. 2000 ; Hall 1997). 결국 정체성은 성취된 사실이 아닌 항상적으로 구성되는 과정으로서 권력의 담론 안에서 위치지음positioning을 경험하는 데 불과하다. 공적유산과 사적유산이 한 장소에 공존할 경우 갈등은 불가피하며, 국가권력의 정당화에 합치되는 거시유산의 도상학 또한 지역의 미시유산 정체성과 경합하고 경우에 따라 전복되기도 하는데(Graham et al. 2000), 이 점은 구룡포의 장소 스케일에서도 확인된다.

종합하자면, 현재의 정치 · 경제 · 사회적 상황에 따라 역사, 기억, 유물에 입각한 과거의 이해와 해석은 선택적으로 구성되며, 연장선에서 과거의 총체라 일컬어지는 유산에 대한 긍정과 부정적 평가 그리고 획일적인 장소정체성의 논의가 무의미하다는 잠정적 결론이 도출된다. 중요한 것은 결국 경합의 양상으로 전개되는 재해석과 재구성의 반복적 과정뿐이다.

세토나이카이 디아스포라와 초국적 어촌경관의 형성

일본인 이주어민의 디아스포라 공동체가 형성되기 전 구룡포는 장기현 돌배곶多乙背串에 설치된 말 목장이었다. 전업 및 겸업어촌으로 전환되기까지 구룡포는 신양역천 계층인 목자가 기거하며 어업과 염업을 부업으로 행하던 한촌이었을 것으로 추정된다.[9] 지역변화의 계기는 목장의 폐쇄라는 내부적 요인보다는 이웃한 일본의 국내 사정과 국제 정세에 의해 마련된다. 어업 인구가 늘어 가는 가운데 남획으로 수산자원이 고갈되는 데다 특권적인 어업조합으로 인해 자유로운 조업이 여의치 않아(여박동 2001, 522) 일본 어민이 우리 해역으로 진출해 불법적인 밀어를 자행했던 것이다.[10] 일본 가가와香川 현 오다

---

[9] 《목장지도》 참조. 목장은 동서 25리, 남북 35리, 둘레 115리의 규모로서 598필의 말이 관리되었다. 1913년 제작된 지적도에는 구룡포리 배후의 경지로 활용되는 필지 가운데 상당수가 국유지로 분류되어 관영목장의 역사적 사실을 대변해 준다.

[10] 1883년에 체결된 〈한일통상장정〉에 따라 일본 어선은 공식적으로 전라, 경상, 강원, 함경 4도 연안에서 조업할 수 있게 되고, 이어 1889년에는 통어수속, 어업세, 단속, 면허증 등에 관한 시행세칙이 〈조일통어장정〉에 명시되었다(동아일보사, 《개항100년연표·자료집》, 신동아 1976년 1월호 별책부록, 1976, 303~304쪽 ; 박경용, 〈한·

무라小田村에 남아 있는 〈조선출어자 공덕비朝鮮出漁者功德碑〉에는 오가와군大川郡 츠다마치津田町에 거주한 가야노 사지로菅野佐次郎의 세 아들 가야노 타다요시菅野忠吉, 가야노 구마기치菅野熊吉, 가야노 요시로菅野與四郎가 1884년 에비스호惠比須丸 1·2·3호를 타고 거제도에 왔다가 식수와 땔감을 충당하지 못해 별다른 성과를 올릴 수 없었지만 이듬해 만선을 이루었다고 기록되어 있다.[11] 세토나이카이 초기의 조선출어인 셈이다. 구룡포의 통어는 1902년에 야마구치山口 현 도요라군豊浦郡의 돔 어선 50여 척이 내항한 것이 시초라 한다(吉田敬市 1954, 477). 통어민은 주로 서부 일본, 특히 어장이 협소했던 세토나이카이 연해민이 주를 이루었다.

제국주의적 의도가 노골화되는 러일전쟁 이후에는 어촌의 과잉인구를 한국 연안으로 직접 이주시킨다는 방침을 세우고 관리들이 지방을 순회하며 본국 어민의 단체 이민을 적극 권장하였다. 이렇게 해서 성립된 이주어촌은 계획적 보조에 의해 건설된 보조이주어촌補助移住漁村과 어민의 임의 이주에 의해 형성된 자유이주어촌自由移住漁村으로 나뉘며 구룡포는 후자에 해당한다(최태호 1982, 320-342). 구룡포는 1909년에 방장출어단防長出漁團이 막대한 양의 고등어를 잡아들이고 같은 해 오사카의 유어조有漁組가 사무소를 설치하면서 동해안의 주요 어장으로 부상하였다. 구룡포 이주어촌의 역사가 시작된 시점과

일 어업협정의 영향과 어민들의 대응전략 : 동해안 구룡포 일대를 중심으로〉, 《역사민속학》 18, 2004, 258쪽).

[11] 조중의·권선희(2010)의 《구룡포에 살았다》, 39쪽에 수록된 비석의 명문을 해석한 내용이다.

관련해 오카야마岡山 현의 〈히나세초시日生町誌〉는 1908년에 도가와 야사브로十河彌三郎가 구룡포 남쪽의 모포에서 이주했다고 기록하고, 가가와 현의 〈시도초시志度町史〉는 하시모토 젠기치橋本善吉가 1909년에 구룡포에 도착했다고 밝히며, 방어진으로부터 1910년에 어가 3호가 이주한 것이 최초라는 의견도 있어(조중의·권선희 2010, 22, 38, 66 ; 여박동 2001, 529 ; 吉田敬市 1954, 477), 시기에서는 조금 차이가 있지만 1910년을 전후한 시점에 초기 정착이 이루어진 것은 분명한 듯하다.[12] 농상공부 수산국農商工部水産局(1910, 484-486)은 그 무렵 구룡포의 상황에 대해 다음과 같이 소개하였다.

장기곶 남쪽에 있는 소만으로서 삼정동의 남측 1리 되는 곳에 위치한다. 동남쪽을 '사라말'이라 한다. 남쪽으로 향해 돌출한 곳 말단에는 암초가 늘어서 있어 북쪽의 풍랑을 피할 수 있지만 만이 남동으로 열려 있기 때문에 동향과 남향의 바람을 피하기에는 족하지 않다. 그 남쪽 모퉁이 서측에 작은 사빈이 있고 전면의 큰 바위가 파랑을 부수기

[12] 지방정부도 어장 개척에 나서 1912년 2월에 조직된 가가와 현 조선해출어단朝鮮海出漁團의 경우 방어진 지부 아래 구룡포 출장소를 두고 현지의 토지를 매입한 다음 다용도의 창고와 어판장을 갖추고 어획물의 공동판매와 수용품의 공동구매는 물론 어업자금을 지원하였다. 앞서 소개한 가야노萱野 가문의 경우 시도초志度町 오다무라로 거주지를 옮긴 후 가야노 구마기치와 가야노 요시로가 각각 장승포와 구룡포로 이주·정착하였다. 가야노 가문의 3형제와 선박운송업에 종사한 이시하라石原 가문의 이시하라 젠로쿠石原善六, 이시하라 긴자부로石原金三郎, 이시하라 덴기치石原傳吉가 설립한 소전조小田組의 고등어잡이 어선 80척은 이미 1906년에 구룡포에서 조업한 경력이 있으며, 가야노 요시로는 여러 가능성을 타진한 뒤 1912년경 구룡포에 정착하였던 것으로 보인다(여박동, 〈근대 가가와현 어민의 조선해어업관계〉,《일본학보》47, 2001, 525~527쪽).

때문에 수척의 어선을 묶어 둘 수 있다. 만에 연한 마을로는 구룡포, 창주, 약전, 하병 등이 있다. … 이들 중 어업을 영위하는 곳은 구룡포와 하병이고 나머지는 농촌이다. … 구룡포는 만의 중심 마을로서 40~50호의 인가가 있다. 마을 사람들은 농업과 해조류 채집에 종사하며, 어선 5척, 지예망地曳網 1통, 사춘권망鰤鰆卷網 1통, 온분기망鰮焚寄網, 춘예승鰆曳繩 등을 이용한 어업도 행해진다. 인근 바다는 유명한 삼치 어장으로서 현지인과 일본인이 다수 내집한다. …

어항 구룡포에 대한 생생한 묘사와 함께 일본인 어민이 다수 왕래한다고 지적하고 있어 비옥한 어장에 대한 침탈이 머지않은 현실이 될 것을 예고하고 있다. 1913년에 측량된 장기군 외북면 구룡포리의 지적원도를 분석하면 일본인 어민 진출 초기의 정착 상황을 확인할 수 있다.[13] 민족별 필지의 분포에서는 현지인이 866필지를 소유하여 91.64퍼센트를 차지하였고 일본인 소유지는 32필지로서 3.39퍼센트에 불과하였다. 〈조선어업조합규칙〉(1912)에 의거 면 단위 어업자가 조직한 어업조합연합회도 2필지(0.21퍼센트)를 소유하였고(최태호 1982, 360), 나머지는 국유지 42필지(4.44퍼센트)와 분쟁지 3필지(0.32퍼센트)로 구성되었다. 일본인 대지 소유주 가운데에는 도가와 야사

---

[13] 토지 이용의 측면에서 전체 945필지 가운데 밭은 529필지(55.98퍼센트), 논은 그 다음으로 많은 199필지(21.06퍼센트)를 기록하였으며, 이어 대지 154필지(16.3퍼센트), 묘 38필지(4.02퍼센트), 임야 23필지(2.43퍼센트), 종교 용지 1필지(0.11퍼센트), 잡종지 1필지(0.11퍼센트)의 분포를 보였다. 토지조사부가 전하지 않아 면적에 따른 지목별 비중은 파악할 수 없지만 적어도 필지 수에서만큼은 경지가 전체의 77퍼센트로서 압도적으로 나타났다.

〈그림 3〉 이주 초기의 구룡포리 지적(1913)

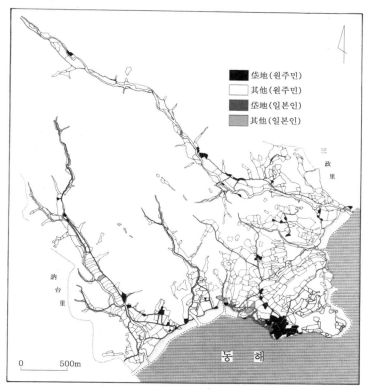

자료 : 임시토지조사국, 1913, 장기군 외북면 구룡포리 원도

브로, 하시모토 젠기치, 가야노 요시로, 나카노 겐타로^{中野健太郎} 등을
포함해 16명의 일본인 이름이 포함되어 있으며, 대체로 만입부 북동
쪽 해안을 따라 줄을 이루어 현지인의 괴촌과는 대조를 보인다(〈그
림 3〉). 지목에서 주목되는 하나는 1913년 4월 4일 등록을 마친 하라

우메기치原梅吉 소유의 사라리 250번지 사사지社寺地 198제곱미터로서,[14] 지금으로 말하면 충혼각과 용왕당으로 올라가는 계단 중간지점에 해당한다. 부지가 협소한 점으로 미루어 소규모 신사를 의미하는 야시로社 또는 호고라祠에서 출발하여 1928년 무렵 마을을 대표하는 신사로 거듭난 성소였다.

1914년의 행정구역 개편으로 통합 영일군의 창주면사무소가 구룡포 창주에 설립되고 경찰서와 우편국 등의 관공서가 속속 유치됨으로써 1916년 무렵 이주어민 가구는 78호로 늘어난다(조중의 · 권선희 2010, 72). 이후의 조선총독부 공식 발표에 따르면 현지인과 이주민을 합한 1922년의 구룡포 인구는 1,762명으로 증가하였고, 1923년에 1,962명을 기록한 다음 1924년에는 2,012명을 넘겼다. 1925년의 통계를 보면 창주면 전체 인구 1만 5,014명의 19.9퍼센트에 해당하는 2,994명으로 늘었는데, 이 가운데 198호에 거주하던 일본인은 230세대 875명으로서 구룡포 전체의 29.2퍼센트를 차지하였다(朝鮮總督府 1926, 21 ; 朝鮮總督府 1927, 248, 273). 임해 지역 이주어촌의 경우 출신지에 따라 지명이 부여되었다고 하는데, 이곳 이주자의 약 70퍼센트가 가가와 현 출신이고 나머지 소수는 오카야마 현, 야마구치 현, 나가사키長崎 현, 돗토리鳥取 현, 미에三重 현 등지에서 건너왔다고 하므로(善生永助 1933, 763 ; 吉田敬市 1954, 477) 구룡포는 곧 가가와香川 마을이었던 셈이다.

1920년대 들어 인구가 이전에 볼 수 없던 양상으로 불어난 것은 구룡포항 방파제 축조 공사가 순조롭게 진행되었기 때문이다. 구룡

---

[14] 경상북도 포항시 남구 구룡포읍 구룡포리 지번 250번 토지대장 참조.

포는 유망 연안어장으로 인정되었지만 외해로 개방된 탓에 일기가 불순할 경우 선박과 인명에 막대한 손실이 불가피하였다. 항만 수축이 절실한 상황에서 1923년 2월부터 1926년 8월까지 방파제 축조비, 기계 선박비, 공장 설비 및 보상비 등의 공사비와 사무비 명목의 국고·지방비·면비 등 28만 1,887엔의 보조금과 자체 재원으로 연장 180m의 방파제 축조를 마친 것이다(朝鮮總督府 1928, 993-994).[15] 중요한 기간설비가 갖추어지면서 이주어민들의 주거는 해안에 연한 간선도로를 따라 만입 안쪽으로 길게 확장되었다. 한정된 토지를 효과적으로 활용하기 위해 대지는 도로 양편으로 장방형으로 구획되었으며 그 위에 출입문이 도로를 향하도록 가옥을 앉혔다. 주변에는 공동작업장, 어판장, 조선소, 통조림 공장, 창고 등 각종 기반시설이 속속 자리하며 주거 배후의 비탈을 따라서도 작고 허름한 가옥이 들어서며 정상부의 해안단구 충적층은 밭으로 활용되었다.

1929년에 제작된 《구룡포시가도九龍浦市街圖》를 참조하면 필지구획과 함께 다양한 기관과 설비를 확인할 수 있는데(〈그림 4〉), 공공기

[15] 《구룡포시가도》의 구룡포축항공로자방명에는 도가와 야사브로, 나카노 겐타로, 쓰쓰미 요시카즈堤嘉一, 마쓰이 주이치松井伸一, 니이바야시 도요노스케二井林豊之助, 다다 시모기치多田霜吉, 스기야마 노부우에몬杉山信右衛門 등 7명의 이름이 거론되고 있다. 방파제를 축조하는 데 국고 및 지방비를 유치하고 면내 재원을 조달하는 데 조력한 지역 유지이다. 이들의 노력으로 성사된 1차 공사에 이어 생활환경을 개선하기 위한 사업은 계속되었다.

〈그림 4〉 구룡포 시가도(1929)

1929년 12월에 발간된 낱장의 시가도로서 뒷면에는 구룡포의 간단한 연혁과 지역 현황을 통계로 요약한 《경상북도영일군구룡포시세일반》이 기록되어 있다.

관으로는 창주면사무소, 구룡포번영회,[16] 구룡포우편소,[17] 구룡포경 찰관주재소, 구룡포고등심상소학교,[18] 창주면공립보통학교,[19] 장기

---

[16] 구룡포 개항에 직접적 영향 미친 도가와 야사브로가 지역 유지였던 서치근을 비롯해 최씨 및 김씨 가문과 함께 구룡포번영회를 조직했다는 의견이 있는데(박경용, 〈한 · 일 어업협정의 영향과 어민들의 대응-전략〉, 254쪽), 일본인의 활동 영역이 확대되면 서 현지인은 점차 배제된 듯하다. 지도에는 10명의 일본인 간부 임원만이 기재되어 있다.

[17] 1913년 10월 11일 장기군 외북면 사라리 12번지에 설립되었다.

[18] 1915년 6월 일본인 자녀의 교육을 위해 개교하였다. 1945년에 구룡포국민학교, 1946년 6월 1일에는 다시 구룡포동부국민학교로 교명이 변경되었다(영일군사편찬 위원회, 《영일군사》, 1990, 696쪽).

[19] 1924년 6월 10일 한국인 자녀의 교육기관으로 창주면장 김용준이 지방부담금으로

금융조합구룡포지소, 구룡포어업조합 등이 있었고, 구룡포신사九龍浦
神社, 에비스신사惠比須祠,[20] 이나리신사稻荷祠[21] 본원사本願寺, 고야산사高
野山寺 등의 종교시설과 언론 관련 건물이 보인다. 각종 회사, 공장, 의
원, 약국, 어망 및 선구 판매점 등도 지역사회의 사회·경제적 구심
점으로서 중요한 기능을 수행하였다.[22] 그 밖에 토목건축 청부업소,
다다미점, 청과 도매점, 화장품점, 주류 판매점, 이발점, 미용점, 시계
점, 백화점(일용잡화점), 과자점, 포목점, 양복점, 문방구·완구점, 사
진관, 미곡점, 비료점, 해산물점, 두부점, 자전차점, 세탁점, 목욕탕浴
場, 전당포質店 같이 일상생활에서 빠질 수 없는 점포 또한 두루 찾아
볼 수 있다.

비슷한 시기의 취락 상황을 정리한 젠쇼 에이스케善生永助(1933, 776)
에 따르면, 1929년 무렵 구룡포 어장의 성어기는 전복鮑의 경우 1월

설립하였고 교장으로는 시가滋賀 현 사범학교를 졸업하고 이주해 온 스미이 야스모
리住井保盛가 부임하였다. 1947년 5월 10일 구룡포국민학교로 교명을 변경하였다
(영일군사편찬위원회,《영일군사》, 696쪽 ; 국사편찬위원회 한국사데이터베이스).

[20] 칠복신의 하나로서 상가의 수호신이자 풍어의 신으로서 에비스惠比須를 모신 신사
이다.

[21] 곡식을 주관하는 신, 즉 이나리稻荷를 모신 신사이다.

[22] 《구룡포시가도》에서는 오사카조일신문, 부산일보지국, 조선민보지국, 대구일보지
국, 조선정보협회 임시사무소 ; 구룡포전기주식회사, 창주주조주식회사, 우나바라
海原조선 공장, 우에다植田조선 공장, 구룡포통조림鑵詰 제조공장, 사이토 기이치
齊藤規一 어함제조공장, 오무라 규헤大村九平 철공주조공장 ; 손영훈 의원, 하시구
치橋口의원, 히라마쓰 노리오平松憲夫 치과의원, 해동의원, 한약종상 ; 일본어망선
구주식회사 구룡포정기출장판매점, 임겸조林兼組 어업출장소, 수산물공동판매소,
염망소 등을 확인할 수 있다. 교통과 관련된 공영자동차정류소, 조선우선주식회사
와 남선기선주식회사의 하객 취급소 등의 시설과 사교모임인 당구교우구락부도 보
인다.

~9월, 고등어鯖는 10~12월, 청어鰊는 12~3월로서 어종별로 조금씩 차이가 있다. 조업 기간에는 일본 어선 500척과 한국 어선 100척이 구룡포항을 거쳐 가며, 이를 어업자 및 상인의 수로 환산하면 일본인 640명과 한국인 9,600명에 이른다고 조사되었다. 유동인구가 1만 명을 넘는다는 뜻이다.[23] 성어기를 맞아 사람과 돈이 넘쳐나던 이곳에서는 각종 서비스업이 성황을 이루었는데, 일반 상점 외에도 여관, 여인숙, 요리집, 음식점, 중화요리점, 식당, 주점, 유희장 등 다양한 숙박·요식·유흥업체가 활기를 띠었다. 만월·옥루·대정루·찬기옥·연해루·금취정·봉래관·한양루·일심정·안성정·이엽정 등의 요리점에 고용된 일본인 예창기 100명과 한국인 작부 50명은 어부, 운반업자, 수산물 가공업자, 부두 노동자 등을 접대하였다.

이렇듯 빠르게 발전하던 구룡포는 다방면에서 수용력의 한계를 느끼기 시작하였다. 인구가 늘고 물동량이 많아지면서 어항을 개수하고 확장할 필요가 있어 1932년부터 경상북도를 사업 주체로 한 궁민구제국고보조공사의 일환으로 방파제 구간을 70미터 연장하게 된다(吉田敬市 1954 : 477 ; 영일군사편찬위원회 1990 : 639 ; 박경용 2004 : 255 ; 조중의·권선희 2010 : 91).[24] 공사가 진행되는 동안 방파제 내측의 수심이 얕아 계선이

---

[23] 여기에 연안을 따라 월 4회 부산과 울릉도를 오가며 월 9회 부산과 원산을 왕복하는 온성호穩城丸(372톤)의 기항지로서, 그리고 부산과 포항을 매일 오가는 전주호全州丸(92톤)와 경신호慶信丸(75톤), 월 15회 운항하는 가고시마호鹿兒島丸(106톤)의 중간 기항지로서 모여드는 여객까지 고려하면 그 수는 더욱 늘어난다(영일군사편찬위원회,《영일군사》, 409~410쪽).

[24] 확축에는 29만 7,000엔의 국고보조를 포함해 총 59만 4,000엔의 공사비가 소요되었다. 두 차례의 방파제 공사에서 만 남단 병포리의 용두산과 북단의 사라끝에서

〈그림 5〉 구룡포항 매립지 실측평면도(1935)

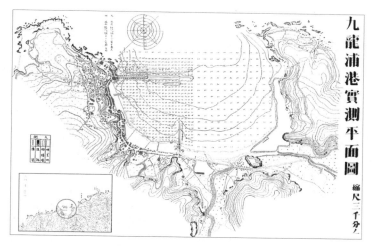

방파제를 확대하고 만 안쪽의 해변을 매립하기 위해 실측한 결과를 반영한 도면이다.
당시의 주거 및 업무 설비에는 적색을 추가하였다(자료 : 공유수면매립공사준공인가서
류 1126-1호)

어려운 3만 2,560제곱미터 규모의 구역을 매립하여 택지 및 선착장
을 조성한다는 계획이 경상북도 차원에서 수립되고 도지사 김서규
를 대표로 출원한 결과 1934년 11월 16일에 면허를 취득할 수 있었
다(〈그림 5〉). 공사는 1934년 도 예산으로 계상된 2,100엔을 투여해
진행되었으며 1934년 12월 1일 착공, 1935년 3월 25일에 준공하였

채석이 이루어졌으며 배와 레일을 사용해 석재를 운반하였다.

다.[25] 현재 방파제가 시작되는 지점에는 1935년 3월에 건립된 구룡포확축공사준공비九龍浦港擴築工事竣工碑가 남아 있다.[26]

항만설비를 포함해 도로와 전력 등 사회 기간설비가 확충되면서 어업기지 구룡포는 수산가공품과 수산물 수출항으로서 동해안의 대표 취락으로 성장하게 되는데,[27] 전통 어촌 구룡포의 성장이 식민지

---

[25] 매립은 평균 간조위를 기준으로 1.8미터 높이로 이루어졌으며 전체 면적은 계획보다 조금 늘어난 33,526.1제곱미터이었는데, 이 안에는 1935년 7월 27일부로 경상북도가 소유권을 취득한 20,688.9제곱미터와 더불어 국유로 귀속된 도로부지(9,987.5제곱미터), 구거부지(743.8제곱미터), 물양장(2,105.9제곱미터)이 포함되었다. 호안석축의 방파제 또한 국유로 편입되었다(《공유수면매립공사준공인가서류》, 1935년 1126-1호 ; 총무처 국가기록원 1987년 1856).

[26] 방파제와 매립지가 확보된 데 이어 이번에는 조합장 도가와 야사브로의 구룡포어업조합이 1936년 1월 29일을 기해 택지 및 선착장을 조성할 명목으로 공유수면 326.7평에 대한 매립 면허를 취득하였다. 총 11,000엔의 공사비가 투여된 사업은 1936년 10월 15일에 잠정적으로 마무리되었고 한 차례 면허 기간을 연장한 끝에 착공 1년을 조금 넘긴 1937년 2월 13일에 어업조합 명의로 792제곱미터에 대한 소유권을 취득하게 된다. 연장 60미터 폭 13.16미터의 취득지는 사무소 및 어판장으로 활용되었으며, 길이 60미터의 호안과 함께 국유로 환수된 선착장은 연장 60미터, 폭 5미터, 면적 301제곱미터로서 계선주 26개가 10미터 간격으로 가설되었다. 매립과 함께 길이 60미터, 폭 10미터의 기설 도로에 배수구를 조성하는 수축 작업도 함께 진행되었다(《朝鮮總督府官報》 제2715호, 1936년 2월 3일, 16쪽, 〈매립면허〉 ;《朝鮮總督府官報》 제2929호, 1936년 10월 16일, 149쪽, 〈매립면허효력복활〉 ;《朝鮮總督府官報》 제3028호, 1937년 2월 29일, 176쪽, 〈매립준공허가〉 ;《공유수면매립면허준공서류》(1937년 1409호. 총무처 1987년 2334)

[27] 내적 역량의 강화는 어업에 관한 일체의 권한을 확보하고 어업 활동에 필요한 설비와 기구를 공동으로 구매·활용하며 생산물의 공동판매, 어업자금대부, 상호부조 등을 목적으로 결성한 어업조합의 성장에서 일단을 짚어 볼 수 있다. 구룡포어업조합은 원래 존재하던 어업조합연합회를 기반으로 구룡포, 병포, 삼정, 석병, 강사, 대보 등 6개 마을을 중심으로 확대·개편하여 1922년 11월 9일에 결성된다(中村資良,《朝鮮銀行會社組合要錄》, 東亞經濟時報社, 1940, 784쪽 ; 박경용, 〈한·일 어업협정의 영향과 어민들의 대응전략〉, 256쪽). 1931년 말엽 284명의 조합원과 어선 192척을 보유하였으며, 58만 6,940엔 상당의 어획고와 11만 7,846엔의 위탁판매액

근대화의 산물이라면 호황에 따른 이익은 고스란히 이식자본의 성장으로 이어질 수밖에 없었다. 일본인 어업자본가는 재래 어구와 어선에 비해 효과적인 유망, 건착망, 수조망 등의 어구와 엔진을 장착한 동력선으로 무장하고 국내의 어장을 공략하였으며, 직접 출어에 나서는 것 외에도 얼음을 적재한 운반선에 인수한 어획물을 자국 시장으로 수송·판매하거나 출어 자금을 대여하는 방식으로 축적에 나섰다. 막대한 초기 자본을 과시한 선주는 그만큼 중개업자나 가공업자에 비해 유리한 입장에 있었는데, 구룡포에서는 이시하라 사카에石原榮의 명영호明榮丸와 어우호漁友丸, 하시모토 젠기치의 웅호鷹丸, 하시모토 구마이치橋本熊一의 풍양호豊陽丸, 오이시 가타로大石嘉太郎의 귀도호龜島丸, 이노우에 쇼시치井上庄七의 비전호肥前丸, 사이토 기이치齊藤規一의 신열호新悅丸, 다카오 마게키高雄萬吉의 영어호榮漁丸, 오스가 이치타이라大須賀市平의 질자호蛭子丸, 가야노 요시타로萱野由太郎의 명정호明正丸·만성호萬成丸, 마쓰오카 세이하치松岡淸八의 김영호金榮丸, 선해어업주식회사鮮海漁業株式會社의 평어호平漁丸·이납호利納丸, 일선조日鮮組의 명해호鳴海丸, 현지인 김성호의 복수호福壽丸 등이 유명하였고, 14톤급 동력선 마쓰오카 무네타다松岡致忠의 송열호松悅丸와 이시하라 아라치石原荒吉의 길성호吉成丸는 함북 서수라까지 올라가 조업할 정도로 활동 범

을 기록하였다. 기금을 포함한 적립금 규모는 1만 1,960엔이었다(善生永助,《朝鮮の聚落》(前篇), 朝鮮總督府, 1933, 792쪽). 이후로 1939년에는 조합원이 811명, 어선이 787척으로 급증하였으며, 위탁판매액과 적립금 또한 각각 48만 2,790엔과 8만 3,837엔으로 늘어 경북에서 포항 다음으로 큰 단체로 발전하였다(영일군사편찬위원회,《영일군사》, 368~369쪽).

위가 넓었다.[28] 여러 척의 선박을 보유한 경우 동명의 선박은 호수를 달리해 구분하였는데, 예를 들어 사이토 기이치는 신열 1호와 5호에 유망, 2~4호에 수조망을 달고 조업하였고 어선과 운반선으로 활용된 하시모토 젠기치도 응 1~5호를 두고 조업하였다.

어업자본은 이후 다른 산업 부문으로의 확장을 위한 재원으로 투자되었다. 예를 들어 구룡포 개척의 주요 인물로 1909년 정착한 하시모토 젠기치는 매제인 우에무라 구라타로植村倉太郎와 함께 고등어와 청어를 잡고 매매를 중개하며 운반업에 종사함으로써 막대한 부를 축적하였다(여박동 2001 : 529). 이를 바탕으로 1928년 6월 15일에는 자본금 2만 5,000엔으로 창주주조주식회사滄州酒造株式會社를 설립해 탁주를 양조해 판매하였는데, 출자자 11명이 소유한 500주 가운데 사장인 본인이 175주, 이사인 하시모토 다케오橋本武夫가 121주, 임원은 아니지만 하시모토 후미오橋本文夫가 100주를 보유해 일가 지분이 전체의 79퍼센트를 차지하였다. 현지 소비자를 겨냥한 사업의 특성을 감안해 이사와 감사에는 각각 일본인과 현지인 한 명씩을 위촉하였다. 그는 다시 1930년 11월 6일에 4만 엔의 자본금으로 선박 기계의 제작·판매·수리를 위한 구룡포철공주식회사九龍浦鐵工株式會社를 설립, 경영하였다. 회사의 이사로 사이토 기이치와 이노우에 쇼스치, 감사로 오이시 가타로와 이시하라 사카에石原榮 등 유지를 위촉한 점으로 미루어 지역 내 영향력이 컸음을 알 수 있다. 하시모토 젠기치상점橋本善吉商店에서는 어구와 어망은 물론 조선총독부전매국 대구전

---

[28] 〈구룡포시가도〉, 《동아일보》 1934년 5월 12일 ; 1937년 9월 9일 참조.

매지국 직할판매소 구룡포소장의 자격으로 연초를 판매하였다(中村資
良 1940 : 217 ; 1931, 166 ; 국편 한국사데이터베이스).[29]

---

[29] 하시모토 젠기치와 오다무라 동향인 이시하라 사카에石原榮도 선어 운반을 통해
축재에 성공하였다. 부친 이시하라 가키츠石原嘉吉이 가가와 현 출어단出漁團의
일원으로 1878년경 조선 근해를 오가며 10여 년간 통어한 경험 때문에 이주를 결
심하게 된 것 같다(국편 한국사데이터베이스). 1919년 무렵 구룡포로 이주하여 창
주면사무소 전방에 이시하라상점石原商店을 개설하고 20톤급 동력선 명영호明榮
丸 1호를 운영해 영업하였으며, 그 뒤로 일본 각지에서 몰려든 어업자에게 어업 자
금을 대여하는 한편, 어획물을 매입해 시모노세키와 오사카 등지로 수송하여 발생
한 수익을 바탕으로 사업을 확장한 끝에 1926년에는 함북, 강원, 경상, 전라 4개도
해안을 따라 8개 소, 시모노세키에 1개 소 등 모두 9개 소의 출장소를 두고 운반선
도 19척으로 늘릴 정도로 성장하였다. 1933년부터 망어업에 뛰어들어 고등어, 청
어, 정어리, 삼치, 방어 등을 잡아들이기 시작했고 1939년 무렵에는 기름과 비누의
원료인 정어리 유지 제조공장을 설립하였다. 정어리 기름을 생산하는 과정에서 검
은 연기가 하늘을 가릴 정도였으며 구룡포에는 짜낸 기름을 저장하는 탱크와 검사
소가 있었다고 한다(여박동, 〈근대 가가와현 어민의 조선해어업관계〉, 530쪽 ; 조
중의 · 권선희,《구룡포에 살았다》, 아르코, 2010, 101-102, 128쪽).
개중에는 조선소를 운영하거나 통조림 제조업을 통해 지역 내 주도 세력으로 부상
하는 사업가도 있었다. 대표적으로 나카노 겐타로中野健太郎는 1911년에 구룡포에
정착한 이래 잡화점, 전당포, 연초 판매점에 종사하고 기선회사의 화물과 여객서비
스를 담당하였으며 오사카아사히大阪朝日 신문을 판매하다가 1918년에 드디어 구
룡포통조림제조공장九龍浦鑵詰製造工場을 설립해 고등어 통조림을 제조하였다.
사업이 번창하여 지역사회에서 차지하는 비중이 커지면서 각계에서 중요한 역할
을 수행하였던 것 같은데, 구룡포에서는 학교조합회의원, 어업조합총대, 번영회부
회장, 소방대장, 금융조합대표, 대구전매국 연초소매조합장 등을 역임하였고 지역
바깥에서는 제국재향군인 포항분회특별회원, 조선소방협회 포항지부평의원, 경북
수산회 평의원, 경북합동통조림주식회사慶北合同鑵詰株式會社 이사 등의 직함으
로 활동하였다(中村資良,《朝鮮銀行會社組合要錄》, 1940, p. 334 ; 국편 한국사데이
터베이스 ; 영일군사편찬위원회,《영일군사》, 380쪽). 염장도 활발해 고등어 성어기
에는 200평 규모의 거대한 간독에서 소금에 절여 간고등어로 가공하는 장면은 장
관으로서 각 가정에서 조차 땅을 파고 간독을 묻었을 정도로 성했다고 한다(조중
의 · 권선희,《구룡포에 살았다》, 87쪽). 어비 제조 같은 수산가공업과 운수업으로
의 진출도 확인할 수 있다. 도가와 야사브로는 1936년에 자본금 20만 엔의 구룡포
유비제조주식회사를 창립하였으며, 유력자인 나카노 겐타로中野健太郎와 나카가
와 하루요시中川春吉가 이사, 하시모토 젠기치와 이노우에 쇼시치가 감사로 참여

식민어업자본과 본토를 떠나온 일본인 어업노동자의 유입이 늘면서 한적했던 전통 어촌은 흔들리고 변용되기 시작했으며, 지역 내부의 질적 변화는 전통경관의 해체 또는 형해화에 이어 지배와 피지배의 사회적 관계를 재현한 이식경관의 출현을 낳았다. 일차적으로 내지인과 조선인의 민족별 구분은 거주지 분화를 초래해 항만 북동쪽 방파제 배후의 중심지에 창주면사무소가 유치되고 일대의 해안도로를 따라 일본인 사업가와 상인의 주거, 사무소, 상점 등이 들어선 반면, 현지인은 배후 산지와 만 안쪽의 접근도가 떨어지는 주변으로 내몰렸다. 물론 이주 일본인 내부에서도 가가와 현 출신의 다수파와 세토나이카이를 사이에 두고 마주한 오카야마 현 출신자 사이의 알력이 없지 않았고, 현지인 중에서도 일인 사업가와 협력 관계를 유지한 신흥 특권층과 그렇지 못한 하층민의 간극이 관찰되며, 화상華商이라는 제3의 민족이 존재했지만,[30] 큰 틀에서는 내선의 차별 구도

하였다. 1928년에는 대구에 본사를 두고 출범한 공영자동차주식회사의 포항 – 구룡포 노선을 개척해 구룡포에 정류장을 두고 자동차를 운행하였고(中村資良,《朝鮮銀行會社組合要錄》, 1937, pp. 296-297 ;《朝鮮銀行會社組合要錄》, 1940, p. 67 ; 영일군사편찬위원회,《영일군사》, 402쪽), 히로나카 료이치弘中良一가 건립한 구룡포전기주식회사(1927.10.12.)에는 이사의 신분으로 관여하였다. 정확히 어떤 방식이었는지 확인할 수 없지만 전기를 생산 · 공급하고 전기용 기계와 기구를 판매하여 근대적 생활양식을 소개한, 자본금 10만 엔의 당시로서는 거금이 투자된 업체였다. 생산된 전력은 소수의 일본 특권계층이 소비하였을 것으로 보인다(中村資良,《朝鮮銀行會社組合要錄》, 1929, p. 135).

[30] 1929년 당시 구룡포에는 중국인 9호 29명이 거주하고 있었다(善生永助,《朝鮮の聚落》(前篇), p. 767).《구룡포시가도》에도 포목점을 비롯한 화상의 상점과 아마도 그들이 운영했을 것으로 추정되는 중화요리점이 확인되고 있다.

가 가장 현저하였다.[31]

종교의 영역에서는 식민지 상황에서의 현상적 다양성에 미혹된
다. 당집에서는 전통에 따라 동제가 거행되었으며 병곡리 용두산 자
락이 바다로 들어 가는 지점에는 용을 해신으로 인정하고 위무하였
던 용왕신당이 마을을 수호하였다. 이주 일본인은 고야산 용광사龍光
寺외[32] 본원사 등의 불교 사찰을 조성하였고, 1926년에는 기독교 장
로회 소속의 구룡포교회당이 선보였다(국편 한국사데이터베이스). 그러나 자
유로운 정신세계도 식민지 상황에서는 차별을 피해 갈 수 없었다.
신성성의 계층화가 엄격했던 것이며 무엇보다 식민지 구룡포의 경
관을 통한 지배에 신사神社 · 神祠가 동원되었다.[33] 지배구도의 자연화

---

[31] 남성과 여성 공간의 이분화도 뚜렷하였다. 광산촌과 마찬가지로 어촌은 남성성이
발현되는 전형적인 차별의 공간으로서 바다와 부두의 작업장을 장악해 경제적인
우위를 확보한 남성에 비해 여성은 가정, 텃밭, 야산의 농경지, 수산물 가공장으로
활동 영역이 한정되었다. 주변으로 내몰린 여성들은 자신들의 몸과 여성성을 상품
화할 수 있는 유곽공간에서 예창기와 작부로 일하는 것 외에는 달리 삶의 여지를
찾을 수 없었다. 《구룡포시가도》에 홍보된 사진에는 바다와 부두를 무대로 열심히
일하는 남성과 곱게 단장하고 이들이 오기만을 수동적으로 기다리는 요리점의 여
성들이 대조적으로 재현되어 있는데, 에로티시즘이 발산되는 유곽은 남성과 여성
의 차이에 식민지의 민족적 구분이 더해지는 이중차별의 젠더 공간이었다.

[32] 고야산高野山은 와카야마和歌山 현 북동부에 자리한 산으로서 홍법대사 구카이空
海(774~845)가 밀교종파인 진언종을 개창한 곳이다(윤광봉, 《일본 신도와 가구
라》, 태학사, 2009, 33, 35쪽). 1915년에 건립된 용광사는 따라서 진언종 소속의 사
찰이었을 것이다.

[33] 일반적으로 식민화는 경제적 기반을 무력화시킨 다음 기존의 사회 · 공간질서를 와
해시키기 위해 상징적 침탈을 자행하는 단계로 진행되며 필연적으로 경관의 변형이
따른다. 식민지 경관은 식민권력의 가치가 코드로 장착된 의미화 체계이자 규율화의
텍스트이며 권력 실천의 일부였다. 명시적으로 드러내지는 않으나 지속적이고 은밀
하게 통치 권력의 존재를 확인시킴으로써 특정 가치를 피지배자에게 자연스럽게 내
재화하는 결과를 유도한다. 불평등한 권력관계의 반영이자 식민자의 권력적 은유로

는 물적·강압적 규제 이상으로 신사라는 상징성이 큰 이념장치에 의해 뒷받침되어 강렬하고 지속적으로 환기될 수 있었다. 신사는 일본인의 고유 신앙이자 민족종교인 신도의 상징경관으로서 오랜 기간 형성된 구룡포의 장소성을 일시에 전도시키고 영역성을 표출하는, 다시 말해 일본화Japanization를 장소적 맥락에서 극대화할 수 있는 가장 효과적인 수단이었다. 주체인 현지 주민들 스스로가 지배담론의 타자임을 인정함으로써 종속이 결정되는 치명적인 권력 체제였다(Hall 1997 : 234).

경관에 의한 지배라는 거시담론에서 벗어나 섬나라를 떠나온 이주 일본인의 심리적 측면에 초점을 맞추더라도 신사경관은 작지 않은 의미를 지닌다. 그들은 비록 지배자의 입장에 있었지만 디아스포라의 보편적 경험을 공유한다. 안락한 동질집단의 범위를 벗어난 공간적 경험, 모국에 대한 짙은 향수, 귀환에의 집단적 욕망에 뿌리를 두며, 공동체와의 정주공간이 일치하지 않는 데서 파생된 불안정한 위치성과 존재론적 양면성이 바로 그것이다. 공간을 이탈한 디아스포라에게 친숙한 고향을 연상케 하는 물적·비물질적 요소 하나하나가 기억의 장이었는데(박경환 2007 : 5-9),[34] 구룡포 초기 이주민이 낮

서 비정치적으로 보일지라도 시·공간을 초월해 광범위한 통제력을 행사할 수 있게 해 준 가장 정치적인 권력 운용의 기제였다(조앤 샤프, 《포스트식민주의의 지리 : 권력과 재현의 공간》, 이영민·박경환 옮김, 여이연, 2011, 101~118쪽).

[34] 노라가 상정한 기억의 장은 묘지, 성당, 전쟁터, 감옥 등 과거의 사건이 전개된 지리적 장소는 물론 상징적 인물, 건축물, 경관을 포함해 의례, 축제, 행진, 기념식 등 비물질적인 유형까지 아우른다. 따라서 필자는 les lieux de memoire를 일반적으로 번역·소개되고 노라 자신도 인정한 기억의 '장소'보다는 기억의 '장'으로 이해하는 편이

선 땅에 자신들만의 질서를 부여하고자 가장 먼저 수행한 작업은 신사를 건립하는 일이었을 것이다. 흔히 땅에 대한 인간의 애착은 익숙한 장소에서 느껴지는 따뜻한 감정, 즉 친밀감에서 비롯되며, 심지어 고향과 모국에 대한 강렬한 감정조차 단순한 편안함과 가정적 기쁨으로부터 형성된다고 한다. 자아중심적 세계의 뿌리로서 고향에 대한 애틋한 감정은 상징적 의미를 담은 가시적 기호로서 경관을 형성하고 그로부터 공동체의 정체성까지 함양된다(Tuan 1974 : 30, 94-99 ; 1977 : 149, 159). 특히 신성성을 담보한 랜드마크 경관은 무질서한 외부 세계에서 느끼는 두려움을 일소할 수 있는 질서를 부여하는데, 이주 거류민의 정신세계를 위무할 목적으로 조성된 구룡포 신사는 일본인에게 더없이 친숙하고 편안함을 느끼게 하는 심리적 안식처로서 정신적 소우주의 공간적 이전을 상징한다. 천손의 후예라는 가계의식과 삶의 터전의 연속성을 상징하는 신사는 탈장소에 대한 일본인 본연의 대응양식이었던 것이다.

그러나 신도에 군국주의 이데올로기가 접목되면서 거류민의 애환을 달래고 단결을 고취하기 위해 조성한 신사는 더 이상 종교건축이 아닌 자국민의 단합과 국가에 대한 맹목적 추종을 유도하고 타민족을 정신적으로 말살하는 사상 침략의 전위로 추락한다. '일본정신의 표상'이자 '야마토 심상大和心의 표현'이었던(小山文雄 1934 : 148-149) 신사가 이제는 전통 유교경관이 상징하는 정신세계를 해체하고 의식의 지향을 재구성하기 위한 기호체계, 일본의 언어와 풍속 등 소위 국

나을 것으로 판단한다.

풍 國風을 한반도에 이식하기 위한 요체, 황국신민으로서 충군애국忠君愛國의 정신을 체득시키는 동화정책의 수단,[35] 여기에 감시기구로서의 심층 메시지까지 덧씌워진 제국주의 침략과 식민지 지배의 정당화를 위한 다의적 상징으로 변용된다(金承台 1987:297, 302; 최진성 2006:50).[36]

---

[35] 신사는 분명 내선일체의 상상의 공동체를 위한 종교적 전체화의 기제였다. 일본인 지식인들조차 "내선민족이 동근동종인 사실은 고고학, 인류학, 언어학상으로 이미 입증된 바이다(小山文雄, 《神社と朝鮮》, 朝鮮佛敎社, 1934, p. 1)."라고 주장할 정도로 동화에 열중하였는데, 통치자들은 상상의 공동체로서 민족을 구축하기 위해서는 이데올로기의 주입이 필요하며, 폭력에 의해 기능하는 억압적 국가기구와 달리 종교, 교육, 가정 등 이념적 국가기구는 억압을 상징적으로 발휘하면서 지배이데올로기에 대한 복종을 재생산하는 데 효과적으로 대응한다는 사실을 이미 자각하고 그들의 가장 은밀하고 강력한 수단인 신도와 공민교육을 동원하였다(Benedict Anderson, *Imagined Communities : Reflections on the Origin and Spread of Nationalism*, London : Verso, 1991, p. 163 ; Louis Althusser, "Ideology and Ideological State Apparatus(Notes towards an Investigation)," in *Lenin and Philosophy and other essays*, Ben Brewster (trans.), New York : Monthly Review Press, 2001, pp. 85, 97-100). 폭력성을 감춘 채 피억압자의 복종과 순응을 이끌어내는 헤게모니의 쟁취 수단이었던 것이다.

일반적으로 이데올로기는 지배계층의 이해를 감추고 사회적 모순을 부정하면서 지배층의 이익을 우선하는 사회를 재생산하는 데 동원되며, 지배적인 관점을 물리적이고 강압적인 통제에 의거하는 대신 상식의 일부로 당연시할 수 있도록 설득에 입각해 피억압자의 순응과 종속을 확보하는 그람시식 헤게모니는 공개적인 갈등의 소지를 피해 갈 수 있어 효과적인 전략으로 인정되고 있다(Jordan B. Peterson, *Maps of Meaning*, New York : Routledge, 1989, pp. 3, 49, 53).

[36] 신사는 중요도와 규모에 따라 사격社格을 달리한다. 국가적 차원의 관폐신사官幣神社로서 남산에 들어선 조선신궁과 광역의 행정구역에 설치된 국폐신사國幣神社를 축으로 신사社社, 신사神祠, 사제신사私祭神祠의 계층을 가지며, 내부에는 신전(정전·본전), 배전, 폐전, 사무소 등의 공간이 갖추어진다. 1915년의 〈신사사원규칙〉은 기존의 신사에 대해 조선총독의 인가를 받도록 하여 어용화의 토대를 다졌으며, 1917년의 〈신사에 관한 건〉은 참배자 10인 이상이면 설립이 가능했던 소규모 신사까지 신사神祠로 인정하였다. 1931년에 같은 제목으로 공포된 조선총독부령은 신사神祠를 신사神社로 공인하기에 이른다(小山文雄, 《神社と朝鮮》, p. 129, 132, 141).

구룡포 신사는 1913년의 지적원도에서 확인한 대로 원래 하라 우메기치 소유의 필지에 사적으로 설립한 야시로에 기원을 둔 것으로 보인다. 부지가 198제곱미터로 협소했던 점으로 미루어 본전은 아직 갖추어지지 않은 상태에서 참배를 위한 배전만이 있었을 것이며, 1920년대 후반에 지금의 용왕당 지점으로 이전된 직후에야 신전을 둘러싼 담장, 즉 미즈가키瑞垣가 추가될 정도로 제 모습을 갖추었을 것으로 추정된다. 1931년 11월 21일 공인된 창주면 구룡포 신사의 사호社號는 신명신사神明神社였고 제신祭神은 일본의 국조신이라 할 아마테라스오미카미天照皇大神였으며, 1933년 1월 11일에는 주신과 함께 고토시로누시노미코토事代主命가 추가로 합사되었다(小山文雄 1934 : 212). 개인이 건립한 신사가 뒤에 구룡포를 대표하게 된 가장 큰 이유는 아마도 시가를 내려다보는 위치 때문이 아닌가 한다. 정신적 지배를 자연화하기 위한 전략의 일환으로 공간을 효과적으로 공략하였던 것인데, 평지에 조성된 자국의 신사와 달리 구룡포에서는 일본인 거류민과 현지인을 한 눈에 내려다볼 수 있는 배후의 구릉지에 조성함으로써 높이를 활용한 시각적 지배전략을 노골화하였다. 천황에 대한 경외심을 극대화하고 일망감시의 효과를 배가시킬 수 있는 공간전략이었던 것이다(최진성 2006 : 51).[37]

---

[37] 물리적 환경은 자아와 집단 정체성을 표현하고 세계에 의미를 부여하며, 신성한 건축물의 경우 상징적 의미를 코드화encoding하여 해독decoding을 유도하고 행동방식을 지시하는 일종의 신호로 비유된다. 조형물의 맥락을 구성하는 건축환경 가운데 높이는 의미의 형성과 해석에 중요한 영향을 미치는 요소로서 대개는 권력, 계층, 지위를 상징하며, 종교 건축물에서는 특히 신성성과 중요성을 담지한 보편적 범주로 인정된다(Amos Rapoport, *The Meaning of the Built Environment : A nonverbal*

그러나 한 집단이 소유한 상징, 이미지, 의미는 다른 집단과 공유되지 못하고 부조화와 오해를 야기하게 마련이다(Rapoport 1990 : 46). 특히 신사처럼 전통 유교 사회의 맥락에서 벗어난 경관을 자연스럽게 수용하기란 기대조차 어려웠다. 현지인에게 익숙한 상징관의 박탈은 근본적인 소외감을 불러일으켰으며 신사가 군림하는 탈장소의 느낌은 물리적이고 신체적인 상실감을 넘어 고통으로 다가왔다. 이념적 국가기구를 통한 헤게모니의 획득 대신 의미의 경합만이 있었을 뿐이다. 공간을 통제해 기존의 질서를 와해시키고 사회적 관계를 변환시키려는 규율의 강요에 대해 피지배 집단은 식민지적 상황을 감안해 잠재적이고 상징적인 방식으로 저항하였는데(Jackson 1989 : 53-54), 신사라는 텍스트를 두고 대다수의 구룡포 사람들은 일본인 거류민에 대항하는 텍스트공동체를 형성하여 서브얼턴 특유의 방식으로 독해에 나섰던 것이다. 요배소遙拜所나 학교 같은 공공 공간에서는 규율을 준수하는 듯 행동하지만 경관 속 코드화된 의미의 내면화를 거부하였으며, 사적 장소에서는 노골적으로 지배이데올로기를 조롱하였다. 신사는 전선 없는 상징전쟁의 현장이었다.

---

communication approach, Tucson : The University of Arizona Press, 1990, pp. 15, 29, 107, 116). 구룡포의 배후 산기슭에 건립된 신사는 가파른 경사지에 조성된 계단을 따라 올라가야 도달할 수 있도록 경외감과 신성성을 극대화한 데다, 바다 건너 고향을 바라보는 방향으로 건립하여 향수를 달랠 수 있도록 조처하는 한편, 피지배자를 위압하여 복종을 강제하는 권위적 위치의 상징물이라 할 수 있다.

구룡포 탈식민 경관의 한계

과거는 집단의 기억, 경험, 성취를 증언하는 경관으로 재현된다. 축적된 역사와 문화의 구성적이고 규범적인 코드로서 경관은 공동체의 이념을 담는 보고이자 집단기호와 상징체계에 입각해 구체화되는 문화적 표상에 비유된다(Boholm 1997 : 250-251 ; Lowenthal 1961 : 260 ; 1975 : 6-10 ; 안병직 2008 : 174-176). 일제강점기 구룡포의 생산 · 권력 · 문화관계는 홀 S. Hall(1980, 130-134)이 예상한 대로 이데올로기가 동원된 코드화encoding를 거쳐 식민담론에 상응한 경관으로 재현되었고, 경관을 통해 전달된 메시지를 탈코드decoding, 즉 독해해서 얻어진 의미 체계는 주민들의 인지, 감성, 행위를 통제하였다. 코드화 단계에서 기대된 독해 패턴이 실현될 경우 정치 · 제도 · 이념적 질서에 타협이 이루어지지만 그렇지 않을 경우 담론에 대한 저항으로 귀결되는데, 구룡포의 저항은 국권을 회복한 이후에야 가능하였다. 탈식민은 구룡포에게 지배이념의 억압으로부터의 탈출구를 마련하였으며, 주민들에게는 무엇보다 식민지 과거의 화신으로서 이념적 우위의 메시지를 발산해 온 신사경관의 해체가 시급히 요청되었다. 경관은 결국 구성과 해체가 끊임없이 반복되는 변증법적 양면성을 내포하는 실체였던 것이다.

원론적으로 지배엘리트는 기억을 전유하여 지배 · 정복 · 통제에 활용하고 서브얼턴은 종속적 지위에 저항하는데, 구룡포에서는 헤게모니적 지배의 암호화와 타협의 독해 사이에 발생하는 모순과 불일치로 잡음이 발생하였고 그런 만큼 일본인 이주민의 통치 역시 한계를 지닐 수밖에 없었다고 하겠다. 지배와 저항의 기억을 장소에 정박시키려는 노력의 결과가 곧 경관의 형성과 해체 또는 재해석이 라면(Hoelscher and Alderman 2004 : 349, 351), 구룡포 주민들이 억압으로 일관된 식민지적 지배이데올로기를 상징하는 이식경관을 해체하고 저항의 정신을 담은 경관이나 식민지 이전의 전통경관으로 대체하려는 것은 어쩌면 당연한 수순일는지 모른다.

그러나 식민지적 코드의 독해 방식은 저항 집단 내부에서도 차이를 노정하였으며 이는 그람시Antonio Gramsci가 역설한 헤게모니적 통치의 자연화가 얼마나 철저하게 관철되었는지 대신 말해 준다. 지배자의 시선에 자국의 이주어업자는 선진 어선, 어구, 어법, 유통 방법으로 현지 어민들을 자극해 구룡포의 발달을 견인한 것으로 비춰질 것이 당연하지만(善生永助 1933 : 763), '일본인이 근대화된 주거, 도로, 항만 등을 구축하여 지역경기를 활성화시키는 모습을 지켜보면서 현지인은 순응했고, 일본인들 또한 텃세를 부리지 않고 자신들을 호기심으로 지켜본 조선인과 조심스레 공생의 지혜를 익혔다(조중의·권선희 2010 : 120-121).'는 식의 평가를 피해 당사자 일각에서조차 내리고 있는 것이다.

실제로 1920년대 중반까지 구룡포는 별다른 설비를 갖추지 못하고 자연 상태의 만입부를 항구로 사용한 까닭에 주기적으로 엄습하는 폭풍과 풍랑으로 선박과 인명의 피해가 극심했다.[38] 이주어민의

---

[38] 예를 들어 1922년 7월 7일의 폭풍우로 동력선 14척과 목선 90여 척이 전복되어 파선되고 25인의 사망자와 70여 명의 부상자가 발생했으며(《동아일보》 1922년 7월 11일), 1923년 4월 12일부터 영일만 일대를 휩쓴 이례적인 대폭풍으로 구룡포에서도 사망자 2명, 실종자 15명, 파손 선박 6척의 피해가 보고되었다(《동아일보》 1923

진정으로 국고지원을 받으며 축항이 이루어진 데 이어 방파제확축 매립공사까지 성공리에 마무리되면서 1930년대에는 공식적으로 포항 다음 가는 어항으로 도약할 수 있었다.[39] 이주어민은 개량 어선, 동력선, 개량 어구, 선진 어법을 토대로 한 우수한 어업 기술과 합리적인 어업경영에 의한 자칭 '어업의 근대화'를 선도함으로써(박중신 2006 : 188-189) 구룡포는 함남 마양의 명태 어업, 경북 영일만 일대와 강원도 장전 근해의 청어 어업, 경남 진해만 중심의 대구 어업, 원산만 인근의 가자미 및 넙치 어업 등과 함께 고등어와 청어잡이의 대표 어항으로 발돋움할 수 있었다. 1934년 12월 한때 100여 척의 건착망 어선이 출어하여 5일 동안 무려 3,000만 마리의 고등어를 포획함으로써 구룡포 전체가 '고등어산'처럼 변했을 정도로 성황을 누렸다. 등을 갈라 염장한 다음 짚으로 10마리씩 두 줄로 엮은 두름을 가마니에 넣어 포장한 구룡포산 고등어는 주로 시모노세키, 기타큐슈, 하카타, 한신, 타이완, 동남아 등지로 수출되었고, 배를 갈라 가공한 품목은 국내 각 지방과 만주 방면으로 많은 양이 반출되었다.[40]

그러나 개량 어구로 무장한 일인 어민은 전통 방식으로 생태계의 균형을 유지하며 이어 온 구룡포의 어업에 유례없는 환경적 파장을

년 4월 16일 ; 4월 17일). 2년 뒤에는 일본 가가와현 오다무라에서 조업차 도래한 동력선이 구룡포에서 좌초되어 9명의 익사자가 발생하였다(《동아일보》 1925년 1월 9일).

[39] 《동아일보》 1924년 4월 17일 ; 1928년 12월 26일 ; 〈구룡포방파제 확축공사착수〉 《동아일보》 1932년 2월 19일).

[40] 《동아일보》 1921년 11월 7일 ; 1924년 2월 25일 ; 1934년 12월 23일 ; 1934년 12월 23일 ; 1935년 8월 14일.

불러일으켰는데, 어장을 독점적으로 침탈함으로써 이미 1930년대부터 남획으로 인한 어종 고갈이 사회적 문제로 부각되기도 하였다. 고등어 어획이 적은 시기에도 가격이 미증유의 폭락세를 보일 정도로 무분별한 포획을 일삼은 결과 흉어기가 길어졌고 이에 구룡포 어민들은 위기를 타개하고자 위험을 무릅쓰고 러시아 캄차카 연해의 어장을 탐색하기도 했다.[41]

어장의 파괴보다 현지 어민에게 미친 더 직접적인 영향은 막대한 자본력을 갖춘 일본인 어업자에 의해 잉여노동력이 창출되면서 구룡포의 연안어업이 궤멸되었다는 사실이다. 특히 동력선과 무동력 어선의 생산성 격차는 소어민층의 분해를 촉발시켰고 어장을 약탈당한 현지 어민은 자본력을 갖춘 일본인 어업권자의 임차어민이나 어업노동자로 전락할 수밖에 없었다(최태호 1982 : 376, 384). 한류와 난류가 교차하여 다양한 어족이 회유하는 천혜의 어장으로 알려진 영일군 전체의 상황을 보면, 1930년대 초반 수산업 인구에서 일본인 688명에 대해 현지 어민은 1만 3,043명으로 20배 가깝지만, 어구 소유액에서는 각각 47만 9,512엔과 32만 798엔으로 일본인의 66.9퍼센트에 불과하고, 실제적으로 중요한 어획고의 측면에서도 239만 4,413엔과 113만 2,579엔의 대조를 보여 일본인의 47.3퍼센트에 그쳤다. 이런 '참혹한 현실' 때문인지 영일만 청어 어장과 구룡포 고등

---

[41] 다행히 성과가 좋아 이듬해 가야노萱野, 오오스大須, 사이토齋藤, 마쓰오카松岡 등이 소유한 유망어선 6척이 먼 해역으로 출어에 나섰다(《동아일보》 1932년 6월 16일 ; 1934년 5월 12일).

어 어장의 '보고가 이미 조선인의 손을 떠났다'는 절망적인 평가가 내려지기도 했다.[42]

3개월의 짧은 조업 기간에 이루어지는 구룡포 근해의 고등어 어획이 부진할 경우 영세한 현지 어민과 어업노동자들은 궁핍한 상태로 엄동을 넘겨야 했으며 막강한 자본력과 대안을 가진 일본인보다 구조적으로 취약하였다. 일례로 마쓰오카 무네타다가 소유한 14톤급 발동기선 송열호松悅丸의 선장 서덕화와 어민 8명처럼 우리 어업인은 주로 고용자로 참여하던 것이 관행이었다. 구룡포의 사망자 2명, 실종자 15명, 파손 선박 6척을 포함해 사망 300명, 부상 500명, 실종 960명, 파손 선박 119척으로 기록된 1923년 4월의 '영일만대참사'는 진해요항부사령관鎭海要港部司令官 지시로 구축함 두 척이 구조에 참여할 정도의 대형 사건이었는데, 여기서도 인명피해는 대부분 조선인 어부에 초래되었고 고용자 신분인 일본인은 거의 피해를 모면할 수 있었다.[43] 어망수리 노동자 26명이 곡물 가격이 오르자 구룡포어망조합을 상대로 30퍼센트의 임금 인상을 요구하며 파업한 정황 또한 구룡포 사람들의 열악한 생활상을 대변한다.[44]

이런 불평등 관계가 잠재한 상태에서 점거가 연장되었기 때문에

---

[42] 《동아일보》 1933년 4월 7일.

[43] 《동아일보》 1935년 12월 22일 ; 1937년 9월 9일 ; 1923년 4월 16일 ; 1923년 4월 17일 ; 1923년 4월 21일자 〈사설〉. 조난 당일의 출어자는 60조(1조는 약 50명), 약 3,000여 명이었고 선박은 500척 내외였다. 영일만에 피난한 선박은 약 30조, 368척이었고, 나머지 30조는 강구포, 구룡포, 감포 등지로 피난하였으나 피해를 면할 수 없었다고 한다.

[44] 《부산일보》 1934년 7월 10일(국편 한국사데이터베이스에서 재인용).

국권을 회복한 직후 구룡포 사람들이 장소성을 회복하기 위해 취할 선택이 어떠해야 하는지에 대해서는 어느 정도 방향이 정해져 있었다. 지배집단의 신화 만들기에 대한 아래로부터의 항체, 즉 지배경관의 해체가 불가피하였다. 탈식민은 전통 지역문화에 대한 왜식문화의 침탈을 상징하는 기억을 지울 것을 요구하였고 그 과정에서 집단의 신념을 담은 일종의 기호이자 상징체계인 경관에 대한 재해석이 시도되었다. 구룡포에 남은 기억의 장에 대한 재해석은 경관의 재구성으로 이어질 것이며, 기본적으로 집단의 정체성에 자부심을 부여한 대상은 보호되고 치욕으로 연결되는 대상은 무시되거나 지워질 것으로 예상할 수 있다.[45]

경관의 변화는 대개 신성화 sanctification, 지정designation, 교정rectification, 인멸obliteration 등의 과거에 대한 평가 유형에 의해 지향점이 결정된다 (Foote 1997 : 1-35). 신성화는 공동체를 위한 희생을 기억하기 위한 시성諡聖의 과정으로서 그 긍정적 의미를 영속화할 수 있는 장소의 의례적 봉헌, 즉 성지의 창조와 주기적인 의례를 수반한다. 지정은 공동체를 위한 신성화에 준하는 영웅적 · 희생적 사건의 의미를 기억하는 유형으로서 추모를 위해 다양한 표지를 지표에 새기며, 교정은 폭력과 비극으로 점철된 장소이지만 상처를 극복하고 부정의 의미를 긍

---

[45] 1922년의 아일랜드 독립을 전후한 시기에 통치계층인 영국인과 아일랜드 현지인의 농촌 저택 및 농장을 둘러싼 해석의 경합은 같은 맥락에서 이해할 수 있다. 지배층에게 그것은 공동체의 과거를 상징하며 영국적 경관전통과 역사적 정체성에 연결되어 보존이 권고되었지만, 신생국 아일랜드의 국민에게 그것은 식민자의 문화경관이자 과거와의 단절을 선언하기 위한 이상적 대상으로서 결국은 파괴되고 폐기되며 관심 밖으로 내몰렸다(Naula C. Johnson, "Memory and heritage," p. 172).

정으로 승화시켜 일상으로 다시 통합하는 재해석 과정으로서 경관의 재구성이 따른다. 반면 인멸은 오명의 흔적을 덮거나 지우고 비극과 치욕의 기억을 지우려는 갈망에서 비롯되며, 장소의 의미는 의도적으로 부정되고 자취는 멸실되며 일체의 사용에서 배제된다.

유산경관에 대해서는 집단의 사회경제적 변화와 그에 수반된 착취 시스템을 설명하지 못하는 한계가 지적되기도 하는데(Robertson and Hall 2007 : 19-20), 식민지 이후의 구룡포 장소성을 정립하기 위해 시도된 경관의 재구성 역시 지배이데올로기에 의해 신성하게 포장된 착취적 왜식경관의 완전한 세속화, 즉 '인멸'과는 거리가 멀었다. 굳이 지

〈그림 6〉 구룡포항 일대의 경관

왼쪽 상단에서부터 구룡포수산업협동조합, 구룡포동부초등학교, 구룡포항확축공사준공비와 방파제, 하시모토젠기치 가옥, 구룡포조선소, 생선상자공장, 구룡포시장, 구룡포교회, 구룡포 마을제당 등의 경관 요소가 보인다.

목하자면 '교정'에 가깝다고 하겠으며, 시각적으로 도드라진 건조 환경을 실용적으로 활용하는 방향으로 해석의 기조를 잡고 있다. 일차적으로 시가지 구획은 물론 읍 단위 도시 기능의 연속성이 확보되고 있는 점을 확인하게 된다. 어업 기능에 맞추어진 식민지 근대형 취락을 전통적인 형태로 되돌릴 당위성을 찾지 못한 채 기존의 기관과 물리적 시설들은 스타일과 이용 주체만을 달리한 채 계승된 것으로서, 구룡포어업조합은 구룡포수산업협동조합, 구룡포고등심상소학교는 구룡포동부초등학교로 이어지는 방식이었다. 방파제, 주거지, 구룡포 조선소, 나무상자 공장, 시장 등도 오랜 시간이 지났지만 형태만 조금 달라졌을 뿐 과거의 기능을 여전히 수행하고 있다. 경우에 따라 1926년 8월 20일에 설립된 구룡포교회처럼 오래된 건물이 헐린 자리에 현대식 교회가 들어서 변형이 크게 가해진 설비가 있는가 하면, 마을 당집처럼 재래 기능을 수행하면서 명맥을 유지해 온 전통 신앙경관도 있다(〈그림 6〉).

패망과 함께 일본인이 남기고 간 적산가옥敵産家屋도 마찬가지로 살림 공간의 실용성에 상류층 생활양식의 지위가 더해지면서 철거되는 대신 오히려 개수를 거쳐 적극적으로 활용되었다. 맥락에서 벗어난 이질적 왜색 문화 요소가 부각되는 옛 일본인 주거지는 해안도로를 따라 선형으로 조성된 고밀도의 2층 목조가옥을 특징으로 하는데, 1층의 상점과 2층의 다용도 공간을 갖춘 일종의 주상복합형 건물이었다. 주거용 건물의 평면은 서민주택에 보편적으로 적용되는 1열식 마치야町屋형과 2열식 어촌민가형으로 구분되며 내부에 장방형 복도가 있다. 여관, 요정, 양조장, 우체국, 경찰소 등으로 사용된 건물은 3열 이상으로 축조되었다. 여유 공간을 확보하기 위한 증축이 있었고 다다미를 온돌로 교체하는 부분적인 개조를 거쳤으며 건물의 용도 자체가 달라져 상가의 원형은 변형을 거듭하였음에도, 가로와 건물의 배치를 포함해 건축양식과 외형적 연속성은 일본식 상가 고유의 특징을 보존하고 있다는 평가다(김주일·이대준 1995 : 231-236).

물리적 구조에 대한 거부감이 그다지 크지 않았다 해서 정신문화에 대한 침탈까지 용인했던 것은 결코 아니다. 마을 고유의 신앙체계를 상징하는 용왕신당이 거류민 퇴출 직후 자연스럽게 다시 등장한 데서 알 수 있듯이 강점기 주민들의 침묵은 억압체제에 대한 무조건적 굴종이 아니었음이 분명해진다. 탈식민 담론은 정신세계를 지배한 신사의 해체로 즉시 표출되었다. 신사는 일본의 제국주의와 민족동화정책이 체화된 경관으로서 지배권력의 상징전쟁에서의 승리를 암시하였다. 황국신민의 메시지를 자연화하기 위한 텍스트이자 식민 헤게모니의 상징이었지만, 일제 패망과 함께 탈자연화 de-naturalization를 위한 재해석과 실물의 파괴에 이어 탈식민 경관으로 재구성되는 운명을 피할 수 없었다. 구세력의 상징물을 파괴하는 것으로 지배세력과 지배이데올로기의 전복을 알리지만, 그 구조물이 들어섰던 성스러운 장소에 새로운 질서를 상징하는 경관을 조성하는 것은 종교지리학의 보편적 행위이면서도 일면 패자에게 더 큰 상실감을 안겨 주는 고도의 전략일 수 있다(Sopher 1967 : 49-50). 위압적이고 경이로운 위치에 자리했던 구룡포 신사가 사라진 성지에는 용왕당과 한국전쟁의 희생자를 기리는 충혼각이 들어섰다.

경관을 '신화와 기억의 두터운 층으로 이루어진 풍요롭고 고색창

연한 전통'으로 인정할 때(Schama 1995 : 14), 용왕당은 생동하며 부활하는 신화의 연속성에 대한 상징, 충혼각은 이념전쟁의 상처를 기억하는 장이라 하겠다. 우리의 관심은 기대했던 민족주의 경관을 우회하여 들어선 충혼각과 그 앞에 자리한 충혼탑이다. 매년 현충일에 지역유지와 정·재계 인사가 참여한 가운데 추모식이 거행되며, 충혼각에 모셔진 235 호국영령의 신위 가운데 한국전쟁에서 희생된 군인이 217명으로 다수를 차지한 점으로 그 건립 의도를 읽을 수 있다. 나머지는 경찰 6명, 일제 징용자 3명, 기타 유공자 9명에 불과하다(〈그림 7〉). 역사적으로 충혼탑 건립의 열풍은 전시인 1951년의 제1회 충혼비건립준비위원회가 단초를 마련한다. 총무처장, 국방·문교·사회 각부 차관, 해군총참모장, 병무국장 등이 참석한 이 회의에서 그간 구상해 온 충혼비를 충혼탑으로 개칭하는 등의 안건이 처리되었는데, 조형물 건립이 국가 차원에서 추진되었다는 점이 주목

〈그림 7〉 용왕당과 충혼각

된다. 한 일간지 사설은 6 · 25의 멸공성전(減共聖戰)을 치르며 자유세계를 위해 희생한 호국영령을 '각자의 뇌리에 명기하여 두는 것은 물론이려니와 이것을 표현하여 사회적으로 형성화하고 구체적인 존재로서 우러러보게 한다면 사회적으로 단합심을 갖게 할 것이요 이 민족과 자유세계의 숭고한 상징이 될 것'이라는 신념에서 노골적으로 충혼탑 건립 모금운동에 동참할 것을 호소할 정도였다.[46] 민족의 비극을 성전으로 미화하면서 지속적으로 환기하기 위한 장치로서 기념물 조성을 촉구하고 있는 것이다.

군사도상학에서 기념비는 전장의 잔악 행위를 의도적으로 무마하고 국토를 수호했다는 자부심과 정의의 명분을 지켜 냈다는 무용담을 노스탤지어에 입각해 신화화하는 수단이다. 희생의 의미를 기억하고 후세에 영속시키고자 참전 퇴역 장병과 국가는 견고한 자재를 사용해 환기 장치로서 웅장한 조형물을 전장에 설립하고 추모의 의식을 반복한다(Rainey 1997 : 70-73, 80). 구 신사 경내에 설립된 구룡포의 충혼각과 충혼탑도 동족간 대립의 부도덕성을 알리고 당면한 냉전에서 체제의 우위를 과시하기 위한 목적으로 조성되었으나 식민의 트라우마를 일시에 치유할 수 있는 독립유공자의 기념물을 대체한다는 점에서 탈식민은 미완의 과제로 남는다. '충혼탑이 일제의 그것과 같은 장소에 그것도 구조와 모양 또한 유사하게 축조되어 왜색말소는 공명에 그칠 뿐 오히려 한일일체(韓日一體)의 측면까지 보이고

---

46 《동아일보》1951년 12월 29일 ;《경향신문》1952년 11월 17일.

있다'는 지적이 나올 정도로[47] 탈자연화는 이념 논쟁에 묻힌 채 초점을 잃었다.

요컨대 제국주의 이념의 옷을 입고 신성화라는 식민주의 해석을 거쳐 태동한 신사는 세속화와 후기식민주의의 재해석을 거쳤지만, 완전한 탈식민이 아닌 부분적인 교정에 그쳤고 해방 후의 이념 대립과 한국전쟁에서 형성된 반공 이데올로기의 강요된 정체성으로 대체된 데 불과하였다. 구룡포 구 신사 터 경관의 혼성성과 모호성은 표면적으로 식민지 담론 해체의 불완전성을 대변하지만, 내부적으로는 체제의 우위를 훈육하려는 국가적 당면 목표, 과거를 판매하려는 유산산업의 전략, 자신만의 방식으로 은밀하게 과거를 기억하고자 하는 지역의 의지가 경관의 독해를 둘러싸고 경합하는 실제적 원인을 은폐하고 있다.

신사 터 혼성경관에 투영된 이념 · 유산산업 · 기억의 경합과 타협

경관은 시기와 장소에 따라 의미를 달리하는 상황적 재현이다. 정치, 경제, 사회, 문화적 이슈가 코드화되고 교섭되는 복합적 담론을 담은 다의성의 텍스트로서 독자의 주체적 독해에 의해 헤게모니적 해석이 전복될 수 있고 다중 정체성이 은유되기도 한다(Graham et al.

---

[47] 《경향신문》 1956년 10월 19일.

2000, 30-32 : O'keeffe 2007 : 4-10). 구룡포의 혼성경관은 그와 같은 복수의 의미, 정체성, 담론을 구현한다. 그러면 중첩된 해석의 현장으로 들어가 보기로 하자.

방파제 안쪽의 비교적 넓고 아늑한 항만 가장자리를 따라 업무와 주거용 건물이 즐비하다. 초승달 모양의 만입 북방 배후, 즉 양항을 한 눈에 내려다보는 해안단구의 평탄면으로 향하는 경사지 초입에 도달하면 현지 풍경과의 부조화를 특징으로 하며 '한국인'의 눈에 낯선 계단을 만나게 되는데, 양 옆으로 '구룡포공원 · 용왕당입구

〈그림 8〉구 신사 경내의 경관

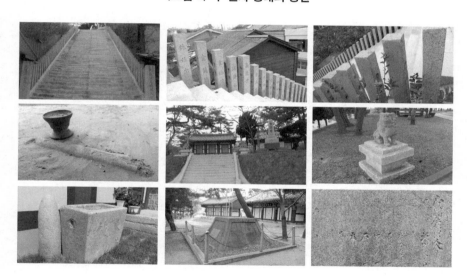

상단 왼쪽부터 신사 계단, 봉헌 석비, 석비 뒷면, 도리이, 용왕당 · 충혼탑 · 충혼각, 코마이누, 수반, 제국재향군인회 충혼탑 기단, 기단부의 명판 등이 보인다.

九龍浦公園・龍王堂入口'와 '구룡포충혼각입구 九龍浦忠魂閣入口'라 새겨진 돌기둥이 자리를 잡고 있다. 계단을 하나씩 오를 때마다 좌우 양쪽에 서로 마주한 기둥이 연속해서 나타나며 표면에는 지역 내 인사의 이름과 기관명이 붉은색으로 새겨져 있다. 우리의 전통 도상학에서 적색은 사자에 대한 암시이기 때문에 부자연스러울 수밖에 없으며, 직감적으로 일본의 신사를 드나들 때 목격한 적 있는 낯익은 왜식경관임을 인식하면서도 새겨진 글자의 주인이 일본인이 아닌 현지인이라는 사실에서 시각적 불안함은 가중된다(〈그림 8〉). 또 하나 흥미로운 현상은 기둥 뒷면에 일관되게 덧바른 시멘트 자국이다. 그 가운데 하나는 아마도 의도적인 듯 시멘트가 벗겨져 있으며 흐릿하게 '도가와 야사브로 十河彌三郎'란 인명을 전하고 있어 다른 돌기둥 뒷면에 적힌 사람들의 정체를 예상할 수 있다. 구룡포와 인근에 거주하며 신사 일대를 정비하는 데 재정적으로 기여한 일본인 유지 및 관계기관일 것으로서 계단의 돌기둥은 일종의 봉헌 석비 奉獻石碑였던 것이다.

중간쯤 오른 지점의 계단참에는 '단기 4293년 7월 2일 건檀紀 四二九三年七月二日建'이라 적힌 비석이 서 있어 계단을 따라난 돌기둥 전면의 각자 刻字와 정상에 자리한 충혼각과 충혼탑의 초기 건립 시기가 1960년임을 일러 준다. 이 비석의 뒷면도 시멘트가 제거된 상태로 '쇼와 19년 昭和十九年'이라 기록되어 있으며, 패망을 목전에 둔 1944년에 일본인 주도로 신사 일대가 정비되었던 정황을 읽을 수 있다. 하단의 계단을 다 올라서 오른쪽 평탄한 흙마당 바닥을 보면 커다란 석재 기둥이 박혀 있고 이것이 신사 입구에 세웠던 도리이임을 한눈에 알아챌 수 있다. 그리고 그 옆에는 높이 5미터는 족히 되어 보이는 기념비가 나타나며 올라올 때 보았던 계단 양옆의 비석과 마찬가지로 누군가 기념의 대상 또는 해당 인물을 확인할 수 없도록 시멘트를 발라 놓았다. 주민들은 도가와 야사브로의 공로비로 기억하며 일본 고향 마을에서 운반한 규화석을 사용해 제작했다고 귀띔한다.

여기서 용왕당과 충혼각이 자리한 정상을 향해 놓인 상단의 계단을 다시 걸어 축대 위의 평지로 올라서면 사악한 기운으로부터 신사를 지키던 코마이누 한 쌍이 나타난다. 더 이상 개가 아닌 사자로 인식되는 이 상상의 동물은 관례에 따라 하나는 입을 다물고 또 하나는 벌린 형태로 대조를 이루며 용맹스럽게 자리를 지키는데, 이제는 신전이 아닌 충혼각을 호위하고 있다. 신사가 철거된 시점에 대해서는 의견이 분분하지만 아마도 국권을 회복한 직후일 것으로 생각된다. 허물어진 본전 자리에는 1956년 2월 30일에 용왕당이 건립되었다. 신전을 둘러친 담장 안쪽에 소박하게 지어진 제당이었는데, 2008년 3월 증축을 위해 철거될 때 신사의 담장을 보존할지 여부를 놓고 지역사회 내에서 의견이 갈리기도 하였다. 결국 풍어와 조업의 안전을 기원하는 용왕당과 한국전쟁 중 순국한 영령을 기리는 충혼각·충혼탑이 탈식민을 대신한 전위경관의 역할을 수행하고 있는 것이다.

이데올로기로서 종교는 신성화sanctification, 탈신성화de-sanctification, 재신성화re-sanctification의 변증법적 과정을 거쳐 공간을 상징화하며 경관의 형성에 관여한다고 하는데(Levine 1986 : 429-430, 433-434), 구룡포에서는 어촌의 안녕과 풍어를 기원하던 마을 제당과 용왕당이 신성화의 과정을 거쳐 민간신앙으로 전승되다가, 신사라는 이질적인 문화경관의 이식으로 탈신성화되고, 식민 경험이 과거의 기억으로 남게 되면서 신사가 해체되는 와중에 용왕당은 충혼각·충혼탑의 이념적 상징이 더해진 변화된 맥락에서 재신성화되는 이행을 경험하였던 것이다. 그러나 아직도 용왕당과 충혼각 주변에는 과거의 신사 터임을 말해 주는 파편들로 가득하다. 계단을 오를 때 지켜본 봉헌 석비와 도리이, 정상부에서 마주한 코마이누가 그러하고, 참배에 앞서 미즈야水屋에서 손과 입을 정결히 하도록 비치되었던 석재의 수반水盤도 눈에 들어온다. 수반 표면에는 '봉헌奉獻'이라는 글자와 함께 신사의 건립 시기를 암시하는 '다이쇼 2년 5월大正二年五月'의 각자, 그리고 신사의 건립에 모종의 역할을 수행했을 것으로 생각되는 가야노 요시로, 하라 우메기치, 하야시다 타다시로林田理郎, 이토 헤지로伊藤平治郎, 나카노 겐타로 등 지역 유지의 이름이 새겨져 있다. 용처를 알 수 없지만 등롱燈籠의 일부였을 것으로 추정되는 팔각기둥도 후미진 곳에 모여 있다.

포스트식민주의 논의에서 이처럼 혼재된 경관은 자타를 가르는 이분법적 경계가 환상임을 인정하면서 회색의 중간 영역을 주목하는 혼성성의 가시적 표현으로 설명되며, 복수의 문화적 융합과 차이로부터의 새로운 창조를 의미한다고 보아 오히려 경축해야 한다는 제3의 입장을 대변한다(이영민·박경환 2011 : 209~212, 228). 물론 문화를 대하는 태도의 건설적인 전향은 촉구할 만하지만 구룡포 신사 터에서 확인되는 몰장소성의 경관은 일차적으로 탈식민의 한계로 비춰진다. 국권을 회복한 지 오랜 시간이 지났음에도 식민지 지배이념으로부터의 완전한 단절은 아직도 요원한 상태임을 경관이 말해 주기 때문이다. 이념적 국가기구였던 신사는 자취를 감추었지만 그 잔상은 도리이, 수반, 코마이누, 봉헌 석비 등에 아직도 생생하게 남아 있다. 돌기둥에 새겨진 일본인의 이름은 비현시적 위치로 돌려졌지만 시간이 지나면 자연스럽게 제거될 시멘트로 잠시 덮여 있을 뿐이다. 기능을 잃었더라도 제국재향군인회帝國在鄉軍人會(회장 사카노 소토기치坂野外吉)가 순국한 제국 군인을 추모하기 위해 1928년 11월 설립한 충혼탑의 기단부 또한 웅장한 자태를 유지한 채 출입금지선의 보호를 받으며 '화려하게' 생존해 있다.

후기구조주의에서 그물망처럼 복잡하게 얽혀 있는 텍스트는 불안정하게 부단히 작동하는 의미를 상징하며, 실세계에서 그 의미는 텍스트의 독해를 공유하는 공동체에 의해 사회적으로 구성된다. 역사·문화적 담론 안에서 지배이념의 헤게모니적 가치체계에 대한 반복적인 도전과 저항을 반영하여 재해석되는 것이다(Duncan and Duncan 1988 : 117-125). 구룡포에서 황국신민의 이념을 주입하기 위한 전위기구의 흔적을 완전히 지워 버리지 못한 것은 탈식민 텍스트 공동체가 형성되지 않았거나 저항이 미약했던 데 원인이 있으며, 경쟁적인 텍스트 공동체의 등장에 따라 경관 해석의 논점이 달라졌다고 보는 것도 가능하고, 그것도 아니라면 다른 현실적인 이유가 개재되었을 것이다.

충혼탑의 조성 및 재건립 과정에서는 충돌의 양상이 잘 드러난다. 전국적인 건립운동에 편승하여 1960년 7월에 모습을 드러낸 충혼탑은 '한국전쟁에 참전해 전사한 영일군 출신 장병의 넋을 추모하고 거룩한 희생정신을 후세에 전달하기 위해' 설립되었다. 초기의 것은 일제의 충혼탑에 적힌 글자를 지우고 임시방편으로 그대로 사용했던 것 같은데(국방군사연구소 1994 : 500), 조형물 건립에 소요된 재원이 부족했던 때문으로 사료된다. 기단 전면의 판석에는 '충혼탑건립임원忠魂塔建立役員'으로 참여한 일본인 이름과 그것을 쪼아 내고 그 위에 재차 새긴 대한군인유족회 구룡포읍분실 임원의 이름이 뒤섞여 있으며, 후면 역시 '쇼와 3년昭和三年'의 건립일자를 지우고 '단기 4293년檀紀四二九三年'을 아로새긴 흔적이 착종해 있다. 마치 메시지와 세월이 중첩된 양피지와 같아 보인다. 중간에 비신을 오석烏石으로 바꾸어 한글로 비명碑銘을 새겨 넣었는데, 아마도 식민지 시기에 주민들이 그토록 경멸했던 제국군인의 비를 사용한 데 대한 비판의 목소리를 반영한 듯하다. 그러나 충혼탑이 들어선 장소와 일본식 성벽을 형상화한 기단부는 여전하여 저항의 강도가 미약했음을 느끼게 된다. 경제적인 이유를 들어 재활용을 정당화하고 있지만 실제적으로는 민족주의에 입각한 공동체를 대신해 한국전쟁을 계기로 반공이념을 앞세운 공동체의 경관 텍스트 해석이 자연화 과정을 밟았기 때문이었다. 탈식민이 아닌 멸공의 논리에 설 때 일제의 잔재를 부분적으로 인정하고 활용하는 데에는 아무런 거리낌이 없었다. 전복의 주 대상은 제국주의의 상징이 아닌 공산주의 체제였기 때문이다. 정화된 새로운 장소를 선정하지 못한 채 오욕의 현장을 계승했다는 비판에 응답한 것은 시기를 한참 넘긴 2007년 9월의 일로서 원래 위치에서 조금 비켜난 곳에 새로운 형태의 충혼탑을 건립한 것이다(〈그림 9〉). 그것도 제국재향군인회의 충혼탑 기단을 옆에 남겨 둔 채로 말이다.

〈그림 9〉 신 · 구 충혼탑

자료 : 오른쪽 사진은 경북동해뉴스(http : //www.knews.cc) 참조

흔히 민족주의 담론은 소속감을 증진하기 위해 동일성의 재현을
통해 차이를 흡수하려는 근대적 내러티브의 생성을 강요한다고 하
는데(Graham et al. 2000 : 55-62 ; Harvey 2000 : 48 ; 2010 : 336), 구룡포의 경우 민
족주의를 대신한 반공주의가 유산에 대한 다양한 해석을 통제해 권
력과 권위를 정당화하고 있다. 위치와 기단과 비신을 완전히 달리
해 세워진 충혼탑은 국가보훈처의 지원으로 성사되었고 이 현충 시
설에 대한 관리 또한 전몰군경유족회 포항시 지회가 담당하고 있
다. 경관의 독해를 공유하는 텍스트공동체의 형성은 집단의 정체성
을 강화하고 인접한 공동체와 차별화하려는 정치적 기능을 수행하
며(Jackson 1989 : 161), 신 충혼탑 경관은 냉전 체제가 장기간 지속되면서
국가주의와 반공 이데올로기에 기초한 집단정체성이 확고해졌음을
알린다.

이는 일면 과거와 역사에 대한 국가의 선택적 기억을 반영한다. 어장을 침탈하고 정신적 일체화를 강요했던 36년에 걸친 속칭 '일정시대'의 과거를 묵과하고 3년의 민족적 비극을 통렬하게 기억하던 관행이 이제는 전통이 되어 버린 것이다. 특히 공적 정체성을 부각시키려는 국가는 하위스케일에서 사적 정체성을 역설하는 지역 또는 지방과의 갈등을 예견하면서도 유산의 장소를 전유하려 한다 (Graham et al. 2000 : 181-184). 구룡포 신사 터의 유산 장소는 특정 이데올로기를 지지하고 규정하는 초점이 된 것이다. 좌우 이념 대립과 남북분단의 현 상황에서 구 신사 경내의 알림 표지sign-posting는 한국전쟁의 희생정신을 기리자는 충혼탑 안내판이 유일하며, 주민들 내부적으로도 신사를 철폐하고 계단 양 옆에 나열된 비석에 시멘트를 바른 충정 어린 행위의 주체 또한 다름 아닌 1948년에 결성된 우익계 대한청년단임을 크게 부각시키고 있다. 국가이념 아래 식민지 시대 구룡포의 기억과 유산은 침묵을 강요당하고 있다.

신사 터 혼성경관과 장소정체성의 혼돈에 대한 이념적 설명과 달리 인식론적 해석을 시도하는 것도 가능하다. 다시 말해, 구세력이 자연화한 경관을 부분적으로 훼손하고 그것을 압도하는 경관을 새로이 건설해 극명하게 대조시킴으로써 과거의 세력을 모욕하고 그들의 상징물을 열등한 것으로 격하시키는(윤홍기 2011 : 243) 문화전략의 일환이라는 이야기다. 속세와 성역의 경계에 세워진 도리이를 땅속에 파묻힌 채 나뒹굴게 하고 파손된 신사 건물에서 나온 석재 일부를 구석에 남겨 두는 한편 코마高麗에 기원을 두었다는 코마이누는 개량 한옥의 전통가옥 형태로 성소에 들어선 용왕당과 충혼각을 지키게 하는 효과적인 이미지전략으로 식민지 시대의 트라우마를 극복하고 있다고 보면 어떨까?

사실이 그렇다면 비석이라기보다는 오히려 탑에 가까울 정도로 웅장하게 조성된 도가와 야스브로[48]의 공로비 또한 일면 부분적 존립을 통한 모욕이라는 설명 방식에 부합되어 보인다. 수산업, 상업, 공업, 화물자동차영업 등에 종사하여 지방 실업계에 명성을 떨친 공적을 인정받아 여러 차례 표창을 받은 그 앞으로 1944년에 주민들의 자발적 모금으로 축조한 공로비가 헌정되었던 것인데, 구룡포 개척자로서의 상징성과 화려한 경력을 소유한 지역 유지의 위상을 고려할 때 비의 당사자 얼굴에 시멘트를 발라 존재를 감추려한 행위는 분명 의도적 모욕으로 비춰진다(〈그림 10〉). 특히 구룡포의 발전과 일본인 개척 역사의 중요한 인물을 기억하기 위한 기념물 제작과 모금에 참여했던 인사를 포함해 모국으로 되돌아간 모든 거류민에게는 치욕으로 다가올 것이다.

그러나 식민지 시기의 지배계층을 대표하는 인물의 행적을 기리

---

[48] 도가와 야스브로는 1875년에 오카야마 현 고지마군兒島郡 야마다무라山田村 오오아자고칸大字後閑에서 출생한 수산업자로서 1899년에 부산 연해로 출어에 나설 정도로 일찍부터 활동 영역을 넓혔으며, 1902년 모포에 정착해 정어리 가공 및 제망 공장을 경영하다 1908년경 구룡포로 이주해 구룡포번영회와 어업조합을 조직한 것을 비롯해 방파제 축조와 항만 확장 등의 개발사업을 주도하였다. 경상북도수산회 부회장, 경상북도 평의원, 농산어촌진흥조합장, 경북수산주식회사 감사, 구룡포어업 조합장, 구룡포번영회장, 구룡포항만수축기성회장, 동해산업주식회사 사장, 재향군인회분회 고문, 구룡포소방조 고문 등 다양한 기관과 사업체의 임원을 역임하였다. 승합자동차를 운영하며 교통의 편의를 도모하였다(국편 한국사데이터베이스 ; 박경용, 〈한 · 일 어업협정의 영향과 어민들의 대응전략〉, 254쪽 ; 조중의 · 권선희, 《구룡포에 살았다》, 66, 98쪽).

〈그림 10〉 도가와 야사브로 공로비

탈식민을 요구하는 역사, 과거의 보존을 꾀하는 기억, 낯선 나라로
서 과거를 판매하려는 유산산업의 열망에 대한 구룡포식 절충안이
신분과 건립 취지를 시멘트로 가린 도가와 야사브로의 공로비이다.

는 기념물을 허물지 못하고 글자만 가려 피억압의 상흔을 지우겠다
는 발상은 텍스트를 대하는 모호한 입장을 웅변할 뿐이다. 충혼탑과
의 대비를 부각시켜 이주 일본인의 랜드마크를 농락하겠다는 상징
전쟁의 일환이라 거창하게 해석할 상황은 아닌 것 같다. 일본 양식
은 여전히 강렬하고 석재 또한 현지에서 조달된 것이 아니어서 이국
성이 두드러져 시각적으로 불편한 것은 물론, 덧칠한 시멘트는 아래
에 묻혀 있는 인물에 대한 호기심을 끊임없이 자극해 결국에는 장본
인을 확인하게 되고 이는 다시 도가와 야사브로의 영웅담을 환기시
키는 기제로 작용할 것이기 때문이다. 실제로 가리어진 장본인이 누
구인지 당대를 살아온 촌로는 물론 구전으로 접한 후세조차 익히 알

고 있어 지역 전체가 아직도 배후의 구릉에서 내려다보는 그의 시선
을 벗어나지 못하고 있다 해도 과언은 아니다.[49]

경관의 부분적 해체가 이념적 국가기구ideological state apparatus인 신사
를 철저히 능멸하기 위한 탈식민 담론의 치밀한 이행이 아니라면 경
내에 산재한 정체불명의 경관을 설명하기 위한 다른 논리가 필요할
것 같은데, 필자는 제한적 탈식민의 배후에 과거의 특정 시기, 장소,
인물, 사건에 대한 선택적 기억과 망각, 선택적 과시와 은폐가 작동
한다는 가정에서(Urry 1996 : 50)[50] 일차적으로 지역경제의 활성화를 도
모하고자 사회적으로 구성된 상상의 과거를 경관으로 재현하려는
유산산업의 발동에 주목하고자 한다. 용왕당을 해체할 때 신당 주변
에 둘러친 신사의 옛 담장을 남기자거나 근대 문화 유적의 보존이라
는 명분을 내걸고 남아 있는 유물의 진정성을 확보하기 위해 시멘트
를 제거함으로써 공로비에 새겨진 각자를 세상에 드러내자는 주장

---

[49] 더욱이 특권적 지위를 남용해 주민에게 환경상의 위해를 초래한 그의 행적을 고려
한다면 공로비에 대한 평가는 엄정해야 한다. 축항이 마무리된 직후 시가지에 인접
한 매립지에 일본인 사업가가 정어리 기름과 어비 제조 공장을 설치하려 하자 위생
을 염려한 주민들이 주재소에 진정하여 무산시킨 일이 있었는데, 이러한 사실을 알
고 있는 유력자 도가와 야사브로가 같은 목적의 공장을 주재소 묵인 아래 설립한
것은 물론 1년간 한시적으로 운영하겠다는 약속을 깨고 사업을 연장하고자 해 주
민들이 분개하면서 경상북도에 진정한 사건이다(《동아일보》1936년 2월 22일).

[50] 연장선에서 인천의 문화정체성을 재구성하기 위해 식민지 모던을 향한 향수와 자
유공원-맥아더 동상으로 상징되는 좌우 이념 갈등의 부정적 과거를 차단하고 문화
적 기억에 입각해 세계주의와 다문화주의를 상징하는 만국공원의 탈정치적 · 낭만
적 장소자산을 부각시키는 담론, 상상의 지리, 과거의 선택적 복원에 대한 진종헌
· 신성희의 연구는 주목할 만하다(진종헌 · 신성희, 〈도시정체성 형성을 위한 '과
거'의 선택적 복원 과정 : 인천시의 '만국공원(현 자유공원)' 복원론을 사례로〉,《지
리학연구》40-2, 2006, 241~255쪽).

은 경관에 대한 문화산업의 노골적인 개입을 시사한다. 신사로 향하는 계단 옆에 세워진 도가와 야사브로의 봉헌 석비에 발라 놓은 시멘트는 의도적으로 제거된 것이 분명함에도 구룡포 개척과 지역개발에 공헌한 그의 공적 때문에 애초부터 해당 기둥 하나만 훼손되지 않았다는 잘못된 해석이 가공되기도 한다. 비신을 잃어 이미 기능을 상실한 일제의 충혼탑 기단을 그대로 남겨 둔 이유 또한 구룡포를 찾을 일본인과 국내 관광객을 겨냥한 선택임을 부정할 수 없다.

결정적으로 신사 터 한쪽 구석에 어색하게 서 있는 부동명왕不動明王은 문화산업의 은밀한 저의를 고발한다. 유산 장소의 상품화로 인해 진정성을 기대하는 관광객에게 정작 제공되는 것은 각색된 것에 불과하다는 지적을 다시금 확인하게 만든다(Hoelscher 1998, 21-23). 일본 밀교의 일파인 진언종眞言宗의 존격으로 부동不動·항삼세降三世·대위덕大威德·군다리軍茶利·금강야차金剛夜叉의 5대명왕五大明王이 거론되며, 이 가운데 주존인 부동명왕은 대일여래大日如來의 화신으로서 일체의 부정을 태우고 번뇌의 마귀를 응징하여 중생을 보호하는 역할을 수행한다(〈그림 11〉).[51] 구룡포 신사 터의 부동명왕은 1917년에 조형된 것으로서 철거된 인근 사찰에 존치되었던 것을 옮겨 온 탈장소적 요소이다. 맥락에서 이탈했기 때문에 이미 의미를 상실한 경관이지만

---

[51] 온몸이 화염에 휩싸인 상태로 변발을 왼쪽 어깨에 늘어뜨리고 오른손에 검, 왼손에 밧줄을 쥐고 있는 부동명왕은 눈을 부릅뜨고 뾰족한 어금니에 윗입술을 깨물며 분노하는 작은 키의 살찐 동자 형상으로 표현되는데, 마귀를 무찌르는 위력을 상징하기 위함이다(有賀祥隆,〈密敎美術の世界〉, 立川武藏·賴富本宏 編,《日本密敎》, 春秋社, 2005, pp. 220-224 ; 伊東史朗,〈密敎彫像の成立と變容〉, 立川武藏·賴富本宏 編,《日本密敎》, 2005, pp. 267-269).

〈그림 11〉 부동명왕

유산산업은 문화자산의 상품화를 위해 신사 외부의 사찰
유물을 옮겨 와 과거의 이미지로 꾸며진 유산 장소를 날조
하고 있다.

새로운 전통을 만들기 위한 유산산업의 기획 아래 아픈 상처를 드러
내지 않으면서도 과거를 기억할 수 있는 다목적 장치의 역할을 부여
받고 자리를 지키는 것이다.

유산산업은 지우고 싶은 식민지 구룡포의 기억을 간직한 채 곳곳
에 흩어져 있는 부정적 자산에 대한 재발견에도 나서고 있다. 지배-
피지배의 차별을 혹독하게 경험한 암흑의 시기를 지역경제의 활성
화와 장소정체성의 확립에 의도적으로 활용하기 시작한 것이다(류주
현 2008 ; 최영환 · 이혁진 2010).[52] 이와 관련해 포항시청 문화예술과를 시행

---

[52] 과거와 역사는 단지 기억하는 데 존재 이유가 있는 것은 아니며 최근에는 적극적으

처로 2011년 3월 18일부터 2013년 9월 2일까지 추진된 구룡포 일대의 정비사업이 주목되는데, '구룡포 근대문화역사거리 관광자원화 사업'으로 명명된 이 사업의 핵심은 적산으로 분류된 일식가옥의 수리와 개축을 통한 복원에 있으며 석재로 노면을 다진 중심가로를 따라 양쪽으로 나열된 주택 상당수가 포함되었다(〈그림 12〉). 과거의 사진이 남아 있는 가옥의 경우 외벽에 옛 모습을 담은 액자를 부착하여 과거와 현재를 오갈 수 있게 함으로써 20세기 초반의 이미지와 장소성을 지속시키고자 한 흔적이 역력하며, 상점의 간판으로 일본어의 고향을 의미하는 '후루사토古里'를 선택한 찻집 주인의 의중도 충분히 읽을 수 있다. 목재 위주의 건축 재료와 2층의 입면은 그대로 살리되 퇴락한 곳 또한 진정성을 가장할 수 있을 정도의 수준에서 마무리하였다.

유산산업에 비판적이었던 휴이즌의 입장에 동조한다면 신사 터와 근대문화역사거리는 구룡포의 과거와 역사, 구룡포 사람들의 기억, 장소정체성의 가치를 훼손하는 위선일 뿐이다. 일설대로 지배이넘에 유도된 선택된 과거의 일부로서 구룡포 거주 일반 어민의 삶의 기억을 억압한다고도 볼 수 있다. 하지만 그것이 전부는 아닐 것이다. 신사 터에 잔존한 식민주의 경관의 흔적은 그 물적 대상을 소비

로 소비하는 대상으로 급부상하고 있다. 특히, 역사적 비극의 현장을 방문하여 성찰의 기회를 얻고자 하는 역사·문화관광의 한 유형인 비애의 관광dark tourism은 부정적 자산조차 차별화된 장소마케팅의 경관 요소로 적극 활용할 것을 주문하고 있다. 부정적 이미지를 승화시켜 고차원의 내적 교훈을 얻고 집단정체성을 고양할 수 있으며 아울러 관광객을 유치하는 효과를 기대할 수 있기 때문이다.

〈그림 12〉 구룡포 근대문화역사거리

구룡포 중심부의 근대문화역사거리 관광자원화 사업은 식민지의 부정 자산을 장소마케팅에 활용한 사례이다. 사업을 거쳐 유력 사업가였던 하시모토 젠기치의 옛 집은 구룡포근대역사관으로 개조되고 포항한일문화교류회가 발족하였으며 적산가옥이 수축되었다.

하기 위해 방문한 사람들로 하여금 그간 잊고 지내던 피억압의 기억을 생생하게 되살리고 있는 것이다. 유산 장소를 찾는 관광객은 또한 수동적으로 해석하기보다는 성찰의 과정을 통해 지금 보고 있는 것이 진정성이 크지 않은 조작된 것임을 인식하면서 주체적으로 역사를 경험한다. 아울러 유산산업이 지방정부의 입장에서 공적 부문의 고용을 증대시킬 수 있는 유일한 영역으로서 역사의 보존을 명분으로 논쟁을 최소로 하면서 관광의 전략을 구사할 수 있는 몇 안 되는 선택임을 감안하면(Samuel 1994 : 292 ; Urry 1996 : 58), 적산가옥과 신사 터의 문화적 단장은 설사 외부의 시선에 불편할지라도 내부적으로는 용인할 수 있는 여지가 충분하다.

이념에 입각한 경관의 전체주의적 해석에 대해 지방의 주체적 해석을 대비시킬 수 있다는 유산산업의 또 다른 중요한 역할에 대해서도 다시금 음미하게 된다. 국가의 반공이념에 의해 일방적으로 강요된 전통과 중앙의 역사를 거부하고 로컬의 기억에 입각해 탈전통화를 추구할 수 있는 선택인 것이다. 흔히 과거에 대한 해석에서 우위를 점한 기억은 지배이념의 미덕을 과시하기 위해 경관을 의도적으로 디자인하고 그 이데올로기적 공적재현은 공식적인 역사 안에서 지속적으로 재생산된다고 한다(윤택림·함한희 2006 : 65-66 ; Schama 1995 : 15). 그러나 억압 속에 침묵하는 대항기억은 본능적으로 반등하는데, 종종 국가적 경하에 대한 저항의 방식을 로컬의 탈이데올로기적 경관으로 코드화한다(Cressy 1994 : 69, 71 ; 한지은 2008 : 13 ; Graham *et al.* 2000 : 78). 구룡포 신사 터도 중앙의 강요된 냉전 이데올로기 경관에 대한 지역적 대응의 일환으로 해석할 여지가 있다. 국가는 권력정치를 실현하기 위해 동질화·표준화·중심화의 탈맥락화된 경관을 의도적으로 생산하고 상징적 의미를 활성화시키는 반면, 주민의 삶과 문화 그리고 자연환경이 상호작용하는 가운데 형성된 로컬의 이질화·다양화·탈중심화의 전통경관을 대체하고자 한다. 로컬의 일상과 장소에 부합하는 정체성을 담은 전통경관은 잔존하더라도 지속적으로 파괴 또는 소외될 수밖에 없다. 이에 대해 로컬인은 이성과 감성에 입각한 맥락화를 추구하며 국가의 중심화 경관을 해체하고 로컬의 탈중심화 경관을 확대 재생산하면서 저항한다(박규택·하용삼·배윤기 2010 : 356-365).

전체적으로 구룡포의 신사 터는 이상의 다양한 입장과 미묘한 경합에서 한 단계 더 나아가 중간지점에서의 타협을 투영한다. 신사 터의 혼성경관은 국가적인 반공이념의 일방적 강요, 과거의 상품화, 식민지 경험을 완전히 청산하지 못한 심리적 혼돈 상태 어느 일방의 입장을 관철하기 위한 상징이라기보다는 모호성과 주변성을 존중하여 다양한 주체의 복합적인 역사와 기억에 대한 포스트모던식 재현이 아닐까 한다. 그리고 그들 주체 안에는 그동안 우리가 잊고 있었던, 다시 말해 구룡포 주민으로 살아온 일본인 디아스포라가 있다. 친숙하게 대해 온 장소이자 어떤 이에게는 고향인 구룡포로부터 강제적으로 퇴출되어 '모국'에서 주변인으로 생활할 수밖에 없는 탈장소의 희생자이다. 정체성의 혼돈을 경험하고 있는 이들을 대표해 도가와 야사브로의 혈육 도가와 카오루十河薰는 1978년 2월에 구룡포회九龍浦會를 조직하여 지금은 낯선 땅이 되어 버린 기억의 장소로 주기적인 '순례'에 나서고 있다(조중의·권선희 2010 : 155). 오랜 기간 원주민과 동거해 온 일본인 거류민과 그 후손들에게 구룡포 구 신사 터는 반공주의 이념의 장이나 유산산업을 위한 상품이 아닌, 그렇다고 문화민족주의의 차원에서 극복의 대상도 아닌 단지 마음의 고향일 뿐이다. 신사 터의 혼성경관은 지배자와 피지배자 모두에게 의미 가득한 장소성의 염원을 담은 상징인 것이다.

내시Catherine Nash와 그래엄Brian Graham(2000 : 2-3)은 과거가 대중적으로 기억되고 재현되는 방식 그리고 그것이 현재에 가지는 의미에 대한 관심으로부터 역사지리가 활력을 얻고 있다고 인정하면서, 이제는 단순히 과거의 지리를 복원하는 대신 맥락과 연결시켜 함의된 권력을 해석하는 방향으로 선회할 것을 촉구한 바 있다. 이 글은 역사지리의 문화적 전환에 대한 그들의 요청에 유의하면서 현재 안에 작동하는 과거의 정치를 혼성경관과 몰장소성의 현장으로 주목한 구룡포 신사 터에서 확인해 보고자 하였다.

논의를 통해 잠정적으로 구룡포 정체성의 원천인 과거는 역사, 기억, 유산 어느 경로를 취하더라도 아직까지 그 의미와 해석을 둘러싸고 경합 중임을 확인하였는데, 식민지 시기 및 해방 직후의 구룡포 역사는 촌로의 기억과 대치 중이고,[53] 지역의 전통과 유산 역시 현재의 관점에서 지속적으로 재구성되고 있다. 이런 상황에서 구룡포의 장소정체성은 표면적으로 혼돈에 빠져 있으며 그 일단이 신사 터의 혼성경관에 반영된 듯 보인다. 식민주의 잔재가 아직 시선에 들어오고, 탈식민 민족주의 이데올로기를 우회하여 반공이념이 상징의 중심으로 자리를 틀고 있으며, 유산의 상품화를 겨냥한 장소의 짜깁기가 선연하게 투영된 구룡포 신사 터는 그야말로 의미의 독해를 선점하기 위한 텍스트공동체의 경합의 장으로 비춰진다.

돌아보면, 19세기 말에서 20세기 초에 걸친 세토나이카이 어민의 통어 및 이주어업의 결과 구룡포는 초국적 장소로 전이하였고, 식민

---

[53] 역사와 기억의 대립은 구룡포 향토사학자 정태현 씨와 1919년 12월 17일에 영일군 창주면 구룡포리 266번지에서 태어나 일제강점기, 해방의 격동기, 한국전쟁 등을 경험하고 그에 대한 기억을 전유해 온 서상호 옹의 미묘하나 이제는 공공연한 지역사 해석 논쟁으로 비화되었다. 양측에 대한 면담은 2013년 10월 10일에 한 차례 이루어졌다.

지를 개척한 지배 엘리트는 방파제와 공유수면 매립의 지역개발 사업을 주도함으로써 전통 어촌을 근대 어항으로 성장시켰다. 식민지적 착취의 공간을 확보한 디아스포라 지배집단은 탈장소의 과정에서 초래된 향수를 달래고 교란된 심상지리의 정위치 보정을 위한 상징경관으로 취락을 내려다보는 구릉지 위에 신사를 건립하였다. 신사는 뒤에 내선일체를 위한 사상적 동화의 전위, 신사 일대의 중심 지역은 원주민을 배제시키고 지배이념의 우위를 과시하는 제국주의적 욕망의 현장으로 변질된다. 구룡포를 저개발, 빈곤, 차별 제 측면에서 지배적인 재현체제인 식민담론에 위치시켜 기층의 현실을 고려하지 않은 일방적인 역사를 만들고 지배와 종속의 사회적 관계를 은폐하였다.

국권 회복과 함께 구룡포 주민들은 식민지 지배경관을 완전히 해체하고 탈식민의 민족주의 경관으로 대체해야 한다는 시대적 요구에 부응하지 못하고 신사의 핵심 의례 공간인 신전만을 시선에서 지운 채 나머지 설비는 목적에 따라 다양한 방식으로 재차 활용한다. 이처럼 지난 시기의 잔영에 대한 꺼지지 않는 집착은 이주 엘리트의 고도의 헤게모니 전략에 의한 식민지 지배이념의 암묵적 수용의 증거로도 비춰진다. 타자인 이주어민은 현지인의 민족감정을 자극하지 않으면서 공유수면 매립을 통해 자신들의 '영토'를 확보해 정착하고, 거주 공간의 분화를 통해 갈등을 피해 가는 공간전략을 구사하며, 앞선 어업 기술을 전수함으로써 강압에 의하지 않고도 자발적 종속을 유도하는 헤게모니를 행사할 수 있었을 것이다.

그러나 본 연구에서는 신사 터의 몰장소적 경관이 정체성의 혼란이나 식민지적 헤게모니에 대한 종속적 동의가 아닌, 구룡포 사람들이 주체적으로 굴곡의 과거를 기억하기 위한 고민의 귀결이라 해석하였다. 한국전쟁의 희생을 치유하고 영속적으로 기억하기 위해 반공 이데올로기의 상징으로 충혼각과 충혼탑을 건립하여 국가이념의 요청에 응하는 한편, 침체된 지역경제를 부양할 의중으로 문화의 상품화를 겨냥한 포항시 주도의 유산산업이 전통과 역사를 각색하고 날조하는 것을 인내한다. 구룡포의 대항기억은 동시에 신사 터의 유산 장소를 권력과 저항의 공간으로 방치하는 대신 혼성경관 안에 그들만의 과거를 현재에 남기고자 하였다. 로컬의 기억에 주목한다면, 구룡포는 일본인 이주민뿐만 아니라 현지인조차 디아스포라로 만듦으로써 다양성과 혼성성을 경하하는 현장으로 치환된다. 연속과 단절, 동일과 차이의 미해결의 이분법은, 구룡포 현지인을 거주하는 가운데 이동하게 만들고 일본인 이주어민은 이동하는 가운데 거주한다는 디아스포라 메타포에서 대화와 타협의 실마리를 찾아 클리포드 J. Clifford(1992)의 간문화적 정체성intercultural identity으로 승화된다. 저항이 아닌 타협의 장소에서 일본인 후손들은 탈장소의 트라우마를 치유하기 위해 구룡포 순례를 단행하며, 시간을 박탈당한 구룡포 현지인은 유산경관을 호출하여 과거의 부분적인 회복을 꾀하고 있는 것이다. 민족주의가 강요하는 과거의 완전한 해체에 입각한 탈식민의 요구를 거부하는 대신 지배와 종속의 관계에 수반되는 착취의 역사는 망각에 부치고 근대화 어촌의 일상만을 기억하는 선택적 전략이 엿보인다.

결국 식민지 시기 구룡포 과거의 축소판이자 어쩌면 총체라 할 수 있는 신사 터 혼성경관은 기억의 주체인 중앙정부, 포항시, 구룡포의 해석이 각각 반공 이데올로기의 성지, 유산관광지, 로컬의 대항기억과 디아스포라 메타포에 의거한 간문화적 정체성의 상징 등으로 경합하는 가운데 절묘한 타협의 접점에서 생명력을 얻게 된 것으로 해석된다.

《경향신문》, 《동아일보》.

국방군사연구소, 《전적기념물편람집》, 1994.

김승태, 〈일본신도의 침투와 1910 · 1920년대의 「신사문제」〉, 《한국사론》 16, 1987.

김주일 · 이대준, 〈구룡포 근대 일본인 가옥 지역의 현황과 특징에 대한 연구〉, 《대한건축학회논문집 : 계획계》 26-1, 2010.

내무부 지방행정국 지방기획과, 《지방행정구역발전사》, 1979.

동아일보사, 《개항100년연표 · 자료집》, 신동아 1976년 1월호 별책부록, 1976.

류주현, 〈부정적 장소자산을 활용한 관광 개발의 필요성〉, 《한국도시지리학회지》 11-3, 2008.

박경용, 〈한 · 일 어업협정의 영향과 어민들의 대응전략 : 동해안 구룡포 일대를 중심으로〉, 《역사민속학》 18, 2004.

박경환, 〈디아스포라 주체의 비판적 위치성과 민족 서사의 해체〉, 《문화역사지리》 19-3, 2007.

박규택 · 하용삼 · 배윤기, 〈(탈)중심화 경관의 해석을 위한 틀 : 권력, 주체성, 수행성〉, 《한국지역지리학회지》 16-4, 2010.

박중신, 〈한국근대기 일본인이주어촌의 주거공간구성과 변용에 관한 연구〉, 《대한건축학회논문집 : 계획계》 22-9, 2006.

안병직, 〈집단기억과 역사〉, 《신지식의 최전선》 1, 한길사, 2008.

여박동, 〈근대 가가와현 어민의 조선해어업관계〉, 《일본학보》 47, 2001.

영일군사편찬위원회 편, 《영일군사》, 1990.

윤광봉, 《일본 신도와 가구라》, 태학사, 2009.

윤택림 · 함한희, 《새로운 역사 쓰기를 위한 구술사 연구방법론》, 아르케, 2006.

윤홍기, 〈옛 조선 총독부 건물을 둘러싼 풍수 논쟁〉, 《땅의 마음》, 사이언스북스,

2011.

이상윤 · 김태영, 〈구룡포읍 일본인 이주어촌에 관한 조사연구〉,《대한건축학회 학술발표논문집》24-1, 2004.

조앤 샤프,《포스트식민주의의 지리 : 권력과 재현의 공간》, 이영민 · 박경환 옮김, 여이연, 2011.

조중의 · 권선희,《구룡포에 살았다》, 아르코, 2010.

진종헌 · 신성희, 〈도시정체성 형성을 위한 '과거'의 선택적 복원 과정 : 인천시의 '만국 공원(현 자유공원)' 복원론을 사례로〉,《지리학연구》40-2, 2006.

최영환 · 이혁진, "다크투어리즘을 활용한 역사교훈 관광지의 이해,"《한국사진지리학회지》20-3, 2010.

최진성, 〈일제강점기 조선신사의 장소와 권력 : 전주신사를 사례로〉,《한국지역지리학회지》12-1, 2006.

최태호, 〈일제하의 한국 수산업에 관한 연구〉,《일제의 경제침탈사》, 현음사, 1982.

한얼향우회,《방파제 : 창립 10주년 기념지》, 1990.

한지은, 〈근대역사경관의 노스탤지어를 이용한 상하이의 도심재생〉, 서울대학교 대학원 박사학위논문, 2008.

한지은, 〈장소 기억의 정치〉,《현대 문화지리의 이해》, 푸른길, 2013.

행정안전부,《지방자치단체 행정구역 및 인구 현황》, 2012.

公有水面埋立工事竣工認可書類(昭和十年 1126-1號).

公有水面埋立免許竣工書類(昭和十二年 1409號).

吉田敬市,《朝鮮水産開發史》, 朝水會, 1954.

農商工部水産局 編,《韓國水産誌》二, 1910.

善生永助,《朝鮮の聚落》(前篇), 朝鮮總督府, 1933.

小山文雄,《神社と朝鮮, 朝鮮佛敎社》, 1934.

越智唯七,《新舊對照 朝鮮全道府郡面里洞名稱一覽》, 1917.

有賀祥隆, 〈密敎美術の世界〉, 立川武藏 · 賴富本宏 編,《日本密敎》, 春秋社, 2005.

伊東史朗, 〈密敎彫像の成立と變容〉, 立川武藏 · 賴富本宏 編,《日本密敎》, 春秋社,

2005.

朝鮮總督府,《大正十四年十月一日現在 簡易國勢調査結果表》, 1926.

朝鮮總督府,《朝鮮の人口現象》, 1927.

朝鮮總督府,《朝鮮土木事業誌》, 1928.

《朝鮮總督府官報》.

中村資良 編,《朝鮮銀行會社組合要錄》, 東亞經濟時報社, 1929 · 1931 · 1937 · 1940.

Althusser, Louis, "Ideology and Ideological State Apparatus(Notes towards an Investigation)," in *Lenin and Philosophy and other essays*, Ben Brewster (trans.), New York : Monthly Review Press, 2001.

Anderson, Benedict, *Imagined Communities : Reflections on the Origin and Spread of Nationalism*, London : Verso, 1991.

Ashworth, Gregory J., "From history to heritage – from heritage to history : in search of concepts and models," in Gregory J. Ashworth and Peter J. Larkham (eds.), *Building a new heritage : tourism, culture and identity in the New Europe*, London : Routledge, 1994.

Boholm, Asa, "Reinvented Histories : Medieval Rome as Memorial Landscape," *Cultural Geographies* 4-3, 1997.

Clifford, J., "Traveling cultures," in L. Grossberg, C. Nelson and P. Treichler (eds.), *Cultural Studies*, Routledge, 1992.

Cressy, David, "National Memory in Early Modern England," in John R. Gillis (ed.), *Commemorations : The politics of national identity*, Princeton : Princeton University Press, 1994.

Duncan, James and Nancy Duncan, "(Re)reading the landscape," *Environment and Planning D : Society and Space* 6, 1988.

Foote, Kenneth E., *Shadowed Ground : America's Landscapes of Violence and Tragedy*, Austin : University of Texas Press, 1997.

Giddens, Anthony., "Living in a Post-Traditional Society," in Ulich Beck, Aanthony Giddens and Scott Lash (eds.), *Reflexive Modernization : Politics, Tradition and*

Aesthetics in the Modern Social Order, Cambridge : Polity Press, 1994.

Graham, Brian, Gregory J. Ashworth and John E. Tunbridge, *A Geography of Heritage : Power, Culture and Economy*, Arnold ; Oxford University Press, 2000.

Halbwachs, Maurice, *The Collective Memory*, New York : Harper & Row, 1980.

Hall, Stuart, "Encoding/decoding," in Stuart Hall, Doothy Hobson and Paul Willis (eds.), *Culture, Media, Language*, London : Hutchinson, 1980.

Hall, Stuart, "Cultural Identity and Diaspora," in Linda McDowell (ed.), *Undoing Places? : A Geographical Reade*, London : Arnold, 1997.

Harvey, David C., "Continuity, authority and the place of heritage in the Medieval world," *Journal of Historical Geography* 26-1, 2000.

Harvey, David C., "Heritage Pasts and Heritage Presents : temporality, meaning and the scope of heritage studies," *International Journal of Heritage Studies* 7-4, 2010.

Hewison, Robert, *The Heritage Industry*, London : Methuen, 1987.

Hobsbawm, Eric and Terence Ranger, eds., *The Invention of Tradition*, Cambridge : Cambridge University Press, 1992.

Hobsbawm, Eric, "The Present as History," in *On History*, New York : New Press, 1997.

Hoelscher, Steven D., *Heritage on Stage : The Invention of Ethnic Place in America's Little Switzerland*, The University of Wisconsin Press, 1998.

Hoelscher, Steven and Derek H. Alderman, "Memory and place : geographies of a critical relationship," *Social & Cultural Geography* 5-3, 2004.

Johnson, Nuala C., "Memory and heritage," in Paul Cloke, Philip Crang and Mark Goodwin (eds.), *Introducing Human Geographies*, London and New York : Routledge, 1999.

Johnson, Nuala C., "Historical geographies of the present," in Brian Graham and Catherine Nash (eds.), *Modern Historical Geographies*, Essex : Prentice Hall, 2000.

Knapp, Steven, "Collective Memory and the Actual Past," *Representations* 26, 1989, pp. 123-149.

Le Goff, Jacques, *History and Memory*, Steven Rendall and Elizabathe Glaman (trans.),

New York : Columbia University Press, 1992.

Levine, Gregory J., "On the Geography of Religion," *Transactions of the Institute of British Geographers* 11-4, 1986.

Lowenthal, David, "Geography, Experience, and Imagination : Towards a Geographical Epistemology," *Annals of the AAG* 51-3, 1961.

Lowenthal, David, "Past Time, Present Place : Landscape and Memory," *Geographical Review* 65-1, 1975.

Lowenthal, David, *The Past is a Foreign Country*, Cambridge : Cambridge University Press, 1985.

Lowenthal, David, "Identity, Heritage, and History," in John R. Gillis (ed.), *Commemorations : The politics of national identity*, Princeton : Princeton University Press, 1994.

Lowenthal, David, *The Heritage Crusade and the Spoils of History*, Cambridge : Cambridge University Press, 1998.

McLean, Fiona., "Introduction : Heritage and Identity," *International Journal of Heritage Studies* 12-1, 2006.

Mead, Geoge Herbert, *The Philosophy of the Present*, Chicago : Open Court Publishing Co., 1932.

Nash, Catherine and Brian Graham, "The making of modern historical geographies," in *Modern Historical Geographies*, Essex : Prentice Hall, 2000.

Newby, P. T., "Tourism : Support or threat to heritage?," in Gregory J. Ashworth and Peter J. Larkham (eds.), *Building a new heritage : tourism, culture and identity in the New Europe*, London : Routledge, 1994.

Newcomb, Robert M., *Planning the Past : Historical landscape resources and recreation*, Dawson : Archon Books, 1979.

Nora, Pierre, "Between Memory and History : Les Lieux de Mémoire," *Representations* 26, 1989.

O'keeffe, Tadhg, "Landscape and Memory : Historiography, Theory, Methodology," in Niamh Moore and Yvonne Whelan, *Heritage, Memory and the Politics of Identity :*

New perspectives on the cultural landscape, Hampshire : Ashgate, 2007.

Peterson, Jordan B., *Maps of Meaning*, New York : Routledge, 1989.

Rainey, Reuben M., "Hallowed Grounds and Rituals of Remembrance," in Paul Groth and Todd W. Bressi (eds.), *Understanding Ordinary Landscapes*, New Haven : Yale University Press, 1997.

Rapoport, Amos, *The Meaning of the Built Environment : A nonverbal communication approach*, Tucson : The University of Arizona Press, 1990.

Robertson, Iain and Tim Hall, "Memory, Identity and the Memorialization of Conflict in Niamh Moore and Yvonne Whelan, *Heritage, Memory and the Politics of Identity : New perspectives on the cultural landscape*, Hampshire : Ashgate, 2007.

Samuel, Raphael, *Theatres of Memory*, London : Verso, 1994.

Schama, Simon, *Landscape and Memory*, New York : Vintage Books, 1995.

Sopher, David Edward, *Geography of Religions*, Prentice-Hall, 1967.

Tuan, Yi-Fu, *Topophilia : A study of environmental perception, attitudes, and values*, New York : Columbia University Press, 1974.

Tuan, Yi-Fu, *Space and Place : The perspective of experience*, University of Minnesota Press, 1977.

Urry, John, "How societies remember the past," in Sharon Mcdonald and Gordon Fyfe (eds.), *Theorizing Museums : Representing identity and diversity in a changing world*, Oxford : Blackwell, 1996.

국사편찬위원회 한국사데이터베이스 http : //db.history.go.kr

제3부

재현되는 디아스포라, 재현하는 디아스포라

1

횡단의 연극, 공연의 정치학
한국계 미국드라마의 디아스포라적 상상력

최성희

두 개의 일화

"모든 이론은 자서전의 편린"[1]이라는 폴 발레리의 말에 기대어 두 개의 개인적인 일화anecdote로 이 글을 시작하고자 한다. 결혼해서 미국으로 건너가 정착했던 한 친구가 아이가 여섯 살이 되던 해에 처음으로 한국의 친정을 방문했다. 아이를 두고 외출했다 돌아와 보니 찐 호박을 앞에 놓고 잔뜩 화가 난 얼굴로 앉아 있는 아이 앞에서 할머니와 할아버지가 쩔쩔매고 있었다고 한다. 할머니의 설명은 이렇다. "찬 호박"을 좋아한다고 해서 단호박을 쪄서 식혀 줬는데 뭐가 잘못됐는지 모르겠다. 친구는 내게 말했다. 야구광인 아이가 좋아하

---

* 이 글은 《비교문화연구》 제26집(2012.3)에 게재된 원고를 수정 및 보완하여 재수록한 것이다.

[1] "Poetry and Abstract Thought," in Jackson Matthews (ed.), *The Collected Works of Paul Valery*, vol. 7, D. Folliot (trans.), Princeton UP, 1956 : 58.

는 건 "찬 호박"이 아니라 (그 당시) LA 다저스의 투수 "찬호 박Chan Ho Park"이라고. 할아버지가 손을 공같이 둥글게 만들며 갖다 주겠다고 하자 아이는 사인볼이라도 얻게 되는 줄 알고 잔뜩 기대했을지도 모른다. 우리는 맘껏 웃지도, 그렇다고 울지도 못했다. 꿈에도 그리던 손자와 할머니 사이에서 계속 미끄러지기만 했을 상이한 언어가 야속하고 안타까웠기 때문이다. "Korean"과 "Korean American" 사이의 질긴 끈, 그러나 봉합될 수 없는 균열은 (초)민족주의, 전 지구화 같은 거대서사가 아니라 미시적 일상 속에서 더욱 생생하게 재현된다. 때로는 비극보다는 블랙코미디의 형태로.

두 번째 일화. 필자가 애초에 유학을 간 건 셰익스피어, 아니면 적어도 테네시 윌리엄스나 아서 밀러 같은 '정통' 영미 드라마를 공부하기 위해서였다. 그러다 아시아계 미국 연극에 관심을 갖게 된 것은 순전히 '못된 성질' 때문이었다. 박사과정 두 번째 학기에 뮤지컬 〈미스 사이공〉을 관람했다. 멋진 음악과 절절한 사랑은 참으로 아름다웠으나 미군 병사들 앞에서 반나체로 춤을 추는 무대 위 동양 여성의 모습이 계속해서 나의 감정이입을 방해했다. 중간 휴식 15분 내내 (관광객이 다수를 차지하는 뉴욕 브로드웨이와 달리) 동양 여성이라곤 거의 찾아 볼 수 없는 워싱턴의 케네디센터 로비에서 '백인'들의 시선을 견디는 것이 내겐 고역이었다. 그 시선은 외부로터 왔다기보다 실은 나의 자의식적인 자기검열이었을 것이다.

서사적 측면에서 보면 〈미스 사이공〉은 반전과 반제국주의를 표방한다. 그러나 그날 나는 서사적 텍스트text를 압도하는 공연의 물질성texture, 즉 미장센의 감각적인 힘을 절감하였다. 내 뇌리에 (장담컨대 관객 대다수의 뇌리에) 더 강하고 길게 남아 있는 것은 성적 대상이자 자기희생의 표상으로서의 동양 여성의 몸이었다. 다음 날 있었던 대학원 세미나 수업에서 "정치적으로 올바른 politically correct" 교수와 대다수의 대학원생들은 군말 없이 내 의견에 동조하였다. 그럼에도 불구하고 내 경험이 '나누어'졌다는 느낌을 가질 수 없었고 난 여전히 매우 화가 났다. 〈미스 사이공〉이 영미 공연예술의 문화적 전통에서 파생된 것이라면 영미 드라마 속의 동양인, 특히 동양 여성의 미장센이 언제, 어디서부터, 어떤 이유로 오늘에 이르렀는지 꼭 알아야만 했다.[2] 결국 '화'를 풀기 위해서 박사 논문을 썼다고 해도 과언이 아니다. 〈Performing the Other : Asians on the New York Stage〉라는 제목의 박사논문을 쓰는 동안 한 번도 '아시아계 미국인'이라는 디아스포라적 정체성을 놓친 적이 없다. 그 역시 외부로부터 주어진 것이라기보다 스스로에게 부여한 자의식이었다.

그러나 학위를 받고 한국으로 돌아온 뒤 나의 인종적, 문화적 주체가 달라지자 연구 주제로서의 아시아계 미국 연극의 명분도 크게 약화되었다. '이산자'로서의 자의식이 사라지자 전과 같이 전인적(몸/정신/마음) 열정을 가지고 "지금, 여기"의 문제로 몰입하는 것이 불가능했다. 대신 그 빈자리를 서양 연극의 한국적 재해석/수용을 페미니즘의 시각으로 분석하는 연구들로 채우게 되었다. 귀국 후 필자

---

[2] 뮤지컬 〈미스 사이공〉의 원작은 1900년에 브로드웨이에서 초연된 뒤 후에 푸치니에 의해 오페라로 만들어졌던 데이비드 벨라스코David Belasco의 희곡 〈마담 버터플라이Madame Butterfly〉이다.

의 정체성과 정치성의 변화가 가장 '극적'으로 표출된 것은 성남아트
센터에서 한국인 배우들이 공연하는 〈미스 사이공〉을 한국인 관객들
과 함께 관람했을 때이다. 같은 스토리, 같은 음악이었음에도 불구하
고 그것은 전혀 다른 '퍼포먼스'였다. "세계 5대 뮤지컬"로 손꼽혀온
〈미스 사이공〉의 한국 초연은 배우보다는 관객의 '공연성,' 즉 관객
의 계급적, 문화적 정체성을 수행, 전시, 확인하는 '퍼포먼스'로서의
성격이 두드러져 보였다. '보는 것to see'만큼이나 '보여지는 것to be seen'
이 중요한 사회적 이벤트였던 것이다.

위의 두 일화는 초국가적 이동이 일상화되고 있는 우리 시대의 문
화적, 정치적, 학문적 정체성의 흐름, 충돌, 변화의 양상을 예시한다.
세계화가 가속화되면서 이주와 이산의 개념과 형태 역시 빠르게 분
화, 변화되고 있고 자신의 기원인 민족 국가의 영토를 벗어나 '바깥'
에 거주하는 이산인의 정체성과 이를 문학적으로 표현하고 실험하
는 디아스포라 문학에 대한 관심이 높아지고 있다.[3] 이주와 이산의
경험은 문화적 융합을 앞당기기도 하지만 전 지구적인 문화 간 충
돌과 갈등을 야기하기도 한다. 디아스포라 문학은 그 안에서 자신의

---

[3] 디아스포라는 원래 (유대인 디아스포라로 대표되듯이) 집단적 기억과 충정의 대상
인 '모국'을 궁극적으로 되돌아 갈 진정한 '고향'으로 여기는 이산자들의 삶을 의미
했으나 세계화가 가속화되고 이산과 이주의 양상이 다변화되면서 디아스포라 역시
더욱 광범위하고 포괄적인 의미로 확장되고 있다. 특히 최근의 문학은 특정 집단의
역사나 전통에 국한시키지 않고 '이동'과 '경계'를 특징으로 모든 집단을 디아스포
라의 개념틀로 바라봄으로써 이 용어의 재정의에 성공하고 있다. "A growing body
of literature succeeded in reformulating the definition, framing diaspora as almost
any population on the move and no longer referring to the specific context of their
existence"(Weinar 75).

위치를 선택하고 새로운 삶을 구성하는 인물들을 통해 이산과 이주의 다양한 양상을 반영할 뿐만 아니라 새롭게 형성하기도 하는 거울이자 촉매의 역할을 수행한다. 그러나 최근까지 '이산인' 또는 '디아스포라인'이라는 광의의 정체성은 존재하지 않았으며 입장의 차이에 따라 "해외 동포" 또는 "소수민"으로 불려 왔다. 이를 문학에 적용해서 (한국적 입장에서) '해외 동포 문학'으로 명명할 경우 그들의 문학을 단일한 민족성에 포섭하여 한국 문학의 주변에 두고자 하는 의도를 강하게 내포하고 있고(정은경 11), 반대로 (미국의 입장에서) "Korean American literature"라는 꼬리표는 이들 문학을 단지 '소수민'의 불평이나 한풀이로 폄하하거나, 저항과 분노의 정치적 수사로만 축소 해석하는 한계를 노정한다.

이 글은 국가적 정체성이나 경계 안에 완전히 귀속되지 않는 채 미국이라는 '제국'의 거주자로 살아가는 한국계 미국인의 문학, 그 중에서도 한국계 미국 연극의 특징을 '디아스포라'라는 새로운 존재론적, 인식론적 틀로 접근해 보기 위한 것이다. 한국의 민족주의와 미국의 민족주의로부터의 이중의 호명, 이중의 소외, 이중의 주변화를 경험해야 했던 이들이 애초에 정치적 이데올로기로 선택했던 문화 민족주의cultural nationalism 역시, 제국과 모국에 대한 이율배반적 동일시를 열망했다는 점에서, 이중의 실패를 전제로 할 수밖에 없었다. 문화 민족주의를 표방하는 초기 Asian American 문학/연극의 특징은 미국 시민으로서의 권리, 국가의 인정과 보호, 주류사회로의 합당한 진출을 요구하는 한편, 미국의 주류문화와 구별되는 아시아적 정체성에 대한 열망과 파토스를 지니고 있었기 때문이다. 그런 점에서 '고향'에 대한 애착에서 자유롭고, 제국도 모국도 동일화 대상으로 여기지 않으며, 오히려 둘 다에 대한 탈동일시dis-identification 경향을 갖는 디아스포라 문학은 이전과는 전혀 다른 새로운 문학의 범주를 열어 줄 수 있다는 점에서 우리의 주목을 요한다. 자국에서 도 그리고 모국에서도 '우리' 안에 녹아들 수 없는 균열과 상처를 통 해 새 살이 돋아 날 수 있다는 점에서 디아스포라 정체성은 역설적 희망을 내포하고 있으며, 각 국가별로 철저하게 고립되어 있었던 기 존 '소수민'의 범주와 맥락을 세계로 확장하면서 '디아스포라인ᄉ'이 라는 공동의 연대적 정체성을 상상할 수 있기 때문이다. 본문에서 는 21세기 한국과 미국의 중첩되는 문화지형을 배경으로 디아스포 라 정체성의 수행적/공연적performative 특징을 아시아계 미국 연극, 특 히 한국계 미국 극작가의 작품을 통해 새롭게 조명하고자 한다 : 1) 우선 공연예술인 연극과 디아스포라 정체성의 친연성을 이론적으로 점검하고 2) 90년대 이후에 등장한 한국계 극작가, 특히 성 노Sung Rno 의 작품에 나타나는 '코리안 디아스포라'의 변화된 정체성을 살펴본 뒤 3) 한국의 민족주의와 미국의 민족주의 모두를 넘어서는 '제3의 공간'으로서의 연극의 의미를 생각해 보도록 하겠다.

디아스포라와 퍼포먼스 : '경계threshold'의 정체성

인류학자인 빅터 터너Victor Turner는 인간을 "공연하는 동물Homo Performans"이라 칭하면서 인간의 퍼포먼스는 "성찰적reflexive"인 특성을 지닌다고 말한다. 즉, "공연 행위*showing doing*"를 통해 공연자는 자신을 더 잘 이해하고 이를 바탕으로 공동의 정체성을 새롭게 구성한다는 것이다. '퍼포먼스'의 개념을 공연예술을 넘어서는 삶 전반으로 확장하고, 인간과 사회의 본질적 요소로 심화시킨 '퍼포먼스 연구performance studies'의 창시자 리차드 셰크너Richard Schechner는 21세기를 삶의 '공연적' 특성이 극대화된 시기로 규정한다. 다층적 유동적 정체성을 특징으로 하는 포스트모던 시대에는 한 몸이 수행하는 역할과 이미지가 다양하게 분화되고, 주체와 역할 사이의 안정적인 일대일 대응이 불가능해지면서 정체성의 '공연적' '수행적' 측면이 더욱 증대되고 있기 때문이다. 그러나 삶 속에서의 '공연'에 새로운 영감, 도전, 균열을 만드는 것은 일상과 구별된 시간과 공간에서 자의식적으로 행해지는 미학적 공연이다. 그러므로 셰크너는 (미학적)공연과 (사회적)삶 사이의 긴밀하고 연속적인 '피드 백feed back'을 강조한다.[4]

셰크너에 의하면 공연예술은 실제보다 덜 현실적인 것이 아니라 **다르게** 현실적인 것이며 '1차 현실first reality'의 수많은 대안 중 하나를 '수행'하는 예술이다. 연극공연은 '저곳'(과거, 타자, 상상)과 '이곳'(현재, 자아, 사실) 사이의 이중성과 그 미완의 대안을 상상하고 '실행'하는 즐거움이다. 따라서 연극의 핵심은 현실에 대한 모방이 아니라 현실 변환transformation의 잠재적 역량이다. 공연자의 정체성은 공연에 선험하지도, 공연의 순간에 현재하지도 않고 오히려 공연의 '과정'

---

[4] 공연학에 대한 내용은 다음을 참조. Richard Schechner, *Introduction to Performance Studies*, New York : Routledge, 2007.

을 통해 '생산'된다. 허구의 추상성과 현실의 물질성 사이에 존재하는 무대는 그 어느 쪽에도 완전히 속하지 않으며 오히려 이 두 상이한 공간 사이, 즉 '문지방threshold' 위에 존재한다. 경계로서의 문지방은 그 어떤 곳의 규율도 적용되지 않는 이중적 의식double consciousness의 공간이라는 점에서 디아스포라적 공간이라고 할 수 있다. 디아스포라 정체성은 공연예술과 마찬가지로 허구와 현실, 이곳과 저곳 사이에서 아직 완성되지 않은yet-to-be 제3의 공간, 제3의 정체성을 상상하는 '꿈꾸기의 신체적 수행'이며, 미래는 이러한 사실과 상상 사이의 수행적 행위로 구현된 기억과 상상의 조각들로 이루어지게 되기 때문이다.

셰크너의 공연미학의 기본적인 전제는 삶과 예술 사이의 어떤 분명한 경계나 위계, 선후 관계가 존재하지 않는다는 것이며 따라서 연극은 경계선 밖의 인생에 대한 '모방'이 아닌 양자 사이를 중재하고 협상하는 변환, 즉 **전이의 영역**liminal에 존재한다. 그는 공연을 인생과 예술의 경계선으로 보고 연극을 대안적인 것, 잠재적인 것들로 가득 찬 "가정법의 세계"로 파악하고 있는데, 이는 디아스포라의 존재론적 인식론적 특성과 그대로 겹쳐진다. 바로 이 때문에 옌 하이핑Yan Haiping은 (연극)공연과 초국가적 정체성의 긴밀한 상관관계를 다음과 같이 설명하고 있다.

유기체적 공동체(관객)와 라이브 퍼포먼스가 서로를 구성하는 연극은 인간의 현존으로 생명을 부여받는다. 인간의 물질성으로 생명세계를 함축적으로 구현하고 구체적인 몸과 행위를 분석적 사유의 전면에 위치시키는 연극은 전 지구적 지형의 함의를 추적하고 맥락화할 수 있는 가장 적합한 영역을 제공한다. 연극은 탈중심/탈영토의 시대의 인식론적 좌표이자 스스로의 복잡한 난제들을 역설적 가능성으로 제시하는 살아 있는 동력이다(Yan 226).

유기적 공동체와 라이브 퍼포먼스는 인간의 몸에 의해 생명을 얻고 지속된다는 공통점을 지닌다. 구체적인 몸과 몸의 움직임으로 구성된 연극의 물질성과 역동성은 "탈중심화, 탈영토화"의 가능성을 생생하게 반영하고 또 구성한다. 세계화와 지역화가 충돌하는 구체적 지점으로서의 몸은 초국적 자본의 재식민화, 재영토화의 공략대상이자 동시에 이에 대한 저항의 통로이기도 하다. 몸의 구체성/역사성/기억이 모든 것을 획일화하는 초국적 자본의 힘에 저항하는 새로운 거점이 될 수 있기 때문이다. 다양한 배경을 가진 사람들을 같은 시간, 한 장소에 불러 모으고 현존하는 배우와 관객의 몸이 그 어떤 예술장르보다 전경화되는 연극은 그러므로 새로운 주체화의 최전선front line, 즉 아방가르드avant-garde라고 할 수 있다.

연극 무대는 디아스포라 주체의 욕망하는 몸에게 전이의 영역, 경계의 공간을 제공한다. 위반, 변형, 그리고 확장의 에너지를 생산하는 디아스포라의 욕망하는 몸은 민족주의와 초국가적 자본의 이중적 억압을 뚫고 넘쳐흐른다. 이들은 연극이 내어준 작고 가난한 경계/문지방에 의지해 소수자, 하위주체, 비체abject이라는 주어진 '비극적 운명'을 넘어서는 "(un)imagined community"의 신체적 수행을 실현한다.[5] 그들이 전이의 영역에 만들어 내는 병치, 대조, 횡단은 인접한 제1의 현실에 균열을 내고, 그 지배적 문법을 교란시켜 낯설게 만듦으로써 전체 지형에 영향을 미친다. 엔 하이핑은 베네딕트 엔더슨Benedict Anderson의 민족 개념인 "상상의 공동체imagined community"와 대비되는 "상상(불)가능의 공동체(un)imagined community"라는 개념으로 디아스포라 공동체를 차별화시키고 있다. "(un)imagined community"는 전통적인 민족주의가 "상상하지 못했던", 아니 민족주의적 '상상'을 '무효화un'하는 새로운 공동체이다. 이 "상상(불)가능의 공동체"는 국경을 초월하는 소수자의 유연한 연대flexible solidarity의 거점으로서의 "탈-민족trans-nation"를 꿈꾼다. 엔 하이핑은 이를 모든 민족의 정체성을 무화시키고 생산과 자본의 극대화를 위한 전 지구적 시스템의 획일적 통합을 꾀하는 "나쁜" 탈민족transnational과 구별되는 "다른 종류"의 "탈-민족trans-nation"이라고 말하면서 이때의 "탈-민족trans-nation"은 "변화하는 민족nation in *trans* formation"의 약자임을 강조한다.

"변화하는 민족"은 "공연하는 디아스포라인diaspora in performance"의 개념으로 연결 확장된다. 다양한 형태의 문화적, 정치적, 사회적 전쟁이 발발하는 글로벌 전선front line에 정주inhabit하면서 새로운 항해navigate에 적극적인 "수행적 디아스포라인"은 호미 바바가 제안하는

---

[5] 엔 하이핑은 베네딕프 엔더슨Benedict Anderson의 '민족' 개념인 '상상의 공동체 imagined community'와 대비되는 '(Un)imagined community'라는 개념으로 디아스포라 공동체를 차별화시키고 있다.

"민족국가의 속박으로부터 해방된 행복한 개인 유목민"이나 아피아가 주장하는 "세계화의 신식민주의 권력에 대한 자의식적이고 자발적인 공모자"와는 구별되는 새로운 디아스포라의 지형을 구성한다 (Yan 242). 무대 위에 올려진 디아스포라 연극과 삶 속에서의 디아스포라적 퍼포먼스의 공통점은 대안적 공동체에 대한 욕망이 이를 실제화하기 위한 행동을 촉발시키는 장소라는 것이다. 이때 공연하는 인간의 몸은 훈육의 결과라기보다는 새롭게 변화하는 탈-민족적 정체성의 동력으로 작용한다.

생산물product이 아닌 생산의 과정production/process, 추상적 이론이 아닌 구체적인 몸의 노동력으로서 공연이 지니는 'trans'적 본질에 주목하면 디아스포라의 새로운 지형에 연극과 퍼포먼스가 개입하는 양상을 더 구체적으로 규명할 수 있을 것이다. 다음 장에서는 한국계 미국 극작가 성 노의 작품을 통해 디아스포라 공연이 지니는 정치적 · 문화적 동력을 살펴보도록 하겠다.

코리아 디아스포라 : 성노Sung Rno의 작품에 나타난 이산적 상상력

100여 명의 한국인이 1903년 하와이 사탕수수 농장에 도착하면서부터 시작된 미주 이민의 역사는 이제 100년을 훌쩍 넘기고 있다. 2001년 한국 정부의 통계에 의하면 570만 재외 한국인 중 미국으로의 이산은 200만 명 정도로 전체 재외동포의 38퍼센트를 차지한다.

초국가적인 이동이 일상화되면서 한국과 미국을 넘나드는 이주와 이산의 경험은 앞으로 더욱 늘어날 전망이다. 실제로 미국으로 거주지를 옮기는 한국인이 늘어나는 한편, 영어에 대한 수요 증가에 따라 재미교포 1.5세대, 2세대들의 한국 취업 역시 빠른 속도로 늘어나고 있는 실정이다. 세계화의 가속화가 원점으로 되돌릴 수 없는 대세라면, 그래서 변화된 환경에 적절히 대처할 새로운 정체성의 패러다임이 필요하다면 그것은 '한국인', '한국계 미국인', '미국인'과 같이 민족/국가적 호명에 의해 결정되는 것은 아닐 것이다. '우리'와 '그들'을 나누는 이분법적 구조에 근거하여 민족 통합의 이론적 무기를 제공해 준 민족주의는 식민국에게는 제국주의의 원동력이요, 피식민에게는 탈식민주의의 구심력이 되어 왔다는 점에서 모순적이다.[6] 과거에 뿌리를 두고 '자연스럽게' 형성되어 온 유기적 통합체라는 민족주의의 민족 개념은 구체적인 인간의 존재에 앞서 이미 존재하는 공동체로서의 집단적 정체성을 미리 규정해 버린다는 점에서 전체에 대한 개인의 예속관계를 전제한다. 탈식민의 해방담론과 민족주의의 동원 기제를 접목시킨 식민국가의 저항적 민족주의는 제국주의에 저항하는 '우리'라는 저항 주체를 만들어 내는 데 성공했지만, 운명공동체적 단일성이라는 명분 아래 민족이라는 '상위' 정체성으로 젠더와 계급 같은 다른 정체성들을 억압해 온 것이 사실이다. 민족 정체성을 중심으로 한 구심력과 전체적 일체성의 억압구조

---

[6] 임지현, 〈민족 담론의 스펙트럼 : 원초성, 근대성, 탈근대성〉, 《안과 밖》 8, 2000, 65~89쪽 참조.

는 동전의 앞뒤 면과 같다. 더구나 디아스포라 주체에게 민족주의의 이분법적 틀거리는 한국의 민족주의와 미국의 민족주의로부터의 이중의 호명, 이중의 소외, 이중의 주변화를 선고할 뿐이다. '재미교포'를 타자안의 우리로 끌어안는다가도 막상 그들이 한국에 돌아오면 미국인, 즉 우리 안의 타자가 되기 때문이다.

가장 대표적인 한국계 미국문학 작품이라고 할 수 있는 차학경의 〈딕테Dictee〉에서 작가는 "잘못 놓여진/이것도 저것도 아닌 제3의 존재"(20)의 비극성을 말하고 있다.[7] 그녀에게 문학은 이산의 상황과 그 고통의 승화 과정에 다름 아니다. 한국계 미국문학 중에서 작가 개인의 내면적 목소리에 집중하는 장르인 소설에 "근대사의 혼돈 속에서 잃어버린 조국에 대한 강렬한 향수와 상실감이 지배적"이고 "한恨 많은 개인의 역사가 수없이 녹아 있다"(임진희 27), 90년대 이후 본격적으로 발표되기 시작한 한국계 미국 드라마는 혼종적 정체성에 대한 실험성과 유희성이 두드러진다. 그 이유는 크게 연극이라는 장르적 특성과 90년대라는 시대적 특성에서 찾을 수 있을 것이다. 문자적 텍스트에 공연 텍스트까지 겹쳐지는 연극은 소설과 달리 그 창조적 주체가 '복수'라는 사실로 인해 간주체성과 상호텍스트성

---

[7] "There is no destination other than towards yet another refuge from yet another war. Many generations pass and many deceptions in the sequence in the chronology towards the destination. From another epic another history. From the missing narrative. From the multitude of narratives, Missing. From the chronicles. For another telling for other recitations. ⋯ Our destination is fixed on the perpetual motion of search. Fixed in its perpetual exile. ⋯ the war is not ended" ('비극의 장', Theresa Hak-Kyung Cha, *Dictee*, Berkeley : Third Woman Press, 1995, pp. 80-81).

이 더욱 두드러지는 장르이다. 반복되는 존재론적·인식론적 '경계 넘기'를 통해 작가 자신으로부터의 성찰적, 유희적 거리를 확보하는 것이 연극의 중요한 장르적 특성이다. 연극 무대는 문자에서 공연으로, 연출가에서 배우로, 자국에서 이국으로의 경계를 넘으면서 상이한 철학적 관점, 정치적 입장, 미학적 취향을 지닌 문화적 텍스트들이 만나고, 충돌하고, 협상하는 역동적 공간이 된다.

　이보다 더 중요한 원인은 문화 민족주의의 전투적, 낭만적 파토스가 시대착오적인 패러다임이 되어 버린 90년대라는 시대적 상황에 있을 것이다. 아시아계 미국 연극은 다른 소수민 연극에 비해 늦게 시작되었다. 아시아계 미국인Asian American이라는 집단적Pan-Asian 정체성의 확립 자체가 60년대에 들어서야 시작되었고, 공연할 극단도 극장도 없는 상태에서 공연을 목적으로 하는 드라마를 본격적으로 쓰는 작가가 있을 수 없었기 때문이다.[8] 70년대 아시아계 미국 드라마의 두드러지는 특징은 '진실의 폭로'와 '정체성의 진정성'에 대한 자기주장으로 요약될 수 있다.[9] 70년대의 작가들이 주류문화와의 '차이'를 바탕으로 한 본질주의적인 "아시안 아메리칸"의 정체성을 추구하는 과정에서 (여타의 민족주의와 마찬가지로) 그룹 내부에 실재하는 무수한 다양성을 배제하고 젠더, 계급, 종족, 섹슈얼리티 등의 차

---

[8]　연기할 수 있는 배역이라고는 미국 주류문화의 오리엔탈리즘을 만족시키는 스테레오 타입이 전부였던 현실에 깊은 좌절과 환멸을 느낀 일단의 배우들이 1965년에 극단 East-West Players를 결성하면서 아시아계 미국 연극이 본격적으로 출범하게 된다.

[9]　70년대 작품의 대표적인 예로는 프랭크 친Frank Chin의 *Chickencoop Chinaman, The Year of the Dragon*을 들 수 있다.

이를 희석시킴으로써 이 모두를 아시안 아메리칸의 보편적 정체성 아래 통합하고자 했다면, 80년대에 등장한 극작가들은 "주류사회와의 차이differences between뿐만 아니라 그들 내부에 존재하는 다양한 차이들differences within에 관심을 기울이게 되고, 다양한 경계를 넘어서는 소통과 연대를 모색하기 시작한다."[10]

90년대 이후 등장한 젊은 극작가들은 그들의 아시아적 유산에 대해서 훨씬 더 양가적이고 유동적인 시각을 보인다. 인구와 계급, 성적 구성이 더욱 복잡하게 분화되면서 6개의 주그룹과 22개의 부그룹으로 세분화된 아시안 아메리칸은 오늘날 미국 내에서 가장 빠르게 변화하는 집단이 되었고, 이제 이들에게 "하나의 역사"와 "하나의 정체성"은 그 이전보다도 더욱 불가능해졌다. 결과적으로 90년대 이후에 본격적으로 활동을 시작한 새로운 세대의 극작가들은 아시안 아메리칸 정체성에 기반을 둔 기존의 극작 전략을 바꾸거나 수정해야만 했으며, 더 다양한 시각에서 정체성의 문제를 바라보게 된다. 형식 면에서도 서구 리얼리즘에서 더욱더 멀어지면서 해체적 특징이 두드러지고, 내용과 주제 역시 더욱 복합적이고 모호해진다. 주류문화와 아시안 아메리칸의 문화적 정체성 사이의 이분법적 차이보다는 아시안 아메리칸 내부에 존재하는 다양한 입장의 차이, 더나가서 작가/인물 개인 내부에 존재하는 상충하는 욕망들 간의 차

---

[10] 80년대에는 희생자/피해자의 역사에 대한 "진실 폭로," 투사적 프로타고니스나 아시아계 미국인의 숨겨진 이민사를 다루는 연극은 설득력이 떨어지게 되고 데이비드 황이나 필립 고탄다처럼 주류 연극계로 진출한 작가들에 의해 복합적이고 다성적인 아시아 아메리칸 정체성의 문제를 탐구하게 된다.

이 differences *within self*를 더욱 부각시킨다는 것도 이 시기 작가들의 중요한 특징이다. 아시안 아메리칸 정체성은 이들의 다양한 관심 중 하나일 뿐이며 많은 경우 매우 주변적인 주제로 밀려나기도 한다. 예를 들어 한 옹Han Ong이나 채 유Chay Yew 같은 동성애 작가들의 주된 관심은 인종적 정체성이 아닌 성적 정체성이며 인종적 정체성을 주제로 하는 경우에도 아시안 아메리칸의 문제를 직접적이고 정치적으로 다루기보다는 "타자", "소외", "추방"과 같은 더 보편적인 실존의 문제로 접근한다.[11]

〈비오는 클리브랜드Cleveland Raining〉 : 빈집, 그리고 유령

코리안 아메리칸 작가인 성노Sung Rno의 작품 〈비오는 클리브랜드 Cleveland Raining〉 역시 70~80년대의 명백한 '정체성 정치identity politics'에서 벗어나 더 다양하고 복합적이며, 추상적이고 포스트모던적인 변화된 정체성을 그리고 있다는 점에서 90년대 아시아계 미국 연극의 특징을 공유한다. 성노의 지시문에 따르면 무대 위 모든 것은 "물처럼 흐르고, 덧없이 사라지고, 가까스로 현실에 붙어 있다(fluid, ephemeral, barely real)"(228). 모든 것이 부유하는 이 광활한 빈 공간에서 유일한 고정적 오브제는 대홍수를 예언하는 코리안 아메리칸 지미의 '방주'

---

[11] 아시안 아메리칸의 역사와 계보에 관한 것은 Esther Kim Lee, *A History of Asian American Theatre*, London : Cambridge University Press, 2005 참조.

폭스바겐 딱정벌레뿐이다. 그러나 동시대의 다른 아시아계 미국 극작가들과 비교해 볼 때 〈비오는 클리브랜드〉를 비롯한 성노의 작품들은 '코리아 디아스포라'의 주제적 성격을 매우 강하게 드러낸다. 한국인 이민자로서 겪은 이산과 소외의 아픔은 결코 표면에 드러나지 않지만 작품의 가장 깊은 폐부에 박혀 마치 유령처럼 등장인물들의 의식에 끊임없이 출몰하고 그들의 무의식을 지배한다. 유령은 "보이지 않지만 그렇다고 존재하지 않는 것은 아닌 형체"이며, "살아 있는 사람들의 존재와 현재의 경험을 형성하는 역사적 억압의 흔적trace"이다(Shimakawa 387-88). 그러나 그 역도 성립한다. 즉, 그들 자신이 유령에 딱 붙어서 떨어지지 않는 것이다. 세 명의 코리안 아메리칸 인물들은 모두 지금은 이미 떠나 버린, 존재하지 않는 유령 같은 부모 또는 할머니의 흔적을 찾아 헤매고, 끝없이 주문을 외워 과거의 기억을 불러 낸다. 과거와 현재는 그렇게 공생의 관계이며 인간, 특히 가족이란 그 공생을 가능하게 하는 '숙주'이다. 어려서 헤어진 어머니에 대한 마리Mari Kim의 기억은 "다른 누군가other someone"에 대한 모호한 기억의 조합일 뿐이며 오빠 지미Jimmy Kim에게 남겨진 빛바랜 가족사진은 유령의 흔적과도 같다 :

아무것도 남지 않았어. 우리 가족은 유령 가족이었어. 마치 진짜 가족처럼 보이고 느껴졌지만, 실제로는 거기 없었어. 이 빛바랜 사진이 우리 가족이야. 흑백사진. 긁히고, 얼룩진. (중략) 사진의 얼굴들을 아주 가까이 들여다보면 모든 것이 흐릿해. 한국에서 찍은 거야. 렌즈가 흔들렸지. 약간. 아니면 누군가 아주 급했던지. 시간, 우리에겐 늘 시간이 없었어. (중략) 모든 사람이 너무 열심히 일했지. 앞으로 나가는데 급급했어. 떠나려고만 했지. 오늘을 내일로 만들려고. 더 밝은 내일로. 하지만 한 번도 우리가 가진 오늘을 찬찬히 들여다 본 적이 없어. 사진들은 점점 더 흐릿해져 갔고. 마침내 우리가 가진 모든 것은 꿈속의 사진이 되어버렸지. … 유령의 얼굴을 한(Rno 263).

그러나 과거의 상처와 상실의 표상인 '유령'은 현재와 미래를 추동하는 계기이자 힘이 되기도 한다. 지미와 마리에게 어머니의 상실과 아버지의 실종은 서사화될 수도, 재현될 수도 없는 트라우마적 기억으로 오로지 유령의 형태로만 떠돌아다닐 뿐이다. 그러나 바로 이러한 비서사적/비재현적인 유령의 존재야말로 마리와 지미의 정체성을 확정짓는 통합적 이데올로기(그것이 한국적 민족주의든 미국적 민족주의든)에 균열을 만들고, 따라서 주체가 자기를 개방하고 급진적으로 재구성할 적극적 계기가 될 수 있다. 유령이라는 현실의 구멍을 통해 들어오는 존재의 비결정성과 모호성은 제3의 새로운 공간/정체성으로 나갈 여백을 마련해 주기 때문이다.

작품의 결말에 마리는 혈연에 대한 오빠 지미의 집착에도 불구하고 한국인 입양아인 스톰 Storm, 그리고 그녀가 "one big fucking family"라고 부르는 자전거족들과 함께 떠나고, 지미는 마리 대신 그의 유일한 친구인 마크와 함께 '방주'에 오름으로써 한국의 혈연주의와 미국의 인종주의 모두를 넘어서는 새로운 가족 형태를 구성한다. 대홍수라는 하늘의 심판이 끝나고 새로운 세상, "탈-민족trans-nation"으로서의 "또 다른 미국another America"이 시작될 때 '방주'에서 내리는 것은 노아와 그의 부인 그리고 세 아들이 아니라 코리안 아메리칸 남성 한 명과 백인 미국 남성 한 명이 될 것이다. 생물학적인 종적으로 귀속된 국민정체성이 힘을 잃고 새로운 연대와 헌신의 관계를 모색하는 경계 지대liminal, 즉 다이아스포라 공동체의 무대적 실현인 것이다.

카렌 시마카와Karen Shimakawa는 이 작품이 아시안 아메리칸의 본질주의적 정체성, 아시아적인 것에 대한 애착 등 이전 세대의 유산에 대한 90년대 아시아계 미국 극작가들의 입장을 잘 보여 준다고 말한다. 시마카와는 특히 극중에서 의대생 마리가 읽는 의학 서적의 "시체cadaver"에 대한 설명에 주목하면서, 이것이 바로 아시안 아메리칸이 처한 새로운 국면에 대한 고도의 은유로 해석될 수 있다고 주장한다.

　마리 : 〔책을 펼쳐 읽는다〕 (해부용)시체를 살아 있는 사람으로 착각해서는 안 된다. 시체는 그 자체가 아닌 다른 어떤 것, 한때 살아 있었던 그 무엇을 저장했던 수용체, 도구, 구조물에 불과하다. 빈집 같은 것이다. 한때 거기 살았던 사람들은 이제 모두 다른 곳으로 갔다. 다른 도시, 다른 나라로. 시체는 4개의 벽과 천정, 그리고 침묵만 남아 있는 빈 공간이다. 집 자체는 물론, 떠난 사람들에게도, 그 어떤 감정적 애착을 가져서는 안 된다(Rno 237).

이제 "아시안 아메리칸"이라는 정체성은 구조물만 남은 빈집과 같다. 애초에 그 집에 살았던 거주민들은 이제 없다. 그들의 사는 방식과 취향 역시 유기되거나 최소한 개조되어 다른 곳으로 흘러가 버렸다. 새로운 세대는 빈집을 뒤로한 채 한 곳에 정착하지 않고 여기 저기 떠돌아다니는 "노마드"인 것이다. 이때의 '집'은 70~80년대의 안정적이었고 열정적이었던 '아시안 아메리칸'의 정신/예술을 의미하기도 하지만 더 근본적으로는 디아스포라인ᐱ이 떠나 온 나라, 즉 '모국,' 원래 문화를 의미하기도 한다. 그러므로 그 희미한 형체를 "살아 있는 사람으로 착각해서는 안 된다." 그들의 '모국'은 이제 "그 자체가 아닌 다른 어떤 것, 한때 살아 있었던 그 무엇을 저장했던 수용체, 도구, 구조물에 불과하다." 거기 그대로 머물고 있는 사람들은 없다. "한때 거기 살았던 사람들은 이제 모두 다른 곳으로 갔다. 다른 도시, 다른 나라로." 그러나 그들의 '고향'이 "침묵만 남아 있는 빈 공간"이 된 것은 슬퍼만 할 일이 아니다. 명백한 목소리, 확고한 거주자들로 가득 차 있다면 결코 들을 수 없는 다른 목소리, 그 동안 보지 못했던 새로운 거주자들을 꿈꿀 수 있기 때문이다. 작품의 말미에 마리는 고향/가족에게 휴식을 주기로 한다. "이 가족은 이제… 휴식이 필요해. 그들의 때는 지나갔어(this family … it needs to be put to rest. It's an idea that's had its day)"(268).

〈웨이브wAve〉: 입장과 파장 사이

'코리아 디아스포라'의 주제적 성격을 강하게 드러내고 있는 극작가 성노의 또 다른 특징은 서양 또는 한국의 '고전'과의 상호텍스트성을 통한 주체의 확장이라고 할 수 있는데 이는 희랍의 비극 〈메디아 Medea〉를 차용하고 있는 그의 작품 〈웨이브wAve〉(2004)와 한국의 천재 시인 이상의 시세계를 초현실주의적으로 연극성과 접목시킨 〈이상 열셋까지 세다Yi Sang Counts to Thirteen〉(2000)에 잘 나타나 있다. 특히 〈웨이브〉의 경우 인종과 젠더, 민족과 초민족의 문제를 여성주의적 시각으로 표현하고 있다는 점이 매우 흥미롭다. 그리스 비극 〈메디아〉는 70~80년대 페미니스트 극작가, 연출가, 배우들에게 특별한 관심을 끌었던 작품이다. 그 이유는 무엇보다도 주인공 메디아가 무기력한 희생자가 아니라 막강한 능력과 신비스러운 영력을 가진 심판자이기 때문이다. 버림받은 비운의 아내로서의 메디아나, 복수를 위해서 자식까지 희생시키는 비정한 어머니로서의 이미지보다는, 가부장적 이데올로기가 죄악시해 온 마녀witch의 정체성을 오히려 적극적으로 '활용'한 선구적 페미니스트로서의 메디아는 그 시대의 변화와 요구에 잘 부합되었다.

그러나 9/11 이후에 부쩍 미국의 주류 무대에 자주 오르는 〈메디아〉 공연과 최근 미국 내 소수민 작가들에 의해 활발하게 진행되고 있는 '메디아 다시 쓰기'에서 특별히 눈에 띄는 특징은 '이방인 outsider', 디아스포라인으로서의 메디아의 정체성이 강조된다는 사실이다. 메디아는 가부장적 시스템의 희생자이자 이에 적극적으로 대항한 페미니스트일 뿐만 아니라, 남편을 따라 그리스에 오기 위해 많은 것을 버리고 희생해야 했던 '이산자'이며, 그러나 끝까지 그리스에 동화 될 수 없었던 '이방인'이다. 이방인으로서의 그녀의 정체성은 남편 제이슨의 입을 통해 아프게 드러난다 :

너는 온 인류 중 가장 끔찍한 여성! … 이제서야 내가 이성을 찾았구
나. 너의 그 야만인 족속과 땅에서 너를, 너의 아비와 조국만큼이나 야
만스러운, 사악한 병균 같은 너를 그리스로 데리고 올 때 잃어버렸던
내 이성을 … 그리스 여자라면 결코 이런 만행을 저지르지는 않았을
것을!(Euripides 61)

9/11 이후에 집중적으로 부각된 "이방인" 메디아의 정체성은 미국
안에 존재하는 수많은 인종적 소수민들의 상황과 오버랩되면서 더
미국적이고 현대적인 의미를 획득하게 된다. 실라 존스Silia Jones의 〈아
메리칸 메디아 American Medea : An African-American Tragedy〉(2002)에서 그리스
출신의 백인 남자와 결혼한 아프리카의 공주 메디아는 남편과 함께
건국 초기의 미국으로 건너오지만 도착하자마자 노예구역에 격리 수
용됨으로써 남편과 헤어지게 된다. 셰리 모라가Cherrie Moraga의 〈배고픈
여자 : 멕시칸 메디아The Hungry Woman : A Mexican Medea〉(2002)의 "레즈비언"
메디아는 배타적인 미국의 주류 사회와 여성 억압적인 치카나(멕시
칸 아메리칸) 민족주의에 의해 동시에 배척, 축출당한다. 이들 작품이
유리피데스의 원작을 자신의 인종적 · 성적 정체성에 맞게 각색한
일종의 '번안'이라면, 성노의 〈웨이브〉는 원작과 상당한 거리를 유지
하면서 독창적인 형식적 실험을 감행하고 있다. 그는 원작과의 도식
적인 일대일 대응을 피하면서 유리피데스의 〈메디아〉를 한 편의 시
로, 새로운 도약을 위한 하나의 출발점으로 파악한다.
〈웨이브〉의 여주인공인 M은 "메디아의 깨진 파편 조각, 코리안
아메리칸의 최신 버전(a fractured remnant of Medea, updated Korean American)"이다

그녀의 의식은 "한국과 미국 사이 어느 지점, (한국전쟁을 배경으로 한) 미국 텔레비전 드라마 '매쉬M.A.S.H'와 현실의 38선이 만나는 기이한 지점"에 위치한다(113). 그들이 사는 초현실의 세계에서는 사랑도 정체성도 소립자의 운동처럼 즉흥적이고 비실제적이다. M은 사랑하는 남자의 사업적 성공을 위해 부모를 배신하고 남동생을 살해한 뒤 한국계 미국인인 남편 제이슨을 따라 미국으로 이민 온 한국 여자다. 미국 사회에 동화되고 흡수된 남편이나 아들과 달리 늘 집 안에만 머무는 그녀에게 세상으로 뚫린 유일한 창은 동양인의 정체성이 철저하게 왜곡되고 상품화된 TV 게임쇼뿐이다. 성노의 〈웨이브〉는 남과 여, 동양과 서양, 한국과 미국 사이에 발생하는 문화적 정체성의 충돌을 주제로 하면서도 그 충돌의 구체적인 지점으로 초국가적 자본을 바탕으로 하는 미국의 미디어산업을 지목하고 있다. 그런 점에서 주인공 M은 "Medea" 또는 "media"의 M으로 해석될 수도 있을 것이다.

성노는 〈웨이브〉의 프로그램 노트에서 자신의 입장을 이렇게 밝히고 있다, "나는 그리스 비극인 메디아를 결말이 열려 있는 하나의 '아이디어'로 보았습니다. 사회문제를 다루고 있다기보다는 작품 전체를 하나의 시, 그러니까 이미지로 생각한 거죠. … 그러다가 메디아의 이방인 정체성과 문화의 분열에 대한 상징으로 양자물리학에 나오는 파장의 개념을 떠올리게 되었습니다. 그 모든 것을 파장으로 이해할 때 우리는 그녀를 단순한 피해자로 규정하지 않게 됩니다. 가장 근본적인 분열은 아시아 vs. 미국이 아니라, 파장 wave vs. 입자 particle라는 데 생각이 미치자 고요하던 연극의 물결이 갑자기 소용돌이치면서 동요하기 시작했습니다."

이 말로 하버드에서 물리학을 전공했던 이 젊은 극작가의 심중을 다 헤아릴 수는 없지만, 나는 이 말을 이렇게 이해(하기로)했다. 디아스포라/여성/메디아는 하나의 입자(위치, 역할)이자 동시에 파장(움직임, 에너지)이라고. 그런데 젠더화·인종화된 미국 사회는 디아스포라/여성에게 파장이 되어 움직이며 에너지를 발산하기보다는 미국이라는 '이상적' 다문화국가를 이루는 하나의 입자로서 '정해진' 위치에서 '본분'을 다할 것을 요구해 왔다. 가정에, 공동체에, 사회에 "파장" 일으키는 여자는 "나쁜 여자"다.

메디아는 마녀/버림받은 아내/이방인이라는 정체성을 가진 입자였지만, 제이슨과 크레온의 공고한 가부장적 시스템을 단번에 쓸어 버리고 또 다른 곳으로 움직이는, 역사상 가장 크고 치명적인 "파장"이었다. 입자와 파장이 "상보적"으로 서로에게 끊임없이 영향을 미친다는, 그래서 운동에너지와 위치에너지를 동시에 측정하는 것이 불가능한 "불확정성의 원리"의 지배를 받는다는 현대 물리학의 이론 역시 여기에 적용될 수 있다. 충돌하는 정체성 사이에서 발생하는 에너지가 입자와 파장 사이에 작용하는 힘처럼 우리 모두를 계속적인 움직임 속에 존재하게 하듯, 경계의 예술인 연극과 경계의 정체성인 디아스포라는 위반, 변형, 그리고 확장의 에너지를 생산한다. 메디아의 몸, 디아스포라의 욕망하는 몸은 그리스/한국/미국 등 통시적, 공시적 민족주의와 미국의 미디어로 대표되는 오늘날의 초국적 자본의 이중적 억압을 뚫고 넘쳐 흐른다. 그녀는 구경꾼이 아닌 "액터actor"로서 무대 위, 전이transformation의 공간을 선택함으로써

소수자, 하위주체, 비체abject라는 주어진 '비극적 운명'을 넘어 "상상
(불)가능의 공동체(un)imagined community"의 신체적 수행을 실현한다.

마지막 에피소드

사실 필자가 성노와 그의 공연을 처음 만난 것은 미국이 아니라 한
국이었다. 학위를 마치고 돌아온 2000년 10월, 그의 작품 〈이상, 열
셋까지 세다〉가 서울 국제연극제의 해외초청작품으로 문예회관에
서 공연되었기 때문이다. 90년대 후반에 극작을 시작한 성노는 그때
만 해도 미국에서도 한국에서도 잘 알려지지 않은 신인이었다. 공연
이 화제가 되었던 것은 작가의 '금의환향' 때문이 아니라 미국의 3대
실험적 연극 연출가 중 한 사람인 리 부루어Lee Breuer가 작품의 연출
을 맡았기 때문이다. 한국인 2세 작가가 한국의 실험적 예술가 이상
을 소재로 쓴 작품을 가지고 '고향'을 찾았으나, 정작 사람들의 관심
은 온통 미국인 연출가에게 쏠려 있었다. 필자 역시 한 잡지사의 부
탁으로 극작가가 아닌 연출가와의 인터뷰 기사를 작성해야 했다.
　인터뷰를 위해 찾아간 배우 대기실에서 마주친 성노는 아직 앳된
수줍은 청년의 모습이었고, 무엇보다 자신의 작품에 대한 한국 관객
의 반응에 온통 관심이 쏠려 있었다. 공연이 시작된 지 수일이 지났
는데도 아직 리뷰가 나오지 않은 것을 두고 매우 서운하고 불안해
하는 것 같았다. 나는 한국에서는 일간지가 연극평에 할애하는 지면
이 거의 전무하고, 월간지가 나오려면 몇 주를 더 기다려야 한다고

그를 위로했다. 그리고는 월간지들에 실린 그의 연극평들을 모아 미국으로 보내 주겠다고 약속했다.

그러나 나는 약속을 지키지 못했다. 작가에 대한 관심과 열정을 가지고 (호평이든 혹평이든) 작품을 깊이 논한 평론을 찾을 수 없었기 때문이다. 거의 대부분의 리뷰가 리 부루어의 연출적 특징과 미국 아방가르드의 전통을 중점적으로 논하고 있었고, 그나마 부루어의 이전 연출에 대한 사설이 더욱 길었다. 한국에서 공연된 코리안 아메리칸 극작가의 첫 작품이었기에 한국의 평론가들에게 한국인도 미국인도 아닌 그의 정체성이 아직은 낯설었을 것이고, 그의 초현실주의적인 극작법 또한 매우 새롭고 난해한 것이었다. 나라도 리뷰를 쓸 걸 하고 후회했지만 이미 때를 놓친 뒤였고, 나는 이런저런 변명을 하는 것이 마음이 아파 아예 그에게서 받은 이메일 주소를 치워 버리고 잊으려고 했다. 하지만 그 후로도 오랫동안 마음이 아팠다. 디아스포라 정체성의 자유로운 흐름과 해방을 인정한다면 그는 나와 마주쳤을 때 한국 관객의 반응에 대한 목마름을 눈에 담고 있지 않았어야 했고, 나 역시 '모국'에 살고 있는 '어머니'와 같은 애틋한 심정을 버려야 했었던 걸까? 어렵게 찾은 '모국'과의 끈을 찾는 그의 애타는 마음과 그의 낯선 언어를 이해하지 못한 한국 평단 사이의 미끄러짐과 어긋남은 '찬 호박'과 '찬호 박'만큼이나, 멀고도 가까웠다.

육적이고 물질적인 두 가지 측면에서 연극은 인종화, 젠더화된 디아스포라 주체에게 중요한 의미를 지닌다. 배우의 몸이 지니는 현장성과 직접성은 일차적으로 육체적인 "차이"를 기반으로 정의되고 부과되는 인종적·성적 정체성을 가장 첨예하게 드러내고, 몸을 통해 사유하는 연극의 존재론적 인식론적 특성은 관객으로 하여금 "생각하는 몸 thinking body"과 "느끼는 머리feeling brain"를 가지고 더 총체적으로 인간/세상과 소통할 것을 독려하기 때문이다. 연극 무대는 몸과 정신, 하부구조와 상부구조가 맞물려 유기체로 살아나는 지점이다. 또한 물질적인 측면에서 상대적으로 저렴한 제작비와 공동체적인 특성 때문에 연극은 비교적 수월하게 지배문화에서 벗어나 소수민 자신들의 내부로부터 분출하는 목소리와 몸짓을 실험해 볼 수 있는 터전이 되어 주었다. 양 문화의 경계선 상에서 과거의 유령으로서의 모국의 그림자, 그리고 서구적 가치에 의해 강요된 미국적 민족주의의 극복을 시도하고 있다는 점에서 한국계 미국 연극을 비롯한 아시아계 미국 연극은 탈식민적이고 디아스포라적인 공간이 된다.

기존의 문학 연구가 개별 민족문학을 다루면서 이에 대한 종속적 하위개념으로 해외동포문학 또는 소수민 문학을 다루었다면, 디아스포라라는 확장된 시각으로 접근하려는 최근의 시도는 많은 가능성을 내포한다. 세계화를 비판적으로 바라보는 입장에서도 디아스포라 연구의 틀은 유효하다. 거주지와 관계없이 미국 주도의 세계화가 획일적 경제·정치·문화 패러다임으로 전 세계를 통합하려고 한다면, 그 대상/타자로서의 아시아성Asianess과 아시아계 미국성Asian Americaness의 경계와 차이가 더 이상 크게 중요치 않다는 주장이 설득력을 얻기 때문이다. 그러나 경계와 차이를 말하기 어려운 것만큼이나 두 영역/정체성을 하나로 묶어 주는 공통점을 발견하는 일 역시 참으로 어렵다. 분명한 것은 디아스포라 연구라는 새로운 틀이 미국

문학의 하위 영역으로 다루어지던 한국계 미국문학의 함수관계를 오히려 한국 쪽으로 더 가깝게 옮겨 놓았다는 것이다. 출발점과 지향점이라는 단선적 구도가 무너지고 여러 가지 축으로 구성된 3차원적 공간에서의 새로운 위치함수가 발생하게 된 것이다. 성노의 작품이 보여 주듯이 전이의 영역으로서의 연극 무대 역시 양자의 문제가 아니라 다양한 차이의 축들이 중첩되는 다중적인 몸의 공간을 보여 주고 있다.

물론 아시안 아메리칸 연구Asian American Studies를 "아시안 디아스포라 연구Asian Diaspora Studies"라는 더 큰 틀로 접근해야 한다는 주장에 대한 반발도 만만치 않다. 무엇보다 '인종'의 문제가 우선시되는 아시안 아메리칸 이슈를 디아스포라라는 보편적 현상의 일부로 귀속시킬 때 미국 내 인종 문제, 소수민 문제는 그 구체성과 지역성을 잃고 지나치게 추상적이고 광범위한 것으로 탈정치화되어 그 현실 작용 능력을 잃게 될 수 있기 때문이다. 그러나 현실적으로 현재 아시아계 미국인의 3분의 2가 외국 태생임을 고려할 때 그들의 미국성을 강조하는 '아시안 아메리칸'이라는 정체성보다는 '아시안 디아스포라'라는 광의의 틀이 21세기 미국과 미국을 둘러싼 세계의 변화하는 현실을 더 넓게 더 총체적으로 조망할 수 있는 시야를 확보할 수 있는 잠재력을 가지고 있는 것이 사실이다. 그렇다면 방점을 미국 또는 아시아, 어디에 찍을 것인가를 두고 논쟁하기보다는 각자 스스로의 (민족적, 학문적, 종족적) 정체성/위치를 '문제화'하고 낯설게 바라보는 일이 더 중요하다고 본다. 진정한 디아스포라인은 지금 있는 그 자리에서 끊임없이 스스로를 추방하는 자이기 때문이다.

참고문헌

임진희, 《한국계 미국 여성문학》, 태학사, 2005.
정은경, 《디아스포라 문학》, 이룸, 2007.
임지현, 〈민족 담론의 스펙트럼 : 원초성, 근대성, 탈근대성〉, 《안과 밖》 8, 2000.

Cha, Theresa Hak-Kyung, *Dictee*, Berkeley : Third Woman Press, 1995.
Euripides, *Ten Plays by Euripides*, Moses Hadas and John Mclean (trans.), New York : Bantam Classis, 1985.
Lee, Esther Kim, *A History of Asian American Theatre*, London : Cambridge University Press, 2005.
Richard Schechner, *Introduction to Performance Studies*, New York : Routledge, 2007.
Rno, Sung, *Cleveland Raining*, in *But Still, Like Air, I'll Rise : New Asian American Plays*, Velina Hasu Houston (ed.), Philadelphia : Temple University Press, 1997.
Rno, Sung, *wAve* (Unpublished Playscript), Ma-Yi Theatre, New York City, 2004.
Shimakawa, Karen, "Ghost Families in Sung Rno's *Cleveland Raining*," *Theatre Journal* 52, 2000.
Weinar, Agnieszka, "Instrumentalising Diasporas for Development : International and European policy discourses," In Rainer Bauböck, *Diaspora and Transnationalism : Concepts, Theories and Methods*, Amsterdam : Amsterdam University Press, 2010.
Haiping, Yan, "Other Transnationals : An Introductory Essay," *Modern Drama* 48-2, 2005.

2
디아스포라 서사 연구
이회성의 《유역으로》로 읽는 이산의 삶

신인섭

왜 디아스포라 서사인가

소설에서 등장인물의 기억에 대한 서술은 종종 서술자의 윤리적 반성들을 내포한다. 과거의 현실을 복원하거나 변형시켜 현재적 상황에 투사하는 기억의 표현들이 현재 상황과 치열한 접점을 생성하는 이유는 과거와 현재와 미래를 잇는 일관된 시점이 있기 때문이다. 이 글에서는 과거의 기억을 평가하는 일관된 잣대로서의 윤리 문제에 대해 탐구한다.

연구 대상인 《유역으로流域へ》는 디아스포라의 역사적 궤적을 그린 거대담론 서사들과 그 역사적 삶을 영위한 자들의 개인적 기억들이 얽히고설킨 채 제시되는 텍스트이다. 이 소설에서 다양한 차원의

---

* 이 글은 《일본어문학》 제60집(2014)에 게재된 원고를 대폭 가필 및 증보하여 재수록한 것이다.

기억들을 관통하는 서술의식은 윤리성에 기반을 둔다. 그것은 집단적인 기억에 대한 윤리의식으로 나타나기도 하고, 때로는 매우 사적인 영역에서 개인의 윤리적 통한으로 표현되기도 한다.

《유역으로》의 작가 이회성은 일본제국의 영토였던 사할린에서 태어나 어린 시절을 보냈다. 그리고 일본이 멸망하자 아버지의 손에 끌려 일본 본토로 피난한 개인사가 있다. 1935년 생인 그는 일본에서 학창 시절을 보낸 뒤, 현재도 일본에서 일본어로 작품 활동을 하고 있다. 그는 일제강점기에 한반도 바깥에서 태어난 '죄'로 인하여, 본의 아니게 윤리적 채무가 주어진 '디아스포라'의 삶을 산다. 그가 쓴 《유역으로》는 이 같은 디아스포라의 삶을 기억 속에서 소환함으로써, 정주자 의식에 젖은 '우리'에게 불협화음의 메시지를 보낸다.

이 글을 쓰는 2016년인 지금의 빠르고, 경쾌하고, 가벼운 이미지의 시대적 문맥에서 보면 《유역으로》는 너무나 고단하고 거리감을 느끼게 하는 서사다. 한때는 느리고, 둔하고, 무거운 삶의 고단함이 미덕인 시대가 있었다. 이 글은 《유역으로》를 분석함으로써 그 '한때'를 회고하려고 한다. 빠르고, 경쾌하고, 가벼운 이미지를 사는 사람들은 심각한 생각에 익숙하지 않다. 게다가 그 심각한 생각들은 대부분의 경우 윤리적 반성과 성찰을 통해서 받아들여야 한다. 효율성 시대를 사는 '우리'는 효율적으로 생산하기 위해 태어난 복제인간들이 아니다. 효율성을 역행하는 불협화음들, 느리고 둔하고 무겁기만 한 삶도, 외면하고 싶지만 부정할 수 없는 우리들의 일부인 것이다.

한국에서 태어나 한국인임을 의심하지 않고 사는 독자들에게 디아스포라 서사는 생소할지도 모른다. 이 소설의 등장인물들은 그야 말로 망국으로 인한 이산을 배경으로 둔 디아스포라들이다.[1] 망국, 이산, 분단으로 이어진 경험들이 여전히 해소되지 않은 지구상의 유 일한 국가에 '우리들'은 태어났다. 그런데 '우리들'보다 더 망국, 이 산, 분단을 격렬하게 경험하는 '우리들' 바깥에 있는 이들이 있다. 바 깥쪽에 있는 '그들'은 '유일한 나라에 사는 우리들'조차 직면하기를 거북해하는 많은 틈새들, 엉성한 이음새들의 틈바구니에 놓여 있다.

디아스포라 서사는 그 무거움으로 인하여, 안락하다고 느낄지도 모를 우리의 일상을 위협하고, 도덕적이라고 느낄지도 모르는 우리 의 윤리에 이의를 제기할지도 모른다. 이렇게 바꾸어 이야기할 수 있을 것 같다. 일본에 거주하는 한국계 작가, 특히 일본 제국주의의 피해자인 '그들의' 문학이 일본어로 쓰여 일본 독자들에게 읽히는 의미는, '그들의' 문학이 늘 일본이라는 '완벽한 조화'의 꿈을 위협하 며 불온하게 하는 데에 있다고. 일본어로 쓴 '재일' 한국계 작가들의 디아스포라 소설에 '우리들'보다 일본인들이 더 관심을 기울인다. 한 국에서는 일본어 해독 능력이 있는 일본문학 연구자들 중에 소수가 일본의 한국계[2] 작가들의 문학을 연구해 오다가, 최근에는 한국문학

---

[1] 이미 아는 것처럼 디아스포라의 정의도 이동하는 주체의 강제성과 자발성 사이에 진폭이 매우 커서 적용 범위도 연구자에 따라서 조금씩 다르다. 요즘에는 이주노동 이나 결혼이민, 고향을 떠나서 다른 문화를 경험하는 삶까지 포함시키려는 경향도 있다. 필자도 21세기 신자유주의와 글로벌리즘의 팽배함이 보여 주는 거북한 '현실' 들을 이해하는 데에 디아스포라의 넓은 적용이 필요하다고 본다.

[2] 한반도계나 한국계란 표현은 '우리'에게 어색하지만 허용 가능한 표현이다. 그런데 이를 부당하게 여기는 사람들도 있다. 해방 후 미군정 당시 대한민국이 성립되기 전

에서도 연구 영역에 넣고 있는 것을 본다. (이미 한글로 쓴 조선족 문학 연구는 한국문학에서도 손쉽게 다룰 수 있었다.) 그런데 이들 대부분의 연구들이 '우리' 바깥쪽의 '그들'의 문학이라고 규정하고 논하는 것을 보면, 아직 갈 길이 먼 것 같다. 디아스포라 문학은 그 무거움이 그들의 문제만이 아니라 '우리'를 구성하는 일부로서, 그 대상에 대한, 우리 스스로의 윤리적 성찰이 가능해질 때 비로소 존재 의미가 주어지기 때문이다. 한국문학의 영토를 넓히는 것이 능사가 아니라 왜 '그들을' 호명하는 지에 대한 관계성의 문제를 원점에서 물을 필요가 있다.

한국문학에 적용되느니 마느니 운운하는 것 자체에 이미 국가의 표식이 자리 잡는다. 디아스포라는 여러 나라에 걸쳐 이동하는 사람들이다. 국가 장치의 불협화음으로 존재한다. 이를 어느 일국 문학에서 영토 주장을 하는 것 자체가 일종의 난센스인 것이다.

이회성이 1992년에 발표한 《유역으로》는 한반도가 식민지로 전락함으로써 '개인'들의 죄의 씨앗을 뿌리게 된 경위를 서술한다. 그리고 그 고백의 서사를 통해서 얻을 수 있는 윤리적인 피안을 몽상

에 일본 거주 한반도계 유민들은 일시적으로 무국적자가 될 수밖에 없었다. 그들은 전에는 제국 일본의 일원이었고, 그 전에는 조선 사람들이었기 때문이다. 남북한이 분단된 뒤, 작가들은 대부분 사상적으로 북한을 선택하거나, 소수는 하나의 조국만이 존재해야 한다는 입장에서 그 어느 쪽도 선택하지 않았다. 북한을 선택한 많은 작가들이 지금은 남한 국적을 취득하였다. 이회성도 그중 하나다. 그 갈등은 이 글에서 다루는 《유역으로》에서도 보인다. 이것들이 여전히 진행형의 문제라는 것은 일본에 거주하는 한국계 유민의 부유하는 삶을 적절하게 그린 가네시로 가즈키의 《GO》(2000)에 잘 제시되어 있다.

한다. 즉, 이회성은 이 소설에서 자기 존재의 불확실성에 고민하는 디아스포라들이 고백을 통해서 윤리적인 피안을 얻음으로써 존재를 확인하고자 한다. 그 헤테로토피아 공간이 '유역'이라는 제목으로 부여된다.

이 소설을 분석하면서 다음과 같은 절차를 밟고자 한다. 첫째, 우선 편의상 '재일문학'이라고 해 두는데, 이 '재일문학'과 디아스포라 문학의 관계에 관한 것이다. 이 관계에 초점을 맞추면 자연스럽게 '재일문학'의 특수성과 보편성이 부각될 것으로 기대된다. 둘째, 이산으로서의 이동에 따른 개인의 기억들, 목소리를 재현함으로써 디아스포라 윤리 문제를 검토한다. 디아스포라라는 이유만으로 죄를 짊어진 이의 서사들은 내가 디아스포라가 아니라는 이유만으로 윤리적인 자유로움을 만끽할 수 없는 디아스포라 상상력을 자극한다. 셋째로 이 소설이 불협화음들로 이루어짐으로써 단조로운 협화음으로만 보이는 우리의 일상에 균열을 증폭시키는 디아스포라 서사 구조를 이해하는 것이다.

1989년의 시간 여행 – '재일'과 디아스포라 사이

《유역으로》의 소설 세계는 국가 장치가 개인에게 얼마나 균열을 가하는가, 또 거꾸로 국가 장치는 개인에게 얼마나 부조리한가를 보여주는 장면부터 제시한다. 이것은 이들의 여정이 국가'들'에 의해서 억압받는 개인들의 기억을 찾는 것임을 부각시킨다. '유역'으로 여행을 떠나는 춘수 일행의 출발지는 일본이다. 소설의 서두에서 소설가 춘수와 르포라이터 강창호는 '유역'으로 향한 첫 관문[3] 알마티 공항[4]에서, "두 사람이 여권을 가지고 있지 않았기 때문에 무국적자가 아닌가 하고 의심을" 받는다. "'재일조선인'이란 '일본인'을 말하는 것인가 라든가 '조선인'이면 왜 북조선의 여권을 소유하고 있지 않은가라든가"(상 : 8) 실랑이가 벌어졌다는 에피소드는 재일코리안 디아스포라의 특수한 입장을 선명하게 제시한다.[5]

여권으로 번역한 부분의 원문은 "旅券^{여권}"의 한자에 일본어로 비자^{ビザ}라고 병기되어 있다. 통상 비자는 여권에 받는 것으로 여권이 없는 '재일···'의 상황을 자연스럽게 드러내고 있다. 이 글에서 '···'로 굳이 표기한 것은 자의적이지만 이유는 있다. 뒤에서 서술하겠지만 이 여백에는 국가 이름이 들어가야 할 곳인데 그들은 국가의 시스템에서 배제된 자들인 것이다. 따라서 이와 같은 소설 세계

---

[3] 텍스트 세계는 알마티 공항에서 시작되지만 그들의 여행은 이미 모스크바를 경유한 상태였다.

[4] "지금은 하늘의 관문인 공항을 경계로 '국가'라는 관념이 현재화顯在化되는 세상이지만, 공항의 '항港'이 과거에 통용된 뱃길의 관문을 의식한 글자라는 점은 주의를 요한다. 즉 해협을 통해 형성되고, 연결되고, 차단되는 의식·무의적 고리는 21세기인 지금에 와서도 퇴색됨이 없기 때문이다. 그런데 지금까지 바다와 육지는 서로 대립되는 항목으로 분류되어 논의되었고, 또한 쇄국과 해금海禁의 예에서 보듯이 민족과 국가 나아가 문화라고 하는 경계를 설정하려는 역사적 동기들에 의해 바다는 의식적으로 배제되어 왔다고 할 수 있다. 경계를 설정하려는 '관'의 의지에 의해 관리되는 바다 혹은 '해협'은 무엇보다도 국가적 경계의식이 강하게 각인되는 장소임이 틀림없다."(신인섭,《일본근대문학의 명암》, 재팬리서치21, 2009, 50~51쪽)

[5] 코리안 디아스포라의 경우에도 재중, 재러코리안 디아스포라는 국적이 중국 국민(조선적), 러시아 국민(고려인)으로 표기되어 '패스포트와 비자'의 시스템에서 배제되지 않는다.

의 시작은 국가 시스템에서 배제된 디아스포라의 문제의식이 부각
될 것임을 예고한다.

국가 시스템에서 배제된 디아스포라는 서경식의 에세이《디아스
포라 기행 – 추방당한 자의 시선》[6]에서 읽을 수 있듯이 "한순간에 사
실상 난민"이 된 재일조선인 중에서 '조선적' 소유자들이 무국적자
가 된 사태를 말한다. 설령 한국 국적을 지닌 재일한국인이라 할지
라도 일본에 거주하면서 한국의 영사관이나 일본의 출입국관리국
의 통제 속에서 살아갈 수밖에 없다. 이와 같은 상황이 '재일'의 기
본 조건인 이상, 일본에서 소련으로 여행하는 두 문학자의 출발점은
분단 조국과 민족 문제라는 분단 서사 · 민족 서사의 강한 자장을 내
포한다. 그 자장에서 벗어나, 즉 디아스포라 개인이 분단 서사와 민
족 서사의 틀을 초월하여 얼마만큼이나 개체로서의 인간으로 복원
될 수 있을지가 이 소설이 그리는 여정의 하이라이트인 것이다.

'재일'은 일제강점기의 특수한 경험과 그 이후 공산권과 자유주
의 세계의 분단이 한반도 정세를 반영하여 파생된 용어이다. 한자로
在日로 쓰고 '재일' 혹은 '자이니치'로 발음한다. '재일···'의 약자
인 셈이다. '···' 안에는 국가명이 들어가서 그들 디아스포라의 근
원을 밝혀야 하지만, 그들은 국가명을 넣기를 주저하는 사람들이다.
예컨대 재일한국인과 재일조선인같이 말이다. 여기서 재일조선인이
라는 용어는 북쪽이나 남쪽의 이데올로기를 선택하지 않고 하나의

---

6 서경식 저, 김혜신 옮김,《디아스포라 기행-추방당한 자의 시선》, 돌베개, 2006, 22~
   23쪽.

조국이라는 의미로 일제 점령 이전의 나라 이름인 조선을 쓰는 경우이다. 하나의 현상이 각기 다른 용어로 표현되기 때문에 뭉뚱그려 '재일'이라 쓰고 아래쪽은 떼어 버린 것이다. 이것이 어색해서 '재일 코리언'을 주장하는 사람들도 있다. 이로써 '재일'문학은 한반도계 유민인 작가들의 문학이라고 단단히 고정된 개념이 부여된다.

　민족적 주장이 강해지면 '동포'라는 말을 붙일 수 있다. 다만 재일 한국인·조선인들이 삶을 영위하는 일본에서 일본인들이 그들을 '동포'라고 부를 수 없는 노릇이다. 그들은 이미 호칭에서부터 혼란스러운 정체성을 감수해야 한다. '동포'라고 '한국 사람'들에게 불리기 위해서 그들은 자신의 민족 정체성을 끊임없이 증명해야 한다. 일본에 거주하는 소수민족으로서의 정체성을 증명해야 하는 한편, 고국에서 동포로 존재하기 위해 자신을 증명해야 하는 이중적인 굴절. 이것은 우리가 문학의 영역은 물론이려니와, 현실의 경험적인 측면에서도 이미 겪는 바이다. 정주민인 한국인들은 한국어를 떠듬거리는 한국계 2세, 3세들에게 한국말 똑바로 하라고 얼마나 호통치고 있으며, 어조가 강하면 얼마나 민첩하게 조선족이라고 '판별'해 내는 기제를 작동시키고 있었던가. 당연한 이야기지만 정주민이라고 의식하는 한국인들은 스스로의 정체성을 밝힐 필요가 없다.

　'그들'의 경험을 '나'의 것으로, '나'의 경험을 '그들' 것으로 서로 소통하기 위해서 디아스포라라는 개념이 필요하다. 다시 말해서 '재일'의 특수성 강조로 인하여 '재일' 이외의 것을 배제하는 움직임[7]이

7　현실적으로는 동포라고 부르지 않고 디아스포라로 호명당하는 점에 대해서 비판하

나 고국의 정주민들이 '동포'를 강조하여 2종 국민을 강요하는 것은 올바른 자세가 아니다. 이 글에서 필자가 코리안 디아스포라라고 부르는 것은 이와 같은 의미에서 비롯된 것이다. 코리안 디아스포라의 경험에 공명하는 독서 체험은 '나'의 주체가 고정된 것이 아니라 이미 디아스포라적 존재 속의 일원이라는 것을 인식하는 과정이다. 그 단서를 이회성의 《유역으로》에서 찾아볼 것이다. 그러나 논의 과정에서 '재일'이라는 표현을 문맥에 따라서 어쩔 수 없이 쓸 경우도 있을 것이다. 이러한 혼란스러움은 오히려 '재일'과 디아스포라 사이의 진폭에 놓인 그들의 위치를 극명하게 보여 주는 것이기도 하다.

사실 재일코리안 디아스포라문학의 소재는 일본에서 정착한 한국계 유민의 고단한 삶에 고착되어 왔다. 따라서 이들 문학의 서사적 모티브는 모국인 한국과 정주국인 일본이 부여하는 갖가지 이념에 의해 옭아매어진 고단한 삶을 공통으로 지니는 것이다.

변하지 않는 것은 없는 것처럼 고국의 이념도 퇴색한다. 유미리라는 작가의 경우처럼 스스로가 '재일···'의 틀 안에 갇히는 것을 거부하는 작가도 있다. 필자의 상상이지만, 유미리의 입장에서 보면 고국은 주는 것도 없이 간섭만 하는 얄미운 시어머니일지도 모른다. 아버지를 따라서 한국에 갔더니 반쪽발이라고 혼내는 택시 기사와 싸움을 할 수도 있다(가네시로 가즈키,《GO》). 일본에서 한국에 유학을

는 '재일동포'들도 있다. '디아스포라 따위로 불리고 싶지 않다'라는 의지는 '재일'의 독특한 역사성과 그 범주화에 대한 집착임과 동시에, 또 다른 한편에서 '재일' 이외에 다른 디아스포라로서의 타자를 배제하는 발상이 내제되어 있음을 인식하지 못하는 것에서 비롯된다.

와서 보니 한국인들의 야만성을 보고 놀랄 수도 있다(이양지,《유희》).

이들은 적어도 2개국 이상의 나라에 걸친 문화를 비교하는 시점을 가진 디아스포라들이다. 그런데 이회성처럼 고국을 중심에 두었던 작가, 심각한 자기 정체성에 고민할 수밖에 없는 '구세대[8] 작가들에게 의미 있는 변화가 1989년 이념 대립의 종언에서 태동되었다.[9] 이회성의《유역으로》는 1989년의 시간을 기준점으로 삼았다. 이 소설은 이념 대립이 막을 내리며 그 전에 일어났던 부조리들, 그 부조리 앞에서 무력할 수밖에 없는 인간의 윤리적 갈등을 회고하며, 글쓰기를 통해서 '재일···문학'이라는 틀을 벗어나 디아스포라 문학으로서 거듭나고자 한다.

초출본이 나온 1992년 당시는 디아스포라라는 개념이 문학에서 자리하지 못하던 때였다. 예컨대 하야시 하루조林造治가 '재일조선인 문학'의 명칭 사용부터 면밀하게 검토하면서도, 디아스포라 개념을 담지 않고 있는 것이 눈에 띈다. 하야시의 논의가 이회성의《유역으로》가 발표된 지 10년의 세월이 지난 시점에서 '재일'문학의 성립에 이르는 문학사적 전개를 고찰하면서도, 디아스포라의 개념을 포함하지 못하고 있는 실정을 감안하면 이회성의 선견성을 알 수 있

---

[8] 구세대라는 표현을 부정적인 느낌으로 기술한 것은 아니다. '재일···'문학을 해설하는 논문에서 반복해서 읽게 되는 1세대, 2세대, 3세대, 4세대 등의 구분(왜 나누는지 의미 전달도 잘 안 되지만)들을 따르지 않고, 고국과의 관계를 자기 정체성 구성에 주요소로 삼는 세대라고 평범하게 사용하고자 한다.

[9] 오해를 피하기 위해서 말하면 작가의 희망과는 달리 이념 대립은 한반도에서 여전히 사라지지 않았다.

다.[10] 김환기가 디아스포라의 관점에서 "확장된 디아스포라 의식"[11]을 지닌 소설로 평가한 것도 최근에 이르러서다. 이 소설은 초출과 문고판본 사이에는 수정, 보완한 부분이 있지만,[12] 여기서는 이동異同에 초점을 두지 않고 문고판의 텍스트 세계를 대상으로 논하기로 한다.[13] 이 글이 작가의 방법 의식의 변화를 탐구하기보다는 최종적으로 대중 독자들에게 보이고 싶은 완성된 텍스트 세계를 문제 삼고 있기 때문이다.

먼저 복잡한 서사 구조를 정리해 두고 싶다. 《유역으로》는 스토리의 외곽을 이루는 구 소련 여행 서사 안에, 재일코리안 디아스포라 서사, 남북 분단의 트라우마 서사, 고려인 강제이주 서사, 북한 탈출 소련 유학생 서사가 담겨 있다. 그리고 다시 인물들의 윤리를 매개로 하는 개인의 기억 서사가 거대 서사들 틈새에 자리 잡는다. 거칠게 말해서 이 소설은 이데올로기 대립 해소의 시간성(1989년)과 윤

---

[10] 林造治, 《〈在日朝鮮人文學〉とは何か-その史的展開から考える〉, 《民主文學》, 2003.4, pp. 83-99.

[11] 김환기, 〈재일 코리언 문학과 디아스포라-이회성의《流域》을 중심으로 -〉, 《일본학》 32, 2011, 156쪽.

[12] 《유역으로》는《군상群像》1992년 4월호에 발표되었다. (제목 :《유역流域》) 일부 가필하여, 1992년 6월 '유역으로'라는 제목으로 단행본이 간행(講談社)되고, 약간의 수정, 삭제를 거쳐 2010년 3월 '유역으로'라는 이름으로 문고본(講談社文芸文庫)이 간행되었다. 한국에서는《유역》(김석희 옮김, 한길사)이 1992년 번역 출판된 바 있다.

[13] 인용은 필자의 번역이며 고단샤 문고판 상·하권의 쪽수를 기재한다. 루비와 강조는 생략하지만 필요할 경우 밑줄로 방점을 표시하거나, 루비를 각주로 달아서 작가의 서술 의식을 드러내기로 한다.

리의 피안을 의식한 공간성(유역)을 통해서 다양한 서사들의 시간과 공간을 수렴하는 구조로 이루어진다.

1989년의 시간 축은 재일코리안 문학이 일본에서만의 고유한 문제로 단순화될 수 없다는 것을 전달하는 장치다. '재일···'의 문제가 일본 내부로만 한정될 수 없는 것은 당연하다. 1989년 여름은 한반도 정세가 중요한 지각 변동을 일으켰던 시기로, 소련의 붕괴가 임박한 시점이고 독일 분단이 해소되기 직전이기도 하다. 여기서 1989년은 분단의 종료라는 명료한 메시지를 담고 있으며, 나아가서 화합과 상생이라는 희망조차 부여된다. 그들 '재일···'의 주체들은 소설 세계에서 그려지는 분단 조국, 구소련으로 흩어진 동족들, 부모를 버리고 북한을 탈출해야만 했던 이념 대립의 희생자들을 타자로서 내포하는 주체들로 거듭난다. '재일···'이라는 배타적 장소를 벗어나 작가는 디아스포라의 열린 공간을 상상하는 것이다.

하천의 물이 만나는 '유역'의 의미를 떠올리면 디아스포라의 열린 공간이 좀 더 명료해질 것이다. 일본어로 '유역'은 유형지, 유배지의 의미도 있다. 이 유역은 이산된 주체와 타자들이 모여 구성되는 디아스포라 아이덴티티의 수원지이기도 하다. 두말할 필요도 없지만 이 수원지를 향한 여정에 등장인물들만이 아니라 독자들도 함께 초대된다.

한국의 근대 서사는 조선 왕조 말 국운이 쇠하여 개혁·개방에 뒤쳐진 채 일제의 식민통치 대상이 되어 신음하면서도 독립운동 등의 저항을 보이다가 해방을 맞이하고, 냉전 체제의 세계 정세 속에 휘말려 분단국이 되었다는 내용으로 참으로 슬프다. 그 뒤 동족이 서로 죽이는 전쟁을 벌인 후 휴전하여 엄밀히 말하면 단순한 분단이 아니라 여전히 전시 상태이고, 그 와중에도 남한은 개발독제 체제를 거쳐 지금은 비약적인 경제발전을 일구었지만 청년실업과 노령화라는 난제 앞에 한숨을 쉬고 있다. 이들 흐름 속에서 친일반민족 행위 서사나, 일제에 대한 저항운동이나 독립운동의 서사, 반공 서사, 민주화 항쟁의 서사 등이 틈새를 촘촘히 메우고 있다. 이것들은 시련의 극복 서사라 할 수 있는 내용을 지닌 한국의 근대 국가 서사인 것이다.

그런데 이와 같은 한국의 근대국가의 서사 구조에서 외면당한 재일코리안 디아스포라들의 서사는 분단 조국, 반공과 민주화의 틈바구니에서 디아스포라 서사를 지닐 수밖에 없었다. 즉, 이데올로기의 선택을 강요하는 남과 북의 대립 속에서 코리안 디아스포라들은 보호되어야 할 자국민이라는 입장은 경시되고, 국익을 위한 해외인적 자원으로서 고국에 충성을 다하는 '동포'로서만 존재하였던 것이다. 디아스포라들의 권리를 고국인 '국가'가 보호해 주고 언제든지 돌아올 수 있는 따뜻한 품으로서 존재하였는지는 의문이다.

종횡하는 디아스포라 서사

《유역으로》의 주인공은 춘수春洙라는 일본에 거주하는 한국계 디아스포라 작가다. 소설 시간인 1989년, 춘수와 강창호姜昌鎬는 소련의 문학자 단체로부터 공식 초청을 받아, 1937년 스탈린 치하 연해주에서 중앙아시아로 쫓겨난 고려인 강제이주사건을 취재한다. 이들 여정의 안내역으로 유진劉眞[14]이 동행하면서 세 사람의 동반자적 관계가 구축된다. 이와 같은 설정에서 알 수 있듯이 1989년의 시간에 1937년의 기억을 소환해 내는 것이 이 소설의 1차적인 서사다. 따라서 한반도로부터 이산된 유민이 처참하게 박해를 당한 1937년을 기점으로 삼아, 이념의 대립 속에서 여전히 신음하고는 있지만 변화의 격랑에 쌓인 1989년까지의 코리안 디아스포라의 운명 서사를 묵직하게 소환하고 있다고 할 수 있다.

이들 세 사람이 한 달 동안 모스크바에서 카자흐스탄, 우즈베키스탄을 돌아 다시 모스크바로 돌아오는 여행이 이루어진 1989년이라는 시간 속에는 다양한 군상들이 서로의 장소에 귀속하고 있다. 즉, 1937년을 기점으로 현재 시간인 1989년으로 수렴되는 시간 구조를 지니면서 그 안에 고려인의 이주 초기 이야기, 한민족 이외의 다른 민족이 겪는 스탈린 치하의 박해, 해방 공간 속에서 춘수의 아버지가 벌인 비겁한 행동으로 인한 부자 간의 갈등이 방사되어 시간과 사건들이 종횡으로 복합적인 이미지를 만들어 낸다.

이 군상들에 대한 이야기는 1937년 사태의 기억을 소환하는 과정에서 중층적으로 또 다른 서사를 구성한다. 1989년의 시간성에 의미가 담긴 문익환 목사, 임수경의 월북 후 귀환은 이 소설에서도 춘수와 강창호의 대화 속에 등장하는 중요한 소재이다. 특히 세계청년학

생축전에 참가한 임수경이 판문점을 통해 남한으로 돌아온 사건은 남북 분단의 고착 상태에서 상징성이 큰 사건이었다. 한반도 내 정황뿐만 아니라 1989년은 베를린 장벽이 무너진 세계사적 사건이 일어난 해이기도 하다.

이와 같은 세계정세를 반영하듯 춘수 일행의 여행길은 공산주의 연합이 흔들려 붕괴하기 직전인 소비에트 연방의 영토였고, 그 여정에 회상으로서의 독일 체험도 삽입된다. 모국의 이념 대립이 해소될 가능성에 거는 희망, 일본 안에서 남과 북으로 대립하는 현실 극복에 대한 의지, 춘수가 개인적으로 독일에서 만난 한국인 여성과의 상처내기식의 이별, 친족을 배신하고 가족만을 구한 춘수의 아버지에 대한 회한 등등의 서사들이 1989년에 수렴된다. 이들 다양한 군상들을 디아스포라 서사시로 승화시키는 지점에서 광폭적인 의미공간을 생산해 내는 것이다.

다시 말해서, 소설 세계는 '재일···'이라는 범주 안에서 국지적으로 특수성을 주장했던 문학의 위치에서, 세계의 전 지구화의 전조를 예감하고 디아스포라 문학의 글로컬성을 강하게 환기시킨다. 이회성이 그린 '유역'은 글로벌한 세계의 움직임과 로컬의 특수한 상황이 만나는 지점이다. 여기서 다양한 역사성과 현실성을 가진 디아스포라 정체성 구상의 가능성이 엿보인다.

그 단서는 1937년 연해 주에서 중앙아시아로 강제이주를 당한 유배의 이미지다. 이에 더하여 강제이주의 신산을 겪은 '고려인'의 유랑과 평행하는 관계로서, 탈북 서사가 중층적인 관계를 구축한다. 즉 북한 체제를 비판하고 망명한 박진朴眞, 유진, 하진河眞 등이 말하는 바의, "러시아의 여기저기로 분산되어 이동금지라는 감시의 눈초리를 받으며 살게" 된 것, "그곳은 <u>유형지</u>와 다름없었다"(상 : 57, 밑줄 원문 방점)라는 망명 서사가 바로 그것이다.

이어서 독일 체험과 '재일···'의 경험을 포갠 채 '그들'의 '유형지'를 찾는 춘수가, 그곳을 "한국 그 자체가 아니면서 실로 '한국'"(상 : 211)이라고 느끼는 것은 '한국인이 아니면서 실은 한국인'이라는 반어처럼 부정성 위에 구축되는 코리안 디아스포라 헤테로토피아에 다름 아니다. 이 디아스포라 헤테로토피아는 한반도를 떠나 다양한 사유로 이산을 강요당한 자들의 연대 공간일 것이다. 즉, 이 헤테로토피아의 공간은 강제이주당한 재소련 코리안 디아스포라, 탈북 소련 유학생, 분단 조국의 숙명을 죄로 수용하는 '재일···', 여기에 유대인, 팔레스타인 등등 이산을 경험하는 사람들이 유배되어 모이는 타자로서의 디아스포라들이 다양한 물결과 포말로 모이는 곳이다. 어떤 면에서는 '유역'은 모국과 영주국의 어느 체제에서도 속하지 않고 지배와 보호를 받을 수 없는 심리적 공간이었다. 디아스포라들은 어떤 현실적인 장소에 살든, 그 현실적 장소의 경험과 모국의 기억들이 서린 장소를 산다.

이 소설의 시간은 한 달에 걸친 여정이다. 여기서 발견되는 것이 '유역'이다. 그 '유역'은 다양한 개인 서사들이 만나는 곳이었다. '유역'을 발견하는 서술자로서의 춘수는 단순히 소설 내의 사건들을 독자에게 매개하는 데에 그치지 않고, 그 사건들과 자신의 내적 경험들을 경합시키면서 새로운 인식을 도출하기도 하고, 뒤에서 논하는 것처럼, 중요한 자기고백적인 서술을 하고 있다. 춘수는 자신이 견문한 간접적인 사건들을 분석하여 서술자의 인식이라는 여과 장치를 통해서 서술하며, 그 서사 내용들이 점화장치가 되어 자신의 내면에 잠재한 터부를 고백하는 매우 중층적인 서술자이다.

그런데 여기서 그치지 않고 서술자는 다시 여행에 동행하는 두 명의 인물과의 삼각관계를 통해서 더욱더 착종적인 위치에 선다. 춘수는 같은 '재일' 작가이면서 성향이 대조적인 강창호와, 탈북 망명 작가인 유진과 소통하면서 자신의 내적 경험들을 상대화하고, 새로운 인식을 도출하는 정반합의 서사를 만들어 낸다. 이를 통해서《유역으로》가 민족과 지역을 넘는 디아스포라의 연대적 삶을 웅장한 스케일로 성립하는 것이다.

디아스포라 윤리

춘수가 자신이 조직한 잡지《군세이群聲》[15]에 대한 의미를 강조하는 이유도 그 때문이다. 춘수는 이 동인지의 구성에 대해서 다음과 같이 말한다.

　　동인은 여덟 명이었다. '조선'적도 있고 '한국'적도 있다. 세대적으로

---

[15] 이회성이 주축이 되어 발행한 잡지《季刊 民濤》가 1987년부터 1990년까지 10호 발행되었다. 〈군세이群聲〉는 이《季刊 民濤》를 일컫는 것으로, 작가는 자신의 자전적 체험을 춘수에게 투사하여 허구화함으로써 긴장적인 리얼리티를 만들어 내고 있다고 할 수 있다.

는 이세와 삼세로 구성된다. 스텝 중에는 귀화한 청년도 있다. 이러한 구성은 '재일' 그 자체의 축소판일지도 몰랐다. 돈을 각출해 주는 동포 중에도 '남'과 '북'과 '귀화자'가 있다(상 : 72).

'재일'의 정체성은 국적으로 나눌 수 없는 '재일···' 그 자체인 것이다. 여기에 춘수는 "북이든 남이든 내 조국"(하 : 27쪽)이라는 통일 민족관을 가진 인물이다.[16]

여기서 '재일···' 서사의 문맥을 조금 떠올려 보자. 우리에게 알려진 '재일···' 서사는 두 갈래로 생각할 수 있다. 먼저 일본인으로부터의 차별, 그리고 그에 이어 자신의 모국어 이름을 회복하면서 민족 정체성을 자각하는 것이다. 강상중처럼 도쿄대학 교수가 되어 어머니를 회고하고 동아시아의 평화 구상을 세우는 엘리트의 활동이나 이양지처럼 모국의 정체성을 회복하려고 악전고투하는 비련이 있다.

그런데 처음부터 민족 정체성을 견고하게 지키는 데 주안점을 두고 조총련계로 활동하다 그로부터 멀어진 '재일···'의 입장은 다르다. 분단 조국의 축소판인 조총련과 민단 사이에서 갈등하거나, 또

---

[16] 통일민족관에서 비롯하여 이 소설에는 등장인물의 입을 통해서 조총련, 민단, 북한 체제, 한국의 독제 체제와 민주화운동가, 붕괴 전의 소비에트, 팔레스타인을 억압하는 이스라엘, 러시아 코리안 디아스포라들의 정치적 입장 등에 대해서 다양한 비판을 가하고 있다. 특히 북송선과 관련한 갈등과 체제 세습 문제 등에 대해서 날카로운 정치적 입장을 보인다. 여기에는 서술자의 배경 너머로 작가 이회성의 궤적으로 인한 정치적 성향을 읽을 수도 있지만 여기서는 작가의 심리를 논하는 것은 피한다.

는 어느 쪽에도 속하지 않은 입장에서 '조국' 때문에 고뇌한다. 이들에게서는 일본인으로부터의 차별뿐만 아니라 분단 조국이 초래한 스트레스도 그에 못지않게 크다. 춘수나 강창호는 후자에 속하는 사람들이다. 춘수와 강창호도 조국이 부여한 갈등의 틈바구니에서 서로를 알게 된 사이다.

조총련 조직에서 나온 춘수가 삿포로 동계올림픽에서 일본의 방송국에 캐스팅되어 일하고 있을 때였다. '민족신문사'에서 함께 일하던 총련계 기자가 춘수를 목격하여 배신자라고 춘수를 탓하며 실랑이를 벌이게 된다. 이때 이 싸움을 말린 것이 강창호였다. 이 사건에서 보듯이 강창호는 조총련과 민단을 오가는 중도적인 입장에서 일을 하는 존재로 스스로를 자리매김한다.

별안간 오가는 고성. 야만적인 조선인끼리 노려본다. 조선인 전매특허인 악다구니. 금새 두 야만인 주위에 사람들이 모여들었던 것은 당연한 일이었다. 각국의 보도진은 지상에서는 남북한 스케이트 선수의 역주를, 지하에서는 조선인 저널리스트와 작가 간에 해대는 악다구니의, 때 아닌 공연을 동시에 관찰할 기회가 주어졌던 것이다(상 : 75).

"각국의 보도진"들 앞에서 분단 조국은 두 사람을 "야만인"으로 만들었다. 분단 조국으로 인하여 "야만적인 조선인"이 되는 경험을 서술자는 스스로를 바라보듯이 서술한다. 이 바라보는 시선은 일본인의 시선을 내면화한 것이다. 이러한 일본인의 시선 안에 자신을 가두며 사는 것 자체가 이미 존재의 윤리를 혼란스럽게 한다. 분단 조국의 현실은 디아스포라 개인에게 늘 윤리적인 책임을 지운다. 특징적인 것으로 이 소설에는 일본인에게 차별받은 이야기는 거의 나오지 않는다. 차별에 대항할 수 있는 논리를 가진 디아스포라 지식인들에게는 남과 북의 대립이 오히려 윤리적인 비중이 컸을 것이다. 오히려 차별에 대항하는 윤리는 디아스포라 개인의 정체성을 오히려 견고히 해 주기도 한다.

이들에게 조국은 어떠한가? '재일···'을 식민지처럼 취급하는 "본토"[17] 사람들에 대해서, 강창호의 말처럼 "나는 기대도 환멸도 하지 않는다"(하 : 288)는 것이리라. 그들의 삶에 작용하면서도 "기대도 환멸"도 할 수 없는 관계에서 '조국'이라는 표현은 어색함만이 부각된다. 앞에서도 언급한 바와 같이 이 소설에서 재일코리안 디아스포라서사는 일본인과의 충돌보다도 조국과의 부조화가 주를 이룬다. '재일···' 나름의 독자적인 세계를 피력하는 강창호의 견해도 조국과 '재일···'의 불협화음을 통해서 나온 것이다. 음악에서 불협화음은 배제의 대상이면서 동시에 비틀림의 표현으로 미적 효과를 거두는 기법이다. 이 소설에서의 불협화음은 중요한 장치로서 주도면밀하게 배치[18]되어 있다. 단적으로 말하면 독일에서 서술자인 춘수가 '심취할 수밖에 없었던' 슈베르트의 '마왕'이야말로 불협화음을

---

[17] 남북한을 의미한다.

[18] 그런데 이들 민족 대이동의 서사는 사실 관계 확인에 주안점을 두는 강창호와, 그들 이동에 문학적 상상력을 동원하는 춘수가 서로 대립적인 관계에서 취재한다는 행위에서도 처음부터 불협화음을 이룬다. 이들의 여정 속에서 다양한 불협화음을 경험한 후 둘 사이에 견해차가 좁혀지는 부분에서 하모니를 읽을 수 있는 것이다.

효과적으로 사용한 가곡인 것이다. 이 점은 뒤에서 다시 논하기로 한다.

'재일'이라는 한국어음 호명과 '자이니치'라는 일본어음 호명 어느 쪽에도 결국 '그들'의 불완전성과 조국과 정주국 사이에 낀 불협화음이 존재한다. '재일···'의 생략된 부분에 어떤 내용을 채워야 하는지 난감하기에 만들어진 용어들이기 때문이다. 아무리 '재일'이나 '자이니치'라는 식으로 고유명사화한다손 치더라도 이 말에 부재하며 존재하는 '한국인', '조선인'의 이미지는 남는다. 이미 부정성이 짐 지워진 정체성은 근원적인 윤리 문제에 봉착할 수밖에 없다. 이 소설은 이와 같은 근본의 문제를 원죄로 표현한다. 다시 말해서 이회성 문학에서는 역사적으로 침식당한 개인의 윤리, 즉 '재일···'인 것이 죄가 되는 현실을 극복하기 위해서 디아스포라의 다양한 삶의 모습을 타자로서 수용하는 작업이 필요했다. 디아스포라의 삶이 협화음보다는 불협화음으로 구성되지만, 불협화음은 음악에서 뺄 수 없는 요소다.

원래 불협화음인 것을 협화음으로 '인위적'으로 수정할 수 없다면, 오히려 불협화음에 좋은 음악적 인식을 부여하는 것도 한 방편이다. 춘수와 강창호로 하여금 남북 분단의 고착된 상황을 인정할 수밖에 없이 만드는 것이 불협화음이다. 이와 같은 '재일'의 불협화음 위에 또 다른 불협화음을 쌓으면 어떻게 될 것인가, 이회성의 실험이 시작된다. 또 다른 불협화음이란 스탈린 체제 소련에서 강제이주를 당하게 된 고려인의 운명 서사다. 《유역으로》는 '재일'의 특수한 경험을 '고려인'과 대비하면서 디아스포라의 보편성을 얻어 가는 과정을 그린다. 분단 조국과 민족 문제라는 분단 서사·민족 서사의 강한 자장 안에 들어 있는 서술자 춘수와 강창호가 그 역할을 담당한다.

'재일···'의 풀리지 않는 문제들이 구소련을 배경으로 한 고려인의 강제이주와 서로 교차 서술되면서 코리안 디아스포라 서사로 연결되는 과정, 즉 이 두 서사들이 불협화음의 하모니를 이루는 구조가 이 소설의 뼈대를 이룬다. 그것은 '동포'와 '재일'의 애매한 민족 서사가 고려인의 민족 대이동의 서사와 일단 혼합되고, 이를 통해서 새로운 인식의 장이 열리면서 시작된다. 춘수와 강창호는 이 문제를 핵으로 두고 소련을 방문한 것이었다.

그들이 본 고려인들의 이주 서사는 다양한 개인들의 담론을 통해서 거대 서사와 개인 서사들이 마치 음악의 성부와 같이 전개된다. 이 소설은 마치 호모포니homophony와 헤테로포니heterophony의 관계를 서로 교차시켜 정교하게 리듬을 부여하는 것과 같은 서사 구조가 특징적이다. 음악에서 말하는 '호모포니'란 한 성부가 주선율을 전개하고 다른 성부들과의 리듬적인 차이가 거의 없는 동성음악을 말한다.

예컨대 호모포니적 서사로서 고려인 강제이주의 주선율은 라브렌치 손의 어머니, 빅토르 박, 박일종朴一鐘 교수, 장일張一 등의 각각의 다른 성부들이 화음을 이루는 형식으로 전개된다. 또 이에 더하여, 조기천趙基天, 조명희趙明熙 등 '이동의 비극'을 공통항으로 지닌 작가들이 실명으로 기억 속에 등장하여 부선율의 서사를 이룬다.

소설의 공간이 구소련 지역의 여행지이지만 중심인물들이 재일 코리안 디아스포라라는 점에서 이 소설은 자연히 '재일···'의 문제를 또 하나의 주선율로 삼고 있다. 여기에 부선율로서 춘수와 강창호의 재일 코리안 디아스포라로서의 삶이 서사된다.

세 번째 주선율은 조국과 관련된다. 구소련 지역이든 일본 지역이든 코리안 디아스포라의 공통항은 역시 분단 조국의 서사이다. 이들은 남과 북이 분단되지 않은 역사적 경험을 살았다면 다른 삶을 살았을 것이다. 문익환이나 임수경의 모델이 등장하고 독일 유학생의 간첩 혐의 등이 서사되는 것도 코리안 디아스포라가 지구상에서 유일하게 이데올로기에 희생되는 디아스포라임을 기록한다.

한편 여기에 헤테로포니처럼 독립적 성격이 강한 선율들이 한데 어울려 이루어 내는 다성음악의 효과를 노린 박진·유진·하진, 삼진三眞들의 탈북과 그에 따른 각각의 '강제이주'가 있다. 춘수의 아버지와 사할린 일족의 가족 서사와 사촌동생 부스의 '이동', 사할린에서 중앙아시아로 자의로 이동한 사람들, 한쪽 눈이 실명한 고려인 할머니에 관한 에피소드가 꼬리를 문다. 그런데 이들은 각각 모든 다른 개인의 내면 서사를 지니고 있다.

이렇게 보면 고려인 강제이주 사태와, 재일 코리안 디아스로포라의 경험과, 분단 조국의 호모포니 서사에, 다양한 개인 서사가 얽혀 만들어 내는 헤테로포니적 서사들이 뒤엉킨 중층적인 구조를 지니고 있다고 할 수 있다. 예컨대 고려인의 이주, 이동, 교류의 문제는 호모포니적이고 각 개인 서사에 귀를 기울이는 것은 헤테로포니적이라고 할 수 있다. 즉 공식적으로 크게 서술된 '고려인 강제이주' 서사를 전제로 그 안에서 각각의 운명을 가르는 '강제이주'가 제각각의 색깔로 서술되는 것이다.

호모포니 서사		헤테로포니 서사
주선율	부선율	
고려인 강제이주	라브렌치 손의 어머니가 서술하는 강제이주 서사[19]	박진·유진·하진 : 김일성 체제를 비판하다 1958년 망명한 북한 출신 유학생들의 소련 내 강제이동에 따른 우정과 망명 서사[20]
	빅토르 박이 서술하는 강제이주당하던 아버지 서사	사할린 출신 편집장 : 교육을 통해서 대륙으로 이동하여 어느 정도 성공한 입신 서사
	박일종朴—鐘 교수가 서술하는 강제이주 시기의 선택과 김일성의 교사 역할을 한 이동 서사	사촌동생 부스 : 어머니의 자살의 기억을 내면화한 채 사할린에서 우즈베키스탄으로 이주 후, 이혼과 독신의 가족 상실 서사
	장일張—[21]이 서술하는 강제이주 경험과, 소련군으로서 북한에 진주하여 공산당 간부를 지내다 숙청당해 카자흐스탄으로 돌아오는 이동 서사	한쪽 눈이 실명한 고려인 할머니 : 단 5분 만에 서술되는 유랑의 함묵緘默 서사
	에피소드로 서술되는 조기천趙基天 이야기(강제이주 후 북한 활동 중 한국전쟁에서 사망한 비극적인 이동 서사)	에피소드로 서술되는 김사량金史良 이야기 : 일본작가 생활 후 월북, 한국전쟁에서 사망한 비극적인 이동 서사
	에피소드를 서술하는 조명희趙明熙 이야기(일제에 저항하다 연해주로 이주한 작가가 스탈린에게 숙청당하는 비극적인 이동 서사)	유진의 부친 서사 : 북한 탈출 소련 유학생으로서 아버지의 숙청을 초래한 불효 서사
재일 코리안 디아스포라 서사	춘수가 서술하는 문예지 《군세이群聲》에 참가하는 인물들의 다양성 서사	춘수의 부친 서사 : 사할린에서 친족을 버리고 본토로 도망친 아버지에 대한 증오의 서사
	강창호가 서술하는 재일 코리안 디아스포라의 삶과 고국과의 불협화음 서사	춘수의 어린 시절 서사 : 일제의 일원으로써 자각이 없던 상태를 회고하며 무식을 죄로 보는 윤리 서사
분단 조국 서사	문익환이 모델인 전일환의 남북 문제 해결을 위한 **통일행동 서사**	춘수의 연애 서사 : 독일에서 만난 여성과의 사랑과 배신
	임수경이 모델인 임수령의 세계청년학생축전 당시의 삼팔선 이동 서사	팔레스타인(/유대인)과 크리미아 타타르인(/우즈베키스탄인)의 극한적인 디아스포라 서사

이 거대 서사 속의 개인 서사들은 타자의 기억 속에서 표출되는 조천기, 김사량, 조명희는 별도로 치고, 다시 기억의 서사와 신념의 서사로 대비시킬 수 있다. 개인들의 역사는 라브렌치 손의 어머니처럼 당시의 기억을 소환해서 서술하거나, 부스처럼 무엇을 떠올려야 할지 모를 기억이거나, 바자르(시장)에서 만난 한쪽 눈이 실명한 할머니처럼 떠올리기를 거부하고픈 기억이기도 하다.

반면 박일종 교수는 1937년 당시의 공포의 트라우마를 지닌 채 자신의 북한 체험, 더 정확히는 김일성 체험을 암기하듯이 발화하기도 한다. 비슷한 예로, '국수 차관'이라 불리는 장일처럼 월북 작가들과의 교류 기억과 북한 체제의 허위성에 대한 고발로서 발화되기도 한다. 망명 유학생들의 신념을 서술하는 박진도 마찬가지다. 전일환이나 임수령의 에피소드로 표현되는 남북 이데올로기의 갈등도 신념을 배경으로 한 서사들이다.

그런데 우리가 주의할 것은 호모포니 서사나 헤테로포니 서사를 음악적으로 표현한다면 이들은 거대한 불협화음의 세계라는 점이다.

---

[19] 화물차에 실려서 강제이주당하면서 겪는 생활상을 그린 부부(생활) 서사.

[20] 1957년 11월 27일에서 시작되어 1958년 8월에 수습된 유학생 망명 사건의 주인공들이 모델이다. 이 사건을 주도한 것은 허웅배(1928. 3. 17~1997. 1. 5, 박진의 모델, 왕산 허위장군의 손자)가 주도하고, 리경진(1930. 2. 6.~2002. 3. 24, 하진의 모델), 한 대용(1931. 8. 17~1993. 7. 13, 유진의 모델, 아버지는 북한의 유명 극작가 한태천)[이들 세 명을 '삼진'이라 함] 외 5명의 모스크바 영화대학 유학생과 의과대학 1명, 음악대학 1명 총 열 명이 소련에 망명하였다(김병학, 〈(해제)한진의 생애와 작품세계〉, 김병학 편, 《숭실대학교 한국문예연구소 문예총서12 한진 전집》, 인터북스, 2011, 687~784쪽 참조).

[21] 북한 문화선전부 부부장 출신으로 소련으로 망명한 정상진이 모델.

디아스포라의 이야기는 조화로운 화음이 결코 아닌 것이다. 다양한 이주, 이동, 교류의 경험이 켜켜이 불협화음을 쌓아서 협화음을 만들어 간다. 구소련 여행을 서술하는 춘수는 이 여행을 통해서 '재일'과 조국과의 불협화음을 축으로 "단순히 '재일'이라는 마이너리티에 국한된 문제가 아니라 '세계' 속에 일어나고 있는 해결되지 못하는 사태의 하나"로서 디아스포라 일반 인식을 얻는다. '재일'의 문제와 구소련에 사는 코리안 디아스포라들 각 개인의 비자발적 이주 서사들이 또 다른 불협화음으로 쌓이고, 이와 같은 전경의 뒤에는 다시 배경으로써 타 민족의 디아스포라 문제가 상호 관계로 파악된다.

코리안 디아스포라의 이동과는 별도로 집단화 정책에 반대하여 키리키즈스탄으로 강제이주당한 200만 명의 카자흐스탄인의 강제이주, 볼가강에서 카자흐스탄으로 강제이주당한 독일계 소련인, 크리미아 타타르인의 박해와 강제이주, 팔레스타인 등 민족들의 강제이주가 촘촘히 담겨 있다. 극단적으로는 자신의 영토로 돌아왔더니 타 민족이 그 땅을 점유함으로써 디아스포라가 될 수밖에 없는 팔레스타인(/유대인)과 크리미아 타타르인(/우즈베키스탄인)의 경우다. 팔레스타인과 타타르의 절망적인 디아스포라 경험은 '재일···'의 상황이 경합하기조차 힘들 정도로 비극적인 것이었다.

코리안 디아스포라들의 운명과 대배해서 춘수는 다음과 같이 말한다.

그 사람에게 춘수는 말했다. "저 사람들은 조선인보다 불행하다. 훨씬 불행하다." 실제로 이것은 누구의 눈으로 보아도 명백한 사실이었다. 우리들은 토지를 가지고 있다. 집도 가지고 있다. 국가도 가지고 있다. 두 개로 분단된 미완성 국가라고 할지라도. 그러나 팔레스타인 사람들은 이 중 어느 것 하나도 가지고 있지 않다. 타인의 토지에서 캠프를 치고 살며 국가도 아직 못 만들고 있다. 팔레스타인 사람들은 무국적자이고 패스포트도 없는 인간이다. 어떤 대가를 치르더라도 그들이 얻고자 하는 이 세 요구는 인간으로서 이 얼마나 소박한 것일까(하 : 25).

이 소설에서 코리안 디아스포라의 경험, 그중에서도 특히 '재일'의 문제는 홀로코스트나 팔레스타인 문제의 배경을 통해서 상대화된다. 이 밖에 또 다른 배경인 혼혈성이 있다. 이것은 뒤에서 논하는 것처럼, 유진의 아들 유리의 경우로 옮겨 가 정주자/디아스포라 의식을 초월한 '인간의 보편성'으로 확장되어 가는 것이다.

디아스포라 고백 서사의 교환

《유역으로》에는 디아스포라의 (강제)이주에 대한 서술 외에 또 하나의 스토리 라인으로 디아스포라의 내면을 서로 고백하는 서사의 교환 장치가 있다. 춘수의 삶의 불협화음과 유진의 그것이 합쳐져 협화음을 만드는 과정에 주목하고, 내면이 서사화되지 못하고 교환 행위라는, 소통에서 배제되는 또 다른 형태의 디아스포라의 삶과 비교해 보기로 한다.

춘수는 조국과 '재일···'의 틈새를 통해 '디아스포라'의 인식으로 확장하는 한편, 그 내면에는 아버지와 연인이 복잡하게 얽힌 이중 삼중의 죄의식을 감당한다. 텍스트 세계가 끝나 갈 무렵 춘수는 유진에게 자신의 아버지와 연인, 가족에 얽힌 죄의식을 고백한다. 이 고백 서사는 디아스포라와 '인간'으로서의 삶이 엉켜서 꽤 복잡한 양상을 띤다.《유역으로》하권이 시작되는 제3장 1절의 첫머리는 "청결한 침대 시트라는 것은 깊은 죄의 연상을 유인하는 법이다."(하 : 7) 라고 서술된다. 춘수가 독일의 심포지엄 참가를 계기로 사귀게 된 여성에 관한 기억을 떠올리는 대목이다. 춘수는 '그 사람'과의 관계를 "기억해서는 안 된다"고 스스로 억제하여, "자신의 양심의 가책이라든가 우유부단함에 대한 혐오라든가 왠지 견뎌낼 수 없는 열등감이라든가, 그러한 각가지 것들을 밀봉"(하 : 8)하려고 한다. 그러나 베를린의 기억은 '37년 문제'를 접하면서 서사의 전경에 떠오르는 것이다. "'37년 문제'는 과거의 일이지만 그 사람의 운명은 지금 현재의 문제"로 진행형이었다. "'37년 문제'에 휩쓸린 사람들은 유배당하고, 살해당했지만 그 사람은 살아 있으면서도 '죽임'을 당한 것과 마찬가지다."(하 : 10) 그도 그럴 것이 춘수와 만났기 때문에 한국 정부로부터 혐의를 받게 된 그녀는 조국에 무사히 귀국을 했는지 아니면 "처녀귀신"으로 비유되는 "방랑자 신세"(하 : 46)인 채로 있는지 지금은 알지 못한다.

별거 중이었던 춘수는 독일에서 여성 학자와 한 달간 동거하는 동안, 슈베르트의 가곡 '마왕'의 세계에 빠진다. 이 '마왕'은 춘수가 괴테 원시[22]까지 언급할 정도로 중요하게 초점화된다.

(약) 그러한 한 달간이었다. 그 사람이 나가면 춘수는 소설을 쓰려고
했다. 그 남자와 침묵의 대치를 시작한다. 그러나 형세는 완전히 불리
하였다. 지긋이 있으면 불쑥 '마왕'의 선율이 들려와 춘수는 낭패해했
다. 괴테의 원시로 된 이 곡만큼 자식을 생각하는 아버지의 기분을 애
절하게 나타내는 것이 그 밖에 또 있을까 싶다(하 : 26, 밑줄 인용자).

가곡 '마왕'이 '그 남자'로 표현되는 아버지의 서사에서 등장하는
점을 먼저 주목하고 싶다. 춘수는 일제에 협력한 아버지가 소련군
진주 후 일족을 버리고 사할린에서 '자기' 가족만 데리고 일본으로
도망친 기억을 지니고 있다. 그 배신이 친족들의 간접 살인으로 이

---

[22] -마왕-이 밤 어둠과 바람 헤치며 달리는 이 누군가? / 그들은 아버지와 그의 아이
라네. / 아버지는 소년을 품에 안아, / 안전하게 감싸고 따스히 보듬었네. "애야, 왜
두려운 얼굴을 하고 있니?" / "아버지, 마왕이 보이지 않으세요? / 왕관을 쓰고 망
토를 걸쳤어요." / "애야, 그건 안개가 깔린 거란다." '귀여운 아이야, 나와 함께 가
자! / 재미있는 놀이를 같이 하자꾸나, / 바닷가엔 화려한 꽃들이 만발하였고 / 내
어머니에겐 금빛 옷도 많단다.' "아버지, 아버지, 들리지 않으세요? / 마왕이 나
직하게 나에게 말하고 있어요" "진정해라, 진정해, 애야, / 마른 잎들이 바람에 사
각거리는 소리란다." '착한 아이야, 나와 함께 가지 않으련? / 내 딸들이 예쁘게 차
리고 기다리고 있어. / 그 애들은 밤의 무도를 이끌며 / 흔들고 춤추며 노래로 너
를 재워 줄 거야.' "아버지, 아버지, 저기 보이지 않으세요? / 저 컴컴한 곳에 마왕
의 딸들이 있어요." / "애야, 애야, 내가 분명히 보는데 / 늙은 버드나무가 잿빛으로
빛나는 거란다.' '널 사랑한다. 귀여운 모습에 반했어. / 하지만 네가 원하지 않으니
강제로 할 수밖에.' "아버지, 아버지, 마왕이 날 붙들어요! / 마왕이 나를 아프게
해요!" 놀란 아버지 쏜살같이 달리는데, / 팔에 안긴 아이는 신음하고 있네, / 힘겹
게 가까스로 집에 도착하고 보니 / 품 안의 아이는 이미 죽어 있었네(피종호 편저,
《아름다운 독일시와 가곡》, 자작나무, 1999, 138~139쪽).

어졌다는 죄의식, 민족을 배반했다는 부채의식이 춘수의 삶을 강하게 억압한다. 춘수는 1981년 사할린을 방문하여 친족 앞에서 머리를 바닥에 대고 "자신들만 몰래 섬에서 탈출해간 것을 사죄"(상 : 86)한다. 이 죄의식은 아버지를 '그 사람'이라 부르며, 족보를 감추고 본관에 대해서 끝내 입을 열지 않고 죽어간 아버지에 대한 원망으로 표출된다. 이것은 강창호는 성을 쓰면서도 임춘수는 춘수라고 성을 쓰지 않는 서술에도 은연중에 반영된다.

아버지의 원죄의식에서 벗어나기 위한 방법으로서 춘수는 '보이지 않는 적'으로 규정하는 아버지에 대해서 고백 서사를 쓰려고 하지만 쓸 수가 없었다. 비유적으로 보면 '마왕'에서 아버지의 품에서 죽어 가는 아들의 '절규'와 같은 삶이다. 그런데 이 '마왕'의 선율은 아버지에 대한 서사를 "써야만 한다"(하 : 20)고 감동적인 지지를 보낸 독일의 '그 사람'과 연결된다.

그 사람과 만나기 위해서 일본을 떠나기 전날 밤까지 춘수는 매일처럼 슈베르트의 '마왕'을 듣고 있었다. 무언가에 이기기 위해서 그것은 피할 수 없는 것인 것처럼. 이 얼마나 소심한 남자란 말인가. '마왕'을 이기지 못하는 평범하고 상식적인 아버지를 그 사람은 '바보'라고 동정했다. 그리고 그를 풀어 주었다(하 : 10, 밑줄 인용자).

위 만남은 이별하는 만남이 되었지만 그 이별의 원인을 "'마왕'을 이기지 못하는 평범하고 상식적인 아버지"라고 표현하는 대목은 주의할 필요가 있다. 여기서 '아버지'는 처자식을 버리고 이혼하려다가 우유부단해서 결국 가정으로 돌아가는 사람, 즉 춘수를 지칭한다. 그런데 결과적으로 춘수는 처자식을 버리고, 나아가서 독일의 '그 사람'을 버림으로써, 아버지의 죄의식과 포개진 다중적인 죄의식을 짊어지게 되는 것이다. 춘수는 그러한 자신을 다음과 같이 표현한다.

> 그 남자를 용서할 수 없는 것은 사할린에 관계가 깊은 사람들을 '버리는' 죄를 범한 것이다. 이쪽이(일제의 주구가 된 것보다도＝인용자 주) 훨씬 죄가 깊다. 그런데 그 남자의 처신을 미워하고 있었을 터인 아들이 정말이지 지금은 같은 범실을 저지르려고 하는 것은 아닌가. 아버지여, 아버지여, 나는 당신의 슬픈 길을 따라가려 하는 것인가…"(하 : 51).

"그 남자"에서 "아버지여 아버지여"라고 표현이 이동하는 것에 민감할 필요는 없다. 이 예외를 제외하고 소설 세계의 막바지에 유진에게 고백할 때까지 그는 아버지를 '그 남자'로 부르기 때문이다. 그런데 실은, 춘수가 증오하는 그 남자(＝아버지)가 친족을 버린 것은 가족을 구하기 위해서였다. 친족을 버리지 않는다는 것은 가족을 구하지 못한다는 것과 같다. 이것은 나중에 유진으로부터 "도망칠 수밖에 없었던 처지"(하 : 260)였을 거라며 "우리들과 같은 인생의 서사는 무수히 굴러다닐 것"(하 : 216)이라는 반론을 받는다.

그런데 여기서 작가는 '마왕'에 또 하나의 장치를 해 두고 있다. 이 괴테의 원시가 '어부의 부인Die Fischerin'에서 등장인물인 도르첸이 떠나간 아버지와 신랑을 기다리며 부르는 노래였다는 점에서, 이별과 죽음을 드리우는 심상을 담은 '그 사람'(=춘수가 버린 독일 유학생 연인)의 그림자라고도 읽을 수 있기 때문이다.[23] 유진과 서로 고백에 의해서 교환된 아버지의 서사가 협화음으로 이어 갈 가능성을 보이는 한편 '그 사람'의 이야기는 유진에게 고백해 보지만 유진은 수용한 채 머문다.

아버지를 '그 남자'라 부르는 것은 부성을 부정한다는 의미에서일 게다. 조국의 개입으로 사랑이 깨지고 춘수의 우유부단 때문에 이중으로 '살인'을 당하는 그녀를 '그 사람'이라 부를 수밖에 없었던 것은 그녀의 이름을 호명할 자격 상실과 비슷한 감정을 느꼈기 때문이었을까. 아버지와 연인의 쌍으로 구성된 춘수의 내면 서사는 죄의 기억으로 소환되어 '아버지와 조국'의 부정적인 유산을 한 몸에 떠맡는 춘수에게 수렴된다. 이 원죄는 결국 '마왕'의 불협화음처럼 춘수의 내면에 소용돌이친다. 이로부터 용서받고 구원받을 길은 '유역'에서 사는 삶, 즉 '디아스포라'의 무소유성이라는 성찰이었던 것이다.

여정의 안내자 유진은 금주를 한다. 그는 춘수와는 정반대로 아버지를 향한 죄의식을 갖고 살 수밖에 없는 인물로 그려진다. 유진은 평양을 다녀온 빅토르 박을 통해서 가족의 소식을 듣고 "술을 마시

---

23 또 다른 해석도 가능하다. 이 가곡에는 서술자의 네 역할이 등장한다. 한 명의 소프라노 가수가 창법을 바꿔 4명의 역할을 담당하는 점에 의미를 가중하게 부여한다면, 춘수의 내면이 네 요소로 이루어지는 것을 알 수 있다. 무리를 무릅쓰고 말하자면 마왕의 유혹과 강압은 배신과 '간접 살인'을 촉구하는 '식민지를 경험한 분단 조국'으로 볼 수 있다. 아버지와 아들은 춘수의 입장에서 아버지도 되고 아들도 되는 관계, 해설자는 춘수를 상대화하고 아버지의 서사를 쓰라고 격려하는 독일의 '그 사람'에 해당한다.

고 싶어서 견딜 수가 없었다"(하 : 103)면서도 스스로에게 건 터부를 깨지 않는다. 17년 전 아버지가 돌아가신 날부터 "아버지의 성묘도 하지 못한 불효자"(하, 102)로서 유진 스스로가 자신의 신체에 가하는 형벌이다. 유진이 술을 마실 수 있는 날이 오면 "온 세계의 술통을 다 비워버리겠다"(하 : 104) 하자, 춘수도 함께 마실 것을 제안한다. 유진이 술을 마시는 날은 북한에 자유롭게 갈 수 있는 그날이고, 그들의 조국이 자신들을 박해하지 않게 되는 그날이리라.

북한 체제에서 잘나가던 문인인 아버지는 아들의 반역으로 궁지에 몰렸고, 그로 인해서 어머니를 비롯한 가족들은 비참한 처지로 전락한다. 아들로서의 '선택' 때문에 유진은 늘 "그림자"(상 : 22)가 있어 표정이 어둡다. 춘수는 "'그림자'를 지닌 인간이 더 낫다"(상 : 23)고 감정 교류의 기초를 쌓는다. 유진은 아버지의 '작품' 주제를 계승하여 자신의 선택을 교차하는 '작품'(《공포》라는 이름의)을 씀으로써 '아버지-나'의 서사를 그려내고 있었다. 피해자의식에서 가해자의식으로 전환되는 춘수와는 달리 처음부터 마지막까지 가해자로서의 '운명'에 순응한다.

유진은 제2차 세계대전 때 나치에 협력한 혐의로 카자흐스탄으로 추방된 우크라이나 여성과 결혼하여 아들 유리를 낳고, 아들 유리는 독일계 소련인 여성[24] 사이에서 유진의 손자를 낳은 "혼성가족"(상 :

---

[24] 제2차 세계대전 초에 독일인이 볼가 강 연안의 독일인 자치주에서 알마티 주변으로 강제로 이주되었다. 그리고 1942년에는 바크 유전지대를 목표로 한 나치스 독일군에 의해 크림 반도를 점령당했고, 북 캅카스 지방도 침략당하였다. 그 후 구 소련군의 역공으로 독일군이 퇴각하자, 스탈린은 나치에 협력한 죄를 물어 이 지역의 크림

164)이다. 따지고 보면 혼성가족도 불협화음과 협화음의 관계인 것이다. 이 혼혈의 문제는 유리가 혼혈의 아이에 대해서 "'호모 소비에틱스' 따위가 아니라" "내 아이이고", 또 "인간의 아이"로, 그것은 "어떤 별 아래 태어나도"(하 : 98) 마찬가지라고 말하면서 인간 개인의 문제임을 강변한다. 디아스포라는 결국 인간인 것이다.

유진이 아버지의 작품과 자신의 작품을 "합작"해서 만든 서사에 감명 받은 춘수는 유진에게 '그 남자'라 칭하는 아버지의 이야기를 하고, 나아가서 '그 사람'이라 칭하는 독일에서 만난 여성에 대해서 고백한다. 유진은 아버지를 '그 남자'이라고 칭하는 것에 강하게 반박함으로써 춘수로 하여금 아버지의 호칭을 부활시킨다. 그러나 춘수가 버린 그녀에 대해서 명쾌한 답을 내지는 못하지만 유진은 춘수를 이해한다는 입장에서 말을 한다. 두 사람의 내면 서사가 교환되는 것이다.

춘수와 유진은 "슬픈 기억"들을 교환하는 장치를 통해서 '유역으로' 향하지만, 여기서 우리들 독자가 주의해야 할 점은 기억을 떠올리기를 거부하거나 서술될 수 없는 기억들이 여전히 존재한다는 사실이다. 다시 말해서 함묵하는 기억들의 존재 역시 '유역'으로 모인다는 점이다. 이렇게 보면 서술되는 기억과 서술되지 못하는 기억이 대칭되어, 이 소설은 또 다른 불협화음들을 파생시키는 것이다.

먼저 스탈린의 집단화 정책에 반발하여 카자흐스탄에서 키르키

타타르족과 체첸인들을 카자흐스탄으로 강제이주시켰다. 스탈린은 가혹한 탄압 아래서, 저항하는 자들은 처형되고 강제이주와 정착 과정에서 많은 희생을 내었다.

즈로 쫓겨나 50년 만에 귀환했다는 라브렌치 손의 운전기사 아만의 강제이주 후 복귀담[25]이 등장한다. 그의 서사를 듣고 싶어 하는 춘수 일행에게 아만은 "이야기하고 싶지 않다"(상 : 110)고 잘라 말한다. 우즈베키스탄의 바자르(시장)에서 만난 한쪽 눈을 실명한 할머니는, "그 안 보이는 한쪽 눈으로 먼 과거의 저편"(하 : 210)을 바라보는 듯하고, 보이는 한 눈으로 흐릿한 불안을 담고 있었다. 그녀에게 기억은 "내 이야기 따위는 오 분도 채 못 걸려서…"(하 : 211)라며 기억의 소환에 의미 부여를 하지 못한다. 평양에서 블라디보스톡을 거쳐 1937년에 사마르칸드로 강제이주한 이 할머니의 일생은 "…" 안에 봉인되어 있는 것이다.

소설의 도입부에서 춘수와 강창호가 유진의 생애에 대해서 물었을 때, "그다지, 남에게 말할 만한 인생이 아닙니다요. 저는 원래 이 소련에서 태어난 조선인이 아니라 해방 후에 이 대륙에 정주했습니다만…. 그러나 그런 건 그다지 대수롭지 않은 이야깁니다만…."(상 : 25-26) 하고 자신에 대한 진술을 거부하던 것과 호응하는 장면이다. 유진이 억지로 물어서 단 5분 만에 그녀의 일생이 서술된다. 서사화되지 못하고 단편적인 서술을 잇는 5분 서사에 춘수와 유진은 경악을 금치 못한다. 바자르가 끝나고 다시 그 기억을 듣고 싶어 했지만 성사되지 못한 채, 한쪽 눈을 실명한 할머니는 미완성 서사로 텍스

---

25 스탈린에 반항한 죄로 카자흐스탄에서 쫓겨나 50년 만에 귀환한 아만의 서사는 끝내 본인의 입을 통해서는 들을 수 없었다. 그의 감춰진 내면은 춘수가 소련의 텔레비전 방송의 역사 드라마를 보면서 대입하는 방식으로 의미가 보강된다.

트 세계를 맴도는 것이다. 유진과는 같은 평양 출신인 할머니가, 동일하게 속박의 삶을 산 유진에게조차 공안의 공포를 느껴 입을 다물게 되는 것이다. 할머니의 고백의 모티프조차 찾아볼 수 없는 모습에서 도대체 이 억압의 끝은 어딜까, 하는 묵중한 주제를 독자들은 고스란히 떠안게 된다.

'유역어'로서의 루비 달기

《유역으로》가 만들어 낸 '유역'의 서사는 협화음이 불협화음을 이룰 수 있고, 불협화음이 협화음을 이룰 수 있는 소통의 장으로서 웅대한 구상에 뒷받침되었다. 이와 같은 표현 방법은 루비 달기에도 적용되고 있다. 일본에서 출판 유통되지만 '한국어' 소통을 전제로 하는 이 소설의 특성을 부각시키기 위해서 이 소설은 특수한 루비를 사용한다.

상하권 약 440여 개의 루비가 있는데 그중에 '日本'(일본)과 같이 일본어 독자에게 한국어음을 소개하는 방식을 띄고 있는 것이 도드라진다. '兪眞'(유진)이나 '平壤'(평양)처럼 인명과 지명은 한국어음에 따라서 루비를 달고 있다. '處女鬼神'처럼 일본어 단어가 아닌 한자에 '처녀귀신'으로 루비를 달기도 하고, '放浪者'는 '방랑자'라고 음으로 달지 않고 '나그네'라고 루비를 단다. 일본어 한자 읽기의 음훈 관계를 취하고 있는 것이다. '身勢'(신세)나 '半言葉'(반말), '道令樣'(도령님), '書房'(서방), '辱說'(욕설), '道士'(도사), '廣大'(광대), '師母任'(사모님)도 한국어 단어에 한국어음 루비를 다는 예이다.

'ありがとうよ（コマッスクマ）'(고맙스쿠마), 'どうじゃな（オットッスッドン）'(어떳슷톤), '暑くてたまらねえ（ジネ·トボソ·ホンナクマ）'(지네더워서혼낫구마)처럼 한자가 없는 일본에 회화문을 표준 한국어가 아니라 함경도 방언의 회화문을 루비로 달기도 한다.

'顔のない日本人（フェイスルス·ジャパニーズ）'(얼굴 없는 일본인)처럼 영어식 루비(이는 일반적인 일본의 루비 용법이기도 하다)나, '無國籍者（ビズカルダンスキー）'(무국적자), '人民の中へ（ブ·ナロロド）'(인민 속으로, в народ), '外貨商店（ベリョースカ）'(수입상점, Берёзка)과 같은 러시아어 루비도 출현한다. '老酒（ラオチュ）', '再見（ツアイチェン）'(다시 봐요)와 같이 적은 예지만 중국어음도 나온다. 히라가나 'うどん（クッス）'(국수)처럼 '우동'이라는 일본어 발음에 '국수'라는 뜻을 달기도 한다. '高麗人（コリョサラム）'(고려사람)의 구성도 이주 시기와, 이주 지역 등에 따라서 '五代（オデ）'(오대), '大陸人（クンタンサラム）'(큰 땅 사람), '內地人（ネジチ）'(내지 사람) 등 '혼성'된 모습[26]을 보인다.

루비의 불협화음은 '유역어'를 표현하기 위해서 고안된 장치로 보인다. '유역'은 같은 고려인일지라도 다양한 개인들로 구성되며, 혼혈과 혼성이 자연스러운 공간이지 않으면 안 되기 때문이다. 내 고향이기도 하고 너의 고향이기도 한, 국가와 민족을 넘어서 디아스포라들이 나아가서 인간들이 소통을 이루는 공간이다. 이것은 불협화음이 하모니를 이루는 디아스포라의 장이 아닐까.

'유역'은 불협화음을 이루는 크고 작은 서사들이 모여들고 교환되는 장이다. 유진의 입을 통해서 부연되는 '유역'은 디아스포라들이 사는 장소이기도 하고, 세계 어디에 가든 '유역'이라는 인식의 장이

---

26 소련조선인ソ連朝鮮人, 사할린조선인サハリン朝鮮人이라는 용어도 나온다.

기도 하다. "인간은 어디에 가도 유역입니다. 어느 구석이든 모두 유형지인 것입니다. 인간은 갈 곳이 있는 것처럼 보이면서도 갈 곳이 없는 존재입니다."라고 말하는 유진의 말을 통해서 디아스포라 담론은 '인간'의 담론으로 수렴된다. '유역'은 소유가 아니라 자신을 내려놓을 때 얻어지는 장이다. 춘수는 다민족 국가 소련의 사할린을 방문했을 때 "이 땅은 자신의 고향이지만 그러나 동시에 그들의 고향이기도 한 것은 아닌가"(상 : 107) 하는 인식을 획득[27]한다. 이는 내 고향이면서 내 고향이 아닐 수 있다는 말과 동일성을 지닌다. 이런 인식에서 나와 타자의 서사가 교환 가능한 토대가 마련되는 것이다.

---

[27] 카라후토/사할린, 팔레스타인, 크리미아의 땅이 그 예이다.

참고문헌

김병학, 〈(해제)한진의 생애와 작품세계〉, 김병학 편, 《숭실대학교 한국문예연구
　　소 문예총서12 한진 전집》, 인터북스, 2011.
김환기, 〈재일 코리언 문학과 디아스포라-이회성의 《流域》을 중심으로 -〉, 《일
　　본학》 32, 2011.
서경식, 〈디아스포라 기행-추방당한 자의 시선〉, 김혜신 옮김, 돌베개, 2006.
신인섭, 《일본근대문학의 명암》, 재팬리서치21, 2009.
피종호 편저, 《아름다운 독일시와 가곡》, 자작나무, 1999.
林造治, 〈《在日朝鮮人文學》とは何か-その史的展開から考える〉, 《民主文學》,
　　2003 · 4.

3

1960-70년대 뉴욕의 한국 작가

: 이주, 망명, 디아스포라의 미술

양은희

파리에서 뉴욕으로 : 미술의 중심지를 향하여

근대 이후 한국미술은 유럽의 모더니즘 예술 개념을 수용, 발전시킨 주요 국가와 직간접적 교류를 통해 발전해 왔다. 1945년 이전에는 고희동, 김찬영, 나혜석, 이종우 등이 일본 유학, 프랑스 여행을 통해 서양의 미술을 습득하여 그 지식을 토대로 한국적 미술을 시도했다. 광복 이후에는 김환기, 권옥연, 남관, 김창렬, 박래현 등이 프랑스, 미국으로 여행, 이주에 올랐고, 예술을 인간의 정신적 자산으로 높이 평가하는 문명의 중심지에서 자신의 예술을 실현하면서 동시에 세계와의 대화를 모색했다.

정치적 · 경제적으로 열악했던 1945년 이후 1971년경까지 해외

---

* 이 글은《미술이론과 현장》제16집(2013.12)에 게재된 원고를 수정 및 보완하여 재수록한 것이다.

로 떠난 작가는 약 50명 정도이다.[1] 1960년대 초반까지 한국 작가들이 선호한 곳은 파리였다. 파리는 도쿄와 더불어 1945년 이전부터 한국의 근대 예술가들이 선호했던 도시였다. 몽마르트르와 몽파르나스에 모여든 예술가들의 자유로운 분위기는 한국 작가들의 상상력을 자극하곤 했다. 일제강점기의 기억을 극복하려는 해방 이후의 분위기 때문에 과거 유학의 주요 장소였던 도쿄보다도 파리로 가려는 작가들이 늘었다. 1950년대 후반경 파리에 체류한 한국 작가들 중에는 김환기, 권옥연, 손동진 등이 있는데, 그들 근황이 국내 신문에 소개될 정도로 예술가의 외국 문화 체험은 드문 기회이자 주목할 만한 소식이었다. 그래서 그들이 특별한 사조를 형성한 것은 아니지만 파리에 체류하면서 작업했다는 이유로 '에콜 드 파리ecole de Paris'(파리파)라고 불리기도 한다.

1960년대 후반으로 가면서 미국으로 가는 작가가 늘기 시작했다. 특히 뉴욕으로 향한 작가가 늘기 시작했는데, 이는 1945년 이후 서구의 문화 중심이 파리에서 뉴욕으로 이동한 현상과 맞아떨어진다. 현대미술의 거점으로서의 뉴욕의 부상은 1942년경 유럽의 아방가르드 작가들이 나치와 제2차 세계대전을 피해 이주하면서부터이다. 그들을 통해 유럽의 추상미술이 뉴욕의 젊은 예술가들에게 영향을 미치기 시작했으며 그 결실이 바로 전후 미국미술을 대표하는 추상표현주의이다. 유럽 모더니즘을 수용한 추상표현주의는 다채로운 색채와 개인의 개성을 강조한 추상을 보여 주면서 '뉴욕파'라고

---

[1] 오광수, 〈이응로에서 김환기까지〉, 《세대》, 1971. 1, 171쪽.

불리기도 했다. 전후 냉전 구도가 강화되자 추상표현주의는 미국의 자유와 민주주의를 표현한 미술로 부각되기 시작했다. 파리가 전쟁의 후유증으로 새로운 예술을 내놓을 동력이 약해진 동안은 추상표현주의의 산실로서 미술의 중심지로 떠오른 것이다. 세계경제가 안정기에 들어선 1960년대가 되면 뉴욕은 실험적 정신과 자유에 매료된 세계의 작가들이 가고 싶어 하는 도시가 되었다. 미술인의 증가와 함께 화랑, 미술잡지도 늘기 시작했다. 이러한 변화는 현대미술의 중심지로서의 뉴욕의 입지를 탄탄하게 만들었으며, 이후 국제 현대미술의 중심지로 자리를 잡는 계기가 되었다.

6 · 25 동란 이후 미국으로 떠난 한국 작가로 김보현Po Kim(1955), 이수재(1955), 안동국Don Ahn(1962), 김환기(1963), 한용진(1963), 최욱경(1963), 문미애(1964), 민병옥(1964), 김병기(1965)가 있는데, 이 중 다수가 뉴욕에 남았다.[2] 미국의 다른 지역에서 유학한 후 뉴욕에 정착하여 작가로 활동하는 인물들도 있다. 존 배John Pai(1947), 한기석 Nong(1952), 김옥지(1968), 김 웅(1970), 한규남(1972), 임충섭(1973), 최분자(1975), 김차섭(1975), 김명희(1976), 이일(1977), 김정향(1977), 김미경(1979) 등이 있으며 한기석을 제외하고 모두 뉴욕 인근에 자리를 잡았다.[3] 뉴욕에 정착하지는 않았으나 박래현과 김기창 부부

---

[2] 괄호 안의 연도는 이주한 해이며 괄호 안의 영어명은 각 작가가 미국에서 활동하면서 사용하는 이름이다.

[3] 간송 전형필의 아들 전성우도 1953년 미국으로 유학을 떠나 현지에서 미술과 미술사를 공부했다. 1960년대 추상회화로 주목을 받았으나 1964년 부친이 사망하자 한국으로 귀국했으며, 보성학원 이사장을 역임하면서 교육자의 길과 작가의 길을 병

(1964), 김창렬(1965)처럼 한때 뉴욕에 체류하면서 새로운 미술을 접하고 작업의 영감을 찾았던 작가들도 있다. 1980년대에도 유학 행렬은 계속되었고 이상남(1981), 이수임(1981), 최성호(1981), 박모(1982), 강익중(1986), 변종곤(1986), 조숙진(1988) 등이 뉴욕으로 갔으며, 이후에도 뉴욕은 한국 작가가 선호하는 해외 유학 및 체류지 중 하나가 되었다.

이들 중에는 이미 한국에서 유명세를 누리던 작가도 있고, 젊은 나이에 미국으로 떠나 한국에 알려지지 못한 작가들도 있다. 그나마 한국에 알려졌다 하더라도 간헐적으로 개인전과 같은 소규모의 전시로 국내에 소개되곤 했다. 그래서 먼 이국에서 활동한 그들의 족적에 대한 미술사적 조명은 아직 제대로 이루어지지 못하고 있다. 무엇보다도 그들이 외국에 정착한 후 한국미술의 현장에서 점차 멀어지고, 단색화, 민중미술로 이어지는 주류 한국미술사 속으로 편입되지 못한 채 주변인이자 중간자로 간주되었기 때문일 것이다.

글로벌 시대인 오늘날, 한국미술사는 필연적으로 글로벌 미술사와 나란히 전개될 수밖에 없다. 한국미술과 세계미술의 가교이자 중간자였던 뉴욕의 한인 작가들에 대한 조명은 어느 때보다도 중요하다. 1960년대 이후 세계미술의 중심지로서 부상한 뉴욕에서 활동한 그들은 미술을 매개로 한 문화의 접촉 지점을 잘 보여 주기 때문이다. 따라서 그들에 대한 조명은 한반도에 국한된 미술의 역사를 넘

행하고 있다. Jeffrey Wechsler, *Asian Traditions/Modern Expressions*, New York : Harry N. Abrams, 1997, p. 152.

어서 세계와 공통분모를 형성해 온 한국미술의 족적을 찾는 일이라고 할 수 있다. 한국미술이 한반도를 넘어서 디아스포라(이산) 미술까지 포함하는 동시에 세계미술과 공존해 왔다는 사실은 세계미술사 속에서 한국미술의 위치를 찾는 데 중요한 의미를 갖는다. 따라서 디아스포라의 현장에서 타 문화와 융합한 한국 출신 작가에 대한 재평가는 그동안 한국 미술사에서 다소 소외되었던 과거를 넘어서 공통 자산으로서의 글로벌 미술을 바라보는 시각을 제공할 것이다.

디아스포라의 미술 중에서도 유독 뉴욕에 간 예술가들이 중요한 이유가 있다. 당시는 한반도를 둘러싼 정치적 혼란기 속에서 이념의 대립이 첨예해지고, 그 과정에서 미국은 한국의 정치적 동맹이자 문화적 타자로서 한국의 문화 지평에 큰 영향을 미쳤으며, 한국 작가의 미국 진출이 본격화된 시기이다. 그런 상황에서 뉴욕은 1945년 이후 한국미술의 '근대성'이 서양이라는 '타자'와 밀접하게 관련되어 구축되어 온 과정을 드러내는 중요한 지점이다. 또한 미국으로 진출한 한국 작가가 대거 뉴욕에 정착했을 정도로 문화의 중심지이자 한국 작가의 미국 진출을 압축적으로 들여다볼 수 있는 창문이다. 지금도 2천여 명에 달하는 한국인 작가들이 뉴욕과 뉴욕 인근의 2개 주(뉴저지, 코네티컷)에 살 정도로 이 도시는 전후 한국과 미국의 지정학적, 문화적 관계의 척도와 변화를 보여 주는 중요한 장소이기도 하다.[4]

---

[4]   Kyunghee Pyun, "Introduction," *Coloring Time : An Exhibition from the Archive of Korean-American Artists Part One (1955-1989)*, New York : AHL Foundation, 2013, p. 9 ; 그 이전에도 한국인의 활동이 전무한 것은 아니나 중국, 일본의 이민들이 아트 클럽 등을 조직하여 활동한 것에 비하면 유학을 간 한국인의 개인적인 차원의 활동이라고

냉전 시대의 한국 작가와 뉴욕 이주

1945년 이후 미국은 한국에 어떤 영향을 미쳤는가?

한국 작가의 미국 이주에는 중심문화 선호 경향이 미국으로 이동되었다는 점이 크게 작용했다. 그동안 중국, 일본, 프랑스 등 그 대상만 바꿨을 뿐 세계의 문화중심지에서 새로운 지식을 습득하고 자신의 실력을 검증하려는 한국 지식인과 예술가의 관심은 역사적으로 멈춘 적이 없었다. 서구 중심의 근대화가 진행되면서 한국과 같은 비서구 문화는 서구를 중앙에 둔 '중심의 공동체'라는 추상체를 공유하면서 근대화의 확산을 주도했었는데 바로 그 역사의 연장선이라고 볼 수 있다.[5] 특히 20세기 들어 지정학적 차이에 따라 국가마다 불균형하게 드러난 근대성의 차이는 한국인들에게 그 차이를 뛰어넘고 싶은 충동을 불러일으켰으며 그 충동은 종종 유학, 이주, 이민 등으로 이어졌는데 미국으로의 이동은 바로 이러한 맥락에서 이해될 수 있다.

20세기 후반 한국 문화의 전반에 영향을 미친 미국의 한국 통치와 문화정책도 이주에 영향을 미쳤다. 미군정(1945~1948)과 6·25 동란(1950~1953) 이후 도입한 여러 정책은 미국이 지향하는 가치와 문화를 보급하면서 미국에 대한 환상을 촉발하기 시작했다. 사실 미

할 수 있다. 백남순이 대표적인 예이다.

5   Sheldon Pollock, Homi K. Bhabha, Carol A. Breckenridge, and Dipesh Chakrabarty, "Cosmopolitanism," in Sheldon Pollock, Homi K. Bhabha, Carol A. Breckenridge, and Dipesh Chakrabarty (eds.), *Cosmopolitanism*, Duke University Press, 2002, p. 6.

국은 1941년경부터 국제관계에서 문화의 역할이 중요하다고 보고 있었고 전후 한국에 적용하기 시작했다. 1950년대와 1960년대 주한 미공보원을 중심으로 미국의 우호적 이미지를 구축하고, 미국문화에 대한 호의적 태도를 형성하기 위해 다양한 프로그램을 운영한 것은 주목할 만하다.[6] 이 기관은 미국이 추구하는 '근대 자유국가'를 만들기 위해 한국인의 심리적 변화가 필요하다고 보고 통일된 의식, 자부심, 경제적 성취감, 근대적 개인관 등을 고취하고자 했으며 그 수단으로 한국의 엘리트를 집중 관리하기도 했는데 이때 선정된 엘리트들은 미국의 정책에 회의적인 사람들, 미국의 대한정책 형성에 영향을 미치는 인물들로 주로 교수, 학생, 언론인, 공무원, 기타 시민사회와 문화 분야의 지도자, 국회위원 등이다.[7]

첫째 그룹은 교수 및 연구 분야의 전문가, 학생 리더 약 5천 명 (특별관리대상 500명), 두 번째 그룹은 보도매체의 임원, 편집자 등 약 1천 명(특별관리대상 150명), 세 번째는 한국 공보부 및 문교부 소속 공무원 500명, 네 번째는 시민사회, 문화 분야 지도자 500명, 다섯 번째는 국회의원 및 정치지도자 500명, 여섯 번째는 중고등학교 교사와 경영자 5천여 명 등에 이를 정도로 방대하다. 이외에도 미국이 한국의 경제적 자립도 증대와 국가 위상 강화에 도움이 된다는 의식을 전파하기 위해 주한 미국대사, 유엔군 사령관, 한국을 방문한 미국

---

[6] 김균, 〈미국의 대외 문화정책을 통해 본 미군정 문화정책〉, 《한국언론학보》 44-3, 2000.여름, 45~46쪽.

[7] 허은, 〈1960년대 미국의 한국 근대화 기획과 추진〉, 《한국문학연구》 35, 2008, 204~207쪽.

인 전문가 및 풀브라이트Fulbright 기금을 받은 교수 등을 활용했으며, 한국의 언론매체 활용에 공을 들이기도 했다. 이러한 미국의 교육, 문화정책은 각종 연수, 장학금으로 이어지면서 국경을 넘기가 힘들었던 당시에 선택받은 일부 젊은 세대가 미국으로 유학, 이주에 오를 수 있는 기회를 제공했다.[8]

대학을 비롯한 교육기관은 엘리트 양성과 관리에 최적의 장소였으며 한국 작가의 미국행을 장려하는 분위기 조성에 일정 역할을 했다. 미공보원이 초청한 미국 작가가 국내의 대학에서 특강을 하는 경우도 있었으며, 미국이 파견한 문화계 인사가 국내 대학에서 미술교육을 담당하는 경우도 있었다. 그중에서 동 킹맨Dong Kingman(1911~2000)은 1940년대와 1950년대 미국에서 성공한 중국계 수채화 작가로 1948년 〈동킹맨 초대전〉으로 한국에 소개되었고, 1954년 5개월간 미국 국무부 초청으로 문화대사로 파견되어 일본, 한국, 중국의 여러 도시에서 강연을 한 바 있다. 1954년 봄, 일본을 거쳐 한국에 온 그는 서울 미문화원에서 〈수채화 작품전〉을 열었으며, 이후 부산, 광주 등의 대도시의 미술전공 학생을 대상으로 강연과 수채화 시연을 하면서 미국에서 성공한 아시아인의 모습을 보여주기도 했다.[9] 그는 1954년 아시아의 여러 도시를 순회한 후 자신의

8 강태희, 〈전후 한미관계와 미술의 탈식민지주의〉, 《서양미술사학회 논문집》 11, 1999, 234~235쪽.

9 "Official Dispatch : Artist Records His Mission on 40-foot Painted Scroll," *Life* 1955년 2월 14일, 66~68쪽 참조. 당시 그는 한국에서 동 킹맨을 한자로 바꾼 '동경문'으로 소개되었다. 김달진미술연구소, 《한국미술 전시자료집 1945-1969》, 2014 참조.

여행을 40피트에 달하는 족자에 그림으로 남겼다. 이 족자에는 그가 1954년 4월 24일 한국에 도착, 미군 해병대 악대에 근무 중인 아들을 만났으며, 서울, 부산, 청주, 광주 등을 여행하면서 강연과 스케치를 했던 기록이 담겨 있다.

마리아 핸더슨 ^{Maria-Christine von Magnus Henderson(1923~2007)}은 미국 외교관인 남편 그레고리 핸더슨^{Gregory Henderson(1922~1988)}을 따라 1958년 서울에 온 후 1963년 미국으로 떠날 때까지 외국의 정보에 목마른 문화계 인사들과 가까이 지냈다. 서울대학교와 홍익대학교에서 '현대 조각의 흐름'과 같은 강의를 통해 서양의 미술을 소개하고, 역으로 한국 작가를 외국 손님에게 소개하면서 친분을 쌓았는데 이를 토대로 대규모의 한국 도자기 컬렉션을 마련하기도 했다.[10] 핸더슨은 원래 유대계 독일인으로 베를린의 예술학교^{Hochschule der Künste}(현재의 베를린예술대학)에서 조각을 전공했으며 1950년대 초 미국인 그레고리 핸더슨을 만나 결혼한 후 남편을 따라 일본, 한국 등지에서 활동

[10] 서울조각회 편,《빌라다르와 예술가들 : 광복에서 오늘까지 한국 조각사의 숨은 이야기》, 서울대학교출판문화원, 2011, 131~132쪽. 조각가 한용진은 당시 핸더슨의 수업을 듣던 서울대 미대학생이었다. 핸더슨의 초대를 받고 파티에 갔다가 집안 곳곳에 가득 찬 한국 도자기 컬렉션을 보았으며 그중에는 한 번도 본 적이 없는 희귀한 도예품들이 많았다고 회상했다. 필자와의 인터뷰, 2012년 11월 17일.   핸더슨 부부는 한국에 거주한 5년 동안 상당한 양의 도자기를 수집했는데 소장품 대부분을 1991년 하버드대학교 미술관에 기증했으며 또한 김구의 친필〈한미친선평등호조〉등 4점을 보유하고 있다가 2002년 백범김구기념관에 돌려주기도 했다. Gloria Negri, "Maria Henderson ; sculptor gave Korean collection to museum," *Boston Globe* 2008년 1월 28일, 출처 http : //www.boston.com/bostonglobe/obituaries/articles/2008/01/28/maia_henderson_sculptor_gave_korean_collection_to_museum/ (2013년 6월 30일).

했다. 서울에 체류하던 시절, 신문에 전시평을 기고하거나 한국미술 평론인협회(1958년 창립)에 참여하는 등 적극적으로 활동했으며 한 용진, 박래현, 김기창과 같은 미술인들이 미국 국제교육재단Institute of International Education과 같은 기관의 초청으로 미국으로 갈 수 있도록 주 선하기도 했다.

이주, 망명 그리고 '뉴욕파'의 형성

1960년대 들어 선진국 미국의 표상은 점점 한국인에게 내면화되고 우방이라는 관념이 내재화되기 시작했다. 또한 4·19와 5·16을 비 롯한 일련의 정치적 사건은 한국의 사회, 경제, 문화에 불안감을 고 조시키며 미국행을 더욱 선호할 수밖에 없는 환경을 만들었다. 미국 은 다른 인종에 비해 아시아인에 대해 엄격한 이민정책을 펼치고 했 다. 그러나 1965년경 아시아인에게 문호를 적극적으로 개방하기 시 작했고, 이때부터 한국의 고학력 중산층 이상의 계층에 이민 열풍이 불기 시작했다. 이민 행렬은 1970년대로 이어지는데 바로 이 시기 에 예술가의 미국 이주 및 정착도 병행되었다.

김웅은 먼저 미국에 갔던 누나의 도움으로 이민을 간 후 김환기의 조언을 받고 뉴욕의 SVA(School of Visual Art)에서 미술을 공부하기 시작했으며, 민병옥, 한규남, 임충섭 등도 한국에서 뉴욕과 미국에 대한 정보를 얻은 후 유학을 갔으며 공부를 마친 후 귀국 대신에 미 국에서 본격적인 작가 활동을 하겠다는 결심을 굳히게 된다. 임충섭 은 1970년대 초 파리에 다녀온 선배 작가로부터 '이제는 뉴욕이다'

라는 말을 듣고 뉴욕행을 결심했다고 한다.[11] 민병옥은 프랑스 유학을 준비했으나 선배, 스승들이 프랑스에서 일자리를 구하기 어렵다는 말을 했으며 일본잡지를 본 선배들이 뉴욕과 폴록에 대한 이야기를 전해 주었다고 회고했다.[12] 한국의 전통적 가치관과 정치적 혼란 속으로 회귀하는 것보다 선진 문화를 누리며 새로운 지식과 정보를 배울 수 있는 미국에서의 삶을 수용했다고 볼 수 있다.

미국으로의 이주가 정치적 망명에 가까운 탈출인 경우도 있었다. 미군정이 시작되자 미국은 1945년 이후 자국 내의 수많은 공산주의자를 차출하면서 문화계뿐만 아니라 사회 전반을 흑백논리 속으로 몰아갔듯이, 한국에서도 동일한 이념적 전쟁을 고조시켰다. 따라서 미술계도 우익/좌익이라는 구도로 축소되었고 1946년 용산철도 파업 노동자를 스케치했던 박문원 검거 사건, 조선미술가협회에 대한 미군정의 후원 등에서 확인할 수 있듯이 우익과 좌익을 구분하는 일은 미군에게 주요한 임무였다.[13] 일본에서 유학한 후 광주에서 교수로 근무했던 김보현(1917~2014)은 이러한 정치적 소용돌이 속에서 좌익과 친미라는 모순적인 두 범주로 여러 번 분류되어 체포와 감시를 당했으며 결국 자유를 찾아 40대의 나이에 미국으로 떠났다(〈그

---

11 필자와의 인터뷰, 2012년 1월 3일, 트라이베카 작업실에서.

12 민병옥, 필자와의 인터뷰. 2013년 1월 7일.

13 Fred Orton, "Footnote One : the Idea of the Cold War," in David Thislewood (ed.), *American Abstract Expressionism : Critical Forum Series 1*, Liverpool University Press and Tate Gallery Liverpool, 1993, p. 188 ; 정무정, 〈미 군정기의 문화정책과 미술계〉, 《미술사연구》 18 , 2004, 155~156쪽.

〈그림 1〉 김보현, 무제, 1957

림 1〉). 존배(1937~)는 11세의 어린 나이에 당시 정치적 혼란기 속에서 아들의 미래를 걱정했던 진보적 기독교 목사인 부친에 의해 미국으로 보내졌고 부친이 6·25로 황폐해진 모국을 위해 일하기 위해 귀국한 후에도 홀로 남겨져 공부를 마치고 현지에 자리 잡았다.[14]

6·25 이후 한반도에서의 정치적, 이념적 대립은 한국인이자 예

---

[14] 부친 배민수 목사(1896~1968)는 구한말 대한제국군 육군하사였다가 일본에 저항하다 사망한 의병장 배창근(1869~1909)의 아들로 평양에서 일찍이 기독교를 통해 서양 문명을 접했고 독립운동을 하면서 만주, 미국을 오가며 활동했다. 농촌선교 활동, 농촌지도자 양성에 힘을 쓰기도 한 그는 일제의 탄압으로 1930년부터 1950년대까지 미국과 한국을 오가며 활동했고 한국에 있는 가족을 거의 돌보지 못했다고 한다. 그래서 해방 후 고국의 혼란한 정치 현실과 전쟁의 위험을 감지하고 아들 존 배와 영 배를 미국으로 보냈던 것 같다. 두 아들은 미국에 남았지만, 본인은 다시 1951년 한국에 돌아와 1968년 사망할 때까지 농민교육사업에 헌신했다. 최재건, 〈배민수 목사의 미국에서의 활동〉, 《신학논단》 51, 2008, 111~138쪽 ; 방기중, 《배민수의 농촌운동과 기독교 사상》, 연세대학교 출판부, 1999 참조. 박종원, 〈조각가 존 배…정교한 입체로 빚어낸 '서양 조각'으로 한국의 정신 만들어 낸다〉, 《미주중앙일보》, 2010년 3월 10일, 출처 http : //www.koreadaily.com/news/read.asp?art_id=1000094 (2012년 12월 10일). 존 배는 후에 프랫 인스티튜트Pratt Institute의 교수가 되었고 영 배는 교육학자로 UMKC(University of Missouri-Kansas City) 사범대 학장, 전미 교육 철학회 회장을 역임했다.

술가로서의 정체성 형성에 깊
숙이 작용했다. 작가는 미국
의 문화정책의 적극적 개입으
로 공산주의에 반대하는 사회
에 동조하고 자유를 표방하는
미술의 표현 방법을 모색할 수
밖에 없었다. 김병기(1916~)는
한국 최초의 서양화가 중 한 명
인 김찬영의 아들로, 일본에서
유학한 후 평양에서 미술인으
로 활동했는데 소련군 점령기
에 북조선문학예술총동맹 서기
장을 지내는 등 해방된 조국의

〈그림 2〉 김병기, 유연견남산, 1965

문화를 위해 활동하다가 사회주의와 예술의 자유는 병립할 수 없다
는 판단을 내리고 6·25 때 남한으로 넘어온 작가이자 평론가이다.
그는 피카소가 6·25에 참전한 미군의 만행을 비판하는 〈한국의 학
살〉(1951)을 그리자 공산당원이었던 피카소의 시각을 비판하며 〈피
카소와의 결별〉이라는 선언문을 발표할 정도로 자신의 이념을 공표
하는 데 적극적이었으며[15] 외국으로 이주하기 전까지 앞장서서 유럽

[15] 김형국, 〈〔현대미술史 비화〕 청년화가 김병기-피카소를 고발하다! 1951년 〈조
     선의 학살〉 발표되자 空超 등 문화인 30여 명과 피카소 비판 성명〉, 《월간조선》,
     2007.11, 출처 http : //monthly.chosun.com/client/news/viw.asp?ctcd=&nNewsNu
     mb=200711100059 (2013년 2월 15일).

과 미국의 추상미학을 수용하고 한국 현대미술의 형성기에 평론가로 활동한 바 있다(〈그림 2〉). 그는 1965년 상파울로 비엔날레 커미셔너가 되어 출국한 후 귀국하지 않고 미국으로 향했고, 이후 뉴욕주의 사라토가에서 칩거하다시피 했으며 1986년 가나화랑에서 개인전을 열기까지 한국 미술계와 단절된 채 살았다. 그는 당시 한국 미술계의 이념적 대립 구도, 구상/추상으로 양분된 구도, 전통과 관습에서 벗어나 자신의 세계를 구축하고자 했던 것 같다. 김병기는 당시를 회상하며 "나는 그때 공산주의하고 싸우지 않을 수가 없었어. 왜냐하면 이남에 있는 내 친구들은 날 반동으로 보는 거예요."라고 술회한 바 있다.[16] 그는 6 · 25 이전의 부유한 삶과 이후의 궁핍한 생활, 탈북작가라는 낙인 속에서 자유를 신봉하는 자신의 신념을 증명하기 위해 살던 삶, 〈대한민국미술전람회〉(이하 〈국전〉)과 해외 전시에 보낼 작가 선정 과정을 둘러싼 미술계의 구태의연한 파벌 싸움에 지쳐서 자발적 망명에 가까운 선택을 한 것으로 보인다.

혼란과 열악한 환경을 탈피하여 자신의 예술적 잠재력을 실험하기 위해 뉴욕을 선택한 작가들도 있다. 일본 유학, 파리 체류를 거친 후 한국에서 대학교수로 재직하던 중 뉴욕으로 떠났던 김환기가 대

---

[16] 《김병기》 1권, 리움 한국미술기록보존소, 2009, 269쪽. 김병기의 부친 김찬영은 평양 최고의 갑부로 알려져 있다. 그는 일본 유학을 한 댄디한 청년으로 소설가 김동인과 어울리면서 당시 '모던 보이'의 전형적인 삶을 산 것으로 알려져 있다. 예술과 문학, 도자기를 좋아했으며 집안에서 고른 첫 번째 부인(김병기의 모친)을 버리고 젊은 여성과 살림을 차릴 정도였다고 한다. 김병기의 기억에 따르면, 집안에 그득하던 도자기가 6 · 25 동란 중에 모두 폭격으로 엿가락처럼 휜 채 발견되었고 김찬영은 목을 놓아 울었다고 한다.

표적이다. 김환기는 1963년 상파울로 비엔날레 한국 측 커미셔너이자 전시 작가로 초청을 받고 떠난 후 귀국하지 않고 뉴욕으로 향했는데 사실 그의 이런 선택은 상파울로에서 내린 급작스러운 결정이었다. 그는 당시 일기에 "뉴욕에 나가자, 나가서 싸우자"라고 쓸 정도로 서양미술의 중심 속으로 들어가 자신을 시험하려는 의지를 불태웠던 것으로 보인다.[17] 그해 〈상파울로 비엔날레〉에서 미국 추상표현주의 작가 아돌프 고트리브Adolf Gottlieb가 대상을 받았고, 김환기는 명예상을 수상했는데 국제 미술 현장에서 활동해 볼 만하다는 판단을 한 것 같다. 그의 뉴욕 체류는 이후 1965년 김병기, 김창렬을 비롯한 한국 작가의 뉴욕행을 자극하는 계기가 되었으며, 그의 개척 정신은 김웅, 임충섭, 민병옥 등 후배 작가들에게도 이어졌다. 임충섭은 "밖과 안, 그런 구분을 벗어나고 싶었습니다. '자기알기'의 시도였다고 할까요. … 전 당시 막 부상하기 시작한 새로운 예술의 중심지, 뉴욕에서 활동하고 싶었어요."라고 이주의 원인을 설명한 바 있다.[18]

1960년대 뉴욕으로 간 작가들에게 주목할 점은 대부분 서울에서 중고등학교, 대학교, 미술연구소, 작업실, 전시 등 미술과 관련된 여러 제도 속에서 친분이 있는 경우가 많고 스승과 제자처럼 가까운 경우도 흔했다는 것이다. 김환기와 김병기는 일본 유학 시절부터 친분이 있었고, 김환기는 한용진을 1963년 〈상파울로 비엔날레〉에 참

---

[17] 김향안, 《사람은 가고 예술은 남다》, 우석, 1989, 19쪽.

[18] 임충섭 인터뷰, 〈작가 임충섭 : 되돌린 버릇〉, 《아트 인 컬처》, 2006. 3, 53쪽.

여시켰으며, 김병기는 김창렬을 상파울로 전시에 추천했으며 또한 한용진의 부인이었던 문미애와 같이 서울예고에서 교사로 근무했다. 김옥지, 임충섭, 민병옥은 각각 이화여중과 서울예고에서 김병기의 현대미술 수업을 들으며 성장했다.[19] 이러한 친분을 토대로 김환기와 그의 부인 김향안, 김병기, 한용진, 문미애 등은 피크닉을 가거나 전시를 보러 가는 등 함께 어울리며 정신적·물질적 도움을 주고받으면서 일종의 느슨한 '뉴욕파'를 형성했다.[20] 이러한 현상은 한국의 작가 수가 500여 명 내외였던 시절, 소수의 미술대학과 예술학교가 존재하던 당시의 특수한 상황을 반영한 것으로 보인다.[21] 또한 뉴욕이라는 공간에서 타자가 된 한국 작가들 사이에 자연스럽게 연대감이 형성된 결과로 보인다.

---

[19] 임충섭의 회고에 따르면, 당시 서울예고에서 김병기는 다다에 대해 강의할 정도로 선구적이었다고 한다. 오히려 서울대에 입학한 이후에는 다다에 대해 공부한 바가 없었다고 한다. 필자와의 인터뷰, 2012년 1월 3일, 트라이베카 작업실에서.

[20] 김정준, 《마태 김의 메모아》(서울 : 지와 사랑, 2012)는 뉴욕의 예술가들과 교류하며 김환기를 비롯한 많은 작가의 작품을 수집한 의사의 회고록으로, 당시의 한국 작가들의 일상과 근황을 잘 보여 준다.

[21] 6·25가 발발했을 때 한국의 미술가는 대략 200여 명 정도였다고 한다. 이후 미술대학에서 교육받은 작가의 수가 증가했다 하더라도 1960년대 한국의 미술계에는 5백 명 내외의 작가가 있었다고 추측해 볼 수 있다. 유준상, 〈6·25 전쟁, 민족분단 참화 속의 미술인들〉, 《가나아트》, 1995.3/4, 38~39쪽 참조.

1960년대 뉴욕의 한국 작가와 추상미술

왜 추상미술에 몰두했는가?

1960년대와 70년대 뉴욕에 온 작가는 모두 추상미술을 수용했고 지금까지도 추상에 매진하는 경우가 많다. 김보현은 뉴욕에 정착한 1957년경부터 15년 이상 추상 작업을 했으며, 김환기도 1974년 사망 시까지 여러 추상 작업을 시도했으며 특히 엷은 물감의 점으로 칠한 추상은 그의 말년기를 상징하는 작업이 되었다. 김보현의 추상 수용은 추상표현주의가 한창이던 시기에 미국에 왔기 때문에 자연스러운 결정이었지만,[22] 뉴욕이 퍼포먼스, 개념미술 등 네오-아방가르드의 실험의 장으로 변모하기 시작한 이후 도착한 김환기, 김병기, 김창렬, 문미애, 한용진, 김웅,[23] 민병옥, 임충섭, 이 일 등 다수의 작가들이 모두 한때 추상에 매진했거나 지금도 추상을 벗어나지 않는다는 사실은 주목할 만하다.

뉴욕에 온 작가들은 왜 추상에 몰두했는가? 이 질문에 대한 답은 그들이 어떻게 추상을 접했으며 수용했는가라는 질문과 연결되어 있다. 생존한 작가들과 인터뷰를 할 때 거의 공통으로 언급된 것

---

[22] 김보현, 〈작가녹취〉, 《고통과 환희의 변주 : 김보현의 화업 60년전》, 227쪽. 1955년 일리노이 대학에 갔을 때 대학원생들이 모두 추상을 그리고 있었다고 회고한다.

[23] 1969년 이후 뉴욕으로 건너가 스쿨 오브 비주얼 아트School of Visual Arts 미술대학과 예일대Yale University 미술대학원을 졸업하고 모교(스쿨 오브 비주얼 아트) 교수로 재직하며 뉴욕 하워드 스콧 갤러리Howard Scott Gallery 전속작가로 작업을 병행했다. 요즘은 전업 작가로 활동 중이다.

은 1960년대 한국에서는 이미 소위 '모더니즘 계열'의 작가가 운영하는 미술연구소를 중심으로 추상이 퍼지고 있었다는 점이다. 당시 김병기는 추상미술의 전도자와 같은 역할을 했으며 박서보, 김창렬과 같은 작가들은 추상미술이 시대적인 필연이라는 점을 강조하였으며, 구상미술과 전통적 동양화를 폄하하는 분위기가 있었다는 점이다. 실제로 1950년대 후반 한국에서 앵포르멜이 등장한 이후 젊은 작가에게 큰 파급력을 가졌다는 증거는 '현대미술가협회,' '신조형파'등 그룹 차원에서 추상미술을 적극적으로 추종한 사례에서 찾아볼 수 있다. 1961년경에는 권위의 상징인 〈국전〉에도 추상 작업이 선정되기 시작했다. 이러한 변화에 대한 원인은 여러 가지로 분석된다. 6·25 이후 피폐한 시대적 정신을 극복하려는 발로이자,[24] 전후 미술대학에서 배출된 젊은 세대와 기성세대의 가치관과 이념적 대립 양상 속에서 추상은 젊은 세대의 언어이자 진보적인 예술가의 표현 방식으로서 구축되었고, 이어서 4·19와 5·16과 같은 정치적 변혁기에 도전적 정신을 높이 사던 환경의 영향을 받아 장려되었던 것으로 보인다.[25]

1960년대 한국이 해외 미술 전시에 참여하면서 서양에서 이미 주류 미술이 된 추상미술의 위상과 흐름에 대한 이해가 심화된 것도

---

[24] 장영준, 〈《한국현대미술의 시원》전을 기획하면서〉, 《한국현대미술의 시원》, 국립현대미술관, 2000, 10쪽.

[25] 이경성, 〈한국현대미술의 어제와 오늘〉, 《한국현대미술의 어제와 오늘》, 국립현대미술관 준공개관기념전, 국립현대미술관, 1986 참조. 또한 정영목, 〈한국 현대회화의 추상성, 1950-1970 : 전위의 미명아래〉, 《조형 FORM》 18, 1995, 19쪽.

추상의 파급에 기여한 것 같다. 적어도 한국 측 커미셔너로 전시 작가를 선정하고 상파울로를 직접 방문했던 김환기와 김병기에게 상파울로 비엔날레는 그동안 자신들이 일본 유학 시절 처음 접한 '모던 아트'의 귀결점인 추상이 유럽과 미국에서 어떻게 진화하고 있는지 확인할 수 있었던 장이자 세계미술의 지형도가 변화하고 있다는 것을 감지할 수 있었던 기회였을 것이다. 김환기는 에세이 〈상파울로의 인상〉(1963)에서 대상을 받은 아돌프 고트리브의 회화작업을 보고 "작은 게 백 호 정도고 전부가 대작인데 호수도 따질 수가 없었다. … 이런 대작들을 46점이나 꽉 걸었으니 그 장관이야말로 상상하고도 남음이 있을 것이다."라고 적고 있다.[26] 김병기는 1965년 전시에서 대상을 받은 이탈리아 작가이자 앙포르멜의 기수였던 알베르토 부리Alberto Burri와 그와 대조적으로 기하학적 패턴을 활용한 옵아트의 대표작가인 헝가리 출신의 프랑스 작가 빅토르 바자렐리Victor Vasarely의 작품을 본 후 미술이 흐름이 "차가운 추상으로 넘어가는 한 분기점"에 도달했으며 미국이 세계 화단에 기여한 것이 바로 "차가운 추상을 통과한 미니멀리즘"이라고 평가했다.[27] 아마도 김병기는 그해 참여한 미국 작가 바넷 뉴만 Barnett Newman과 도널드 저드Donald Judd, 로버트 어윈Robert Irwin 등의 미니멀한 작업을 고려한 것으

---

26 김환기가 1963년 대상을 차지한 아돌프 고트리브의 작품을 보면서 적은 글에는 "내 감각과 동감되는 게 있었다. 퍽 애정이 가는 작가였다."라고 덧붙이고 있다. 김환기, 〈상파울로전의 인상〉(1963), 《어디서 무엇이 되어 다시 만나랴》, 환기재단, 2005, 209쪽.

27 《김병기》 2권, 리움 한국미술기록보존소, 2009, 37~38쪽.

로 보인다.[28]

뉴욕에서의 추상미술의 위치

그렇다면 1960년대 중반 뉴욕에서 추상미술은 어떤 위치에 있었을까? 추상표현주의가 1940년대 아쉴 고르키Ashile Gorky 등 유럽 출신의 작가를 중심으로 전개되다가 어느 정도 응집된 형태로 전시에 소개되기 시작한 것은 1951년 레오 카스텔리Leo Castelli가 기획에 참여한 〈9번가 전시9th Street Show〉에서부터이다. 이 전시에는 추상표현주의 작가들, 특히 잭슨 폴록Jackson Pollock과 윌렘 드 쿠닝Willem de Kooning의 작업이 소개되었다.[29] 이후 1950년대를 거치면서 마크 로스코Mark Rothko, 바넷 뉴만 등의 작가들과, 잭슨 폴록의 영향을 받은 헬렌 프랑켄탤러Helen Frankenthaler, 프랑켄탤러의 영향을 받은 케네스 놀랜드Kenneth Noland 등이 생 캔버스에 엷은 물감을 바르는 '색면회화color field painting'가 등장한 후 미술관에서 전시 기회가 늘어 가면서 점차 주류 미술계로 진입했다. 1958년 뉴욕현대미술관(MoMA)이 기획한 〈신미국회화The New American Painting〉은 추상표현주의의 제도 진입의 결정체이며 유럽 순회전을 떠나면서 미국 추상표현주의의 홍보 창구가 되었

---

[28] 미국은 1965년 젊은 큐레이터 월터 홉스Walter Hopps의 기획으로 위의 3명 이외에도 래리 벨Larry Bell, 빌리 알 벵스턴Billy Al Bengston, 래리 푼스Larry Poons 등 6명을 상파울로에 보냈다. 이 중에서 바넷 뉴만이 가장 연장자였다. John O'Neill (ed.), *Barnett Newman : Selected Writings and Interviews*, New York : Alfred A Knopf, 1990, p. 186.

[29] Dore Ashton, *The New York School : A Cultural Reckoning*, Berkeley : University of California Press, 1992 참조.

다. 이후 미국적 추상미술은 냉전 시대의 자유로운 예술가를 후원하는 민주주의의 표상으로서 인식되기 시작했다.

그러나 추상표현주의가 처음부터 민주주의의 표상으로 인정받은 것은 아니었다. 1950년대 초반까지도 추상에 담긴 미적 혁신성이 사회적으로 전복적이며 미국의 이해에 위반된다는 보수적 관점과 현대미술의 고유한 특성을 내셔널리즘의 언어로 판단하는 것은 소련의 사회주의 정권과 독일의 나치 정권이 사용했던 전체주의 방식과 유사하다고 비판하는 미술계 내부의 주장이 충돌하면서 미국 내부의 이념적 갈등의 중심에 처했었다. 다행히도 뉴욕현대미술관의 관장이었던 알프레드 바 Alfred H. Barr Jr.를 비롯하여 휘트니미술관, 보스턴의 ICA(Institute of Contemporary Art)의 관장들이 적극적으로 이에 대해 의견을 개진하면서 역설적으로 냉전 체제에서 민주주의가 우위를 차지하는 데 유용한 선전물로서 부각되었다. 당시 바는 1952년 "모던 아트는 공산주의적인가?"라는 에세이를 뉴욕타임즈 매거진에 기고하기도 했다.[30]

유럽미술에서 시작된 추상미술이 추상표현주의를 통해 '미국식 회화'로 발전되기는 했지만 자유로운 붓 자국, 내적 에너지의 표현과 같은 방법은 동아시아의 전통 예술과도 접목된다. 일본의 구타이Gutai 그룹의 작업에서 드러나듯이 몸의 움직임의 강약을 반영한 붓 자국을 담은 회화는 미국적 추상의 액션 페인팅action painting과

---

30 Alfred H. Barr Jr., "Is Modern Art Communistic?," *New York Times Magazine*, December 14, 1952, pp. 22-23, 28-30.

접목되는 지점이기도 하다. 흑백 중심의 간결한 색채, 자유로운 선적 표현, 여백을 강조하는 구성 등은 서예와 문인화에서 강조하는 특성으로 뉴욕현대미술관이 전시 〈추상적 일본서예Abstract Japanese Calligraphy〉(1954)를 통해 아시아의 서예추상을 소개하거나 프란즈 클라인Franz Kline, 로버트 마더웰Robert Motherwell이 그러한 서예의 특성을 반영했다는 점은 놀라운 일이 아니다. 뿐만 아니라 뉴욕에 거주하는 아시아 출신 작가들도 점, 선, 면의 기본 요소를 가지고 실험하면서 추상표현주의의 지평을 확장했는데 일부에서는 '동양과 서양의 진정한 결합'이자 '아시아와 서양 미학의 결합'이라는 평가를 받기도 한다.[31] 1958년 보스턴 ICA에서 열린 전시 〈미국의 일본현대화가 Contemporary Painters of Japanese Origin in America〉는 추상회화를 그리는 켄조 오카다Kenzo Okada, 겐이치로 이노쿠마Genichiro Inokuma와 같은 일본 출신의 미국 거주 작가들을 선보이면서 전후 추상미술이 여러 문화에 걸쳐 공통분모를 가진 국제적 문화현상으로 평가받기 시작했다는 조짐을 보여 주기도 했다.

따라서 1960년경 미국 추상표현주의는 유럽과 아시아에서 수용한 여러 요소를 결합한 채 국제적 미술로서 제도권에서 인정받던 상태였다. 제도권으로 들어간 추상표현주의는 국가적 차원의 홍보에 힘입어 상파울로 비엔날레와 같은 국제전에서 미국의 대표적인 예술로 주목을 받고 있었다. 상파울로와 뉴욕에서 김환기, 김병기가 추상미술을 섭렵하던 1960년대 중반에는 이미 권위와 획일적인 매

---

[31] Wechsler, *Asian Traditions/Modern Expressions*, p. 11.

체 중심의 시각과 형식주의의 전형으로 평가되면서 이에 반기를 든 미니멀리즘, 팝아트 등이 등장하고 있었다. 뉴욕에서 앤디 워홀Andy Warhol, 백남준, 로버트 모리스Robert Morris, 조셉 코수드Joseph Kosuth 등 새로운 인물이 등장해서 팝 아트, 플럭서스, 퍼포먼스, 개념미술 등 반형식주의적 시도가 진행된 것이다. 1960년대 후반에 접어들면 형식주의 회화의 세가 사그라지고 추상회화는 다소 진부한 형식으로 수용되었다. 따라서 이런 분위기 속에서 추상에 매진한 한국 작가들은 최전선의 실험적 미술과는 거리가 멀었다고 할 수 있다. 치열하게 추상에 매달렸던 김환기의 작업을 보고 당시 뉴욕의 한 화상은 "환기의 작품은 참으로 아름다우나 현재 미국에서는 극소수가 그러한 세계를 찾는다."라고 평가한 것도 무리는 아니었다.[32]

반면에 추상과 접목되었던 동아시아의 미학은 점차 확산되어 실험적인 예술에서 빛을 발휘하고 있었다. 존 케이지John Cage로 대표되는 일군의 작가들이 일본 선불교와 동양사상을 수용하면서 우연적 효과, 상식을 넘는 사고를 중요시하는 태도를 현대예술과 접목하기 시작했는데, 케이지의 〈4'33"〉와 같은 침묵의 음악이나 백남준의 〈머리를 위한 선Zen for Head〉처럼 단순한 행위를 통해 구도의 자세와 퍼포먼스를 결합한 작업, 또는 로버트 라우센버그Robert Rauschenberg의 텅 빈 흰 캔버스 작업 등은 모두 기존의 서양미술의 형식과 내용을 탈피하려는 시도였고 그 촉매제는 다름 아닌 선불교 사상이라는 점은 백남준을 제외하고는 아직 한국 출신의 작가에게 전달되지 못했다. 실제

---

[32] 오광수, 《김환기》, 열화당, 1996, 83~84쪽.

로 한규남은 1970년대 오하이오 주립대학에서 유학하던 시기에 한 교수로부터 '왜 유학을 왔는가? 현대미술은 동양에서 왔다'라는 말을 들은 바 있지만 그 의미를 파악하는 데 오랜 시간이 걸렸다고 고백한 바 있다.[33]

추상 : 이주, 망명, 디아스포라의 미술

디아스포라의 추상미술

1960~70년대 뉴욕에 온 한국 작가의 추상은 미국의 실험적 미술과 거리가 멀기는 했지만, 한국 미술계의 시각으로 볼 때 현대미술의 최전선에 있었다. 추상은 전후 냉전 시대에 민주주의를 이념으로 수용한 한국에서 허용된 가장 진취적인 예술이었다. 그리고 '모던 아트'의 진화를 믿는 소수의 기성작가와 그를 추종하는 젊은 작가들이 수용한 아방가르드 미술이었다. 그러나 한국의 추상미술은 뉴욕으로 이주한 작가를 통해 국제 미술의 현장으로 들어가게 되는데, 아이러니하게도 뉴욕에서 더 이상 아방가르드 정신의 발현이라는 위상을 더 이상 확보할 수 없었다. 이주 작가들은 미국 제도권 미술의 주변부에서 모더니즘의 유산을 이어 받은 외국인 작가라는 평가를 받을 수밖에 없었다. 맥락의 변화에 따라 의미도 달라지는 것처럼 이주 작가의 추상은 한국과 미국의 문화 경계를 통과하는 순간 그들

---

33 필자와의 인터뷰, 2013년 2월 6일.

의 기대와 달리, 중심/주변의 구도라는 헤게모니의 복합적인 작용에
노출된 것이다.

미국의 추상미술은 유럽에서 시작된 형식주의를 수용한 미국의
작가와 평론가들이 주도했고 매체 이외의 불순한 내용(문화적 정체성
을 포함)을 배제하고 매체를 통해 한 개인의 내적 표현을 담은, 예술
을 위한 예술의 전형으로 부각되어왔다. 반면에 복잡한 정치적 환경
속에서 이주를 선택한 한국 작가의 추상미술은 그 위치가 달랐다.
먼저 일본, 유럽, 미국으로 이어지는 문화의 중심 언어를 주체적으
로 수용해야 한다는 강박관념의 발로이자, 구습, 전통으로부터 거리
를 두면서 자신만의 개성을 살린 예술을 생산하려는 신념의 표현이
었다. 미국 추상 작가들이 전후 냉전 구도 속에서 의도하지 않게 미
국적 회화의 신봉자라는 명칭을 부여받았다면, 이주 작가들은 서양
의 예술언어를 수용하면서 개인의 독창성뿐만 아니라 한국적 정체
성도 담아내야 한다는 고민에 처하게 된다. 또한 다양한 인종이 거
주하는 뉴욕에서 '한국 출신의 작가'라는 외국인의 위상과 '한국계
미국 작가'라는 이중의 문화적 경계 속에서 그들의 작업은 더욱 중
심으로부터 소외되었다.[34]

미국의 문화적 주도권이 과거보다 약화되고 글로벌 미술이라는
보편주의가 확산되는 오늘날, 이주 작가의 추상에 대한 평가는 어떻

---

[34] Daniel Cornell, Mark Dean Johnson, Gordon H. Chang, "Introduction," *Asian American Modern Art : Shifting Currents, 1900-1970*, San Francisco : Fine Arts Museums of San Francisco, 2008, p. 9. 이 글에 따르면 오늘날 '아시아계 미국인Asian American' 이라고 통용되는 용어나 개념은 1968년에야 나타났다.

게 내려야 할까? 먼저 미국 작가의 추상을 서사화하는 미국미술사의 맥락과 앙포르멜, 단색화로 이어지면서 전개된 한국미술사의 맥락의 중간 지점, 즉 틈새의 공간에서 이루어져야 한다. 그들의 추상을 단순히 주변에서 중심으로 이동하는 가운데 습득한 새로운 예술 언어라고 보는 관점이나, 현지 아방가르드 정신과 거리가 먼 평면 예술에 머물렀다와 같은 평가를 극복할 필요가 있다. 그들의 추상은 냉전 시대의 정치적 굴곡 속에서 겪은 예술가 개인의 삶, 미국과 한국의 문화적 거리, 그리고 점차 국제화되었던 뉴욕으로의 이주를 통해 겪은 문화적 충격, 생존을 위한 고난과 긴장의 연속, 그 속에서도 자신의 재능을 실현하고 독창적인 예술의 세계에 도달하려는 시도가 복합적으로 연결되는 지점에 놓여 있었다. 또한 서양의 모더니즘 세례를 받은 작가 주체의 창의성을 바탕으로 구축된 작업이며, 전후 냉전의 주요 축인 미국과 보헤미안 도시의 상징이었던 뉴욕에서 상이한 가치의 흡수, 통제할 수 없는 역사적 변화, 낯선 일상으로의 진입에도 매몰되지 않고 자아를 지켜야 한다는 강박관념 속에서 형성된 정체성이 발현되는 장소라는 점에 주목해야 한다.

스튜어트 홀 Stuart Hall이 주장했던 문화적 정체성의 두 가지, 즉 본질적인, 고정된 정체성과 계속 변모하는 정체성은 이 지점에서 유용하다.[35] 경제적 · 문화적으로 윤택한 문화권인 뉴욕으로의 공간적 이동 속에서 아시아 문화권에서 형성된 본질적인 정체성과 미국의 대

---

[35] Stuart Hall, "Cultural Identity and Diaspora," in Jonathan Rutherford (ed.), *Identity : Community, Culture, Difference*, London : Lawrence & Wishart, 1990, pp. 223-225.

도시에서 접하는 개인주의적, 서구적 가치관 사이의 충돌 속에서 이주 작가는 타자성을 피할 수 없으며, 바로 그 타자성 속에서 끊임없이 기존의 정체성을 약화시키는 유동적인 상태로 접어드는데 바로 이주 작가에게 특수한 디아스포라diaspora의 공간이다. 이 공간은 그들의 추상이 끝없이 타자성을 인식하면서 도달한 혼종적 공간으로 형상의 부재 속에서 현실 세계의 흔적을 초월하려는 시도와 반복되는 타자성과 차이의 현실을 여과하는 공간이기도 하다. 이 이산의 공간에서 그들이 과거 주변부에서 체화한 예술의 가치, 즉 창작자의 개성을 드러내는 예술의 탐색이 전개된다.

냉전 시대에서 글로벌 시대로 이동해 온 시간적 거리를 고려할 때 이주 작가의 척박한 경험 극복과 추상미술에의 경도는 한국미술의 외연 확장에서 정당한 평가를 받지 못해 온 것이 사실이다. 그 시발로 정체성, 디아스포라 등의 담론 속에서 이주 작가들의 미술사적 위치와 그들의 예술에 대한 평가는 필연적이다. 그들의 추상은 당대에 창작의 자유, 예술에의 헌신을 지향한 결과이나 글로벌 시대의 확장된 지평에서 볼 때 분명히 한국미술의 범위를 확장하였으며, 상이한 2개의 문화 속에서 유동적인 형식과 내용의 결합을 보여 주었다. 집단의 결속력을 강조하는 사회에서 자란 그들이 다른 문화권을 경험하면서 구축한 예술은 한국에서 전개된 예술이나 뉴욕 현지의 예술과 어느 정도 공통분모를 보여 주면서도 두 개의 축을 오고 가는 유동적 디아스포라, 즉 이산의 공간을 만들고 있기 때문이다. 그리고 그 이산의 공간에서 작가들은 가변적·포용적이며 고국에 대한 애정을 소재나 화두로 활용하거나 동양/서양의 구도 속에서 자신의 문화적 입지를 이론화하기도 했으며, 정체성의 무게를 내려놓고 환원적인 추상의 심연을 파고들기도 했다. 그리고 필연적으로 각자의 경제적 위치 등 여러 요인과 협상하면서 도달한 예술은 이주작가라는 가상의 공동체 속에서 개별 작가의 차이를 만들어 내었다.

현실과 향수 사이에서

이주 작가들의 현실과의 싸움은 여타 이주민의 삶과 다르지 않았다. 생계를 위해 김보현은 넥타이 문양 그리기, 백화점 디스플레이 등 당시 뉴욕의 젊은 작가가 하던 임시 일거리를 마다하지 않았으며 후에는 집을 사서 수리한 후 판매하면서 재산을 모았다.[36] 김환기는 김보현의 소개로 넥타이 공장에서 일했으며 한용진과 김창렬은 한때 도배 작업을 하면서 생계를 꾸리기도 했다.[37] 김병기는 사라토가의 스키드모어 대학Skidmore College에서 초빙교수로 1년 있었으나 임기가 끝난 후 사라토가에 먼저 자리를 잡은 처제의 도움으로 교회의 집사직을 구해 청소를 하며 생활을 하기도 했다.[38] 임충섭 역시 부두 노동, 화장실 청소, 접시닦이 등 단순노동을 하면서 생계를 유지했다.[39] 민병옥은 미술 강습소에서 아마추어 작가들을 가르치는 강사로 일

---

[36] 필자와의 인터뷰, 2013년 1월 8일.

[37] 《김병기》 1권, 317쪽. 김창렬은 이후 파리로 가서 정착했다.

[38] 《김병기》 2권, 53쪽.

[39] 〈한국적 정서와 정통을 지닌 세계 속의 한국 현대미술작가 임충섭〉, 《예술의전당 월간정보지》, 2007.12, 출처 http : //www.sac.or.kr/contents/people_talktalk/200712. jsp (2012년 12월 2일).

했고, 문미애, 김옥지는 인테리어 디자이너로 성공한 후 작가로 전향했으며, 김정향은 뉴욕의 한국 언론사에서 일하기도 했는데 그나마 운이 좋은 경우이다.[40] 미국에서 예술가로서 인정받고자 굳은 일도 불사하고 살아가던 작가들 중에는 역경의 끝에 생활고로 자살한 작가도 있었다. 위상학(1913~1967)은 한국에서 〈국전〉에 특선을 받기도 했으나 미국으로 간 후 캘리포니아 지역에서 생활고를 이기지 못하고 결국 자살로 생을 마감했는데 그의 이야기는 알려진 한 사례일 뿐이다.[41]

생활고와 문화 차이에도 불구하고 한국에서 구축한 문화적 정체성은 작가의 고민 속에서 사라지지 않는 경우가 더 많았다. 도쿄, 파리를 먼저 경험하면서 중심의 문화 속으로 여러 번 들어갔던 김환기조차도 "예술에 국경이 없다지만 나는 예술이 국경이 있다고 주장한다. … 내 그림에서 고향(조국)을 빼면 아무것도 안 남는다. 나는 한국 사람이다. …"[42] 라고 토로할 정도로 '한국적 회화'의 구현이 자신의 예술적 토대라고 굳게 믿었다. 임충섭은 고향인 충청북도 진천에서 겪었던 경험이 실을 사용하는 자신의 예술의 밑거름이라고 보면서 "나는 실이라는 작업 단위가 현대미술에 있어서 매우 중요한 … 미니멀아트와 통하는 조형언어라고 생각해요. 내가 어릴 때 동네 어귀에서 석양에 실을 말리는 광경을 본 적이 있어요. … 지금

[40] 필자와의 인터뷰. 2012년 10월 15일.

[41] 《대한민국 미술인 인명록 : 1850-1960년 출생》, 김달진미술연구소, 2010 참조.

[42] 김환기, 〈미술올림픽 : 국제전에 나가는 작품들〉, 《한국일보》, 1963년 5월 25일.

생각하면 '아 이게 현대미술이구나' 하는 느낌을 받았던 것 같아요."
라고 고백한다.[43] 존 배도 일산의 농장에서 할머니와 보냈던 행복한
유년 시절을 떠올리며 당시의 경험이 예술과 씨름하는 자신의 힘의
원천이라고 밝힌 바 있다.[44]

　한국에서의 경험에서 출발하던, 이산의 공간에서 새로운 형식을
추구하던, 시각적 언어를 선택할 때 어떤 형식과 형태를 자신의 언
어로 취할 것인가의 문제는 예술가에게 중요한 문제이다. 이주 작가
들은 추상을 적극적으로 실험하면서 물감 및 여러 재료와 사용 방법
에서 추상표현주의적 접근을 시도하거나 한국적인 것에서 영감을
찾으면서 재료와 개인적 체험을 융합시키곤 했다. 문미애는 세워 놓
은 캔버스에 흘러내리는 물감을 맨손으로 문지르거나 튜브에서 물
감을 짜서 손으로 문지르면서 '액션 페인팅'의 방법을 응용했으며
김보현은 어린 시절 배운 서예에서 영감을 받은 추상 작업을 하기도
했다. 김병기는 동양화의 선적 윤곽을 강조하는 기법을 활용하기도
했고, 한용진은 돌, 나무, 금속 등 여러 재료를 통해 추상조각을 실험
하다가 결국 정적이면서 자연적인 재료인 돌을 자신의 주요 매체로
수용했으며, 민병옥은 캔버스를 자르고 다시 바느질로 잇는 과정을

---

[43] 〈한국적 정서와 정통을 지닌 세계속의 한국 현대미술작가 임충섭〉,《예술의전당 월
　　간정보지》, 2007.12, 출처 http : //www.sac.or.kr/contents/people_talktalk/200712.
　　jsp (2012년 12월 2일).

[44] John Pai, "Childhood Memories," *John Pai : Convergence and Divergence, A Decade in Line
　　1996-2006*, 서울 : 현대갤러리, 2006, 45쪽.

통해 여성의 일상을 구조화했고,[45] 임충섭은 처음에 한지 위에 추상 작업을 하다가 파운드 오브제를 활용한 설치, 그리고 점차 실을 사용한 설치 작업으로 나아가면서 한국의 역사와 철학에서 개념을 찾기도 했다. 김옥지의 색채로 가득 찬 평면 작업은 어릴 적부터 접한 기독교를 내재화하면서 얻은 귀결점이며,[46] 이일의 볼펜으로 그린 선적 추상, 김정향의 추상 작업 역시 구습과 집단성을 강조하는 한국을 떠나 자유로운 뉴욕에서 자신의 존재를 확인하는 과정에서 나온 것이다.[47]

낭만적 모더니즘의 유산과 초국가적 태도

영감의 근원이 어디에 있던 형식과 미학에 대한 관심은 삶에 대한 관심이자 예술가로서의 자신의 삶을 예찬하는 태도이다. 여기서 근대적 예술가의 개별적 특성이 발현된다고 볼 수 있다. 이주 작가들이 취한 형식적, 미학적 탐구는 바로 그들이 습득한 반 고흐, 피카소 등의 모더니스트 작가의 것과 유사하다. 그들도 삶의 고난을 예술로 번역하면서 근대적, 낭만적 모더니스트 예술가의 전형을 따르고 있

---

[45] 민병옥, 필자와의 인터뷰, 2013년 1월 7일.

[46] 김옥지, 필자와의 인터뷰, 2012년 12월 29일.

[47] 김정향, 필자와의 인터뷰, 2012년 10월 15일.

다고 볼 수 있다.**48** 바로 이 낭만적 모더니즘 예술 개념이 이주 작가
로 하여금 보다 자유로운 형식적 탐구를 허용하면서 더 유동적인 세
계 미술 속으로 들어갈 수 있었던 원동력이었던 것으로 보인다. 김
보현이 후기에 들어서면서 추상에서 벗어나 추상과 구상을 넘나들
면서 낙원과 같은 환상의 공간 속에서 호랑이, 코끼리, 야자수 등 여
러 지역의 모티프를 활용하는 것이나, 김웅이 이야기가 있는 화면을
고집하면서 추상과 구상의 중간 지점에서 한국적인 모티프뿐만 아
니라 남미, 인디안 등의 민화와 민속에서 찾은 영감을 활용하는 태
도는 그러한 낭만적 자유로움을 보여 준다.

　이주 작가의 추상은 현실적 역경, 이념적 압박, 문화적 전통의 무
게를 포용하거나 때로 전복하면서 자신의 정체성을 만드는 특수한
과정의 산물이다. 그러나 예술이 허용한 중심의 언어를 수용하면서
개인적인 차원을 넘어 보편적 언어로 공유될 수 있는 잠재력을 확보
했다는 점에서 전후 미국과 서구를 넘어 확산된 추상의 국제화와 공
통분모를 형성하기도 한다. 구체적 형상과 재현을 넘어서 새로운 비
전을 찾는 시도, 그리고 자신과의 투쟁이 곧 형식과의 싸움이자 궁
극적 예술에 도달하는 과정이라고 믿는 태도는 이미 제2차 세계대
전 이전에 이미 몬드리안 등 다수의 추상 작가에게 나타난 모더니스
트적 태도이다. 근대 유럽의 예술가들을 통해 추상의 초국가적 가능
성이 인정받았고, 이후에 전후 미국의 추상미술로 이어진 것은 주지

48　Robert Genter, *Late Modernism : Art, Culture and Politics in Cold War America*, Philadelphia :
　　University of Pennsylvania Press, 2010, p. 8.

의 사실이다. 폴록이 "현대회화의 기본적 문제들은 작가의 국적과 분리된 것이다."(1944)라고 언급한 것은 그러한 맥락이다.[49] 한국 이주 작가의 추상도 추상미술의 확산의 장 속에서 한국과 미국의 양분된 구도를 넘어서 전후 추상의 초국가성을 확보하는 데 기여했다고 볼 수 있다.

이주 작가의 초국가적 추상은 역사, 이념, 문화, 지리적 요인으로 인한 불안한 유동성을 포용하면서도 이산적 공간에서 보편적 예술의 가능성을 신봉하면서 얻는 결과물이다. 이러한 이주 작가의 태도는 1970년대 이후에도 계속되었고, 추상의 시대를 지나 포스트모더니즘이 대두된 이후에도 이어졌다. 결국 이주 작가는 1990년대 초 냉전구도가 해체되고 예술을 통한 초국가적 연대가 과거보다 강력하게 대두된 글로벌 시대에 한국과 뉴욕 어디에도 속하지 않으면서도 두 문화를 공유하는 비결정적 지점에서 코스모폴리탄적 모더니스트의 한 전형을 구축하게 된다. 뉴욕과 한국의 풍경을 복잡한 색과 선의 구도로 환원시키는 한규남은 "나는 두 세계 사이에 산다. 나의 관심은 글로벌하다."라고 주장한다.[50] 민병옥 역시 뉴욕에 살면서 점차 자신의 정체성을 고민하기보다는 어떤 예술을 할 것인가가 더 중요하게 되었다면서 "'한국 사람이다'라는 사실을 의식하지 않는다. 모임에서 그런 이야기를 들으면 그래야 하는 건가라는 생각이

---

[49] Marter, "Introduction : Internationalism and Abstract Expressionism," p. 5.

[50] 한규남 인터뷰, 1987 ; Eleanor Heartney, 〈Bridging Worlds-the Paintings of Kyu-Nam Han〉, 《한규남 1992-1995 : A Synthesis of Neoclassical Deconstructivism and Multi-cultural Pluralism》, 워커힐 아트 센터, 1995, 8쪽에서 재인용.

들기도 한다."고 토로한다.[51] 이렇게 뉴욕으로 이주한 작가들은 유동적 공간 속에서의 시간이 길어지면서 정체성에 대한 몰입보다는 거리를 두면서 예술에 대한 헌신으로 방향을 전환하게 되었다. 결국 국제적 공통언어로서의 예술에 대한 기본적 자세가 개별 문화권을 넘어 공유되는 현대를 앞서 경험한 세대라고 할 수 있다.

이산의 공간에서 코스모폴리탄 공간으로

1945년 일본으로부터의 해방, 그리고 이어진 미군정 시대, 6·25 전쟁 등 한반도에서 전개된 일련의 정치적 사건과 혼돈의 시간 속에서 한국의 예술가들은 과거 어느 시대보다도 정치적 이데올로기의 최전선에서 가변적인 인간의 존재와 관계를 확인해야 했다. 예술의 의미와 가치에 대한 성찰도 그러한 이념적 갈등 구조 속에서 급변하는 상황에 따라 불안하게 흔들릴 수밖에 없었다. 특히 점령지를 대상으로 한 미국의 문화정책이 확산된 1950년대 이후 전후 국제 미술계에서 추상표현주의의 종주국이라는 위상은 한국의 작가에게도 영향을 미쳤다. 미국은 새로운 정보와 지식, 문화적 권력의 중심으로 부각되었고 추상미술은 추상/구상이라는 대립 구도에도 불구하고 젊은 작가들에게 확산되면서 시대적 정신으로서 우위를 차지할 수 있었다. 전후 문화적 권력의 중심지로 부상한 미국은 자유로운 창작을

---

[51] 민병옥, 필자와의 인터뷰, 2013년 1월 7일.

확보할 수 있는 공간이자 새로운 예술을 경험할 수 있는 창구가 된 것이다. 한국 작가들은 정치적 탈출, 가족초청, 유학, 여행 등의 이유로 미국으로 떠났고, 가장 보헤미안적이며 코스모폴리탄적 문화를 보유한 뉴욕으로 모여들었다. 뉴욕으로 이주한 작가들은 추상의 중심지에서 이방인으로서 주변화된 채 전통/현대, 문화적 정체성, 예술의 의미에 대한 고민과 갈등을 통해 예술 개념의 토대를 배운 한국의 맥락과 문화적 정체성에 대한 맹목적 추종에서 서서히 탈피하여 점차 문화적 유동성을 허용하는 이산적 공간 속으로 들어갈 수밖에 없었다.

그러한 이산적 공간에서 생존을 위한 투쟁을 통해 예술혼을 불사르는 이야기는 뉴욕에 진출한 한국 작가의 초상이 되었다. 그리고 그 귀결점에는 추상미술이라는 비정형의 세계가 있다. 따라서 이주 작가의 추상은 단순한 추상이 아니라 삶의 현실을 번역한 작업이며 자아실현의 최후의 보루라는 점을 보여 준다. 시간이 흐르면서 김병기, 김보현, 한규남, 김웅 등은 점차 구상을 끌어들이기도 하는데 그 원인은 이주자로서 경험한 소외감, 경제적 곤란이라는 무거운 현실의 무게, 그리고 일상 속에서 자신의 존재를 확인해야 하는 현실이었다고 볼 수 있다. 김병기는 자신의 고립된 삶을 설명하면서 "저 광야와도 같은 환경 속의 나의 현실성은 보다 나로 하여금 내부에로의 침잠 … 자기 성찰의 과정"을 가질 수밖에 없었으며 결국 한편으로는 부인의 인도를 통해 신을 찾았고 다른 한편으로는 자신을 둘러싼

자연, 일상성을 점점 화폭으로 끌어들일 수밖에 없었다고 한다.[52]

　민병옥, 한규남의 예를 통해 보았듯이 이산적 공간 속에서 문화적 경계인이 되어 가는 경우도 있다. 고통스러운 한국에서의 삶을 정리하고 40대에 뉴욕에서 보헤미안 예술가의 길을 걷기 시작한 김보현도 33년 후에 다시 한국을 방문했지만 이미 변해 버린 한국은 더 이상 고향 같지 않다고 술회한 바 있다.[53] 모국은 이미 상상의 공간이며 자신의 삶의 가치와 의미를 찾을 때 의지하는 과거형인 반면에, 붓을 들고 노년까지 자신의 성찰을 담아내는 현실은 바로 이산의 공간이라는 것을 깨달은 그는 98세의 나이로 뉴욕에서 사망했다. 그러나 그들의 이주와 이산은 이후 국제적 현대미술의 지형이 변화하면서 새로운 의미를 확보하게 되었다. 한국 출신 예술가로서 위치의 유동성, 예술언어의 글로벌화를 보여 준 선구적인 사례가 되었으며 한국미술과 국제 미술계의 연결 지점을 확장한 세대로 평가할 수 있다.

52　김병기, 〈"산하재전(山河在展)"에 부쳐〉,《김병기 전》 도록, 가나화랑, 1990 ; 출처 http : //da-arts.knaa.or.kr/blog/bkkim.do (2012년 12월 20일).

53　김영나, 〈생과 사, 그리고 사랑의 서사시〉, 16쪽.

참고문헌

김병기, 필자와의 인터뷰, 2013년 1월 9일.

김보현, 필자와의 인터뷰, 2013년 1월 8일.

김옥지, 필자와의 인터뷰, 2012년 12월 29일.

김웅, 필자와의 인터뷰, 2013년 1월 3일.

김정향, 필자와의 인터뷰, 2012년 10월 15일.

문성자, 필자와의 인터뷰, 2013년 1월 4일.

민병옥, 필자와의 인터뷰, 2013년 1월 7일.

한규남, 필자와의 인터뷰, 2013년 2월 6일.

한용진, 필자와의 인터뷰, 2012년 11월 17일.

강태희, 〈전후 한미관계와 미술의 탈식민지주의〉, 《서양미술사학회》 11, 1999.

김균, 〈미국의 대외 문화정책을 통해 본 미군정 문화정책〉, 《한국언론학보》 44-3, 2000년.

김미정, 〈한국 앵포르멜과 대한민국미술전람회 : 1960년대 초반의 정치적 변혁기를 중심으로〉, 《한국근대미술사학》 12, 2004.

김병기, 〈"산하재전山河在展"에 부쳐〉, 《김병기전》 도록, 가나화랑, 1990 ; 출처 http ://da-arts.knaa.or.kr/blog/bkkim.do (2012년 12월 20일).

《김병기》 I, II. 리움 한국미술기록보존소, 2009.

김보현, 〈작가녹취〉, 《고통과 환희의 변주 : 김보현의 화업 60년전》, 결출판사, 2007.

김영나, 〈생과 사, 그리고 사랑의 서사시〉, 《고통과 환희의 변주 : 김보현의 화업 60년전》, 결출판사, 2007.

김이순, 〈여행, 여성화가의 새로운 길찾기 : 나혜석, 박래현, 천경자의 세계여행과 작품세계〉, 《미술사학》 26, 2012.

김정준,《마태 김의 메모아 : 내가 사랑한 한국의 근현대 예술가들》, 지와사랑, 2012.

김향안, 〈1984년 문미애 작품전에 부쳐 : 문미애는 욕심이(작품에) 많고 성급한 (작업에) 작가〉, 1984 ; 출처 http : //www.whankimuseum.org/new_html/03_exhibition/preview.php?no=115&. (2012년 12월 5일).

　　　,《사람은 가고 예술은 남다》, 우석, 1989.

김형국, 〈〔현대미술史 비화〕 청년화가 김병기- 피카소를 고발하다! 1951년 〈조선의 학살〉 발표되자 空超 등 문화인 30여 명과 피카소 비판 성명〉,《월간조선》, 2007. 11 ; 출처 http : //monthly.chosun.com/client/news/viw.asp?ctcd=&nNewsNumb=200711100059 (2013년 2월 15일).

김환기, 〈미술올림픽 : 국제전에 나가는 작품들〉,《한국일보》1963년 5월 25일.

　　　, 〈상파울로전의 인상〉(1963),《어디서 무엇이 되어 다시 만나랴》, 환기재단, 2005.

박종원, 〈조각가 존 배…정교한 입체로 빚어낸 '서양 조각'으로 한국의 정신 만들어 낸다〉, 미주《중앙일보》2010년 3월 10일 ; 출처 http : //www.koreadaily.com/news/read.asp?art_id=1000094 (2012년 12월 10일).

박종진, 〈김웅, 기억을 품고 자연이 우려낸 그림〉,《주간한국》2011년 6월 8일 ; 출처 http : //weekly.hankooki.com/lpage/people/201106/wk2011060902204610564 0.htm (2013년 1월 15일).

방기중,《배민수의 농촌운동과 기독교 사상》, 연세대학교 출판부, 1999.

송미숙, 〈명석하고 지적인 마음의 태도〉,《월간미술》253, 2006.

오광수,《김환기》, 열화당, 1996.

　　　, 〈이응로에서 김환기까지〉,《세대》, 1971.

유준상, 〈6·25 전쟁, 민족분단 참화 속의 미술인들〉,《가나아트》, 1995.

이경성, 〈한국현대미술의 어제와 오늘〉,《한국현대미술의 어제와 오늘》, 국립현대미술관, 1986.

이구열, 〈자연, 현실에 밀착된 정신적 표현〉,《김병기전》도록, 가나화랑, 1990 ; 출처 http : //da-arts.knaa.or.kr/blog/bkkim.do (2012년 12월 20일).

이길용,《미국이민사》, 대한교과서주식회사, 1992.

이인범, 〈1960년대의 한국 추상미술과 국민국가 형성〉,《미술사학보》35, 2010.

장영준, 〈〈한국현대미술의 시원〉전을 기획하면서〉,《한국현대미술의 시원》, 국립현대미술관, 2000.

정경모, 〈정경모-한강도 흐르고 다마가와도 흐르고 24 : 47년 미국행…그 이유는 지금도 '가물가물'〉,《한겨레》2009년 6월 4일 ; 출처 http : //www.hani.co.kr/arti/society/society_general/358673.html (2012년 12월 10일).

정무정, 〈미 군정기의 문화정책과 미술계〉,《미술사연구》18, 2004.

조은정, 〈전후 한국현대미술의 이념적 동인 : 1950년대 한국미술에서의 전통과 모더니즘에 대한 연구〉,《한국근현대미술사학》25, 2013.

최열,《한국현대미술비평사》, 청년사, 2012.

최재건, 〈배민수 목사의 미국에서의 활동〉,《신학논단》51, 2008.

허은, 〈1960년대 미국의 한국 근대화 기획과 추진〉,《한국문학연구》35, 2008.

《대한민국 미술인 인명록 : 1850-1960년 출생》, 김달진미술연구소, 2010.

〈작가 임충섭 : 되돌린 버릇〉,《아트 인 컬처》, 2006.

〈한국적 정서와 정통을 지닌 세계 속의 한국 현대미술작가 임충섭〉,《예술의전당 월간정보지》, 2007.12 ; 출처 http : //www.sac.or.kr/contents/people_talktalk/200712.jsp (2012년 12월 2일).

Ashton, Dore, *The New York School : A Cultural Reckoning*, Berkeley : University of California Press, 1992.

Barr, Alfred H. Jr., "Is Modern Art Communistic?," *New York Times Magazine*, 1952.

Cockcroft, Eva, "Abstract Expressionism, A Weapon of the Cold War," *Artforum*, 1974.

Cornell, Daniel Mark, Dean Johnson and Gordon H. Chang, "Introduction," *Asian American Modern Art : Shifting Currents, 1900-1970*, San Francisco : Fine Arts Museums of San Francisco, 2008.

Davis, Stuart, "The Artist Today : The Standpoint of Artists' Union," *American Magazine of Art* (August, 1935) ; in Helen Langa, *Radical Art : Printmaking and the Left in 1930s New York*, Berkeley and Los Angeles : University of California Press, 2004.

Genter, Robert, *Late Modernism : Art, Culture and Politics in Cold War America*, Philadelphia : University of Pennsylvania Press, 2010.

Hall, Stuart, "Cultural Identity and Diaspora." in Jonathan Rutherford (ed.), *Identity : Community, Culture, Difference*, London : Lawrence & Wishart, 1990.

Heartney, Eleanor, "Bridging Worlds-the Paintings of Kyu-Nam Han," 한규남 1992-1995 : *A Synthesis of Neoclassical Deconstructivism and Multi-cultural Pluralism.* 워커힐 아트센터, 1995.

Marter, Joan, "Introduction : Internationalism and Abstract Expressionism," in Joan Marter and David Anfam (eds.), *Abstract Expressionism : The International Context*, NJ : Rutgers, the State University Press, 2007.

Negri, Gloria, "Maia Henderson ; sculptor gave Korean collection to museum," *Boston Globe*(2008.1.28) ; 출처 http : //www.boston.com/bostonglobe/obituaries/ articles/2008/01/28/maia_henderson_sculptor_gave_korean_collection_to_ museum/ (2013년 6월 30일).

O'Neill, John (ed.), *Barnett Newman : Selected Writings and Interviews*, New York : Alfred A Knopf, 1990.

Orton, Fred, "Footnote One : the Idea of the Cold War," in David Thistlewood (ed.), *American Abstract Expressionism : Critical Forum Series 1*, Liverpool University Press and Tate Gallery Liverpool, 1993.

Pai, John, "Childhood Memories," *John Pai : Convergence and Divergence, A Decade in Line 1996-2006*, 현대갤러리, 2006.

Pollock, Sheldon, Homi K. Bhabha, Carol A. Breckenridge and Dipesh Chakrabarty, "Cosmopolitanism," in Pollock, Sheldon, Homi K. Bhabha, Carol A. Breckenridge and Dipesh Chakrabarty (eds.), *Cosmopolitanism*, Duke University Press, 2002.

Pyun, Kyunghee, "Introduction," *Coloring Time : An Exhibition from the Archive of Korean-American Artists Part One (1955-1989)*, New York : AHL Foundation, 2013.

Wechsler, Jeffrey, "Introduction : Finding the Middle Path," *Asian Traditions/Modern Expressions : Asian American Artists and Abstraction, 1945-1970*, New York : Harry N. Abrams, Inc., 1997.

Wolf, Tom, "Tip of the Iceberg : Early Asian American Artists in New York." in Gordon Chang, Mark Johnson and Paul Karlstrom (eds.), *Asian American Art : A History, 1850-1970*, Stanford, Calif. : Stanford University Press, 2008.

"Official Dispatch : Artist Records His Mission on 40-foot Painted Scroll," *Life* (Feb 14, 1955).

디아스포라 휴머니티즈 총서 001

디아스포라 지형학

2016년 6월 20일 초판 1쇄 발행

지은이 | 임경규 정현주 이상봉 박수경 육영수 이동진
　　　　서기재 김귀옥 홍금수 최성희 신인섭 양은희 이진형
펴낸이 | 노경인 · 김주영

펴낸곳 | 도서출판 앨피
출판등록 | 2004년 11월 23일 제2011-000087호
주소 | 우)120-842 서울시 영등포구 영등포로 5길 19(37-1 동아프라임밸리) 1202-1호
전화 | 02-336-2776　팩스 | 0505-115-0525
전자우편 | lpbook12@naver.com
홈페이지 | www.lpbook.co.kr

ISBN 979-11-87430-02-5